国家出版基金资助项目

上海文化发展基金会图书专项基金资助项目

中国财政思想史

贾康 史卫 刘翠微 / 著

图书在版编目(CIP)数据

中国财政思想史 / 贾康,史卫,刘翠微著. —上海:立信会计出版社,2018.12
ISBN 978-7-5429-5234-9

Ⅰ.①中… Ⅱ.①贾…②史…③刘… Ⅲ.①财政—经济思想史—研究—中国 Ⅳ.①F812.9

中国版本图书馆CIP数据核字(2018)第264489号

策划编辑　窦瀚修　方士华
责任编辑　方士华
封面设计　南房间

中国财政思想史
Zhongguo Caizheng Sixiangshi

出版发行	立信会计出版社		
地　　址	上海市中山西路2230号	邮政编码	200235
电　　话	(021)64411389	传　真	(021)64411325
网　　址	www.lixinaph.com	电子邮箱	lxaph@sh163.net
网上书店	www.shlx.net	电　话	(021)64411071
经　　销	各地新华书店		
印　　刷	苏州市越洋印刷有限公司		
开　　本	710毫米×1000毫米　1/16		
印　　张	23	插　页	4
字　　数	419千字		
版　　次	2018年12月第1版		
印　　次	2018年12月第1次		
印　　数	1—1500		
书　　号	ISBN 978-7-5429-5234-9/F		
定　　价	80.00元		

如有印订差错,请与本社联系调换

前　言

2016年5月17日,习近平总书记在哲学社会科学工作座谈会上指出:"中华民族有着深厚文化传统,形成了富有特色的思想体系,体现了中国人几千年来积累的知识智慧和理性思辨。这是我国的独特优势。中华文明延续着我们国家和民族的精神血脉,既需要薪火相传、代代守护,也需要与时俱进、推陈出新。要加强对中华优秀传统文化的挖掘和阐发,使中华民族最基本的文化基因与当代文化相适应、与现代社会相协调,把跨越时空、超越国界、富有永恒魅力、具有当代价值的文化精神弘扬起来。"中国历史发展中形成的财政思想是中国思想体系的重要组成部分,几千年来不断发展、充实、沉淀,形成了一个巨大的知识宝库。如何根据时代的发展,提炼其精华,使之不断焕发新的活力,体现当代价值,是我们财政思想研究者的重要任务。

"财者为国之命,而万世之本。国之所以存亡,事之所以成败,常必由之。"[①]中国古代财政活动可以一直追溯到传说时代,是古代国家治理的基础和重要支柱,对中华文明的生衍和发展发挥了重要作用;财政思想伴随着财政实践不断丰富和发展,创造和形成了与中华文明相适应的理论体系。近代以来,中国不断汲取国外先进财政思想,特别是马克思主义财政学说的传入,为我国财政思想的发展提供了源头活水和引发了深刻变革,在财政具体实践中逐步融合,发展和丰富了我国财政思想。

改革开放以来,财政思想史的研究和教学一直受到学人的重视。周伯棣先生的《中国财政思想史稿》,胡寄窗、谈敏先生的《中国财政思想史》,孙文学先生的《中国财政思想史》,项斌先生等编著的《中国古代财政思想史稿》的出版,已经成功地

[①] 苏辙:《上皇帝书》,《苏辙集》,中华书局1990年版,第368页。

将中国财政思想史这门学科建立起来,将散见于各类思想史如政治思想史、经济思想史中的财政学说发掘、提炼、整理出来,勾勒出一个相对完整的演进体系。

但是,我们也要看到,以传统思想史分析框架建构起来的财政思想史,一般都是以各个时期较有影响的财政思想家为线索展开的,这样就往往容易将其与具体的财政实践割裂开来。尤其是古代思想家尚缺乏对财政思想的专门讨论,财政思想绝大多数都夹杂在他们的政治、哲学乃至文学著述中。这样,从他们的政治、哲学和文学作品中抽提出来的若干原带碎片化特征的财政思想,尚不利于真正形成系统化财政思想的全貌,不容易使读者把握财政具体实践和财政思想演进的总体脉络。本书力图突破传统的以人物为章节的叙述结构,而以财政思想自身演进为基本线索,从国家治理的视角来全面梳理中国财政思想的演进。

近年来,大量文物的出土,不断更新和丰富着我们对财政思想的认识。古代部分有张家山汉简、里耶秦简、北大竹书、清华大学藏战国竹简先后被整理出版。近代部分也有大量日记被整理出版,这些都为我们充实和完善财政思想史提供了基础。

本书分为三卷,上卷为古代卷,中卷为近代卷,由中国财政科学研究院史卫研究员执笔。下卷为当代卷,由中国财政科学研究院刘翠微副研究员执笔。中国财政科学研究院贾康研究员作了总纂。

著　者

2018 年 12 月

目 录

古 代 卷

第一章 中国古代财政思想概貌 …………………………………… 3
第一节 中国古代财政思想的源与流 …………………………… 3
一、中国古代财政思想的创造 ………………………………… 3
二、中国古代财政思想的发展 ………………………………… 7
第二节 中国古代财政思想的特点 ……………………………… 12
一、中国古典国计学 …………………………………………… 12
二、天下为公 …………………………………………………… 14
三、理财以养民为先 …………………………………………… 16
四、讳言财利 …………………………………………………… 17

第二章 中国古代财政思想雏形的萌生 …………………………… 19
第一节 传说时代零散财政思想的出现 ………………………… 19
一、神话传说中零散的财政思想 ……………………………… 19
二、考古发掘出的财政思想 …………………………………… 21
三、象形字中隐藏的财政思想 ………………………………… 22
四、歌谣中保存的财政思想 …………………………………… 24
五、民族调查中发掘的财政思想 ……………………………… 26
第二节 《禹贡》的财政思想 …………………………………… 28
一、大禹治水的传说和《禹贡》 ……………………………… 28
二、《禹贡》中的财政思想 …………………………………… 31

1

第三章 轴心时代财政思想大争鸣 ········ 34
第一节 儒家的财政思想 ········ 34
一、孔子的财政思想 ········ 35
二、《周易》《大学》中的财政思想 ········ 39
三、孟子的财政思想 ········ 41
四、荀子的财政思想 ········ 44

第二节 道家的财政思想 ········ 47
一、老子的财政思想 ········ 47
二、庄子的财政思想 ········ 49
三、黄帝学派的财政思想 ········ 50

第三节 法家的财政思想 ········ 52
一、李悝的财政思想 ········ 53
二、商鞅的财政思想 ········ 54
三、韩非的财政思想 ········ 57
四、李斯的财政思想 ········ 61

第四节 其他诸子的财政思想 ········ 63
一、墨家的财政思想 ········ 64
二、兵家的财政思想 ········ 66
三、《吕氏春秋》的财政思想 ········ 68

第四章 中国古代财政思想的汉代结集与其后演变 ········ 72
第一节 古代财政思想的结集 ········ 72
一、西汉各家财政思想的复苏与融合 ········ 72
二、史家的评述 ········ 77
三、汉初对先秦文献的整理 ········ 79

第二节 《周礼》的财政思想 ········ 80
一、《周礼》成书时间蠡测 ········ 81
二、《周礼》的财政制度体系设计 ········ 81
三、《周礼》制定的财政原则 ········ 83

第三节 《管子》的财政思想 ········ 84

一、《管子》成书时间的争论 ………………………………………… 85
　　二、管仲治齐的财政思想 ……………………………………………… 85
　　三、《管子》的财政思想 ………………………………………………… 87
第四节　《盐铁论》的财政思想 …………………………………………… 93
　　一、盐铁会议与《盐铁论》 ……………………………………………… 93
　　二、财政政策大辩论 …………………………………………………… 95
　　三、盐铁会议的影响 …………………………………………………… 98

第五章　财政收入思想的演变 ……………………………………… 100
第一节　税收思想的演变 ………………………………………………… 100
　　一、古代的轻税思想 …………………………………………………… 100
　　二、古代均平赋税的思想 ……………………………………………… 110
　　三、税收原则和税收合法性的讨论 …………………………………… 116
　　四、有关工商杂税思想 ………………………………………………… 119
第二节　力役思想的演变 ………………………………………………… 123
　　一、轻役和使民以时思想 ……………………………………………… 123
　　二、以钱代役及役改税思想 …………………………………………… 126
第三节　专卖思想的演变 ………………………………………………… 130
　　一、古代专卖思想的出现和发展 ……………………………………… 130
　　二、专卖与市场之争 …………………………………………………… 131

第六章　财政支出思想的演变 ……………………………………… 137
第一节　古代支出思想 …………………………………………………… 137
　　一、用于公的思想 ……………………………………………………… 137
　　二、以节用为核心的支出思想 ………………………………………… 139
第二节　俸禄支出思想的演变 …………………………………………… 145
　　一、无功不受禄思想 …………………………………………………… 145
　　二、高薪养廉思想 ……………………………………………………… 146
第三节　军费支出思想的演变 …………………………………………… 150
　　一、一般军费支出思想 ………………………………………………… 150

二、寓兵于农思想 154
　第四节　社会保障支出思想的演变 157
　　一、政府提供社会保障思想 157
　　二、公私合作提供公共服务思想 161

第七章　财政管理思想和财政政策思想的演变 165
　第一节　预算思想的演变 165
　　一、预算管理思想 165
　　二、编制会计录的思想 168
　　三、量入为出与量出为入的争论 170
　第二节　财政管理思想的演变 173
　　一、财政管理体制思想 173
　　二、编户齐民思想 176
　　三、漕运思想 179
　　四、数字化管理思想 182
　　五、与缴纳、监管相关的财政管理思想 184
　第三节　财政政策思想的演变 187
　　一、土地分配和抑制兼并思想 187
　　二、积蓄备荒和常平仓思想 189
　　三、从重农抑商到农商皆本思想 192
　　四、与民休息与宏观调控思想 194

近　代　卷

第一章　中国近代财政思想概貌 199
　第一节　西方财政思想冲击下的近代财政思想变迁 199
　　一、鸦片战争带来的财政思考 199
　　二、晚清财政思想的变迁 202
　　三、民国时期财政思想的变迁 208
　第二节　中国近代财政思想的特点 215

一、断裂中的传承 ·· 215
　　二、财政思想走向专门化 ······································ 216
　　三、新时代的百家争鸣 ·· 216

第二章　近代财政思想的两大趋向 ································ 218
　第一节　传统财政思想的现代性转型 ···························· 218
　　一、从"师夷长技以制夷"到"中体西用" ····················· 218
　　二、严复与《原富》 ·· 221
　　三、梁启超的中国财政学 ······································ 223
　　四、孙中山的民生思想 ·· 225
　　五、陈焕章与《孔门理财学》 ·································· 227
　第二节　公共财政思想的传播 ···································· 229
　　一、胡子清的《财政学》 ······································ 229
　　二、陈启修的《财政学总论》 ·································· 230
　　三、何廉、李锐的《财政学》 ·································· 231
　　四、马寅初的《财政学与中国财政》 ·························· 233

第三章　近代财政收入思想的演变 ································ 235
　第一节　近代税收思想 ·· 235
　　一、培植税源思想 ·· 235
　　二、从轻税思想到现代税收原则 ······························ 238
　　三、更新税制思想 ·· 242
　第二节　近代公债思想 ·· 246
　　一、外债及利用外资思想 ······································ 246
　　二、举办内债思想 ·· 251

第四章　近代财政支出思想的演变 ································ 255
　第一节　近代支出思想 ·· 255
　　一、节用思想与洋务运动 ······································ 255
　　二、民生支出思想 ·· 259
　　三、科教支出思想 ·· 262

第二节 近代战时财政思想 ·· 264
一、近代战时财政的研究 ·· 264
二、近代战时财政支出思想 ·· 265

第五章 近代财政管理思想的演变 ·· 268
第一节 近代预算管理思想 ·· 268
一、编制政府预算思想 ·· 268
二、从量入为出到量出为入 ·· 270
三、预算公开思想 ·· 272
第二节 近代财政管理体制思想 ·· 273
一、地方财政分权思想的兴起 ·· 273
二、划分国地税思想的演变 ·· 275
第三节 近代其他财政管理思想 ·· 278
一、近代统一财政思想 ·· 278
二、近代统制经济思想 ·· 279
三、运用货币政策解决财政危机的思想 ·································· 283

当 代 卷

第一章 中国当代财政思想概貌 ·· 289
第一节 当代财政思想变迁 ·· 289
一、马克思主义财政思想在中国的传播和发展 ···························· 289
二、改革开放前财政思想的演变 ·· 292
三、改革开放后财政思想的演变 ·· 294
第二节 当代财政思想的特点 ·· 295
一、社会主义财政学的探索 ·· 295
二、中国特色财政思想的探索 ·· 296
三、中国财政制度现代化转型的探索 ···································· 296

第二章　马克思主义财政思想的传入和根据地时期财政思想的探索 298

第一节　马克思主义财政思想的传入 298
一、马克思主义及其经济思想的传入 298
二、马克思主义财政理论的传入及研究 301
三、苏联财政思想影响 302

第二节　根据地时期财政实践和理财思想 306
一、邓子恢的财政思想 307
二、林伯渠的财政思想 308
三、董必武的财政思想 309

第三章　马克思主义财政思想在中国的发展 311

第一节　毛泽东的财政思想 311
一、关于财政与政治的关系 311
二、关于财政与经济的关系 312
三、关于财政收入的"自力更生" 312
四、关于财政支出的厉行节约 313
五、关于中央和地方关系 314
六、关于预算的重要性 314

第二节　邓小平的财政思想 315
一、理财以富民为先 315
二、理财以经济发展为基础 318
三、综合平衡的全局观 319
四、分级财政体制观 321

第三节　陈云的综合平衡和国力论思想 321
一、综合平衡和国力论产生的背景 322
二、综合平衡和国力论的主要内容 322

第四节　李先念的综合平衡财政思想 324

第五节　新中国成立后对马克思主义财政思想的研究 326

第四章　财政本质大讨论与国家分配论 … 329
第一节　财政本质问题大讨论和国家分配论的形成 … 329
　　一、新中国成立初期财政本质问题的提出 … 329
　　二、20世纪60年代财政本质大争论 … 330
　　三、20世纪80年代财政本质讨论的继续 … 331

第二节　国家分配论的主要内容 … 332
　　一、国家分配论的主要内容 … 332
　　二、广义财政学的提出 … 336
　　三、社会集中分配论的基本认识框架 … 337

第三节　关于国有企业收入的思考 … 339
　　一、双元财政 … 340
　　二、一体两翼财政 … 340
　　三、第三财政 … 341

第五章　改革开放与公共财政的探索 … 342
第一节　改革开放初期传统财政理论的探索 … 342
第二节　西方财政理论的传入和公共财政思想的兴起 … 343
第三节　公共财政思想在争论中发展 … 347
　　一、民生财政 … 347
　　二、包容性财政 … 349
　　三、建立现代财政制度 … 350
　　四、现代治理、大国治理与大国财政 … 352

古代卷

第一章

中国古代财政思想概貌

中国有着近4 000年文字可考的财政实践,在财政实践中产生了丰富而珍贵的财政思想。这些财政思想是我国传统思想宝库的重要组成部分,为中华民族的延续和发展作出了重大贡献,这些智慧的结晶对我们今天的理财工作仍然有着一定的指导意义。考察中国古代财政思想的发展,大致可将其分为两个时期:一是创造期,从原始部落时代到西汉时期;二是发展期,从东汉一直到清末西方财政思想传入之前。

第一节　中国古代财政思想的源与流

一、中国古代财政思想的创造

中国古代财政思想的创造期大致可以分为三个时段:第一个时段是从原始部落时期到春秋时期,这一时期中国古代传统财政思想的一些核心理念在财政实践中逐渐成型。第二个时段是百家争鸣时期,一些片段的财政思想在争鸣中得到了较为系统的论述和升华。第三个时段是西汉时期,这一时期主要是财政思想的结集时期。中国古代财政思想的两大经典著作——《周礼》和《管子》,经过数百年的发展,在这一时期正式结集成书。特别是这一时期《盐铁论》的成书,标志着中国古代正统财政思想的形成。

中国古代财政思想一直可以追溯到原始时代。人类为了生存结成群落,分工合作,相互依存,共同劳动,公平分配,共同食用。这种原始共产主义的美好生活场景,通过传说和故事流传,构成了"天下为公"的理想图景,对后世财政思想的演进影响深远。我们今天也可以通过流传下来的象形文字"公"等文字的造型以及原始遗存、原始部落等,感受到公平理念在原始分配中的体现。到了部族时代,在中国的先民们中已经出现了公共权力,出现了"集中—储藏—再分配"的模式。在原始财政的运行中,一些零星的财政思想的智慧火星也不断迸发出来,如"公""修德""养民""抚万民""节用""宾从"等,中国传统财政思想的一些基本概念和核心理念大体形成。

4 000多年前的一次席卷世界的大洪水极大地促推了中华文明的进程,也催生了中国财政思想的形成。在世界流传下来的几十个关于洪水的传说中,多是通过方舟、葫芦等设备出逃避难,只有中国先民实施了治水工程。农业文明的特点,是必须在一定地域长时间经营才能取得收获,必须有水的滋养才能取得收获,所以面对水患,中国先民们无法选择逃避,只能勇敢面对,不断与水患斗争,化水患为水利。但是要治这么大的洪水,不仅要集中大量的人力、物力和财力,还需要有强有力的组织机构,这样就在一定程度上催生了国家和国家财政。根据传说,正是治水成功之后,大禹在中国建立起最初的财政模式。大禹向舜帝汇报治水成功时说:"带领百姓播种粮食,把百谷和鸟兽送给百姓,让他们互通有无,调剂余缺,于是百姓安居乐业,天下大治。"(暨稷播,奏庶艰食、鲜食,懋迁有无,化居。烝民乃粒,万邦作义①。)这个方法被中国古人称为"万世理财之法"②。正是通过这次治水,大禹成功地对各地物产进行了初步统计,并在此基础上制定了中国最早的贡赋制度。传说大禹写成了《禹贡》一书,提出了"赋役有常""任土作贡""差地设征"等思想。司马迁的《史记》写夏代赋税,完全以之为依据。虽然学界对《禹贡》的成书时间分歧较大,但一般认为其部分反映了夏代的财政思想。2002年发现的西周中期的《遂公盨》,其铭文部分文字和现存的《禹贡》吻合,可以说《禹贡》的主体部分至少在西周已经成形,这也证实了《禹贡》是中国现存最早的财政思想史专著。

在国家演变的过程中,专制思想也随之出现。夏是中国历史上第一个朝代,其统治者迷信"天命",自视为"天子",受命于固常不变的天。夏桀曾说:"天之有日,犹吾之有民,日有亡哉,日亡吾亦亡矣。"夏桀认为自己的统治是永恒的,于是为所欲为,荒淫无度,罔顾人民死活。然而上天并没有像夏桀希望的那样永远保护他,他在人民的反抗下丧失了统治地位。代之而起的商朝在一定程度上吸取了夏的教训,提出了"施实德于民"(《尚书·商书·盘庚》)的思想,但依然迷信鬼神,认为自己的统治基础来自鬼神的意志。商纣说:"我生不有命在天乎!"(《史记·殷本纪》)

---

① 孙星衍:《尚书·皋陶谟》,载于《尚书今古文注疏》,中华书局1986年版,第93~94页。
② 丘浚:《大学衍义补》,京华出版社1999年版,第197页。

于是"小民方兴,相为敌雠"(《尚书·商书·微子》)。以周公为代表的周初政治家们在总结夏、商两朝衰亡的教训时,深刻地认识到人民的力量,认为"民之所欲,天必从之"(《尚书·周书·泰誓》),将天命和民欲联系起来,认为上天关心的是人民的疾苦,天命是以人民愿望为依归的,提出了敬天保民的思想。德政于是成了沟通天命和民欲的桥梁,其要求统治者在政治上爱民、重民,在经济上富民、知百姓疾苦,在生活上节俭以减轻百姓负担,并将之贯彻于财政实践,构建了中国古代传统财政思想的基本逻辑框架,将德政养民注入了财政思想的灵魂,在型塑中国古代财政思想方面起了重要的作用。相传周公撰写了《周礼》一书,该书成为中国古代传统财政思想的经典。对《周礼》的成书时间,学界争议很大,但《周礼》确实在一定程度上反映了西周时期的财政思想。西周在财政实践中已经形成了系统的财政思想,在财政收入方面,不仅提出了分等征税、贡赋均平、赋役有常等主张,而且还能通过税收手段,实现政府政策意图;在财政支出方面,提出了专税专用、节约支出、分田制禄、寓兵于农等思想;在财政管理方面,提出了"量入以为出"的思想,提出不仅要编制年度预算,还要编制3~30年的中长期预算,建立跨年度的财政收支长期平衡机制;在会计、审计、监督等方面,都提出了基本原则和措施。更为重要的是,将敬天保民的思想全面贯彻于财政工作中,创建了系统的社会保障思想,并且注重遵循自然法则,通过财政手段维护生态的平衡,以保证经济的可持续发展。

西周的德政带来一个持续稳定的发展时期,这是中国历史上第一段有详情可考的时期。这样一个稳定的发展期对财政思想的形成是非常重要的,一些零星的认识、一些经验的总结,逐渐汇总成一个逻辑清晰的思想系统,相互联系、相互支撑,在实践中不断被深化和系统化。随着生产技术的进步,商业的繁盛,人口的增长,社会结构也发生重大变化,不断出现新的财政问题。特别是周王室衰落后,原来建立在礼治基础上的财政秩序已近崩溃,这些引起了人们对财政问题的思考。与此同时,一个知识阶层也在基层社会逐步形成并壮大。他们直面包括财政在内的各种社会问题,积极思考,提出自己的主张,形成了很多派别,史称"百家争鸣"。他们在财政方面的论述和争鸣,极大地扩展了财政思想的广度和深度,也推动了财政思想的创造由自发走向自觉。在此之前,财政思想多是执政者在理财实践中的思考,而到了"百家争鸣"时期,财政思想成了知识阶层的自觉思考。儒家提出了礼治、仁政、德本、民本、富民、轻税、节用、开源节流等主张;法家提出了法制、国富民贫、统一财政、重农抑商、重税、功爵官禄、平籴等主张;墨家提出了官府实而万民富、常征轻敛、备者国之重、生财节用等主张;道家提出了无为而治、富国裕民、天下多忌讳而民弥贫、轻税节俭等主张；农家提出了不得向百姓征税，不得建仓廪府库等主张；杨朱学派提出了轻物重生论、适欲论等主张；兵家则从财政与军事的关系着手分析了财政准备的重要性，并提出了轻赋税、重度量等主张。这些思想从不同角度阐释与加深了人们对财政的理解，有些思想或许有些片面，但正如哲学家常说的，"片面才能深刻"。诸子百家，各持己说，相互驳难，也相互吸收借鉴，共同推动了中国传统财政思想的发展。

战国时期，兼并战争日趋激烈，社会结构变化剧烈，财政分配不公现象日益突出，改革的呼声日益迫切。各国统治者面对内忧外患的危局，无不谋求富国强兵，从而取得兼并战争的不断胜利。这也为思想家们提供了实践的舞台，他们在各国奔走，向各国君主推行自己的思想。法家在其中脱颖而出，其代表人物李悝、吴起、申不害、邹忌、商鞅在各国主持变法，一时间引领了财政思想的发展方向。特别是商鞅变法的成功，使秦国一步步走向了强盛，最终统一六国，建立了中国历史上第一个大一统王朝。但是法家的苦役重税思想，"一岁力役，三十倍于古，田租口赋，盐铁之利，二十倍于古"①，给广大人民带来了极其沉重的负担。结果是经过六代的积累，秦始皇统一天下，完成辉煌伟业之后仅15年，秦帝国就土崩瓦解。而最初开始反抗的仅数百戍卒，就能令天下云集响应。

秦朝的暴政对生产的破坏以及由此激化的社会矛盾对西汉统治者来说是刻骨铭心的。汉惩秦之弊，采用道家的黄老之学，提出"无为而治""休养生息"的国策，倡导"夫道莫大于无为"②，力图把秦政高速运转的官僚机器的转速降到最低，以避免对社会的骚扰和破坏而让其自然复苏。轻徭薄赋、奖励生产、与民休息的思想，使汉初社会经济得到恢复，并持续增长，形成人民富裕、国库充盈的盛世局面。但汉武帝时，开始利用汉初几十年积累起来的财力，大事征伐。50年间，北伐匈奴，南征百越，东置玄菟，开路西南夷，打通河西走廊，万里出兵大宛，军费浩巨，征发烦数，百姓贫耗，国库空虚，多次出现财政危机。汉武帝用桑弘羊理财，通过盐铁专营、均输平准、加重赋役、开征新税等多种方式开拓财源，虽然通过垄断财利、统制经济聚敛了巨额财富，但是也极大地激化了社会矛盾，百姓不堪重负，多次掀起暴动。汉武帝晚年被迫下罪己诏："朕即位以来，所为狂悖，使天下愁苦，不可追悔"，宣布"事有伤害百姓、糜费天下者，悉罢之"，这在一定程度上缓解了社会矛盾。武帝之后，昭、宣两帝继续推行"轻徭薄赋，与民休息"的财政思想，出现了社会稳定、

---

① 班固：《汉书》卷二四《食货志》，中华书局1962年版，第1137页。
② 陆贾：《无为》，《新语校注》，中华书局1986年版，第59页。

生产稳定增长的局面。

秦始皇统一天下后,在实现财政赋税制度统一的同时,也带来了很多新的问题,统一的财政应该如何运行?我们知道最早起事的陈胜、吴广就是反抗赋役制度的严苛。在统一之后,赋役的运输距离一下子拉长了很多,成本急剧上涨,极大地加重了人民负担。由统一带来的一系列的财政问题,并没有引起统治阶层的充分注意和思考。秦始皇在统一制度的同时,也试图实现思想的统一,通过焚书坑儒政策,销毁了民间各家学派的著作,对财政思想的发展也造成了巨大影响。秦帝国迅速灭亡,也把如何构建统一国家的财政等一系列问题留给了继之而起的汉帝国。汉初提倡黄老之学,无为而治,在一定程度上允许地方郡国因俗而治,并不强求一致。经过70多年的发展,汉帝国有了相当的财力储备,到汉武帝时,才任用桑弘羊,以法家学说逐步建立统一的财经制度。而儒家在汉初也开始复苏,在黄老之学的旗帜下,悄然壮大,到汉武时已成时代潮流。汉武帝在"出师征伐"大获成功、"变更制度"基本完成后,决定实行"罢黜百家,独尊儒术"的政策。但这时的儒家思想和先秦已有不同,经董仲舒改造后的儒家已经适应了专制统一的需要,特别是在财政思想方面也吸收了道、法等家的思想。经过汉儒的努力,惨遭秦始皇焚书的各家著作,也在一定程度上得到复原,反映早期财政思想的一些经典著作重现光彩。战国以来,秦用法术、汉初用黄老、汉武尊儒家、杂用法术,各家财政思想此起彼伏,异彩纷呈。至此,中国古代财政思想已出现合力指向,儒家的民生情怀、法家的理财技术、道家的自由精神、兵家的战备诉求,相互交融,从零散走向系统,从片面走向包容,逐步形成了此后2 000年财政思想的基本架构,其影响也一直延续至今。理财智慧的传承,成为中华民族得以延续的重要因素。

二、中国古代财政思想的发展

思想有一定的继承性,一旦一个逻辑体系基本架构成型,对其后思想的演化就会产生一定的限制与引导,即此后思想会产生一定的路径依赖,在没有外来思想冲击的情况下,不易产生全新的逻辑体系。中国古代财政思想自形成基本架构后,在此后的2 000年间主要是继承和发展,没有再出现大的创新。梁启超曾不无夸张地说:"虽谓我国财政学说自秦而中绝可也。"[1]虽说中国古代财政思想的基本逻辑体系已经形成,但历代在财政实践中还是不断遇到新的问题,出现新的思考,对原

---

[1] 梁启超:《论中国财政学不发达之原因及古代财政学说之一斑》,载于《梁启超全集》(第九卷),北京出版社1989年版,第2831页。

有思想体系不断进行批判、反思和推进。特别是一个个财政危机,更促进了思考的不断深入,看问题的角度作出调整和走向全面。

汉武帝虽实行"罢黜百家,独尊儒术"的政策,但实际上只是将儒学尊奉为正统意识形态,对其他学说的发展并没有一概禁绝,反而如汉宣帝所言"汉家自有制度,霸王道杂之",在实际政治统治中,兼综各家,皆根据具体情况灵活运用,特别是在更具实用性的财政方面,并不执于一家。但是,"独尊儒术"的国策还是给汉代及以后的社会带来了很大影响,并在其后趋于极端。由于形成了一套以儒家思想为指导的教育和选官体系,天下学士多靡然从风,一批精通儒学思想的士人崛起,他们不仅以儒学作为自身行为的指导,还希望改制,实现儒家的政治理想。西汉末年王莽的"奉天法古"改革,把这股改制思潮一时间推向顶峰。王莽希望根据经典的记载,把儒家理想化的思想在现实中彻底贯彻,企图重建井田制,解决土地兼并问题;希图建立五均六筦制度,通过国家干预经济,调节分配不公现象。但是其改革始终拘泥经典著述,"每有所兴造,必欲依古得经文",而不能从实际出发,最终让百姓受到伤害,以失败告终。王莽这种类似"乌托邦"式的社会主义改革迅速失败,促使中国古代财政思想从理想向现实靠拢,东汉时期在财政思想方面便表现得非常务实,如精兵简政、度田检户、减免赋税、重俭节用、赈济灾民,在理想和现实间寻求平衡点。在财政思想上,东汉时期多以具体财政问题提出对策,鲜有创新。这一时期最为重要的是班固的《汉书·食货志》,其通过对古代财政思想和制度的梳理,完成了以儒家正统思想对从夏禹到王莽的财政思想的论述框架。

东汉自和帝之后,外戚宦官交替专权,政事荒谬错乱,官吏腐败贪鄙,再加上其间对羌战事持续,军费负担加剧,财政困竭。于是政府"征发无度",人民"供徭赋役,为损日滋""百姓匮乏,疲于征发""老幼孤寡,叹息相依"。在这样的背景下,崔寔、荀悦、仲长统等学者提出反对奢僭、增官俸、反私藏和度入为出等主张;也有学者提出"重税"的主张。东汉人民面对疯狂的敲诈勒索,只有揭竿而起,于是爆发了波澜壮阔的黄巾大起义,并最终撼动了汉帝国的根基。

汉帝国崩溃后,群雄争霸、三国鼎立,其中西晋短暂统一,可惜昙花一现,祸起萧墙。八王之乱后,北方游牧民族如洪水般涌入中原,五胡十六国,南北朝对峙,四百年间王朝更迭,祸乱相寻,人民转徙。原来的财政体制被打破,不仅基层征税体系崩溃,而且也几无可征之税,因为作为课税对象的土地荒芜,作为纳税主体的编户凋零。面对在饥饿中挣扎的人民,政府就是靠抢劫也得不到粮食。各政权在最危难处求生存,危机压迫产生无数思想火花,在这样的困境中,出现了屯田、户调、赐田复客、专卖等各种应急务实的思想,用豪强征敛和国家专营的方式重建国家财政的基础。先秦诸子的大门也被一个个敲开,重新焕发出新的生命力。曹操、诸葛亮等执政者,最先开始向法家思想寻求富国强兵之策,曹操以严刑峻法抑制豪强,以求强兵足食。诸葛亮为教育刘禅,手书《申子》《韩非子》《管子》等著作进行讲授。由老庄学说发展而来的玄学,既为西晋时期的奢靡之风提供了理论,也产生了无君无税思想,陶渊明更是描绘出一个无君无税的桃花源乌托邦境界。葛洪融合儒道,认为苛捐杂税固然有害民生,但若取之有限,用之有节,亦不可厚非。傅玄沟通儒法,提出了"至平、趣公、有常"的租税三原则。刘昼汇通儒、法、道,从儒家角度提出"轻约赋敛""减徭役之费"的民本思想;从法家角度提出"建国君人者,虽能善政,未能弃法而成治也";从道家角度主张"无为是务"。佛教的传入,也为这一时期的财政思想注入了新的源泉,并引起了很多讨论。

这一时期北方各游牧民族纷纷在传统农耕区建立政权,虽然有残酷的争斗,但也有各种文化的融合,游牧民族原始的平等思想、质朴精神和商业意识,无疑给这一时期的财政思想注入了新的生命力。"胡汉杂糅"推动了均田、租庸调、三长、均赋役、计账、寓兵于农等财政思想的发展,重新建构起新时期的财政体系。著名史学家陈寅恪先生曾言:"取塞外野蛮精悍之血,注入中原文化颓废之躯,旧染既除,新机重启,扩大恢张,遂能别创空前之世局。"①

隋唐两朝我国再次实现国家统一,思想也再归于儒家正统。大唐盛世气象,虽说有容乃大,但在财政思想上,除杨炎的"量出制入"原则等外,并无太多创新,有限的财政思想多从属儒家学说。唐太宗李世民以隋亡为鉴,强调"民为邦本,本固邦宁",在财政上主张"去奢省费,轻徭薄赋""赏赐给用,皆有节制,征敛赋役,务在宽简"。在贯彻儒家仁政思想的同时,李世民也能肯定道家无为思想积极的一面,注重节俭和人民的休养生息。也正是在此基础上,唐太宗提出了财政支出上"共所众有"和"私欲"的区别和界限,提出不为君主和王公百官的私欲耗财,将有限的财政资金用于救济灾荒、辅助生产和解决边患上。在唐太宗君臣的努力下,终于开创了历史上著名的"贞观之治"。

唐玄宗李隆基在执政后期,陶醉于所谓的盛世气象之中,骄侈之心日增,对内奢靡之风日盛,对外不断开边拓土,政治急剧腐败,财政危机加重。天宝末年,"安史之乱"的爆发彻底结束了唐帝国的鼎盛局面。"安史之乱"后,原来的财赋体系被

---

① 陈寅恪:《李唐氏族之推测后记》,载于《金明馆丛稿二编》,生活·读书·新知三联书店2003年版,第344页。

打破,经济凋敝,税源枯竭,而国家多事,开支浩繁,出现了严重的财政危机。也正是由于危机不断,一批财经技术官僚脱颖而出,在财政思想方面多有创新。刘晏从一个全新的角度出发,以经济手段化解财政危机,在改善政府财政状况方面取得显著功效。刘晏理财的许多措施,大都暗合某些近代财政原则,备受后世学者关注。杨炎提出的"两税法"思想,构建了此后1 000多年税制的基本框架,对此后社会经济发展产生了深刻影响。陆贽等围绕"两税法"的讨论,也加深了人们对财政的理解。陆贽在儒学中,进一步发挥了荀子的思想,从性恶论出发,在财政考课监管思想方面作了深入讨论。杜佑不仅是理财能手,而且编著了我国第一部典制体专书《通典》。《通典》将反映财政思想的食货典列为篇首,占了12卷的篇幅,系统阐述了古代财政变迁,在财政思想史上具有重要意义。唐代财政思想虽然创新不多,但是在财政的专业性方面比较深入,在财政的精细化管理方面尤为突出。

唐帝国后期,藩镇割据,地方权重,以致中央财权失控,地方分割财源。历经唐末五代,几代统治者用了100多年时间,殚精竭虑都没能完成收财权于中央的任务。宋初统治者,为矫正前朝之弊,设置了一套相互牵制的复杂体制,专制集权得到空前加强,一切财权集中于中央,所谓"以防弊之政,作立国之法"。但旧弊虽防,新弊又生,官吏增多,支出浩繁;集权太甚,地方财衰力弱。加上边患频仍,契丹、党项、女真交相来攻,此起彼伏,宋帝国每每以金钱买和平,使本来已经匮乏的财政雪上加霜。如何革除弊端、缓解财政困难,就成了当时朝野都非常重视的问题。先有王禹偁、李觏等提出财政改革的若干构想,后有范仲淹、王安石主持改革,还有司马光、苏轼兄弟等对改革提出异议。宋代的财政思想主要针对现实财政困境展开,解决之道虽然争论不休,但无论王禹偁的"以民为先""山泽之利,与民共之""什一而税"、李觏的"行平籴、抑末富国、农兵合一、反专卖私藏"、范仲淹的"均公田、厚农桑、减徭役"、王安石的"方田均税、均输市易"等思想,还是司马光的"实物纳税、常平积蓄"、苏轼的"轻赋役、节用、农末皆本"等思想,都还是脱离不了先秦诸子的窠臼。在两宋,由于商品经济的发展,社会经济面貌已经发生了很大变化,可惜财政思想未能随之创新,而且复古情怀还很重。李觏认为只要能推行《周礼》中描述的那些财政制度,就可解决当前的财政困境。司马光、苏轼论财,也多用"自古赋役,无出三者""自古役人,必用乡户"之类的话作为论据。南宋思想家叶适虽自创不多,但是能对古代财政思想进行系统批判,并为理财正名,在当时是非常不容易的。

宋王朝为防止唐末五代之弊,实现长治久安,立国之后重文抑武,大力复兴儒家文化。儒学一时蔚然成风,学者众多,学派纷呈。财政思想的分歧与对立也表现在了学术上,各家都到儒家经典中去寻求理论支持。王安石认为理财就是义,是养民的重要途径。他全面疏解了儒家经典,写作了《周官新义》《书经新义》《诗经新义》《春秋左传解》《礼记要义》《论语解》《孟子解》等,为自己的改革主张建立了理论基础。其中《周官新义》最为重要,全面阐释了他的财政改革理论。王安石宣称:"政事所以理财,理财乃所谓义也。一部《周礼》理财居其半,周公岂为利哉!"司马光则称:"孟子曰仁义而已矣,何必曰利",认为理财是与民争利,不如节用以积余财。苏轼认为:"国家之所以存亡者,在道德之深浅而不在乎强与弱。历数之所以长短者,在风俗之厚薄而不在乎富与贫。"在施行仁政的背后,反对派也旗帜鲜明地为既得利益辩护。司马光称:"贵贱贫富,天之分也。""天使汝穷,而汝强通之……若是者必得天刑。"苏轼称绝不能让"品官形势之家与齐民并事"。苏辙认为,国有富豪之民是"理势之所必至",绝不可加以干涉。

新儒学发展到南宋,正式衍生出理学。理学奠基于程颢、程颐兄弟,成型于朱熹。朱熹将《礼记》中一段论述以德理财的文字单独抽出来,重新编排章节,命名为《大学》,列入四书,亲自作注。《大学》对此后的中国古代财政思想影响深远。朱熹在财政方面,较为同情王安石变法,但强调应在谈义中求利。在具体主张上,他向往井田制,主张创办社仓。在南宋末年,以朱熹为代表的理学成为中国思想的正统。与朱熹同时代,还存在以陆九渊为代表的心学,陆九渊在财政思想上,也较为同情王安石,直言:"或言介甫不当言利,夫《周官》一书,理财者居半,冢宰制国用,理财正辞,古人何尝不理会利。"他主张要把握好取与予的度,做到"取焉而不伤民,予焉而不伤国"。

这一时期,契丹、党项、女真、蒙古先后在中国北部建立国家,开始了农耕文明和游牧文明的第二次碰撞。值得注意的是,游牧民族的重商传统,将更多的商业精神带入了财政思想,脱离了传统"重本抑末"的思想藩篱。例如,卢世荣的贸易理财论、王恽的便商贾为利论、郑介夫的将盐专卖的若干环节开放给商人经营等。在农耕文明和游牧文明的冲突中,耶律楚材等极力主张改变游牧族落后的掠夺财政,建立正常的赋税制度。总的来说,这些财政思想较为零散,不成系统。元帝国时期,最系统、最突出的财政思想者当属马端临,其编著的《文献通考》,记述了从上古直到宋宁宗时期财政制度和财政思想的演变并进行了评论,充分反映了他的财政思想。唐帝国中叶后,货币经济有很大发展,到两宋时期纸币已有很大规模的使用,在财政收支中的比重日益增大。到元帝国时,更是将纸币作为主币在全国范围内发行使用。在财政思想中,有关货币作用的讨论越来越多,马端临以纸币购买力的变动来分析财政收入,是中国古代财政思想的一个很大进步。

明帝国商品经济有了很大发展,但对财政思想的影响有限。这一时期财政思想方面最突出的当属邱浚的预算思想和张居正的"一条鞭法",还有一些针对形势提出的对策,虽对传统财政理论有所发展,但没有太多突破。从晚明到清初,随着明帝国的衰亡,很多士大夫开始反思传统的财政制度和思想。被称为明末清初三大启蒙思想家的顾炎武、黄宗羲和王夫之,在明清易代之际,隐居不仕,专心著述,但始终心怀天下,倡导经世致用之学,从不同侧面对传统财政思想进行了检讨。黄宗羲对并税制改革的讨论,被后世学者称为"黄宗羲定律"①,对当代农村税费改革也产生了一定影响。顾炎武对财政体制的议论、扩大地方财权的主张,到今天也具有很强的现实意义。王夫之反对国家干预经济,主张放任经济,即使平籴这样传统的财政措施,王夫之也坚决反对,认为如果人为调整粮价,势必带来新的危害。三位思想家都极力反对专制思想,锋芒更直指专制皇权,带有早期启蒙性质,其对传统财政思想的反思,亦弥足珍贵。

西方思想从明帝国时就开始传入中国,但财政思想要滞后很多,到清末才逐渐传入,也使传统的财政思想影响开始逐渐淡化。但中国古代财政思想中智慧的光芒,至今还能给我们以启发。

第二节 中国古代财政思想的特点

一、中国古典国计学

中国古代一般用"国用""国计""邦计""度支""理财"等词汇来表达今天"财政"的含义。现在我们用的"财政"这个术语是从日本引进的。据日本学者考证,日本最早是福泽谕吉在1869年撰写《财政论》时使用"财政"一词的,当时还是泛指经济现象,到19世纪80年代后才专指"public finance"②。中国戊戌变法前后已经出现"财政"这个术语,光绪二十六年(1900年)丁未诏里使用了"财政"一词。最早用西学方法研究中国古典经济学的陈焕章,是康有为的学生,清光绪三十年(1904年)的进士,又在清宣统三年(1911年)获美国哥伦比亚大学经济学博士学位,既有

---

① 秦晖:《并税制改革与"黄宗羲定律"》,载于《农民中国:历史反思与现实选择》,河南人民出版社2003年版,第17页。

② 神野直彦:《财政学——财政现象的实体化分析》,彭曦等译,南京大学出版社2012年版,第4~5页。

扎实的传统学术底蕴，又有坚实的西方经济学基础，真正融贯中西。他将"economic principles"译作了"理财学"，而认为财政可以用"国计"（national accounting）这个术语来表达，认为唐代的预算书《元和国计簿》就用了"国计"，而且"财用""会计"等术语，既可以表示公共财政，也可用于私人财务，只有"国计"可以准确表示公共财政①。

中国的财政思想很早就认识到财政是国家治理的基础。《逸周书》中引用夏人的话"国无兼年之食，遇天饥，百姓非其有也"，指出了国家通过财政建立储备的重要性。《管子》指出，治理国家管理人民，必须富裕国家，"守在仓廪""国多财则远者来，地辟举则民留处"。子贡问政，孔子回答："足兵足食，民信之矣。"墨子说"官府实而万民富"，认为只有国家财政充足，才能"养其万民"，从事各种政治、经济、外交活动。商鞅等法家思想家都比较支持强大统一的财政，但却将富国和富民对立起来。荀子虽然也强调"不富不厚之不足以管下也"，但主张德政，充实的财政只要在德政下，"岁虽凶败水旱，使百姓无冻馁之患"。如果德政不施，"老弱有失养之忧"。后世学者在财政实践中，对此认识更加深刻。《汉书·食货志》作了总结："帝王所以聚人守位，养成群生，奉顺天德，治国安民之本也。"唐代杨炎曾言："理财者邦国大本，生人之喉命，重轻安危，靡不由此。"②宋代李觏认为，"治国之实，必本于财用"，指出"盖城郭宫室，非财不完；羞服车马，非财不具；百官群吏，非财不养；军旅征伐，非财不给；郊社宗庙，非财不事；兄弟婚媾，非财不亲；诸侯四夷朝觐聘问，非财不接；矜寡孤独，凶荒札瘥，非财不恤，礼以是举，政以是成，爱以是立，威以是行"，提出"舍是而克为治者，未之有也"。③苏洵在《上皇帝书》中论证："财者为国之命，而万世之本。国之所以存亡，事之所以成败，常必由之。"④

由于早期的洪水记忆和后来治水与救灾的实践，古人很早就注重国家财政的研究，形成了较丰富的财政思想，而且表现出鲜明的国计特征。大禹治水为中国财政管理留下了最初的模板，所谓"万世理财之法"，就是要引导人民从事农业生产，让人民能安居乐业，从而使国家得到治理。在中国古代史上，国家始终承担着重要的责任，如建设基础设施、经营各种产业、实施产业政策、管理市场经济等。由于古

---

① 陈焕章：《孔门理财学——孔子及其学派的经济思想》，翟玉忠译，中央编译出版社2009年版，第369页。程碧波在其著作《国计学》里，模仿西方经济学的方式，将"国计"译作"nationnomy"，将"国计学"译作"nationomics"。
② 刘昫：《旧唐书》卷118《杨炎传》，中华书局1975年版，第3420页。
③ 李觏：《富国策第一》，《李觏集》，中华书局1981年版，第133页。
④ 苏辙：《上皇帝书》，《苏辙集》，中华书局1990年版，第368页。

代学者大都从"国计"的角度思考,中国财政思想很少局限于就财政论财政,而是站在"国计"立场,注重整体思维,不仅注意到财政、税收和物价的联动效应,而且还将其扩展到与国家、社会和环境保护的综合联动中。为了防范大洪水和其他公共风险,中国先民们认识到社会共同体成员必须团结起来,互相帮助,以增强抵制自然风险的能力。这不仅加强了中国传统的集体主义意识,而且提升了中国早期国家政权通过财政管理国家的能力,产生了预算管理思想的雏形。《礼记·王制》提出:"冢宰制国用,必于岁之杪,五谷皆入然后制国用。用地小大,视年之丰耗。以三十年之通制国用,量入以为出。"即不仅要建立年度预算,还要通过编制中长期预算建立跨年度的财政收支长期平衡稳定的机制,只有这样才能防患于未然。《周礼》还设计出一套"收支对口、量入为出"的九式管理的办法。

在清帝国的最高财政管理机构——户部的大堂,就悬挂着雍正皇帝亲笔题写的"九式经邦"大匾。"九式经邦"出自《周礼》的"以九式均节财用""以经邦国"。大匾旁还悬有训辞:"周礼以九式之法均节国之财用,职綦重焉。尚其平准出纳,阜成兆民,毋旷乃守。"以此作为当时财政工作的宗旨和准则。新中国财政部进驻户部衙门时,这块大匾还在。对大匾上"九式经邦"几个字,很多财政部老人还记忆深刻,其所表达的"收支平衡、量入为出、略有结余"的治国理财理念也引发了他们的深刻思考。

二、天下为公

中国早期思想家为我们营造了一个理想的上古社会,"大道之行,天下为公"。这个理想影响了整个古代社会的财政思想的发展,人们向往建立一个财富均平分配、老弱病残受到充分照顾的大同社会。正是在建立大同社会的理想情怀激荡下,出现了井田、授田、限田、均田、度田、方田等土地均平思想;出现了相地而衰征、省力役、薄赋敛、轻税、薄收、至平、平赋、均赋役、均贫富、计资而税、永不加赋、有所纳而必有所施等税收思想;出现了节财、节流、节用、用之有止、去无用之费、量入制出、养万民、九惠之教等支出思想;出现了贵粟、平籴、常平仓、社仓、均输、平准、民不加赋而国用饶等财政管理思想。这种理想也贯穿于整个传统社会,《周礼》中出现了40多处"均"字,体现在财政管理的方方面面。对公平的追求史不绝书,直到清帝国后期还有传统士大夫希望恢复井田制。清帝国末年,康有为写作《大同书》,还把资产阶级改革和传统的大同理想相联系,以寻求更多国人的支持。这种天下为公的大同理想是中国古代财政思想最重要的基础理念之一。

第一章　中国古代财政思想概貌

中国先民很早就认识到了财政的公共性。中国古代的《尚书》《左传》《国语》记录的国家建立初期的国家起源说都是"天子作民之父母,以为天下王""天生民而立之君,使司牧之""政在养民"。古代儒家思想家归纳为建国设君是为了利民养民;墨子也认为国家的起源是因为人类的经济需要,所以国家和主持国家的人应该以解决人民的生活困难为职责。法家虽尊君抑民,但韩非子还是说明上古之君是因为构木为巢、钻燧取火推进了民生之改进,因而"民悦之,使王天下"。明代的方孝孺对古代国家生成理论作了系统论述,他认为天之生人,有自然的不平等,所以要设立君主和官吏,来集中财富,济贫扶危。"天非不欲人人皆智且富也。而不能者,势不可也。势之所在,天不能为,而人可以为之。故立君师以治,使得于天厚者不自专其用,薄者有所仰以容身。""天之立君,所以为民,非使其民奉乎君也。然而势不免粟米布帛以给之者,以为将仰之平其曲直,除所患苦,济所不足而教所不能。""人君之职,为天养民者也。"①甚至中国末代皇帝的退位诏书开篇还是陈说"古之君天下者,重在保全民命,不忍以养人者害人"②。这样的国家生成理论可以说贯穿整个中国帝制时代。虽然古代皇帝中不乏贪鄙荒淫之辈,但是在理论上基本都认同财政为公。清帝国末年,慈禧欲修颐和园,时任户部尚书的阎敬铭称"治以节用为本"③,拒绝拨款。慈禧不敢公开发作,便给他扣了个"不能体仰朝廷裕国便民之意"的帽子将其免职。

《周礼》的财政设计中,已经有了公私之别,规定只有在各项正常支出有结余的情况下,才能将结余用于"王玩好之用"。秦汉时期,已经出现了国家财政和皇室财政的分离,《史记·平准书》称:"量吏禄,度官用,以赋于民。而山川园池市井租税之入,自天子以至于封君汤沐邑,皆各为私奉养焉,不领于天下之经费。"汉文帝给自己在财政管理中的角色定位是"朕为天下守财耳,岂得妄用之哉"④。毋将隆在《谏私给武库兵疏》里,对"别公私"的思想进行了阐释⑤。北周明帝称天子是为天下守财,对"有侵盗公家财畜钱粟者",可以免其罪,但公家的财物必须追回⑥。唐太宗区别了"共众所有"与"私欲"⑦,强调国家财政必须用于"共众所有"。可以说,

---

① 方孝孺:《逊志斋集》,宁波出版社 2000 年版,第 76~77 页。
② 赵尔巽:《清史稿》卷 25《宣统纪》,中华书局 1977 年版,第 1005 页。
③ 赵尔巽:《清史稿》卷 438《阎敬铭传》,中华书局 1977 年版,第 12385 页。
④ 范晔:《后汉书》卷 48《翟酺传》,中华书局 1965 年版,第 1604 页。
⑤ 班固:《汉书》卷 77《毋将隆传》,中华书局 1962 年版,第 3264 页。
⑥ 令狐德棻:《周书》卷 4《明帝纪》,中华书局 1971 年版,第 56 页。
⑦ 吴兢:《贞观政要》卷 6《论俭约》,载于《贞观政要集校》,中华书局 2003 年版,第 317 页。

财政的公私之别在古代已经有了很清楚的认识。

在公共产品的提供上,中国古代财政思想不仅强调了政府财政的职责,也提倡互济共担。孔子说:"独富独贵,君子耻也。""富而能富人""富有天下而无怨财,布施天下而不病贫,如此,则谓贤人矣。"《论语》记载,子贡曾问孔子:"如有博施于民而能济众,何如?可谓仁乎?"孔子回答:"何事于仁?必也圣乎!"孔子高度评价能惠及他人的行为。孔子理想的"天下为公"的大同社会是"人不独亲其亲,不独子其子。使老有所终,壮有所用,幼有所长,矜寡孤独废疾者,皆有所养"。墨子更提出"兼相爱,交相利""视人之国若视其国,视人之家若视其家,视人之身若视其身""有力者疾以助人,有财者勉以分人",把互助精神推广到所有的人,建立人们之间互助的思想基础。西汉时,逐步形成了政府通过官爵和减免税鼓励引导富裕之家的政策,"以义收食贫民,入谷物助县官赈赡"。东汉末期,以《四民月令》《颜氏家训》为代表的各种家训,也都在不同程度上丰富了民间互济式提供公共产品的思想,特别是佛教思想的传入为古代公私合作提供公共产品的思想注入了新的活力,丰富了"天下为公"的思想。

三、理财以养民为先

"养民"作为中国传统财政思想中的核心概念,有着深厚的历史渊源。《史记》中记载传说时代的黄帝为政,"修德""抚万民"①。《尚书》记载夏禹曾提出"政在养民"②"民为邦本"③的思想,商王盘庚曾提出"施实德于民""惟民之承保""生生""鞠人谋人在之保居"④的思想。商汤谴责夏桀暴虐,"夏王灭德作威,以敷虐于尔万方百姓",所以"万方百姓"向"上下神祇"祈求"降灾于夏",认识到"天道福善祸淫"⑤。周武王伐纣,作《泰誓》,指出"天视自我民视,天听自我民听""民之所欲,天必从之"⑥。周人将天命、民意和养民结合起来,提出"敬天保民"的理念,即将神秘难测的天命,具体为"民情""民欲""民心""民视""民听",作为财政"养民"的思想基础。直到帝制时代的末期,清帝国末代皇帝的退位诏书还将天命明确地阐释为:"人心

---

① 司马迁:《史记》卷1《五帝本纪》,中华书局1959年版,第3页。
② 《尚书》卷4《大禹谟》,《十三经注疏》,中华书局1979年版,第135页。
③ 《尚书》卷7《五子之歌》,《十三经注疏》,中华书局1979年版,第156页。
④ 《尚书》卷9-11《盘庚》,《十三经注疏》,中华书局1979年版,第169~172页。
⑤ 《尚书》卷8《汤诰》,《十三经注疏》,中华书局1979年版,第162页。
⑥ 《泰誓》原文今已不存,内容散见于先秦诸子的引文中,"天视自我民视,天听自我民听"为《孟子》所引,"民之所欲,天必从之"为《左传》所引。今文《尚书》中的《泰誓》三篇一般认为是伪古文。

所向,天命可知。"孟子更进一步发展出"民贵论",认为"民为贵,社稷次之,君为轻",养民为政治第一要义。

《周礼》提出了"慈幼、养老、赈穷、恤贫、宽疾、安富"的"养万民"思想。《管子》提出了"老老、慈幼、恤孤、养疾、合独、问病、通穷、振困、接绝"的"九惠之教"思想。中国古代"养民"思想不仅包括了丰富的社会保障思想,还包含了"为民治产"的富民思想。孟子认为"民之为道也,有恒产者有恒心",提出"明君治民之产,必使仰足以事父母,俯足以畜妻子,乐岁终身饱,凶年无死亡"。管子认为"仓廪实而知礼节,衣食足而知荣辱",提出"治国之道,必先富民"。所以,古代思想家特别重视政府对生产的辅助,一方面在大同思想的影响下一再提倡均田地,从汉代限民田,北魏均田制,一直到晚清太平天国的《天朝田亩制度》;另一方面则对农民生产提供帮助,如大兴水利、提供种子、农具的贷款、编制农书等。晋文公认为政府的职责,除了"施舍分寡,救乏振滞,匡困资无",还要"轻关易道,通商宽农,懋穑劝分,省用足财"(《国语·晋语》)。"养民"思想,可以说是古代财政思想史中最丰富的一个概念。

为生民立命一直是古代知识分子的最高理想,在古代财政思想中充满了古代理财家哀民生之多艰的人文情怀。如董仲舒"限民名田"的献策:"贫民常衣牛马之衣,而食犬彘之食……民愁亡聊……"①晁错的《令民入粟拜爵疏》:"圣王在上,而民不冻饥者,非能耕而食之,织而衣之也,为开其资财之道也……"②李安世建议均田制的上疏:"臣闻量地画野,经国大式……雄擅之家,不独膏腴之美;单陋之夫,亦有顷亩之分。"③杨炎提议两税法的疏文:"天下之人苦而无告,则租庸之法弊久矣……始以兵役,因之疾疠,征求运输,百役并作,人户凋耗……贫人无所入则丁存。"④读这些文字,可感其谋国之忠,爱民之切,灌注笔端。可以说,养民始终是古代财政思想的核心内容之一。

四、讳言财利

义利之辩是中国思想史上一个原则性的、长期争论的重大话题,各家学说都对此提出了看法,提出了"义以利生""废义则利不足""义与利者人之所两有也""义,利也""义可以利人""君子义以为上""王何必曰利,亦有仁义而已矣"等各种看法,

---

① 班固:《汉书》卷24《食货志》,中华书局1962年版,第1137页。
② 班固:《汉书》卷24《食货志》,中华书局1962年版,第1130页。
③ 魏收:《魏书》卷53《李安世传》,中华书局1974年版,第1176页。
④ 刘昫:《旧唐书》卷118《杨炎传》,中华书局1975年版,第3421页。

或将义利视作因果关系,或视作并列关系,或视作次序关系。而孔子将两者完全对立起来,认为"君子喻于义,小人喻于利",建构起儒家"重义贱利"的理论论述,明确而突出地将"义"看作是对"利"起决定作用的东西。孔子"重义贱利"的思想对后世财政思想产生了很大影响,将其抹上了伦理的色彩,形成了"讳言财利"的传统。

在"重义贱利"思想的影响下,形成了以德理财的理念。这一点在《大学》中有很明确的表述:"得众则得国,失众则失国。是故君子先慎乎德。有德此有人,有人此有土,有土此有财,有财此有用。德者本也,财者末也。外本内末,争民施夺。是故财聚则民散,财散则民聚。"《大学》进一步强调:"国不以利为利,以义为利也。"这种重义的以德理财观,对养民、富民思想的发展具有重要作用,而且在税收上主张薄赋敛、"使民也义",反对过度征收赋税和徭役,在一定程度上制约了统治者的征税权。

但讳言财利也有一定的负面消极影响。孔孟将理财行为称为"聚敛"。孔子门生冉求曾任季氏宰臣,帮助季氏进行田赋改革,孔子严厉地批评说:"求非吾徒也,小子鸣鼓而攻之可也。"《大学》里更是引孟献子的话说:"与其有聚敛之臣,宁有盗臣。"后世一些士大夫更将之奉为教条,讳言财利,这就制约了财政思想的发展。司马光就以"善理财者,不过头会箕敛耳"为由,反对王安石变法。朱熹也称:"掊克,聚敛之臣也。"在"贵义贱利"的思想指导下,古代知识分子普遍鄙视具体的财经事务。虽然古代读书人有着以天下为己任的情怀、以治国平天下为治学的目的,但多空谈轻税节用的大原则,很少深入财务行政的具体事务,而承担财务行政的具体事务的胥吏,又缺乏将其理论升华的自觉。明清时期,科举考试以理学言论取士,进一步压缩了知识分子的知识结构,遏制了财政思想的生命力。但是,也有不少知识分子提出不同看法,认为孔孟并不反对理财,并且从多方面论证理财的必要性。比如,宋代叶适说:"古之人未有不善理财而为圣君贤臣者也。"①

天下为公的大同世界和裕国富民的理想,从文明伊始,就激励一批批仁人志士去追求、去奋斗。中国古代传统财政思想作为中国财政人承前启后的知识框架和精神理念,深刻地影响了历史,不但缓解了社会矛盾,助益于创建中国历史上一个又一个的盛世气象,而且在暴君暴政的动荡时代,也能坚持抗争,努力践行财政精神,为生民立命,为国家寻找生机,维持民族发展的命脉。

---

① 叶适:《水心别集·财计上》,《叶适集》,中华书局1961年版,第658页。

第二章

中国古代财政思想雏形的萌生

　　财政思想是在长期的财政实践和理财智慧积淀中形成的。恩格斯指出:"历史从哪里开始,思想进程也应该从哪里开始。"①最初虽无典籍文献可考,但是在考古遗存、象形文字、传说故事、歌谣、原始部落一些旧物中,蕴含着我们先民对财政最直接的感悟、思考和理念,这些是比典籍文献更鲜活的材料,是远古群体共同理念最真实、最简洁的表现,是中国古代财政思想的雏形。

第一节　传说时代零散财政思想的出现

一、神话传说中零散的财政思想

　　在我国古籍中有许多关于远古时代的传说,这些传说中有一些零散的财政思想,体现出不少理财智慧。这些神话传说是原始共同体的"集体记忆",其中不少也为考古所证实。例如,《易·系辞传下》里描述的"上古穴居而野处……上古结绳而治"的场景,都在考古中得到证实。对中国古代财政思想史影响深远的"大禹治水"的传说,也在考古中找到很多痕迹。

　　恩格斯指出,"一切文化民族都在这个时期经历了自己的英雄时代"。在原始社会与文明社会的过渡环节,很多民族都曾出现过这种"英雄时代"②。一些英雄人物在这个阶段,为推动人类文明的发展作出了重大贡献,而被神格化。在中国早期传说中的帝王(实为部落首领),都是曾为人类文明作出重要贡献的,如《韩非

---

①　马克思、恩格斯:《马克思恩格斯选集》(第2卷),人民出版社1995年版,第45页。
②　恩格斯:《家庭、私有制和国家的起源》,载于《马克思恩格斯选集》第4卷,人民出版社1972年版,第159页。

子·五蠹》里所说:"上古之世,人民少而禽兽众,人民不胜禽兽虫蛇。有圣人作,构木为巢以避群害,而民悦之,使王天下,号之曰有巢氏。民食果蓏蚌蛤,腥臊恶臭而伤害腹胃,民多疾病。有圣人作,钻燧取火以化腥臊,而民说之,使王天下,号之曰燧人氏。"《白虎通》里所说:"古之人民,皆食禽兽肉,至于神农,人民众多,禽兽不足,于是神农因天之时,分地之利,制耒耜教民农作。"《潜夫论》里所说:"神农是以……日中为市,致天下之民,聚天下之货,交易而退,各得其所。"

这些英雄传说,说明了上古时代人民生存艰难,一代代的英雄人物领导人民团结起来,与自然作斗争,建造房屋,分地农耕,建立市场,互通有无。诸子百家根据这些传说,构建了各自的国家起源学说,如"天子作民之父母,以为天下王""天生民而立之君,使司牧之""政在养民"。古代儒家思想家归纳为建国设君是为了利民养民,最系统的论述出自明代的方孝孺,他认为天之生人,有自然的不平等,所以要设立君主和官吏,来集中财富,济贫扶危。"天非不欲人人皆智且富也。而不能者,势不可也。势之所在,天不能为,而人可以为之。故立君师以治,使得于天厚者不自专其用,薄者有所仰以容身。""天之立君,所以为民,非使其民奉乎君也。然而势不免粟米布帛以给之者,以为将仰之平其曲直,除所患苦,济所不足而教所不能。""人君之职,为天养民者也。"①此外,墨子也认为国家的起源是因为人类的经济需要,人民"离散不能相和合"②。因此,国家和主持国家的人应该以解决人民的生活困难为职责。

传说中的早期国家,也多注重以德治国理财。根据《史记·五帝本纪》《大戴礼记·五帝德》等记载:黄帝,"治五气,设五量,抚万民,度四方""节用水火财物。生而民得其利百年……亡而民用其教百年"。颛顼,"养材以任地""治气以教民"。帝喾,"博施利物,不于其身""顺天之意,知民之急""取地之材而节用之,抚教万民而利海之"。帝尧,"富而不骄""敬授民时""众工皆兴"。帝舜,"畏天而爱民""为天下公……以利于民……以作饮食……敬授民时……以节天下……知民之情"。大禹,更是立下治水大功,发展生产,建立了贡赋制度,"调有余补不足"。

这些传说的核心都是关注民生,统治者承担着帮助人民生产、治理水患、修筑道路、抵御入侵等公共事务。传说中的帝位传承实行禅让制,决策由四岳、十二牧组成的议事会商议,建立了简单的官僚机构。这些传说中包含着"养材(财)以任地""取地之财而节用之""远近各国各以其职来贡,不失厥宜""三岁一考功,三考黜

---

① 方孝孺:《逊志斋集》,宁波出版社2000年版,第76~77页。
② 《墨子》卷3《尚同》,中华书局2007年版,第56页。

陟""相地宜所有以贡,及山川之便利""调有余补不足"等财政思想。当然这些传说故事,既包含着口耳流传下来的原始情节,也包含了后来的讲述者、整理者、传播者的理想成分。

古人将远古世界概括为"天下为公",认为"大道之行也,天下为公,选贤与能,讲信修睦。故人不独亲其亲,不独子其子。使老有所终,壮有所用,幼有所长,矜寡孤独废疾者,皆有所养。男有分,女有归,货恶其弃于地也,不必藏于己,力恶其不出于身也,不必为己,是故谋闭而不兴,盗窃乱贼而不作。故外户而不闭,是谓大同。"①这是一个"老弱病残"受到社会照顾,儿童由社会教养,一切有劳动能力的人都有机会充分发挥自己才能的大同社会。

二、考古发掘出的财政思想

胡适曾经感叹:"几千年的古史传说禁不起三两学者的批评指摘。然而河南发现了一地龟甲兽骨,便可以把古代殷商民族的历史建立在实物的基础之上。一个瑞典学者安特森发现了几处新石器,便可以把中国史前文化拉长几千年。一个法国教士桑德华发现了一些旧石器,便可以把中国史前文化大大拉长几千年。"②

在河北武安县磁山遗址,考古人员发现了距今7300多年储藏粮食的窖穴,这些窖穴由位于长方形平面上的88个竖穴土坑组成。据考古工作者测量,这88个窖穴能储藏13万斤左右的粮食,可供300个人生活1年。考古人员在浙江河姆渡遗址发现距今7000年的稻谷遗存在10万斤以上,经过7000年的风雨,已经腐化成堆积物。这些遗存说明当时已经有了财富集中储备分配的现象和相关思想理念。

考古人员在很多原始遗存中还发现一个现象,就是房屋面积大小比较一致。陕西华县柳子镇泉护村的地穴式住房,面积一般都在20 m²。陕县庙底沟遗址的半地穴式住房,面积一般在40~50 m²。从世界考古材料看,早期的人类聚落,房屋多呈现环形布局,所有的房子大小相若,围绕着中心广场。中国陕西省临潼的姜寨遗址由五组这样的环形聚落围出一个大的环形聚落,每组环形聚落都有自己的小中心广场。在这些聚落中,储藏粮食的仓库都是相对独立的,成区或成群存在,并不归属于任何单独的住宅。在壕沟之外,一般还建有公共墓地,生前大家聚族而居,死后也聚集而葬。各类房屋的分布、排列与规模,不仅反映了人与人之间的社

---

① 戴圣:《礼记·礼运篇》,载于《礼记集解》,中华书局1989年版,第582页。
② 胡适:《治学的方法和材料》,载于《胡适文存》(三集),黄山书社1996年版,第102页。

会关系,也反映了当时的分配思想,可以说这一时期人们的饮食、居住、死葬,都贯彻公平分配的原则。

这种环形布局,全部房子面向中心广场开门,使一半的房屋日照、通风条件较差。这种布置映射出中心广场极为强烈的象征意象,每一个人,无论是精神上还是生活上都要和它保持直接联系。这样的设计,保证每户人家都有朝向中心广场的平等的权利,这是由共产经济为基础的集体生活模式所决定的。中心广场的透明性和神圣性,也是公平分配、维持基本民生的直观体现。一切都在所有人的眼皮底下进行,体现了早期公平、公开、透明分配的财政理念。在一些原始部落,人类学家观察到,在特定的日子,部落所有的成年男女都会聚集到中心广场,中间生起篝火,大伙以篝火为圆心,围成圈,载歌载舞一阵。然后,酋长来到中心,边唱边舞,通过说唱的方式,告诉大伙收成如何,将如何分配,接下来的粮食怎么种,野兽怎么打,大家如何分工。接着,大伙也跟着一起舞唱。

考古人员发现,从公元前3 500年以后,中国不少地方出现了一些分间式房屋,尤以河南和湖北地区的仰韶文化与曲家岭文化为典型。仰韶文化后期的遗址中,不仅有了分间的住房,而且还有类似殿堂的大型公共建筑和宗教性建筑的出现。甘肃考古工作队在发掘秦安大地湾遗址时发现一座由前堂、后室和东西两个厢房构成的多间式大型建筑。该房屋总面积约290 m²,前面还有约130 m²的地坪。从墓葬看,不少墓中已经有了很多墓葬品。在大汶口遗址,墓葬中先后出土500多件随葬品,这些器物已经有了标示等级的痕迹。可以说,这时已经出现财富分配的等级思想。

三、象形字中隐藏的财政思想

汉字是由象形文字逐步演化形成的。象形文字是用描摹客观实体外形来表达词义的一种造字方法,它清楚地体现了我们先民在造字时的一种认识。虽然早期的财政思想理念已经淹没在一片混沌中,但其中一些记忆却存留在早期的象形文字中,使我们对最原始的财政思想能有一定的了解。

从象形文字看,中国先民很早就有了公平分配的理念。《说文解字》里说,"公"的最初含义是"平分",就是公平分配。"公"的象形字是"㕣",上面的")("展示的就是从中公平地分割开的形象,下面的"凵"为物之通像,就是说公平分配一切财物。也有人认为,"凵"代表的是村邑或部落,其象征是部落里公平分配食物。远古中国人把能主持公平分配的老人或者长老,称为"公",后来演化为对国君的尊称。

中国人也把国家形成时期的几位君主称为"五帝"。帝的象形字是"❋",似架木燃烧之形,象征祭祀。"帝"也就是主持祭祀的人,反映了一定的宗教仪式在维持分配公平中的作用。"帝"的财政意义还不仅于此,现代学者又注意到中间交叉的正是古代的两种量地工具,即规和矩。有汉代画像石图形为证,画像石中伏羲和女娲手里就拿着这样的尺子。"帝"是用尺子为人民平均分配土地,这就是中国原始的井田制,甲骨文的"田"字就写成"田"。

我们再来看赋税。早期的象形字里都没有赋、税、租这些文字,它们出现都较晚。早期的赋税形式是"贡""献""羞""奉"。"献"的象形字"⚷""⚸"表现的是手持状,"✝"是神杖。"⚷"表现的就是占卜时对神的奉献。"献"的象形字也有写作"⚹","⚺"即"鬲",是一种祭神仪式中烹煮食物的三足鼎锅。右边的"⚻"表现的是一只犬。"⚹"所表现的也就是烹煮犬敬献给神灵。到金文时代,"献"就写成了"⚼",加上了虎头"⚽",就是说对神的献祭,已经上升到老虎这样的高级猎物了。"贡""奉""羞"的象形字分别写作"⚾""⚿""⛀",《说文解字》里说,进虎为"献",称进贝为"贡",进玉为"奉",进羊为"羞"。其实最早的赋税是对神的献礼,人民通过对神的献礼,希望得到神的庇护,它体现的是有偿性、自愿性和随意性。

人类的早期群落是在扩张和冲突中发展的。暴力在国家和国家财政形成过程中的作用也体现在早期的象形文字中。梁启超曾言"中国国家积乡而成"。乡(鄉)的象形字是"⛁",两边的"⛂、⛃"表示一群人,中间的"⛄"也写成"⛅",就是"食"。"⛁"表现的就是一群人围坐共食的场景,乡(鄉)本义是乡人共食。群体的人数不断膨胀之后,在"⛆"上再加两个"口"就变成了"⛇"(邑),"邑"就是村镇和城市了。这些都形象地展示了国家形成过程。

"国"的象形字是"⛈","⛉"表现的是"戈",代表着武力。"⛊"就代表着"邑"。后来写成"⛋",外面加了一个圈,表示有武力守卫的城邦领地。在国家形成过程中,领导者的职能逐渐从公平分配食物发展到带领大家抵御入侵,保卫领地,甚至发展到率领大家武力掠夺财产。"王"的象形字写作"⛌",是在战斧"⛍"上加一横"⛎",是指能带领部落取得战争胜利的第一人。金文时代出现了"赋"字,写作"⛏",已经带上了"武"字,象征武力,表现出国家税收以武力保障的强制性特征。中国早期国家是封邦建邑制,表现为双元财政征收制度,对下一级的封建主征收"贡""献",在直辖领地设置县征收赋税。"县"的象形字写作"⛐"或"⛑",表现的是一幅在城门上悬挂着一个头朝下的人的画面。

当然，象形字中也有其他一些字体表现着更加丰富的意思。例如，"保"，写作"⿰亻子"，反映了中国古代的养育传统，因为在远古时代，父母为了防止幼儿被野兽袭击或受到其他威胁，在外出或下地时，往往把孩子背在背上。"保"字被赋予了君主负有保护子民的义务。

四、歌谣中保存的财政思想

原始群落一般载歌载舞，用歌谣表达自己的感受与思想。《尚书·尧典》："击石拊石，百兽率舞。"它反映了当时人们敲击着石头，扮演着各种野兽歌舞的场景。相传古代有采诗官，负责采集民间歌谣，这也是一种征集民间意见的措施。班固《汉书·艺文志》："古有采诗之官，王者所以观风俗，知得失，自考正也。"这些歌谣中既有祭祀的乐歌，也有不少反映民间疾苦的内容。司马迁在《史记·孔子世家》中说，这些歌谣原有3 000多篇，后孔子按照"礼义"的标准，删定为305篇。司马迁没有说明史料来源，后世多有质疑。楚辞是当时南方的一种歌赋体裁，很早就在流行，直到被屈原收集整理，才正式形成。屈原修润、加工了不少南方民间歌谣，使它们得以保存流传。《礼记》《吕氏春秋》《尚书》《史记》之中也记录了一些上古歌谣。这些歌谣中，有不少内容反映了当时不同阶层的财政思想。

《吴越春秋》记载了黄帝时期的《弹歌》："断竹，续竹，飞土，逐肉。"相传它是最早的歌谣，生动形象地展示了当时削竹成弓箭、出外打猎的场面。当时的狩猎多是集体行为。《群书治要·五帝本纪》记录的《击壤歌》："日出而作，日入而息。凿井而饮，耕田而食。帝力何有于我哉！"相传这是帝尧时期的一个八九十岁的老人所歌。后世多借此歌谣来表达反对国家赋税的思想。《孔子家语》里记录的《南风歌》，相传是舜在巡视运城盐池时有感，抚五弦琴歌曰："南风之薰兮，可以解吾民之愠兮。南风之时兮，可以阜吾民之财兮。"运城盐池晒盐过程中须借助南风，所以南风吹起，人民就富裕了。这说明盐业收入已经是国家财政的重要来源，舜帝要亲自前往巡查。这些远古歌谣，后世多认为是伪托。但王力先生认为《南风歌》不是伪作，他在《汉语诗律学》中认为"时""财"这样的古韵绝不是汉以后的人所能伪造的，很可能是在口耳相传的过程中，经后人加工润色而成。

《诗经·商颂·玄鸟》是殷商后人歌颂殷高宗武丁的歌谣："天命玄鸟，降而生商，宅殷土芒芒。古帝命武汤，正域彼四方。方命厥后，奄有九有。商之先后，受命不殆，在武丁孙子。武丁孙子，武王靡不胜。龙旂十乘，大糦是承。邦畿千里，维民所止，肇域彼四海。四海来假，来假祁祁。景员维河。殷受命咸宜，百禄是何。"它表达了诸方来贡,是因为殷商天命所归的思想。另一首歌颂殷高宗的《殷武》,表现了殷商武力的强大,"罙入其阻,裒荆之旅。有截其所",指不怕险阻,勇往直前,克敌获俘,兵到之处,敌人服罪。"莫敢不来享,莫敢不来王",指不敢不来朝拜纳贡。

《诗经》的不少诗篇表达了周人"敬天保民"德政的思想,如《诗经·大雅·大明》:"明明在下,赫赫在上。天难忱斯,不易维王。天位殷适,使不挟四方。"《诗经·大雅·荡》:"荡荡上帝,下民之辟。疾威上帝,其命多辟。天生烝民,其命匪谌。靡不有初,鲜克有终。"《诗经·小雅·天保》:"群黎百姓,徧为尔德。"《诗经·大雅·假乐》:"宜民宜人,受禄于天。"《诗经·大雅·民劳》:"民亦劳止,汔可小康,惠此中国,以绥四方。"《诗经·周颂·时迈》:"我求懿德,肆于时夏,允王保之。"

《诗经·小雅·大田》有"雨我公田,遂及我私"之句,不仅表现了井田制下"公田藉而不税"的思想,也表现了在好的政府治理下,人们先公后私的思想理念。《诗经·周颂·噫嘻》《诗经·周颂·载芟》展示了当时人们集体在公田劳动"十千维耦""千耦其耘"的宏大场面。《诗经·小雅·大东》中说赋税应该"周道如砥",即要像磨石一样均平。《诗经·周颂·载芟》《诗经·周颂·良耜》《诗经·鲁颂·閟宫》等篇反映了农夫春播秋耕,积粮纳税,"有稷有黍,有稻有秬",供贵族酿酒祭祀祖宗。

《诗经》中还有不少诗篇反映劳动人民对横征暴敛的愤怒,如《诗经·魏风·伐檀》:"不稼不穑,胡取禾三百廛兮?不狩不猎,胡瞻尔庭有县貆兮?"《诗经·魏风·硕鼠》:"硕鼠硕鼠,无食我黍!三岁贯女,莫我肯顾。逝将去女,适彼乐土。乐土乐土,爰得我所。"《诗经·大雅·荡》:"曾是彊御?曾是掊克?曾是在位?曾是在服?""女炰烋于中国。敛怨以为德。"《诗经·豳风·七月》:"七月流火,九月授衣。一之日觱发,二之日栗烈。无衣无褐,何以卒岁?"反对繁重徭役的思想诗篇,如《诗经·邶风·式微》:"式微,式微,胡不归?微君之故,胡为乎中露!"《诗经·王风·君子于役》:"君子于役,不知其期。曷至哉?鸡栖于埘。日之夕矣,羊牛下来。君子于役,如之何勿思!"《诗经·魏风·陟岵》:"陟彼岵兮,瞻望父兮。父曰:嗟!予子行役,夙夜无已。上慎旃哉,犹来!无止!"

《诗经》中还有不少表达诸侯、大夫这一阶层对赋税不公抱怨的诗篇,如《诗经·小雅·大东》:"东人之子,职劳不来。西人之子,粲粲衣服。舟人之子,熊罴是裘。私人之子,百僚是试。"《诗经·小雅·北山》:"大夫不均,我从事独贤(劳)……或燕燕居息,或尽瘁事国;或息偃在床,或不已于行。或不知叫号,或惨惨劬劳;或栖迟偃仰,或王事鞅掌。或湛乐饮酒,或惨惨畏咎;或出入风议,或靡事不为。"

《楚辞》中还有不少篇章提倡以民为本的思想,如屈原的《哀郢》:"皇天之不纯命兮,何百姓之震愆。民离散而相失兮,方仲春而东迁。去故乡而就远兮,遵江夏以流亡。"《离骚》:"长太息以掩涕兮,哀民生之多艰。""皇天无私阿兮,览民德焉错辅。""怨灵修之浩荡兮,终不察夫民心……瞻前而顾后兮,相观民之计极。"在《离骚》的结尾,他写道:"既莫足与为美政兮,吾将从彭咸之所居",表达了美好的政治理想如果不能实现,他将投水自杀的决心。

五、民族调查中发掘的财政思想

1954年,我国第一届全国人民代表大会第一次会议设立了全国人民代表大会民族委员会。民族委员会成立后做的第一件事,就是组织了对全国少数民族的历史、社会经济的调查工作。当时我国少数民族停留在不同的历史发展期,保留着几种社会形态,不少还处于原始部落阶段。为了抢救这一部活的社会发展史,1956年6月,全国人民代表大会民族委员会和中央民族事务委员会共同召开了全国少数民族社会历史调查工作会议,正式开展全国民族历史调查工作。该调查历时10年,抽调了大量民族学家、社会学家、历史学家、经济学家以及社会科学研究人员、民族工作干部、大专院校师生参与。据不完全统计,调查组前后共写出调查资料340多种,2 900多万字;整理档案资料和文献摘录100多种,1 500多万字;特别是还专门拍摄了反映少数民族社会经济文化状况和风俗习惯的科学纪录片十几部;并且搜集了一批少数民族宝贵的历史文物。在调查的基础上,已确认的每一个少数民族都写出了《简史》《简志》,或者《简史、简志合编》,比较详细、忠实地记录了各民族的历史和现状。相继出版了《中国少数民族》《中国少数民族简史丛书》《中国少数民族语言简志丛书》《中国少数民族自治地方概况丛书》和《中国少数民族社会历史调查丛刊》5套丛书,迄今共403部书,约1亿字。这些民族调查,为我们提供了了解原始财政思想的第一手史料。1980年,财政部财政科学研究所又组织吴才麟等多名研究人员,对云南、甘肃、四川、内蒙古、福建、广西、黑龙江等地的深山原野中还处于人类社会初级阶段的群落,进行了财政起源史的专项调查,历时7年,搜集整理了大量原始财政史料(这些地方都地处边远,交通艰险,有一位研究人员在独龙江翻车遇难)。此外,还有不少人类学的调研报告和研究成果,也包含着可发掘的原始财政思想状况材料。

这些材料反映了原始部落时期,人们共同劳动、平均分配的状况,也反映了当时强烈的公平分配思想。在云南宁蒗县一个摩梭人群落,吴才麟观察到,食物分配都是以家庭为单位,每个家庭都由女性的家长"达布"来主持分配,家庭的每个成员都是她的血统的繁衍。家庭内,凡是粮食类的收入,任何人不得私自藏纳,都要交由家长达布保管和分配。每天到吃饭的时候,妇女们就把煮好的饭菜拿到公房,由达布主持分配。分配的原则是绝对公平。3岁的甥儿和23岁的舅舅,分一样数量的饭,即每人每餐一大碗。甥儿吃不完,舅舅吃不饱,但这就是原则,是族规,谁也不能违反。在最困难的时期,她也要通过公平分配来保证不使任何一个人饿死。吴才麟询问当地的达布差玛:"为什么每餐吃饭时,3岁的婴儿和23岁的壮年食物数量分得一样多?"差玛回答说:"这是上代传下来的习惯。"差玛接着说,只有富裕的情况下,才能维持这样的习惯。在食物匮乏的时代,在贫困的家庭,小孩和老人的食物分得会少些。

吴才麟在云南宁蒗县还通过访谈了解到20世纪40年代一个余姓彝族部落战利品分配情况。在这次小型战争中,他们共掠得15头牛、100多只羊。由于有3名战士阵亡,在集体分配之前,首先,选出3头最好的牛和15只羊,分别平均分配给3个死难者家属,作为丧葬费用和抚恤救济金。其次,还要奖赏给在战争中建有奇功的虎将。最后,将所余之物,除留下庆功宴所需外,全部进行平均分配。这说明当时已经突破简单的绝对公平思想,有了有差别的公平分配思想。

云南西双版纳自治州攸乐山的山寨山民回忆:山寨首领叫"卡鲁",拥有专断寨务、排解纠纷、主持分配等权力。大部分耕地在山外,近寨的少量耕地属于卡鲁。卡鲁不干农活,其所属耕地由全寨劳动力义务耕种。卡鲁房屋翻修也由全寨劳动力义务帮忙,所需材料也由大伙无偿提供。每年推毛切(即新年)晚上,全寨男女老少,都要到广场上集中。整个夜里吃很多好吃的东西。这些东西一部分是各个大家族带来的,而相当部分食物都是卡鲁家供给的。推毛切夜里,卡鲁坐在广场中,全寨的成年男女手拉着手以他为圆心,拉成一个大圆圈,卡鲁唱两句,众人附两句,一边唱歌,一边跳舞,通宵达旦。这种形式代代相传。卡鲁把基诺族如何出世,人们怎么样劳动生产,怎么样打猎,为什么要与茨通寨集体通婚,为什么用芭蕉叶做裤子,今年粮食怎么种,猎获野兽怎么分……都唱得一清二楚。这一场景也反映了在原始部落时期,首领虽已经有了很多特权,但主持分配必须公开透明。卡鲁虽然拥有最多的土地,但是也要在聚会中提供最多的食物,用于公共需要。

除了卡鲁,山寨还有负责征集物品的"纳俄罗"。在进行祭祀等公共活动时,由部落议事会作出向每家征收各种物资的决定,由纳俄罗负责向各家征集,以供应公共活动所需。纳俄罗为了办好这件事情,先到每户人家要一条绳,当着家长的面,在绳上打一个结。等到这家交了鸡和米的时候,再把这个绳结解开,把绳子烧毁。据说一般是每户每年要交给公家两只鸡、三筒米,每次大家交的时间不同步,后来就在绳子上打两个结。一个结代表两只鸡,另一个结代表三筒米。谁家两样食物一起交齐,两个结一起解开,谁家先交一种食物,可以先解一个结。为了防止制造假账,后又发明了"刻木记账"办法,就是在大约一市尺长、半市寸厚和一市寸宽的小木板的边上,刻上两个齿轮形状的缺口,一个大的缺口代表鸡;一个小的缺口代表米。然后,再把这半市寸左右厚的小木板一刀劈成两半,收支双方分别保存,作为缴纳的凭证。当付方缴纳一样东西时,两半木刻必须合在一起,将刀磨快,把其中的一个缺口"一刀头削去",没有第二刀的刀迹。留下一个缺口的两半木刻再分别由双方继续保管。这些反映了当时因公共事务征收所需物资的思想和财政统计思想的初期发展。

第二节 《禹贡》的财政思想

一、大禹治水的传说和《禹贡》

中国财政体制和赋税制度的形成,据传说都与大禹有关,中国现存最早的财政思想著作《禹贡》据说也是大禹所著。

4 000年前,因一场全世界性的大洪水,世界上流传下来几十个民间传说。当年大洪水的痕迹,今天在很多地方还能看见。在人类共有的大洪水记忆中,既有希伯来人的诺亚方舟、印度人的摩奴之舟、迦勒底人的鸠什特拉舟,也有中国彝族的葫芦娃的葫芦舟、土家族雷公救伏羲兄妹的葫芦,更有中国华夏族的大禹治水传说。这中间人类大多采取了逃难的方式,传说中大难不死的诺亚的子孙在洪水退后,重返家园,建立起了很多邦国。只有华夏族的大禹父子直面灾难,进行治水公共工程,最终采用疏导的方式成功治理了水患。我们知道,中国最早的国家——夏和国家财政,都是从大禹治水成功开始的。

根据传说,正是在这场治水成功之后,大禹在中国建立起最初的财政模式。大禹向舜帝汇报治水成功的一段话是:"带领人民播种粮食,把百谷和鸟兽的肉送给人民,让他们互通有无,调剂余缺,于是人民安居乐业,天下得到治理。"(暨稷播,奏庶艰食,鲜食,懋迁有无,化居。烝民乃粒,万邦作乂。)这被中国古人称为"万世理财之法"。①

与世界其他古代文明相比,中国先民所处的自然环境是相当恶劣而严酷的。英国历史学家汤因比指出:"人类在这里所要应付的自然挑战要比两河流域和尼罗河的挑战严重得多。"②大禹认为不仅要用疏的方式治水,还要引导人民从事农业生产,人民才能安居乐业,国家才能得到治理。传说黄帝时期就已经分官设职,设置了"农正"来管理农业和财政事物,秦汉时管理财政的最高官员叫"治粟内史"就源自此③,治粟内史的主要职责除了管理国家财政收支,还要推广农业技术,组织发展生产。担任过农正的后稷和羲和者,都是部落首领。当时财政收入主要来自农业,因此财政的增收主要来自农业的增产,所以对农业的监督和技术传播,也成了财政管理的重要内容。

也是通过这次治水,大禹加强了与各地的联系,并对各地土地、物产、人口进行了初步统计,还把田土按照肥瘠程度分为九等,在此基础上制定了中国最早的贡赋制度,其资料被后人整理编辑成《禹贡》,一直流传至今。对于《禹贡》的著作时代和作者,大家一直众说纷纭,难得定论。汉儒、康有为、王成祖等认为它是孔子绝笔;王国维、辛树帜等认为它成书于西周;顾颉刚、侯仁之等认为它出自战国时秦国人之手;史念海等认为它是战国时期魏国人的著作;日本学者内滕虎次郎等认为它成书于战国到汉初。学界较多的人认为它当成书于战国时期。

现在所知最早的文字记载是 2002 年发现的西周中期的《遂公盨》,其铭文(见图 2-1)中有"天命禹敷土,随山浚川,乃差地设征"等句子,与现存的《禹贡》部分文字相吻合。于是不少学者主张,《禹贡》的思想核心部分最晚在西周中期已经成形,但其中有不少相当原始的因素,也在后期的流传中穿插了不少战国时期的名词。

由于还没有发现夏王朝的文字,关于夏王朝是否实际存在还没有得到史学界的一致认可。顾颉刚先生就曾认为禹"或是九鼎上铸的一种动物""大约是蜥蜴之类"的虫④,但大多数史学家认同夏王朝是存在的,认为陶寺、王城岗、瓦店、

---

① 丘浚:《大学衍义补》,京华出版社 1999 年版,第 197 页。
② [英]汤因比:《历史研究》,上海人民出版社 1959 年版,第 92 页。
③ 陆建伟:《汉代大司农的渊源及其演变》,载于《首都师范大学学报(社科版)》,1998 年第 1 期。
④ 顾颉刚:《与钱玄同先生论古史书》,载于《古史辨》(第 1 册),上海古籍出版社 1982 年版,第 87 页。

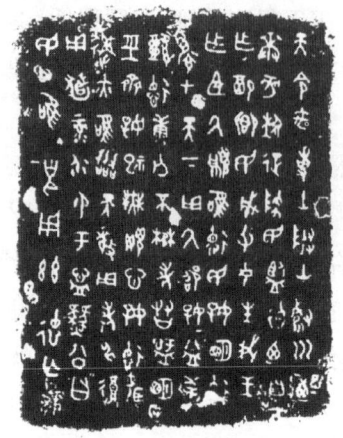

图 2-1 《遂公盨》铭文

新砦、二里头等遗址有着夏文化的痕迹。虽然现在考古学尚无法证明夏代有文字，但在传统典籍中，夏代有《夏书》《夏训》等典籍，如《左传》就多次引用《夏书》《夏训》里的句子。

上古士人认为夏代在中国历史上具有转折地位。《礼记》里将夏代之前的时代称为"天下为公"的"大同"世界，此后进入"小康"时代。一般认为财税制度也是从夏开始的。《史记·夏本纪》引《夏小正传》称："自虞、夏时，贡赋备矣。"顾炎武的《日知录》认为："古来田赋之制，实始于禹。"《史记·夏本纪》："禹乃行，相地宜所有以贡……众土交正，致慎财赋，咸则三壤成赋。"《史记》还全文照录了《禹贡》对于贡赋的规定。《史记》《吴越春秋》等书还记述了在浙江绍兴的茅山召集的诸侯会议，进行"大会计"，茅山也因之更名为会稽山。《孟子·滕文公上》："夏后氏五十而贡。"

关于夏代贡赋制度，我们所知还很有限。即使到了商代，依据大量甲骨文，"东土受年""西土受年""王大令众人曰协田"等句反映了当时财政关系，但只是一些片段记录，我们对当时的财政制度和思想还是缺乏系统而清晰的认识。到周代，我们对其财政制度和财政思想才有了更多了解。公元前1127年，周武王姬发在牧野大败商军，乘胜逼进商都，消灭商朝建立周王朝。武王姬发和他的弟弟周公姬旦开创了封建制度，持续900多年，这期间政治文化、财政制度等都受其影响。周的封建制度，就是周天子为天下共主，名义上拥有天下的土地和人口，即"普天之下，莫非王土"。周天子将全国的土地和附着于土地的人口，分封给大大小小的诸侯，有公侯伯子男五等，让他们各制其地，各征其产，以藩屏周，即"率土之滨，莫非王臣"。这些诸侯要尽的财政义务包括：定期缴纳一定的土特产作为贡物，自备出兵助王征伐的军需和在天子的直辖领地王畿遇灾患时提供援助。在周初，周天子武力强大时，地方还能履行义务，到后来周室势微，诸侯对天子的义务也成了具文，尽不尽这些义务，尽多少，全凭诸侯自觉了。在各个诸侯国，诸侯又一层层向下分封，形成一个宝塔状的层级体系。每一个小封君都是封区内政治和经济的世袭主人，有权向他的人民征派赋役。周代对《禹贡》进行了改写，《晋书·地理志》记载，"至成王时，改作《禹贡》"。

二、《禹贡》中的财政思想

学界一般把《禹贡》定为一部地理学性质的书,1990 年版的《中国大百科全书》就把《禹贡》收入地理卷。但顾名思义,《禹贡》是大禹制定的贡赋制度,反映的是当时政府间的财政关系。《禹贡》可称为一部财政学著作,而且是中国财政思想史的元典。贡,《广雅·释诂》记载为:"税也。"《广雅·释言》记载为:"献也。"孔颖达解释:"贡者,从下献上之称。谓以所出之谷,市其土地所生异物,献其所有,谓之厥贡。"

一般认为《禹贡》主要体现了任土作贡、赋税均平的财政思想。

《禹贡》开篇就说:"禹别九州,随山浚川,任土作贡。"大禹以山脉、河流等自然地理实体为标志,将全国划分为 9 个州,按照各自土地及资产制定贡赋制度。大禹的贡赋制度是建立在广泛调查基础上的,从《禹贡》看,它包括了疆域、山脉、河流、植被、土壤、物产、贡赋、民族、交通等各方面的情况。这样广泛的调查,在古代不能不说是一个奇迹。另一本托名大禹的著作《山海经》有更详细的调查,不仅包括了各地的山川走势、草木林产、金属矿产、动物生产、药草功能,还包括了各地的神话传说、巫术祭法等。巫术及各种祭祀之法在原始生产中是必不可少的,这在《金枝》等著作中也有体现,说明了《山海经》带有更为原始的素材。这些丰富的记录,应该是多少代人累积而成,它的范围甚至超出了九州,不仅有早期先民在不断迁徙中积累起来的内容,也有大禹在治水过程中和后世统治者有意识的调查统计结果。如《周礼》中,就设有很多相关官员,既有负责调查的,也有负责掌管地图的。有学者认为《山海经》应是王室秘藏,作为治理天下的基本数据库。西汉刘歆《上〈山海经〉表》说:"《山海经》者,出于唐虞之际,禹别九州,任土作贡,而益等类物善恶,著《山海经》。"《禹贡》和《山海经》都托名大禹,其目的都在"任土作贡",反映了贡赋制度,是在广泛的税源调查基础上建立的。

《禹贡》按照各地土质情况,确立了田等和赋等,各九等。按照资源状况,确定了各地贡纳的品种。又按照贡品的不同,规定了不同的包装形式,并根据地理位置,确定了贡品运输的路线。"任土"就是因地制宜,根据各地的具体情况来确定发展产业和相应的贡赋,如冀州(今山西河北一带)虽然土质只是第五等("田惟中中"),但没有其他特产,也只能重点发展农业,只需贡纳谷物而不用贡纳其他杂物。南方的扬州,土地潮湿只能是第九等,但有竹子、橘柚等可供贡纳,还有金、银、铜等矿产品。在各州,也根据具体情况因地制宜地细分,如青州,在临近渤海的海边有一片盐碱地,就以贡纳盐和其他海产品为主,而莱夷一带适合放牧,贡纳檿丝,泰山周边则贡纳枲、铅、松、泰山石等。《禹贡》九州贡赋表如表2-1所示。

表 2-1 　　　　　　　　　　《禹贡》九州贡赋表

	田等	赋等	贡　　　别	运输路线
冀州	中中	上上	入谷不贡	由碣石山入黄河
兖州	中下	下下	漆、丝	由济水、漯水入黄河
青州	上下	中上	盐、细葛布、海产品、泰山的丝、枲、铅、松、怪石	由汶水进入济水
徐州	上中	中中	五色土、大山鸡、桐木、蚌珠、鱼	由淮河、泗水入黄河
扬州	下下	下上	金、银、铜、瑶、竹、象牙、犀皮、羽、牦牛尾、木材	沿长江、黄海到达淮河、泗水
荆州	下中	上下	羽、牦牛尾、象牙、犀皮、金、银、铜、多种木材和石材、丹砂、竹、楛	由长江、沱水、潜水、汉水到洛水,再到南河
豫州	中上	上中	漆、麻,细葛、苎麻	由洛水入黄河
梁州	下上	下中	璆、铁、银、镂、砮磬、熊、罴、狐、狸	从潜水进沔水,通过渭水入黄河
雍州	上上	中下	球、琳、琅玕	由积石到龙门、西河,入渭河

《禹贡》内容所涉及的地理区域大体上包括了今天的河北、山东、江苏、湖北、湖南、河南、四川、陕西、山西等地。虽有学者认为"禹划九州"是有三代史实为依据的①,但多数学者认为"九州"制只是从没有实行过的一种制度设计。州的象形字写作𢆶,《说文解字》:"水中可居者曰州,水周绕其旁。"《禹贡》对九州的划分只是利用高山大川等自然地界进行的一种区域划分。

《禹贡》还制定了一个"五服"制,即以王都为中心,向外扩展,每500里为一等,共分为五等。500里之内的地带为"甸服",即王畿;再向外500里之内为"侯服",即诸侯领地;再次为"绥服"(需加以绥抚的地区,即中国文化所及的边境地区)、"要服"(结盟的边远外族地区)和"荒服"(未开化的荒蛮地区)。服,《尔雅·释诂》云:"事也。"郑玄注《周礼·职方》云:"服,服事天子也。"就是要对天子尽纳贡的义务。"五服"制就是规定不同的地区各自应该承担的贡赋标准。

在天子直属的"甸服"范围内,规定了五种不同的纳贡标准:100里内割下来的作物连穗秆一起交;200里内只交谷穗;300里内交谷子;400里内交粗米;500里内

---

① 邵望平:《禹贡"九州"的考古学研究》,载于《考古学文化论集》(二),文物出版社1989年版,第21页。

交精米。在诸侯领地的"侯服"地区,规定离王都最近的 100 里内替天子服各种差役;200 里内替天子服一定的差役;300 里内替天子侦察放哨,担任警戒。在需要绥抚的地区,规定 300 里内的推行天子的政教;200 里内的奋扬武威保卫天子。"要服"区只要按照约定行事就好,主要是要和平共处。"荒服"区纳贡不纳贡随便。

"五服"制设计出一个"回"字形的四四方方的方圆 5 000 里的天下,在现实中肯定是不存在的。这只是古人的一种想象,世上不可能有这样方正的行政区划。"五服"制虽是古人的想象,但却是当时天子与直属领地、属国领地以及较远的一些部落或部落联盟之间的财政关系的一种框架式反映。天子直属的"甸服"区由劳动者直接缴纳贡赋,是王朝最主要的财政收入;诸侯领地由诸侯向天子承担相应的职役和贡赋。

无论是"九州"制还是"五服"制,都表现了贡赋均平的思想。"九州"制下的任土作贡,综合考虑土地肥沃程度和物产情况,制定相应的贡赋等级。"五服"制则按距国都的远近,承担的运输成本差异,确定有差别的贡赋标准。但当时这种均平制度还很原始,只能选择收获物的某一部分来体现,如距国都最近的就交收获物的全部,包括秸秆,最远的只要交米就行。

第三章

轴心时代财政思想大争鸣

20世纪40年代,德国哲学家卡尔·雅斯贝斯提出了"轴心时代"的概念,他认为在公元前800年至公元前200年之间,尤其是公元前500年前后,是人类文明的"轴心时代"。人类几大文明都在这一时期发生了思想领域的重大突破,形成了"终极关怀的觉醒""结束了几千年的古代文明",开始用理智的方法、道德的方式来面对和思考这个世界。这就形成了各自文明的主体思想。中国的"轴心时代"就是春秋战国之际的百家争鸣时期,涌现出一大批思想家,他们在财政方面的论述和争鸣,显著地扩展了财政思想的广度和深度,也推动了财政思想的创造由自发走向自觉。在此前,财政思想多是执政者在理财实践中的思考,而到了"百家争鸣"时期,财政思想成了知识阶层的自觉思考。这一时期,是从孔子所说的"礼崩乐坏"、庄子所说的"道术为天下裂"开始的。

第一节 儒家的财政思想

儒家是我国古代最有影响的思想学派,特别是在汉武帝"罢黜百家,独尊儒术"后,逐渐成为我国古代社会占主要统治地位的学派。儒家思想的核心是仁和礼。仁最简单的表述就是"爱人",即对人尊重和有同情心。礼就是通过一系列的规定来区别人与人之间的关系,确定每一个人的行为规范。仁义是以礼乐为立足点的,所谓"克己复礼,天下归仁"(《论语·颜渊》)。儒家从"仁"的理念出发,提出仁政、德本、民本、富民、轻税、节用、开源节流等财政思想。从"礼"出发,承认了财政分配事实上的不公平现象,所谓"贵贱有等,长幼有差,贫富轻重皆有称者也"。儒家思想的早期代表人物主要有孔丘、孟轲和荀况。

一、孔子的财政思想

孔子,名丘,字仲尼,鲁襄公二十二年八月廿七日(公元前551年9月28日)生于鲁国陬邑(今山东省曲阜市南辛镇)。孔子逝于鲁哀公十六年二月十一日(公元前479年4月11日)。孔子因在中国思想史上作出的卓越贡献,被后人尊为"圣人",历代帝皇对他多次加封。

孔子先世曾是宋国的贵族,其曾祖父逃难到鲁国。孔子出生时,家境早已没落。他的父亲叔梁纥只做过鲁国的下级军官,在孔子3岁时就去世了。《礼记》里说"孔子少孤"。为了谋生,孔子年轻的时候做过很多工作,如仓库管理员、会计、放牧人等。但他"志于学",熟练掌握了礼、乐、射、御、书、数六种技艺,而且善于思考和归纳总结。即使他在做会计等工作时,也在积极思考。孟子说:"孔子尝为委吏矣,曰,会计当而已矣。"孔子将对会计工作的要求高度提炼为"当"。"当"的繁体字是"當",本意是两块田面积相等。孔子用"当"表示会计工作就是要做到账实一致。孔子20岁时就因博学闻名,名声还传到了国君耳朵里。这一年孔子生了孩子,鲁昭公还派人送给孔子一条大鲤鱼,表示祝贺,由此孔子为儿子取名"孔鲤"。

孔子曾说自己"三十而立"。孔子在这一年开办私学,有了第一批学生。在孔子之前,教育是贵族的专利,所谓"学在官府"。孔子首倡"有教无类",创办私学,在孔子的学生中,颜渊居陋巷,曾参种瓜,闵损为父推车,樊迟学稼圃,多出身贫贱。钱穆曾进行统计:"其以贵族来学者,鲁惟南宫敬叔,宋为司马牛,他无闻焉。"[①]孔子一生的大部分时间用在教育弟子,相传有弟子3 000多人,其中杰出者72人。不少都是父子两代都师从孔子学习,如著名的颜路、颜渊父子,曾点、曾参父子。孔子培养了大批知识分子,推动了知识分子阶层的扩大和发展,拉开了百家争鸣的序幕。

孔子为了实现自己的政治理想,曾率领门徒周游列国,先后到过卫、匡、蒲、曹、宋、郑、陈、蔡、晋、楚等国,宣传自己的主张,但始终没有找到贤明的君主推行自己的主张,没有机会参与各国的政治活动。他在郑国时还被人辱为"累累若丧家之狗"。当时孔子的学生子贡听到,就赶紧跑去告诉孔子。孔子不以为意,欣然笑曰:"谓似丧家之狗,然哉!然哉!"孔子也知道仁义难行,但明知不可为而为之,无论遇到什么艰难险阻,始终坚持自己的理想。14年背井离乡,颠沛流离,曾困于陈蔡之间,绝粮7日,弟子们虚弱得甚至站不起来,但孔子始终没有停止讲道、读书、弹琴

---

① 钱穆:《先秦诸子系年考辨》,上海书店1992年版,第77页。

和唱歌。子曰："求仁得仁,有何怨焉!"他这种精神影响了无数后学者。后学者不断发展孔子的学说。孔子虽无以如愿影响当世,但其思想却影响了其后2 000多年的中国历史。

孔子对中国财政思想的贡献是开创性的,可以说他是中国古典财政思想的塑造者。孔子自称"述而不作",就是要对古典文献进行解释,传授给自己的弟子。他通过对古典文献的整理,概括和继承了夏、商、周三代的财政思想,形成了一个较完整的财政思想体系。孔子先后编定了《诗》《书》《礼》《乐》《易》《春秋》六部经典,被后世儒家尊为"六经"。《乐》经后来失传,还剩下五经。《史记·孔子世家》:"孔子之时,周室微而礼乐废,《诗》《书》缺。"孔子通过搜集、整理,在编辑和讲述过程中,充分体现了他的思想。相传《诗经》古本原有3 000多篇,孔子删定为305篇。《尚书》原有3 240篇,孔子删定为120篇。这些文献可以一直追溯到远古,经过口耳相传,再形成文字记录,其中有残缺、脱漏、杂乱、错讹、重复等情况。孔子对搜集起来的文献,进行校勘、缀合、分类、编次、文字修饰等整理工作,对《诗经》还配乐,"皆弦歌之"。上古思想文献经过孔子的整理,形成了中国思想史上的第一批经典,远古时代的财政思想也得以保存。而且,孔子在继承经典的同时,又结合现实而有所发展,起到了推陈出新的作用。

《礼记·礼运》中记载孔子描述了一个理想社会的场景:"大道之行也,天下为公,选贤与能,讲信修睦。故人不独亲其亲,不独子其子。使老有所终,壮有所用,幼有所长,矜寡孤独废疾者,皆有所养。男有分,女有归,货恶其弃于地也,不必藏于己,力恶其不出于身也,不必为己,是故谋闭而不兴,盗窃乱贼而不作。故外户而不闭,是谓大同。"孔子不仅提出了"公"的概念,还系统地提出了社会保障理论。这个"大同梦"成了中国古代士人的最高追求,贯穿于整个古代社会,也勾勒出财政要实现的理想目标。公私之辨也成为财政思想发展进程中的重要命题,先秦诸子很多人参与了这个讨论。"天下乃天下人之天下,非一人之天下也"①"知天下至公,非一姓独有"②等理念深入人心,后来汉文帝给自己在财政管理中的角色定位是"朕为天下守财耳,岂得妄用之哉"③;唐太宗区别了"共众所有"与"私欲"④,强调国家财政必须用于"共众所有"。均贫富、均田地的分配公平理念成为传统士人的美

---

① 班固:《汉书》卷85《谷永传》,中华书局1962年版,第3467页。
② 刘昫:《旧唐书》卷20《哀帝纪》,中华书局1975年版,第810页。
③ 范晔:《后汉书》卷48《杨李翟应霍爰徐列传》,中华书局1965年版,第1604页。
④ 吴兢:《贞观政要》卷6《论俭约》,载于《贞观政要集校》,中华书局2003年版,第317页。

好梦想,出现了井田、授田、限田、均田等多种设想,并几次赋予实施。"天下为公"的理念也贯通于传统财政思想的方方面面,如至平、平赋、均赋役、计资而税等税收思想;节财、节用、用之有止、量入制出、有所纳而必有所施、养万民、九惠之教等支出思想;平籴、常平仓、社仓、均输、平准、民不加赋而国用饶等财政管理思想。孔子通过对经典的整理,塑造了一个以德理财的古典财政思想体系。元成宗在加封孔子"大成至圣文宣王"的诏书里说:"盖闻先孔子而圣者,非孔子无以明;后孔子而圣者,非孔子无以法。"意思是说,孔子以前的圣人,如尧、舜、禹、汤、周公等的德治思想,如果没有孔子整理经典,宣讲颂扬和阐释,就不能流传下来;而孔子之后的圣人,如孟子、曾子、董仲舒、朱熹、王阳明等,如果没有孔子,就没有了精神的依归和基本原则。

孔子的主要言论和观点,由其弟子整理成《论语》一书,其微言大义,影响深远。古人有"半部论语治天下"之说。《论语》中关于财政思想的论述,被后代理财家不断引用申说。孔子思想的核心是"仁"。究竟什么是"仁"?《论语》中"仁"出现了109次,孔子每次都针对具体情况作了解释。孔子对"仁"的最高概括是"爱人",意即统治者要行仁政,以养民为务。在《论语·雍也》里,子贡问孔子:"如有博施于民而能济众,何如?可谓仁乎?"孔子答道:"这岂止是仁人,简直是圣人了!就连尧、舜尚且难以做到呢。"孔子称赞:"子产有君子之道四焉……其养民也惠,其使民也义。"以民生为本的"养民"思想,是孔子财政思想的出发点和落脚点,正是在"养民"的理念下,他理出了富民、轻税、节用的财政观。孔子主张分配的相对公平,他说:"有国有家者,不患贫而患不均,不患寡而患不安。盖均无贫,和无寡,安无倾。"其弟子冉求为季氏聚敛,孔子斥之"非吾徒也",还对其他学生说,你们"鸣鼓而攻之可也"。

孔子讲仁义,把富民放在首位。孔子游历卫国的时候,感叹人口众多。他的学生冉求问道,这么多人,怎么治理?孔子回答说:"富之。"冉求再问:"富了以后,怎么办?"孔子说:"教之。"这里孔子不仅主张富民,而且把"富之"看作"教之"的前提。孔子的学生端木赐曾问他怎么为政、治国,他回答:"足食,足兵,民信之矣。"冉求曾自信地说,如果让他治理一个国家,"比及三年,可以足民"。孔子表示首肯。《论语·尧说》里,孔子又说:"所重民,食、丧、祭",孔子始终把"富民""足民""足食"放在首位。孔子在教导学生时,曾引尧告诫舜,舜又告诫禹的一句话:"四海困穷,天禄永终。"就是说,如果人民贫困了,一个政权的天命就完结了。在回答国富和民富的关系时,孔子提出了"百姓足君孰不足,百姓不足君孰与足"的观点。在《论语·颜渊》里,鲁哀公问政孔子,孔子对曰:"政有使民富。"哀公又问如何使民富,孔子回答说:"薄赋敛,则民富矣。"哀公说如果这样,赋税减少了,他就贫了。孔子回答说:"诗云,'恺悌君子,民之父母',未见其子富而父母贫者也。"但是孔子的思想并没有停滞在富民,还有后面的教民。《孔子家语》里记载孔子说:"独富独贵,君子耻之。"《孔子家语》曾长期被认为是伪书,但1973年在河北定县八角廊汉墓,1977年在安徽阜阳双古堆汉墓,都出土了与《孔子家语》内容相似的简牍,说明《孔子家语》不伪,至少在汉初已经存在了。《说苑·杂言》中记载孔子曾说:"夫富而能富人者,欲穷而不可得也。"还说:"富有天下而无怨财,布施天下而不病贫,如此,则谓贤人矣。"孔子还极力称赞"博施济众"的思想。孔子"重义轻利"的愿景是在民富之后,还能惠及众人,实现共同富裕。孔子所谓"君子喻于义,小人喻于利",并非反对利。刘宝楠《论语正义》解读为"小人利而后可义,君子以利天下为义"。

孔子从仁政、德政、富民的理念出发,在税收方面主张轻税,提出"敛从其薄""薄赋敛",反对苛捐杂税,认为"苛政猛于虎"。孔子心目中的理想税率是十分之一,即什一之税。孔子在税制上也有保守的一面,他推崇的是古代的劳役地租,反对当时的初税亩改革,反对履亩而税。孔子的轻徭薄赋思想,并非是越薄越好,而是要"取民有制""度之以礼"。对于劳役,他也不是一味反对,而是主张要"使民以时""择可劳而劳之"。

在财政支出方面,孔子主张节用,提出"政在节财""节用而爱人"。在支出的原则上,孔子反复强调节约、简朴。"礼"是孔子重视的,也是财政的一项重要花费。孔子说:"礼,与其奢也,宁俭。""奢则不孙,俭则固。与其不孙也,宁固。"他强调:"礼以行义,义以生利,利以平民,政之大节也。"《论语·泰伯》里,他夸赞大禹"菲饮食而致孝乎鬼神,恶衣服而致美乎黻冕;卑宫室而尽力乎沟洫。"弟子闵子骞反对鲁国修新金库的言行,孔子大加称赞。孔子虽赞赏管仲,但对其奢侈的部分还是作出批评。《论语·八佾》记载,孔子说:"管氏有三归,官事不摄,焉得俭。"在支出结构上,祭祀和军费一直是主要部分,《左传·成公十三年》载:"国之大事,在祀在戎。"孔子却把民生放在首位,他说:"所重民、食、丧、祭。""足食、足兵、民信之矣。"《国语·鲁语》记载,季康子想按重赋的办法征收军费,派冉求去征求孔子意见,孔子回答说:有战事则征,无战事则免;征收办法参照周公制定的法典,一井小米640斛,草秣160斗,米16斗;征收的数目不能超过这个,先王认为足够了,如果季氏想违背周公的法典,那想怎么收就怎么收,何必来问他。在俸禄支出方面,孔子主张薄俸。《论语·卫灵公》记载,孔子说"君子谋道不谋食",孔子还强调:"事君,敬其事而后其食。"就是告诫官员,应该先认真做好工作,把俸禄的事情放在后面。《论语·泰伯》里记载孔子告诫弟子,读书不是为了追求俸禄:"三年学,不至于穀,不易得也。"关于补助,孔子在《论语·雍也》里提出要有度,"君子周(赒)急不继富。"

综而言之,孔子的财政思想就是"施取其厚,事举其中,敛从其薄"。孔子的财政思想,并不局限于财政,而是和经济社会发展思想联系在一起的。孔子主张藏富于民,以培养税源,认为人民富裕,经济发展,国家财政收入自然也增多了。《论语·尧曰》里,孔子说:"因民之利而利之,斯不亦惠而不费乎。"其意为:人民本有很多自然之利,统治者只要因势利导,引导他们开辟利源,如治田、通商、惠工等,他们自然就能获利,而不需要国家财政花费。就是说,只要放手让人民自己去发展经济,追求利益,经济自然就会发展,哪怕不需要国家财政投入,人民就得到了好处。孔子有句话"民可使由之,不可使知之",一直被认为是愚民思想,但也有人认为应该标点为:"民可,使由之;不可,使知之。"如果这样标点的话,就和"因民之利而利之"的意思一致了,也和孔子的整体思想相合了。

对于孔子的思想,人们虽然有很多不同认识,但对他主张"仁政"的核心理念,则是没有歧义的。孔子"天下为公"的大同理想,有学者考证,认为是汉儒托名孔子所言,并非孔子原话。但大同理想正是孔子仁政思想的合乎其逻辑的展开延续,其内涵是一以贯之的,也成为后来2 000多年里儒者的共同理想。孔子从"仁"出发,将民生理念注入了中国古典财政思想的血脉,影响深远。孔子的很多思想,也成为了后世财政思想的基本准则。宋儒张载曾写道:"为天地立心,为生民立命,为往圣继绝学,为万世开太平。"

二、《周易》《大学》中的财政思想

《周易》《大学》提到的财政思想虽不多,但很重要。特别是《大学》,系统提出了以德理财的思想,影响深远。

《周易》成书时间较早,有"伏羲画八卦""文王拘而演周易"之说,一般认为《周易》是周初卜筮之书,后经孔子整理而成儒家经典,成为"易经"。无论"五经""九经"还是"十三经",《周易》都被列为群经之首。《易传》相传是孔子对《周易》的解读,由孔门后学者整理成书。《大学》原是《小戴礼记》里一篇,北宋程颢、程颐兄弟大力尊崇,认为其是"初学入德之门"。南宋朱熹又作《大学章句》,将之与《论语》《孟子》《中庸》并列为儒家"四书"。关于其作者,《汉书·艺文志》说是"七十子后学"所作。朱熹最初说是尧舜传授,孔子笔录。后来在《大学章句》中,朱熹认为是曾子与其门人弟子合为而著。此后在《大学或问》中,朱熹又提出是圣人或古先民之言,"传文"成于曾子门人之手。当代学者一般认为《大学》的成书时代大体在孔孟之间,出于曾氏之儒一派。

《周易》是卜筮之书,通过对卦象吉凶祸福的解读表达了其思想倾向,体现了周初敬天保民的思想。如比卦,"比之自内,贞吉",即安定国内,令百姓亲附,就是吉。临卦,"咸临,贞吉""咸临,吉,无不利",是说靠打动民心治民,吉则事无不利。"甘临,无攸利;既忧之,无咎",是说靠甜言蜜语治民,绝对没有好处;只有为他们操心,才能免于祸殃。观卦,强调统治者要注意观察民意,关注民生。只有"观我生",即看百姓是否安居乐业,才能知"进退"。益卦,"有孚惠心,勿问,元吉。有孚惠我,德(得)"。只要出于利民之心,不用卜问,最吉利。利民就是利己,肯定成功。

在支出方面,《周易》则多次表达了节用的思想。节卦提出要安节、甘节,即要安于节俭、乐于节俭。"不节若,则嗟若,无咎",就是说如果不节俭,就会嗟叹后悔。豫卦,"盱豫,悔,迟有悔",是说骄奢淫逸,倒霉事就会接二连三。益卦,"莫益之,或击之",表示不要再扩大工程量,不然有人可能来攻打。

《周易》所蕴含的更多财政思想则主要是通过《易传》揭示出来的。《易传》是儒家解读《周易》的著述,主要表达了儒家的财政思想。《易·系辞传下》说:"天地之大德曰生,圣人之大宝曰位,何以守位曰仁,何以聚人曰财,理财正辞,禁民为非曰义。"这里认为天地间最伟大的德行是使万物生生不息,统治者要守位就要行仁政,要能得到人们的拥护,凝聚民心就要为民生财,有财力的保证。精心理财、端正言行、禁民为非就是义。宋代理财家王安石将这段话归纳为"理财乃所谓义"①。

《周易》的财政思想及对后世的影响不仅在于爱民节用,更重要的还在于对变的重视,强调理财。其反复申说的就是如何应对各种变化,有天地季节的自然变化,有事物的发展变化。它不仅强调要应时、应变,顺应自然规律,也强调要发挥政府的调控应变功能。《易传》提出"穷则变,变则通,通则久"。《周易》虽主张爱民富民,但在泰卦里,也提出"翩翩,不富以其邻,不戒以孚",即不要过分依赖散财收买民心,也不靠三令五申来取信于民,而要善于根据事物的变化采取行动,营造和谐的环境。泰卦讲的就是天地之际,阴阳升降,否泰无常之理。《周易》在节卦里,虽然主张要"安节""甘节",但也反对过于节俭,即"苦节,贞凶,悔亡"②。《易传》里提出节用的原则是要"不伤财,不害民"。《周易》第一次提出了"理财"的概念,强调了

---

① 王安石:《答曾公立书》,载于《王文公文集》,上海人民出版社 1974 年版,第 97 页。
② 本文对《周易》的解读,主要参考了李零先生的《死生有命 富贵在天:〈周易〉的自然哲学》,与《周易》的其他注释本多有不同之处。

"理财"的重要。在理财中,其重视辩证的思想和改革的思想,也多为后世理财家所重视。

《大学》开宗明义强调:"大学之道,在明明德,在亲民,在止于至善。"在财政思想上说的是"德者本也,财者末也"的以德理财的思想。《大学》里说:"是故君子先慎乎德。有德此有人,有人此有土,有土此有财,有财此有用。德者本也,财者末也。外本内末,争民施夺。是故财聚则民散,财散则民聚。是故言悖而出者,亦悖而入;货悖而入者,亦悖而出。"这里指出财政的源泉是民生,将国家拥有人民和拥有财富对立起来,认为国家聚敛过多,就会失去民心。这和孔子的"百姓足,君孰不足"是一致的,只是更加强调藏富于民,更加反对聚敛,甚至说出国家宁可有贪腐的"盗臣",也不能有聚敛的理财者,所谓"长国家而务财用者,必自小人矣"。《大学》的这一论述,对后世儒家的理财观影响深远:

> 生财有大道:生之者众,食之者寡,为之者疾,用之者舒,则财恒足矣。仁者以财发身,不仁者以身发财。未有上好仁而下不好义者也,未有好义其事不终者也,未有府库财非其财者也。孟献子曰:"畜马乘,不察于鸡豚;伐冰之家,不畜牛羊;百乘之家,不畜聚敛之臣。与其聚敛之臣,宁有盗臣。"此谓国不以利为利,以义为利也。长国家而务财用者,必自小人矣。彼为善之,小人之使为国家,灾害并至;虽有善者,亦无如之何矣!此谓国不以利为利,以义为利也。

三、孟子的财政思想

孟子,名轲,鲁国邹(今山东邹城市)人。其活动年代约在公元前372年至公元前289年。孟子是鲁国贵族孟孙氏的后裔,到孟子出生时,家道早已衰微。《史记》称他"受业子思之门人",他的老师不是很有名,所以孟子也没有提到,一般认为其学传承了曾参—子思一系。孟子自认为是孔子的继承人,他说:"予未得孔子徒也,子私淑诸人也。"孟子很尊崇孔子,称"自生民以来,未有盛于孔子也""乃所愿,则学孔子也"。孟子极大地发挥了孔子的仁政思想,被后世尊为"亚圣",与孔子并称"孔孟"。孟子曾游历于齐、宋、滕、魏、鲁等诸国,希望追随孔子推行自己的政治主张,前后历时20多年,但没有机会得到实行。虽然孟子学说被认为是"迂远而阔于事情",但在当时的思想界中已产生了较大影响,追随他的门徒有数百人,出行时车子就有数十乘。晚年,他退居讲学,和弟子们一起编撰了《孟子》。

孟子虽继承了孔子思想,但其所处的时代已经不同,孟子也有了不少新的观点。孟子的时代,最大特征就是各国征战不断。孔子时的战争还讲一定的礼义,一般不过几万人。而到孟子时,战争纯为夺地掠财,充满了不义,而有时候一场战争就有数十万人在一起相互厮杀,其残酷更是无以复加。"师之所处必生荆棘""大兵之后必有凶年"。财政政策是为了战争,横征暴敛,百姓苦不堪言。这与儒家的理想国家相距越来越远。直面如此时事,孟子无法再像孔子那样恬淡,而显得有些偏激,很多话说得过于绝对。孟子把"仁义"提到了绝对的位置:"仁义而已矣,何必言利。"其实这更多是他针对"上下交征利"现象的激愤之言。他在富民问题上的观点与孔子是一致的。《孟子·正义》说到"积于利而不困于凶年",《孟子·尽心》里提到"易其田畴,薄其税敛,民可使富也"。康有为注曰:"此言富民民自仁,即富而后教之义。"

孟子在思想上和孔子一样,也是极度向往三代,言必称尧舜。《孟子·告子》里描述的理想社会是:"入其疆。土地辟,田野治,养老尊贤,俊杰在位,则有庆,庆以地。"有点类似孔子描述的大同世界。不好的社会是:"入其疆,土地荒芜,遗老失贤,掊克在位,则有让(责)。"掊克是指聚敛搜刮民财的人。在收入思想上,孟子虽然主张轻税,但过于保守,他的主张还停留在三代,认为只能由助法筹集收入,也就是主张单一的农业税。孟子在《孟子·公孙丑·上》里描述了一个无税的其乐融融的世界:

市,廛而不征,法而不廛,则天下之商皆悦,而愿藏于其市矣;关,讥而不征,则天下之旅皆悦,而愿出于其路矣;耕者,助而不税,则天下之农皆悦,而愿耕于其野矣;廛,无夫里之布,则天下之民皆悦,而愿为之氓矣。信能行此五者,则邻国之民仰之若父母矣。率其子弟,攻其父母,自有生民以来未有能济者也。如此,则无敌于天下。无敌于天下者,天吏也。然而不王者,未之有也。

孟子认为,"行仁政,必自经界始"。"正经界",就是实行井田制。对于井田制,《孟子·滕文公上》曰:"方里而井,井九百亩,其中为公田,公事毕,然后敢治私事。"井田制是否是真实制度,自近代以来,争讼不休,难有定论。侯外庐说孔子仅向往尧舜的人格,而孟子则虚拟尧舜的制度。但在古代,大家对孟子的描述是深信不疑的。直到清代,还有儒家学者主张恢复井田制。孟子提出的"什一而税"的主张,也被后世儒家尊奉为"中正之制"。孟子提出"取于民有制",征税太少,不足供国用;太高,人民负担过重;什一税正好不高不低。《孟子·告子下》里,魏相白圭曾问孟子:"吾欲二十而取一,何如?"孟子反问道:"子之道,貉道也。万室之国,一人陶,则可乎?"白圭回答:"不可,器不足用也。"孟子于是继续说:"夫貉,五谷不生,惟黍生之;无城郭、宫室、宗庙、祭祀之礼,无诸侯币帛饔飧,无百官有司,故二十取一而足也。今居中国,去人伦,无君子,如之何其可也? 陶以寡,且不可以为国,况无君子乎? 欲轻之于尧舜之道者,大貉小貉也;欲重之于尧舜之道者,大桀(桀)小桀(桀)也。"孟子认为二十税一,无法满足礼仪、官俸、外交等各方面的事务开支,只适合开支小的像貉这样的小国。但君主若重于什一而税,就是桀纣这样的暴君。

孟子在财政收入方面主张"薄赋敛",相应地在支出方面,主张厉行节约,禁止浪费,以实现收支平衡。《孟子》一书多次记录了孟子提倡寡欲节约,反对铺张浪费的言论。孟子认为统治阶级的浪费,必然会使老百姓饥饿。孟子反对战争,主张压缩军费。但孟子在对待官员的俸禄上,却表现出鲜明的礼制等差思想。孟子反对当时已见雏形的谷禄制,依托周制设计出一套爵禄制。由爵位高低决定受禄多少,推算起点是庶人农夫的生计,井田制下,一夫百亩最多可养活9口人。庶人在官者和下士之禄等同农夫,可养活9口人。中士之禄则倍之,可养活18口人。上士再倍之,依此类推,到最高的大国君主之禄,可养活2 880人①。

孟子对传统财政思想的最大贡献是"养民"思想,《孟子·离娄下》称"以善养人,然后能服天下"。在"养民"的具体措施方面,孟子提出了为民制产、使民以时、社会保障和教化民众思想。孟子认为"民之为道也,有恒产者有恒心,无恒产者无恒心。苟无恒心,放辟邪侈,无不为已"。(《孟子·滕文公上》)孟子还提出"制民之产"的思想,即通过井田制实现耕者有其田,可使人民衣食无忧,"数口之家可以无饥矣""七十者衣帛食肉,黎民不饥不寒"。(《孟子·梁惠王上》)孟子认为统治者在征用劳役时要"不违农时","不违农时,谷不可胜食也;数罟不入洿池,鱼鳖不可胜食也;斧斤以时入山林,材木不可胜用也。谷与鱼鳖不可胜食,材木不可胜用,是使民养生丧死无憾也"。(《孟子·滕文公上》)孟子不违农时的思想,不仅有利于爱惜民力、保证农业生产,而且顺应自然规律,保护生态,有利于经济的可持续发展。孟子还要求统治者"老吾老,以及人之老;幼吾幼,以及人之幼",呼吁建立基本社会保障制度。孟子特别关注对鳏、寡、孤、独等弱势群体的救助,他认为"此四者,天下之穷民而无告者。文王发政施仁,必先斯四者"。孟子的"助而不税"思想,虽显保守落后,但也包含了孟子的爱民之心。孟子认为贡赋制下,是以若干年的平均产量作为一个定额来征税,无论丰年凶年,缴纳量都是固定的。遇到凶年,人民"终岁勤动,不得以养其父母,又称贷而益之,使老稚转乎沟壑"。(《孟子·滕文公上》)而实施助法,人民在公田上劳动,丰年就可以多得,凶年就可以少收,可以避免因年岁的

---

① 阎步克:《中国古代官阶制度引论》,北京大学出版社2010年版,第136页。

凶歉给人民带来的苦痛。孟子继承了孔子先富后教的思想,提出等人民生活有了保障之后,就要设立学校来教化他们。

孟子不厌其烦地反复申说其"养民"的意义。他在《公孙丑上》中说,如果君主能行仁政,爱民如子,则"邻国之民仰之若父母"。在《离娄上》中说:"得天下有道,得其民斯得天下矣。"在《梁惠王下》中说:"乐民之乐者,民亦乐其乐;忧民之忧者,民亦忧其忧。乐以天下,忧以天下,然而不王者,未之有也。"在《梁惠王上》中说:"保民而王,莫之能御也。"孟子的可贵,在于他将财政的出发点和落脚点都归于民生,将人民的利益作为衡量财政政策和国家治理水平的唯一标准。在《尽心下》中,孟子更是提出了"民为贵,社稷次之,君为轻"的思想。在《万章上》中,孟子引《泰誓》提出了"天视自我民视,天听自我民听"的思想,将天意与民意统一,指出天意就是民意。当时之世,"秦用商君,富国强兵;楚、魏用吴起,战胜弱敌;齐威王、宣王用孙子、田忌之徒,而诸侯东面朝齐。天下方务于合纵连衡,以攻伐为贤"①。而孟子却激情四射,雄辩滔滔地和他们辩论,理直气壮地提出以民为本的思想。孟子对自己的学说非常自信,曾说:"如欲平治天下,当今之世,舍我其谁也!"他大声喊道:"虽千万人,吾往矣!"孟子的民本思想让后世的专制君主很害怕看到,朱元璋让人删去了《孟子》46.91%的内容,编成《孟子节文》刊行,不仅删掉了孟子的爱民养民的言论,还删掉了孟子怒斥历史上暴君的言论。朱元璋还取消了孟子配享孔庙的资格。

四、荀子的财政思想

荀子,名况,字卿,时人尊称"荀卿"。汉时因避汉宣帝刘询讳,因"荀""孙""古"音相同,故又称孙卿。其生卒年不详,大约活动在公元前298年至公元前238年之间。荀子是赵国人,为了实现自己的政治主张,曾先后到齐、楚、秦等国活动。荀子在齐国期间,三次出任齐国稷下学宫的祭酒;在楚国曾被春申君任命为兰陵(今山东兰陵)令,在春申君死后被免职;到秦国后,曾在秦昭王和秦相范睢面前陈述自己的思想,虽得到秦昭王的称赞,但没有被采用;回到赵国,曾与临武君议兵于赵孝成王面前。荀子晚年,定居兰陵,授徒著书。现存《荀子》32篇,除最末6篇为其弟子摘录的荀子言论外,其余诸篇都为荀子所著。

荀子最大成就当属三次主持稷下学宫。稷下学宫是齐宣王时创办的一所新型

---

① 司马迁:《史记》卷74《孟子列传》,中华书局1982年版,第2343页。

学府,因地处齐都临淄(今山东省淄博市)的稷门附近而得名。当时的齐国君主采取了极为优容的政策,封了不少学者为"上大夫""受上大夫之禄",允许他们"不治而议论"(《史记·田敬仲完列传》),"不任职而论国事"(《盐铁论·论儒》),吸引了天下贤士聚集于此,讲学论难。这里汇聚了道、儒、法、名、兵、农、阴阳、轻重等诸家,多达千人,互相争辩、诘难、吸收。"百家争鸣"正是以齐国稷下学宫为中心展开的,也形成了包融各家思想、博大精深的稷下之学。荀子则是稷下学宫的最后一个大师,他立足儒家,对稷下学术进行了全面的批判总结。这也使荀子的思想染上了各家的色彩。郭沫若认为应称荀子为杂家,他不仅是集儒家之大成,而且是集百家之大成。① 他的弟子韩非、李斯都是法家思想的代表人物。

虽说荀子的思想融汇了各家各派的思想,但其根本立足点还是在儒家。在财政思想上,荀子也始终坚持儒家的基本立场,而且对其有了很大的发展。孔孟虽然主张轻税、节用、富民,但都只提出了一些基本原则,而荀子对这些原则进行了系统的论述,把这些零星、片断的观点,最终形成了一个完整的财政思想体系。

在收入思想方面,荀子亦主张轻税,但他也明确提出富国思想。在富国方面,孔子强调藏富于民,孟子则是反对富国,并将富民与富国对立起来,指责富国政策是"不行仁政而富之"(《孟子·告子下》)。而荀子将富国与富民统一起来,提出"上下俱富"的思想。荀子不反对征税,但提出"上以法取"的思想,就是要按法令政策取之于民。其基本原则是不可出于聚敛,必须是轻税,要重视税源的培养。

荀子在《富国》中将取之于民的方法,分为修礼(遵循礼仪)、为政(善于治国)、取民(取得民心)和聚敛(搜刮民财)四类,认为"修礼者王,为政者强,取民者安,聚敛者亡"。他还提出如果君主聚敛,"厚刀布之敛以夺之财,重田野之税以夺之食,苛关市之征以难其事",则以臣弑君、以下杀上都是君主自找的。如果"田野荒而仓廪实,百姓虚而府库满",则是自断根本的源泉,国家很快就会被颠覆。荀子还从诸国竞争的角度指出聚敛之害,指出如果聚敛就会失去民心,从而削弱国力,增强敌国的力量,招来灭亡危险。荀子还指出,如果过度聚敛,结果只会适得其反,到最后老百姓一无所有、贫困不堪,统治者从他们身上就再也榨取不到什么了。荀子认为"上好利,则国贫",只有轻赋敛,少力役才能富国:"轻田野之税,平关市之征,省商贾之数,罕兴力役,无夺农时,如是则国富矣。夫是之谓以政裕民。"荀子在《王制》篇中提出了轻税标准:"田野什一,关市几而不征,山林泽梁,以时禁发而不税。相

---

① 郭沫若:《十批判书》,中国华侨出版社2008年版,第153页。

地而衰政(征),理道之远近而致贡。"在这里,荀子明确反对孟子"助而不税"的主张,支持当时管仲"相地而衰征"的思想。荀子还强调要重视财源的培养,只有重视各类资源的生长周期,贯彻富民裕民,才能培养税源,增加国力,实现"上下俱富"。

在支出方面,荀子主张"节用",他认为"足国之道,节用裕民,而善藏有余"。荀子在《国富》篇中指出,统治者只有节制自身消费,财政才能有结余实行裕民政策,裕民则能民富。人民富裕就会更努力种田,粮食产量就会成百倍地增长,于是国家的赋税也会增长。如果统治者不懂得"节用裕民"就会导致民贫,人民贫困则无意耕种,造成田地荒废,粮食收成不到以前的一半,统治者即使极力侵夺,也所获有限。

荀子节用的方法是"节用以礼",就是必须符合礼制规定的等级标准。荀子在《富国》篇里说:"礼者,贵贱有等,长幼有差,贫富轻重皆有称者也。"他提出每一等级都应有相应的标准,如在服装上,"天子朱裷衣冕,诸侯玄裷衣冕。大夫裨冕,士皮弁服"。这样就在制度上,确定了各等级的支出标准,限制了过度消费。对于支出上的等级差别,荀子认为社会上人们有地位高低之分,是因为君主要"治万变,材万物,养万民,兼治天下",所以需要相应的礼仪秩序,所谓"为人主上者不美不饰之不足以一民也,不富不厚之不足以管下也。天下尚俭而弥贫"。荀子还进一步提出"德必称位,位必称禄,禄必称用",将德行和官位、俸禄相联系,事实上否认了以前建立在血缘基础上的世官世禄制。荀子提出统治者符合礼的德行必须是:"量地而立国,计利而畜民,度人力而授事。使民必胜事,事必出利,利足以生民,皆使衣食百用出入相揜,必时藏余,谓之称数。"自士以上,直至天下,都"必以礼乐节之"。《荀子》一书中多次强调,要"量能而授官""无德不贵,无能不官。无功不赏,无罪不罚"。要做到"朝无幸位,民无幸生",即朝堂上没有侥幸获得高位的,老百姓没有靠侥幸生存的,无论官位还是民生,都是在礼治的规范下实现的。在《天论》篇中,荀子还反对了天命思想,认为"强本而节用,则天不能贫……本荒而用侈,则天不能使之富"。

荀子还比较重视支出结构的调整,他特别强调要节用和精兵简政,减少行政方面的开支。他指出"士大夫众则国贫,工商众则国贫,无制数度量则国贫",要求限制官员的数量和工商业发展的规模,支出要有规范。此外,他又主张增加民生和文教费用。荀子在《君道》篇中提出,君道就是"善生养人者也"。他认为:"天之生民,非为君也。天之立君,以为民也。"对孔子的先富后教理论,荀子作了进一步的申说,认为"不富无以养民情,不教无以理民性"。在社会保障支出方面,荀子主张"收孤寡、补贫穷"。荀子提出要"损有余,益不足",并将之归为礼的重要内容。荀子的礼比孔孟提倡的礼更倾向民生和德政,提出了再分配的思想。荀子认为礼的兴起,就在于"养人之欲,给人以求"(《礼论》)。

荀子的财政原则可以归纳为"开源节流"。荀子在《富国》篇中提出"明主必谨养其和,节其流,开其源,而时斟酌焉。潢然使天下必有余,而上不忧不足。如是则上下俱富,多无所藏之,是知国计之极也"。"开源"就是发展生产、培养财源,"节流"就是节制征税和节省开支。其开源节流的思想,较全面地认识到了经济和财政的关系,在先秦诸子中十分突出。荀子的财政思想虽然很多地方承继了孔孟,但也有很多新的发展,特别是对孟子的财政思想多有修正。在对人性的认识上,荀子和孟子截然相反,认为人性本恶,所以他更强调采用礼和法进行规范的重要性。

第二节 道家的财政思想

道家是中国本土产生的重要学派。《汉书·艺文志》里说:"道家者流,盖出于史官,历记成败存亡祸福古今之道,然后知秉要执本。清虚以自守,卑弱以自持。"据传,古代史官在掌管历史记录的同时,还要掌握星历占卜之道。他们在天人之际中体验"道",形成了一个知识系统。先秦并无"道家"之名,"道家"之名最早见于司马谈的《论六家要旨》。道家主张"法自然""其术以虚无为本",道家中人多隐居山林,"神龙见首不见尾",所以其传承脉络并不清晰。在财政思想上,道家多主张无为而治,休养生息,在经历战乱后恢复社会和经济的生机方面很有效果,所以很多朝代在初建时往往会采取一段时间的道家思想。道家思想的代表人物主要有老子和庄子。

一、老子的财政思想

老子是谁,司马迁作《史记》时已经不是很清楚。在《史记·老子韩非列传》中,司马迁提出了三种可能性。一个是周"守藏室之史"李耳,字聃,楚国苦县厉乡曲仁里(今河南鹿邑县)人,相传孔子曾向其问礼;一个是与孔子同时的老莱子,也是楚国人;再一个是战国初年见过秦献公的周太史儋。有说法认为古时"老"和"李"同音,"聃"和"耳"同义,"老聃"就是"李耳"。也有说楚国的"李"字写作上木下来,而且"莱"和"李"古音完全相同,老莱子其实就是老子。还有说法认为太史儋和老子都做过周的史官,而且"儋"和"聃"的古音相近,就是说老子和太史儋也可能说的是同一个人。这些都是根据文字进行的猜测。后来道教奉老子为始祖,就有更多的神奇传说了。

老子的思想主要反映在《老子》一书中。学界一般认为《老子》一书当在孔墨之后,其学说是对孔墨思想的批判发展。有学者认为老子或在孔子之前,但《老子》一书当在孔墨之后,该书是老子后学者整理完成的。《老子》一书主要有三个版本,一是传世本,有汉代河上公、严遵、张道陵、曹魏王弼多家注本,是对后世影响最大的,也是我们现在常用的。二是1973年湖南长沙马王堆出土的帛书本,共有甲乙两个抄本。两个抄本都是分上下两篇,没有再分章,与传世本不同的是德经在上,道经在下,但基本内容与传世本没有太大出入。三是1993年10月,在湖北荆门郭店出土的战国楚简本,在章序排列上与传世本有很多不同。无论哪个版本,都有其思想史上的意义。楚简本反映了《老子》最为原始的思想,而传世本则反映了《老子》一书自汉以来的影响。本书引文主要参考高明的《帛书老子校注》(中华书局1996年版)和李零的《人往低处走:老子天下第一》(生活·读书·新知三联书店2008年版),与传世本略有不同。

《老子》向往的理想国家面貌是小国寡民的社会:

小邦寡民,使有什百人之器而毋用,使民重死而不远徙。有舟车,无所乘之;有甲兵,无所陈之。使民复结绳而用之。甘其食,美其服,乐其俗,安其居,邻邦相望,鸡狗之声相闻,民至老死,不相往来。

《老子》就是要回到结绳记事的原始时代,虽有舟车和武器,但没有人用;老百姓吃得好,穿得美,生活安定。在这样的社会,自然也就没有财政税收之类的事务了。

《老子》主张治国的最高原则是"无为而治"。《老子》认为国家应少做事,不干涉,放手让老百姓自己去做,国家做的事少,支出就少,征税也就减少了;老百姓能够休养生息,财富自然会增加,老百姓就能富裕,即"我无为而民自化。我好静而民自正。我无事而民自富。我无欲而民自朴"。如果太多事,设的禁区越多,"天下多忌讳,而民弥贫"。《老子》"无为而治"的落脚点还是落在了富民上。《老子》一书中也强调"爱民治国",认为"绝圣弃智,民利百倍"。楚简本是"绝智弃辩,民利百倍",就是断绝小聪明和不争论,老百姓自会获利百倍。论者一般会以"绝圣弃智"和后面的"绝仁弃义",来指责《老子》的愚民政策。但这并非道家本意,道家本意不是要愚民,而是认为只有人民返璞归真,才能无争乱。楚简本提供的最为原始的版本里,《老子》说的是"绝智弃辩"和"绝伪弃虑",这相当准确,说明后来的儒道强烈对立情绪是发展的结果。

《老子》在财政收入方面主张轻税。《老子》说:"人之饥也,以其取食稅之多也,是以饥。百姓之不治也,以其上有以为也,是以不治。民之轻死,以其求生之厚也,是以轻死。夫唯无以生为者,是堅贵生。"这段话是说老百姓饥饿,是因为统治者征税过多。后面的话虽然平缓,却是对统治者最严厉的警告:老百姓无法治理,是因为统治者太有为,自以为是地妄为。传世本改为"难治",而帛书本程度更厉害,是根本没治。《老子》进一步说老百姓最后连死都不怕了,铤而走险揭竿而起,正是因为求生。统治者让他们无以为生,他们为求生而起。传世本改为"民之轻死,以其上求生之厚",虽然也是说民不畏死,是因统治者贪婪过度,但却淡化了人民求生的意念。《老子》批评当时的社会是"损不足以奉有余",加剧贫富分化,使富者愈富,贫者愈贫,而认为天道是"损有余而补不足"。

《老子》在财政支出方面主张节俭,提出要"去甚,去泰,去奢"。他批评统治者的奢靡生活,"服文采,带利剑,厌饮食,资财有余",而"田甚芜,仓甚虚""是谓盗竽,非道也哉",认为这不是道,而是盗。他警示统治者:"五色,使人目盲;驰骋田猎,使人心发狂;难得之货,使人之行妨;五味,使人之口爽;五音,使人之耳聋。"《老子》将"俭"称为三宝之一,认为只有"俭"(节制),才能"广"(扩张)。没有"俭"而想"广",是死路一条。

《老子》讲的无为,不应理解为消极的无所事事,而是不妄为,不胡作非为,也就是要遵循自然规律,保障人民福祉,与民休息,让人民自由发展。否则劳民伤财,民怨沸腾。老子是最彻底的自由放任派,他认为只要清净俭约、与民休息,财政上轻徭薄赋,人民自然会去致富,国家也会随之富裕。正所谓"无为而无不为"。《老子》里充满了对民生的关怀,抨击贫富悬殊和社会不公,痛恨统治者的贪婪和腐败。《老子》也对统治者自作聪明、妄动干戈、劳民伤财的行为充满无奈。他说:"以智治国国之贼",这是痛骂统治者所谓的智正是愚蠢。《老子》希望统治者制定政策要顺应自然,说:"圣人恒无心,以百姓之心为心。"传世本改"恒"为"常",是为避汉文帝刘恒的讳,这正是统治者无事找事。

二、庄子的财政思想

庄子名周,宋国蒙(今河南商丘东北)人,活动年代约为公元前369年至公元前286年。相传庄子为楚国贵族之后,不过其出生时,家境已经相当贫寒,他住在狭窄小巷,靠编草鞋为生,不时向邻人借米救急,穿着打补丁的粗布衣服、用麻绳绑着的破鞋子,经常饿得面黄肌瘦。庄子只做过地方漆园吏,几乎一生退隐。庄子在思想上继承了老子,后世将他与老子并称为"老庄"。《汉书·艺文志》说,庄子著有《庄子》52篇(今存33篇)。其中,《内篇》7篇,《外篇》15篇,《杂篇》11篇。一般认为《内篇》为庄子自著,《外篇》和《杂篇》多为门人或后学者所著。

庄子是老子思想的主要继承者,《庄子》一书中也多次提及老子的言行。一般认为,庄子思想比老子更为消极无为,另有说法认为老子是"假无为",庄子才是"真无为"。老子的理想社会只是退入结绳记事的时代,庄子的理想社会却是想退入"同与禽兽居"的野蛮时代。在财政思想上,庄子同老子一样,提倡最小政府。《马蹄》篇说,"古之畜天下者,无欲而天下足,无为而万物化,渊静而百姓定",指出"善治天下者",当顺应"民有常性,织而衣,耕而食",他"命曰天放",认为是上天赐予人民的生产自由。《徐无鬼》篇说:"农夫无草莱之事则不比,商贾无市井之事则不比,庶人有旦暮之业则劝。"这是说农夫不耕田就会不快乐,商人不做买卖就会不快乐,普通百姓只要有工作就自然很勤勉去做。庄子还反对财富的积累和储藏,主张节俭和薄葬。

《庄子》一书充满了对当时贫富分化、统治者穷奢极欲的无奈情绪。《庄子·至乐》里描述:"夫天下之所尊者,富贵寿善也;所乐者,身安厚味美服好色音声也;所下者,贫贱夭恶也;所苦者,身不得安逸,口不得厚味,形不得美服,目不得好色,耳不得音声;若不得者,则大忧以惧。其为形也亦愚哉。夫富者,苦身疾作,多积财而不得尽用,其为形也亦外矣。"他痛斥"窃钩者诛,窃国者为诸侯"的社会,他的态度是"安时而处顺""知其不可奈何而安之若命,德之至也"。在无奈中,他只能通过回归原始,意想求得人民的解放和自由。他始终重视人的生命、自由和民生,认为人民的生命比统治者的疆土和财富更重要,提出不能"以所用害所养"。

三、黄帝学派的财政思想

黄帝作为华夏族的共祖,被尊为"人文初祖"。对黄帝的崇拜从远古就开始流传,其文治武功一直被人称颂传播。作为中华文明起源时期的传说人物,黄帝的事迹包含了太多神化色彩,其符号意义已远大于真实的历史。远古的很多发明创造都被归功于黄帝,早期的很多思想萌芽也多追溯到黄帝,这些思想萌芽在中国思想创造过程中产生了重大影响。这些早期思想的最初流传,多蕴含在各种口耳相传的故事里,并没有形成系统。在流传过程中,也不断出现累加和附会,许多士人也以黄帝为根据来阐发自己的学说,《史记》称"百家言黄帝"。公元前386年,齐国重臣田和放逐齐康公自立为齐王,即历史上著名的"田氏代齐"。田氏为取得统治的正当性,自称黄帝后裔,并在稷下置学宫,招聚天下贤士,系统整理黄帝之学。稷下学宫在中国思想史上具有非常重大的意义,它汇集了当时"诸子百家"中几乎所有的学派,使各种思想在这里得到争辩、诘难和融合,如孟子、荀子、邹衍、慎到、申不害、环渊、鲁仲连等。正是由于稷下学者们的搜集、整理,黄帝之学才得以成书流传。据《汉书·艺文志》著录,当时还能看到的黄帝之书共有35种637篇,其内容涉及政治、经济、军事、天文、医学、方技、数术等各方面。在整理中,很多著作在形式上还保持着原始的君臣对话体。这些著作在当时曾为一时显学,为百家学术之首,但随着时代的变迁,其逐渐被淡化,流传到今天的仅剩《黄帝内经》。

1973年,在长沙马王堆汉墓中出土了一批帛书,其中3号墓出土的帛书中有四篇古佚书,为《经法》《十六经》《称》《道原》。学界普遍认为这很可能就是《汉书·艺文志》中提到的《黄帝四经》。帛书《黄帝四经》的出土,引起了人们对"黄帝学派"的关注。帛书《黄帝四经》避刘邦讳,而没有避惠帝刘盈讳,抄写年代应在惠帝时期。其和《老子》抄写在一起,也显示当时对"黄老之学"的尊崇。"黄老之学"在西汉初年得到统治者的大力提倡,其"与民休息""无为而治"的主张成为当时最重要的官方统治思想。《史记·曹相国世家》记载当时民间歌谣:"萧何为法,顜若画一;曹参代之,守而勿失,载其清净,民以宁一。"刘向说:"文帝本修黄老之言,不甚好儒术,其治尚清净无为。"这些记载基本反映了黄老之学的基本特征。

《经法·君正》:"知地宜,须时而树,节民力以使,则财生。赋敛有度,则民富;民富则有耻,有耻则号令成俗而刑罚不犯,号令成俗而刑罚不犯,则守固战胜之道也。"这里将财政作为国家治理的基础,认为赋役征收有度,才能民富,民富国家才能强盛安宁。《经法·君正》里还说:"以有余守,不可拔也。以不足攻,反自伐也。"即强调要与民休息,提出若不量力而有所兴作,必招致失败。在财政上,黄帝之学强调统治者要无为而治,对百姓要少加干预,同时也强调要减轻税赋,征力役不违民时。所以西汉初年,在与民休息的大政策下,大幅减免税赋,采取贵粟等策调节经济。

帛书《黄帝四经》还反复劝告统治者要崇俭,不要奢侈无度。《经法·六分》里说:"知王术者,驱骋驰猎而不禽荒,饮食喜乐而不湎康,玩好嬛好而不惑心,俱与天下用兵,费少而有功,战胜而令行。故福生于内,则国富而民昌。"《经法·四度》里说:"黄金珠玉藏积,怨之本也。女乐玩好燔材,乱之基也。守怨之本,养乱之基,虽有圣人,不能为谋。"帛书《黄帝四经》还将治国与养生联系,重视休养生息,而《黄帝内经》也将医学和治国相联系。《黄帝内经》的一些基本原理和黄帝之学对财政的认识是一致的。

　　黄帝之学和老子的无为而治、清净无为、与民休息等主张是一致的，但也有区别。相较而言，黄帝之学比老子具有更多积极进取精神。黄帝之学更重要的地方，在于其政策的整体观以及积极地调节经济。司马谈《论六家要旨》也特别注意到其"术"的一面："其为术也，因阴阳之大顺，采儒墨之善，撮名法之要，与时迁移，应物变化，立俗施事，无所不宜，指约而易操，事少而功多。"《越绝书·计倪内经》记载越王勾践曾向计倪（《史记·货殖列传》作计然）问策，计倪提出忧积蓄、省赋敛、劝农桑之策，并以黄帝说事，提出阴阳五行的方法论，说黄帝因懂得阴阳五行的道理，能够顺应万物生长的常道，所以天下得到治理。如果能运用好这个策略，大则可以称王，小则可以成就霸业。战国初年的计倪，较早从五行学说入手，提出以货币政策调节粮价来救灾的设想。所谓"岁在金穰，水毁，木饥，火旱""六岁穰，六岁旱，十二岁一大饥"，即太阴3年处于金位，天下就丰收；3年处于水位，天下就有灾；3年处于木位，天下便康盛；3年处于火位，天下便旱灾。天下6年一丰收，6年一康盛，总共12年发生一次饥荒。所以，要按照这样的规律，在丰收时积极储积，以备荒年。后来白圭的"太阴之卯穰，明岁衰恶，至午旱……"，也是希望在五行转换变化学说的基础上，找出灾荒的周期变化与货币的流通规律，提出财政政策。黄帝之学注重分析社会经济运行的各个因素之间的关系，以提出相应的财政政策，但其在当时只能附会于阴阳的对立统一和五行相生相克不断变化的这些理论。《经法·论》曰："动静不时，种树失地之宜，则天地之道逆矣。"《经法·四度》曰："极而反，盛而衰，天之道也，人之理也。"《黄帝四经》认为，君主要处理好一年四季中所遇到的政治经济问题，就必须根据天道的阴阳、动静等运行规律，去调节好各种社会矛盾和社会关系。同处于稷下学派的《管子》一书，也主张这样的调节措施。

　　黄老之学在西汉发展的主要代表人物有陆贾和刘安。陆贾著有《新语》，刘安则有《淮南子》传世。

第三节　法家的财政思想

　　法家是先秦诸子中一个极重要的学派，一般分为东西两系。东系为齐国法家，其代表人物主要是管仲；西系为三晋法家，其代表人物有李悝、申不害、慎到、商鞅、韩非等。西系法家因得到秦国重用，使之成为秦国的统治思想，秦国也因之富国强兵,统一中国。秦因暴政仅二世而亡,法家也因推崇专制而备受诟病,但其对中国影响深远。古人一直有"儒表法里"之说,毛泽东也有诗称"百代都行秦政制"。法家主张"以法治国",但法家所谓的"法"与西方"法"的概念有很大不同,是专指已经存在的制度。它强调的是严刑峻法,其核心是"刑",却不具有西方"法"所包含的权利、正义等意蕴。《商君书》说:"法令者,民之命也,为治之本也,所以备民也。""民胜法,国乱;法胜民,兵强。"它强调法是君主统治人民的工具,如果人民高于法律,国家就会混乱。法家在财政思想方面一般主张富国强兵、重视农战、以法理财,并在此基础上提出了一整套的财政理论政策。

一、李悝的财政思想

李悝(也有人称李克),魏国人,活动年代大约在公元前 455 年至公元前 395 年,相传是孔门七十二贤之一的子夏的弟子。李悝在担任魏国相国期间,参考各国法律,编成《法经》,《法经》是我国第一部比较系统的成文法典。商鞅从魏入秦,就是带着这部《法经》去的,该书现已失传。李悝在魏国主持变法,帮助魏国走向强盛,为中国变法之始。《史记》称"魏用李悝尽地力,为强君"。《汉书》称李悝"富国强兵"。李悝被认为是三晋法家第一人,相传曾著有《李子》三十二篇。李悝的财政思想现主要保存在《史记》《汉书》《说苑》等史籍中。李悝的"尽地力之教""平籴法"等思想对后世财政思想影响很大。

"尽地力之教"就是通过激发农民的生产热情,让他们尽力开辟土地,发展农业生产,努力提高劳动生产效率,增加收入以改善生活,进而增加国家的财政收入。李悝估算,方百里之地,有田 900 万亩,除去山泽、邑居,可得田地 600 万亩,如果农民"治田勤谨""力耕数耘",每亩可增加产量 3 斗,这样方百里的田地就可以增加粮食产量 180 万石;反之,每亩就会减产 3 斗,方百里之地就会少收粮食 180 万石。此外,李悝还主张大力发展水利灌溉系统,"以沟洫为墟,自谓过于周公"①,还强调要"禁技巧",防止劳动力从农业向工商业转移。

"平籴法"是一项通过调剂粮价来预防饥荒,稳定社会秩序的宏观调控手段。即政府在丰年以平价收购农民余粮,建立粮食储备,在灾年则平价出售储备粮,以稳定粮价,防止"谷贱伤农,谷贵伤民"。李悝以一般年景的农民收入分析了魏国的经济情况:一般家庭大致有 5 口人,种植百亩田(合今 30 亩左右),每年收获粮食

---

① 董说:《七国考·魏食货》,载于《水利拾遗》,中华书局 1956 年版,第 104 页。

150 石,缴完什一税 15 石后剩下 135 石。在吃饭方面,每人每月需要 1.5 石,那么 5 口人 1 年就需要粮食 90 石,剩下 45 石;以每石 30 钱计算,45 石可得 1 350 钱。穿衣每人需要 300 钱,5 人合计就要 1 500 钱,还有祭祀等事务需 300 钱。这样算下来,还缺 450 钱。不幸遇到疾病或死丧的花费及缴纳其他赋敛的开支还没有计算在里面。这就是农民长期贫困、没有勤勉耕作的心思而使粮价昂贵的原因。然后,李悝在此基础上制定"平籴法",即每年通过对收成情况进行调查确认国家粮食收购政策。其做法是:把好年成分为上熟、中熟和下熟三等,坏年成也分为大饥、中饥和小饥三等。以"治田百亩"的一个农家作计算单位,遇到好年成时,政府按照上熟、中熟和下熟的标准分别收购其余粮 300 石、200 石和 100 石,以防止粮价下跌。遇到歉收的年份,政府则按照小饥、中饥和大饥的标准出售储备粮 100 石、200 石和 300 石。这样"取有余以补不足""虽遇饥馑水旱,籴不贵而民不散"。李悝认为,只有"民不散",政权才能巩固,国家才能富强。这一思想对后来影响很大,是后来均输、常平仓等法的开端。

李悝的财政思想中还包含了重农、节用、以功授爵等思想。在重农方面,他不仅提出"地尽力之教",还强调抑末,提出"农本工商末"。在节用方面,他反对用度上"雕文刻镂""锦绣纂组"。在俸禄支出方面,他认为国家财政支出应该用于对国家作出贡献的人,主张按照个人功劳大小授爵禄。李悝将无功而食禄者称为淫民,提出要"夺淫民之禄,以来四方之士",即要剥夺那些完全依靠父祖辈爵禄而本身对国家没有贡献却享有特权者的俸禄,以为国家招揽有志之士。

二、商鞅的财政思想

商鞅,姬姓公孙氏,卫国(今河南省安阳市内黄县梁庄镇)人。商鞅是卫国公族,故又称卫鞅或公孙鞅。商鞅后在秦国受封商邑,号为商君,因此后世都尊称其为商鞅。其生年不可考,有推测在公元前 390 年前后,卒于公元前 338 年。商鞅年轻时就"好刑名之学",前往法家的发祥地之一的魏国,曾跟李悝学习,认真研习了李悝和吴起等人的思想。他后来做了魏相公叔痤的家臣,公叔痤曾向魏惠王举荐他,但魏惠王没有任用他,后遇到秦孝公下诏求贤,商鞅前往秦国得到重用,做到秦国的大良造(相当于相国兼将军)。他主持的变法是秦国走向富强的关键,由于触动了贵族集团的既得利益,在秦孝公去世后他被车裂处死,但其变法的很多措施还是被沿袭下来,秦国的国力不断增强,最终统一天下。

《商君书》为商鞅后学者所编著,书中系统整理汇编了商鞅在秦国变法的言行和思想,成书时间当在战国晚期。《汉书·艺文志》著录《商君书》有29篇,今存24篇。张林祥的《〈商君书〉的成书与思想研究》认为《商君书》中属于追记商鞅言行的有《更法》《定分》;商鞅遗著有《垦令》《境内》;疑为商鞅所著者有《开塞》《农战》《靳令》《战法》《立本》《兵守》;商鞅后学者写于战国晚期的政论文有《画策》《修权》;商鞅后学者献给国君的书奏有《算地》《徕民》《错法》《赏刑》《君臣》《慎法》《禁使》;其他还有《去强》《说民》《弱民》《壹言》《外内》诸篇。

商鞅的财政思想表现出强烈的富国强国思想。商鞅认为,"强者必富,富者必强"。为了实现国家富强,他提出了统一财政、利出一孔、重税、弱民等思想。

商鞅改革的一项重要措施就是打破封建财政体制,建立统一的财政专制体制。其主要措施有开阡陌、废井田、均平赋税;推行郡县制,建立直属中央的财政管理体制;废除世卿世禄,建立官俸制度,按军功授爵给俸。在封建制度下,大大小小的封君世代沿袭,在各自的领地上享有充分的财权,赋税征收各自为政,人民税负不均平,国家财政得不到保障。商鞅首先打破了作为封建制度基础的土地制度,改变土地所有制关系,建立全国统一的赋税制度。所谓"开阡陌封疆,而赋税平""开阡陌制贡赋之法"。土地和土地上的耕作者,不再属于领主,而是"任其所耕,不限多少",按照粮食产量多少,直接向国家纳税。在管理体制上,将全国划分为41个县,县令由国君直接任命。国家财政的收入都由县负责征收并上缴中央,国家财政的各项支出政策都由县来落实。"百县之治一形",实现了国家财政政令的统一。废除世卿世禄制后,从中央到县,各级官员的俸禄都由国家财政定额定时发给,官爵和土地完全脱钩。授予官职爵禄的标准不再是靠血缘世袭,而是按照能力和军功,不论出身如何,"能得甲首一者,赏爵一级,益田一顷,益宅九亩"。

为了保证政令统一,富国强兵,还要将财富分配的权力集中于君主,即"利出一孔"。人民要想富裕,只有一条路径可走,就是服从国家的农战政策。商鞅认为追逐私利是人的天性,人的一切活动的基本动因都是对名利的追求。所谓"民之性,饥而求食,劳而求佚,苦则索乐,辱则求荣,此民之情也""民之生(性),度而求长,称而取重,权而索利""民之于利也,若水之于下也,四旁无择也",即人性不仅追名逐利,始终谋求利益的最大化,而且追逐名利往往是肆无忌惮、毫无顾虑的。所以国家要通过强制力控制名利的分配权,将民众追逐名利的行为纳入国家需要的轨道,为实现富国强兵而服务,要做到"民之所欲万,而利之所出一。民非一,则无以致欲,故作一""塞私道以穷其志,启一门以致其欲",即所谓"利出一孔"。这里的"一"就是国家的农战政策,"利出于地""名出于战"。商鞅认为,国君能够控制民众的就是爵禄,国家要兴旺只有农战,所以只能让民众通过努力农战取得爵禄财利,绝对不能有巧言虚道的其他非农战的路径获取爵禄财利。《商君书·农战》中说:"凡人主之所以劝民者,官爵也;国之所以兴者,农战也。"《商君书·错法》中说:"明君之使其臣也,用必出于其劳,赏必加于其功。功赏明则民竞于功。为国而能使其民尽力以竞于功,则兵必强矣。"即国君只有控制民众获得名利的路径,才能有效引导民众努力农耕和打仗,从而实现国富兵强。

商鞅认为"民之所欲万,而利之所出一",所以要限制民众通过其他渠道获利的可能,这就需要重农抑商。于是商鞅提出利用税收政策来进行调控,即重工商税。《商君书·外内》中说"不农之征必多,市利之租必重",即要加重从事工商业的非农业人口的赋税,让他们不能获利。《商君书·垦令》中说:"重关市之赋,则农恶商,商有疑惰之心。农恶商,商疑惰,则草必垦矣。"就是说加重关税和市税,农民就不愿意弃农经商,商人对从商也会有疑虑而无心经营。同时,还要"以商之口数使商,令之厮、舆、徒、重者必当名,则农逸而商劳",即要对商人和他们的奴仆、学徒、雇工等加强征派徭役,做到"农逸而商劳",达到"农逸则良田不荒""商劳则去商"的目的。除了重关市之征,还要加重对酒肉的课税,使其税额相当于本钱的 10 倍,这样商人就无利可图,酒肉商人少了,农民不会因酣饮而懒散,大臣也不会沉迷酒肉而荒废政务,同时也不会因酿酒和饲养动物浪费国家的粮食。商鞅还主张"壹山泽",就是由国家统一管理山泽之利。

为了加强农业生产,商鞅还通过税收政策来改变农业生产结构,鼓励小农生产。凡一家有两个以上的成年男子就必须分家,各立户头,否则就要加倍征收赋税。对努力生产的,粮食和布帛生产多的,可以免除劳役;对社会上不务农的游手好闲或从事末利而致贫的,要全家罚做官奴;对贵族养客,要按吃饭人数征收赋税并加重其徭役负担,让那些不愿务农的人没有地方吃闲饭而归农。除了重农抑商,商鞅也反对从事诗书技艺,认为这些人能凭借诗书或技艺求得名利,是与国家利益冲突的。通过加重贵族养客的赋税,也是断了这些人以诗书或技艺求名利的路径。

为了实现"利出一孔"的目的,商鞅还提出了弱民论。《商君书·弱民》中说:"民弱国强;国强民弱,故有道之国务在弱民。"即只有民弱,国家才能通过重赏或重刑将其纳入国家农战政策的轨道,实现国富兵强。商鞅认为仅"弱民"还不够,还要"贫民""辱民""刑民""愚民"。只有民"辱则贵爵""弱则尊官""贫则重赏""以刑治民则乐用""民愚则易治也""愚农不知,不好学问,则务疾农"。《商君书·说民》中说:"治国之举,贵令贫者富,富者贫。贫者富,富国者,国强。"即治理国家重要的是要能做到可以通过政策让"贫者益之以刑则富,富者损之以赏则贫",就是对贫者要威之以刑,迫使他们努力务农谋求生活富足,但等他们富裕了就要通过财税等手段让他们变贫。这样国家通过对民众贫富的调节,就可以使他们不停地努力生产,从而实现富国强兵的目的。商鞅富民的标准,仅在于其能满足基本的家庭生活需要,不能有积蓄,就是"家不积粟"。《商君书·弱民》中说:"农有余食,则薄燕于岁。"即如果家庭有了积累,国家发布政策法令就不能很好地发挥作用,民众就不会努力生产了。只有"家不积粟",才能使国家的财富都集中在君主的国库。《商君书·画策》中说:"昔之能制天下者,必先制其民者也;能胜强敌者,必先胜其民者也。"可以说,《商君书》开了极端专制主义思想和愚民政治之先河,2 000多年来受到很多批评。秦国在商鞅主张的严刑峻法下,很快就"道不拾遗,民不妄取""民以殷盛,国以富强""无敌于天下,立威诸侯"。但后来陈胜、吴广这样的小农振臂一呼就应者云集,"群盗满山,赭衣半道",天下大乱。

《史记·商君列传》中记载:商鞅到秦国后,得到秦孝公宠臣景监帮助,有三次机会向秦孝公游说。前两次见孝公,商鞅给孝公讲帝道和王道,就是效法尧舜禹汤行仁义之道。孝公听得打瞌睡,说这样做需要太长时间,秦国等不及。事后,孝公对景监说这人太迂腐。商鞅知道后,求景监帮忙再见一次孝公。这一次,商鞅大谈富国图霸之术,终于得到秦孝公赏识,受到重用。商鞅对景监叹息道,第一次我向国君讲帝道,第二次我向国君讲王道,国君却认为需要太长时间,等不及。我就只能对他讲让秦国迅速改变面貌的霸道了。但国君这样急于求成,只能行这些强国之术,也就很难维持像殷周这样长达数百年的朝代了。如果司马迁这段记载为实,则商鞅自己的治国理想还是与霸王之道相辅相成的,而在现实中他却只能剑走偏锋。此前学者基本都是从民众的利益和立场出发,所以没有君主会感兴趣,而商鞅一派完全以君主立场立论,终于得到君主重用。

三、韩非的财政思想

韩非,世人尊称其为韩子或韩非子,韩国(今河南省新郑市)人,韩王歇之子。其生年约在公元前280年,卒于公元前233年。韩非早年曾与李斯一起跟从荀子学习,并对黄老之学颇有研究,最后由儒家转向法家,成为法家思想的集大成者。韩非曾多次上书韩王,主张变法图强,但其主张始终得不到韩王采纳。韩非在悲愤和无奈中,将自己的主张写成文字,形成了10多万字的文章。他的《孤愤》《五蠹》传到秦国被秦王嬴政看到,非常赞赏,道:"嗟乎,寡人得见此人与之游,死不恨矣!"

为了得到韩非,秦王政派兵攻打韩国,韩王派韩非出使秦国。秦王政见到韩非很高兴,由于已经做了秦国大臣的李斯嫉恨韩非的才华,在秦王政面前进谗言,使韩非被投入监狱。李斯送毒药给韩非,韩非被逼自杀于狱中。

《汉书·艺文志》中载有"《韩子》五十五篇"。《隋书·经籍志》中记录有"《韩子》二十卷"。今本《韩非子》是二十卷五十五篇。韩非本被尊称为韩子,因唐人韩愈也被称作韩子,为了区别,唐以后多称韩非为韩非子,其书也改为《韩非子》。一般认为《韩非子》所收录的大多是韩非的作品,但也掺入了一些法家后学者的作品和战国时期纵横家的游说辞。韩非在财政思想上基本继承了商鞅的财政集权、"国富民贫""重农抑商""利出一孔"等思想。

韩非财政思想的核心是要建立中央集权的财政体制,将国家的人力、物力和财力集中于以君主代表的中央政权手中,以迅速实现建立全国统一的中央集权专制国家。韩非在《扬权》中描述了中央集权的理想形式:"事在四方,要在中央,圣人执要,四方来效。"为了实现这样的中央集权,韩非特别强调法、术、势三者的相互配合。法就是成文法。《难三》篇中说:"法者,编著之图籍,设立于官府,而布之于百姓者也。"术,就是君主驾驭臣民的权术。《难三》篇中说:"术者,藏之于胸中,以偶众端而潜御群臣者也。"势,就是君主的威势,即政权。《八经》篇中说"势者,胜众之资也。"《心度》篇中说:"主之所以尊者,权也。"韩非的一系列财政主张就是围绕如何实现建立中央集权这个目标展开,他经常将国家财政政策作为君主"术"的一部分。

韩非提出"富国"的主张。在如何富国上,韩非继承了商鞅的"利出一孔"的农战思想,在《五蠹》篇中,他指出:"富国以农,距敌恃卒。"在《心度》篇中,他指出:"能越力于地者富,能起力于敌者强。"韩非认为厉行耕战政策是"既畜王资,而承敌国之衅,超五帝、侔三王者"。韩非认为要建立中央集权,完成统一大业,必须要有足够强大的财政力量。他在《解老》篇中提出"田荒则府仓虚,府仓虚则国贫",强调要加强国家储备。他在《显学》篇中提出"征赋钱粟,以实仓库,且以救饥馑,备军旅也",即要想实现"征赋钱粟,以实仓库",必须努力农耕。为了能让人民致力耕战,韩非和商鞅一样强调要杜绝耕战以外一切可以得到名利的路径。韩非特别列举了五种无益于耕战的人,即"学者"(儒生)"言谈者"(四处游说的纵横家)"带剑者"(游侠)"患御者"(逃兵役者)和"商工之民",称为"五蠹"(蛀虫)。他在《五蠹》篇中说:"人主不除此五蠹之民,不养耿介之士,则海内虽有破亡之国、削灭之朝,亦勿怪矣。"

与"富国"相应的就是"民贫"。在《外储说右下》篇中,韩非引用田鲔教子的一段话:"欲利而身,先利而君;欲富而家,先富而国",主张将"利君"与"富国"放在第一位。韩非极力驳斥儒家将人民的富足作为充实国家财政基础的轻税思想,认为人们不仅生而自利,而且其欲望也是无止境的,若把"足民"作为财政政策,是不可能实现的空谈。人们在"财货足用"后就会产生奢侈及怠惰等弊病,这些弊病仍然可以使人贫困,所以"足民"不但不会使人富足,反而会使人贫困。在《诡使》篇中,韩非提出了"悉租税,专民力"的重税原则。"悉租税"就是要无一例外地将所有人除基本食用以外的财富全部征收上来;"专民力"就是要将全国的劳动力都集中使用到国家所需要的耕战上来。只有做到"悉租税,专民力",才能"备危难,充仓府"。为了做到"悉租税,专民力",必须坚决打击民众"逃事伏匿附托有威之门以避徭赋"的逃税行为。为了实现"民贫",韩非在《六反》篇中还提出:"明主之治国也,适其时事以致财物,论其税赋以均贫富。"即君主要根据天时的变化和人们财富的多少来制定不同的税率,从而增加国家的收入。这里的"均贫富"不是抑富济贫以缩小贫富差距,而是按照贫富程度执行不同的税率,使富裕者也逐步陷入食用不足的境地,即韩非所谓的"均贫富"就是要通过赋税手段使贫者和富者处于同一贫困线下,是商鞅"贫者富,富者贫"思想的发展。

为了让民众致力农耕,韩非也不主张过高的农业税和过重的徭役。在《显学》篇中,他指出,若对"耕者则重税",那么农民就不愿意耕作了。在《外储说右下》篇中,他引用赵简主的话提出税应该"勿轻勿重。重则利入于上,若轻则利归于民,吏无私利而正矣"。在《备内》篇中,韩非还提出"徭役多则民苦""徭役少则民安",认为轻徭役,不仅有利于生产,也有利于巩固统治。在《亡征》篇中,韩非反对君主因个人奢侈的私利滥征民力,劳苦百姓,认为这种劳役会影响农业生产,无益于农战,不仅不能增产杀敌,还会浪费储备,消耗国家财力,最终只会导致亡国。在抑制工商业方面,韩非要比商鞅和缓一些。在《难二》篇中,韩非还提出"利商市关梁之利",能够增加国家财政收入。

在财政支出方面,韩非主张救济灾荒而反对过多救济贫民。救济灾荒是为了更好地生产,救济贫民则是无功而赏,会影响国家奖励耕战政策的执行效果,使民众不再"急力田疾作",最后的结果只能是导致国家灭亡。韩非认为贫穷不是因为懒惰就是因为奢侈,用税收去济贫是"夺力俭而与侈惰",还会浪费国家储备,导致国库空虚,影响军国所需。韩非不仅反对国家济贫,还反对君主外的济贫。在《外储说右上》中,韩非批评了齐景公君臣想用"发廪粟以赋众贫,散府余财以赐孤寡"

"赈贫穷而恤孤寡,行恩惠而给不足"去与田氏争夺民心的想法,认为应该尽力铲除不臣的臣子。韩非借孔子的话说:"夫礼,天子爱天下,诸侯爱境内,大夫爱官职,士爱其家,过其所爱曰侵。"韩非坚决反对体制外的私惠,认为其侵犯了君主的权威。

在俸禄支出方面,韩非继承了商鞅以爵禄服务于国家耕战政策的思想,但是也批评了商鞅以官位赏功的政策,认为管理国家的各职能部门都需要相应的知识和技能,让立军功的军人担任这些职务并不能很好地履行职责,会影响管理效能。所以虽然"夫耕之用力也劳,而民为之,曰可以得富也;战之为事也危,而民为之者,曰可以得贵也",但不能以官职作为赏战功的手段,他在《八奸》篇中提出的是"官贤者量其能,赋禄者称其功"的原则。

对于君主用度,韩非虽然也反对君主过于奢侈和滥用民力,提倡"俭于财用,节于衣食、宫室器械"(《难二》),但是认为君主稍微奢侈一下也是可以的。他在《说疑》篇中说:"为人主者,诚明于臣之所言,则虽罼弋驰骋,撞钟舞女,国犹且存也;不明臣之所言,虽节俭勤劳,布衣恶食,国犹自亡也。"即君主只要施行我的主张,即使生活奢靡一些,也不会导致亡国。反过来,不施行我的主张,过于节用,就会使君主的威势受损,破坏了等级差别,影响政府有效运行,国家也就会灭亡。

在财政管理思想方面,韩非强调既要尽人事,也要顺应自然规律。在《难二》篇中,韩非举出李兑治中山提的六条增加收入的途径。第一条是"举事慎阴阳之和,种树节四时之适,无早晚之失、寒温之灾,则入多"。第二条是"不以小功妨大务,不以私欲害人事,丈夫尽于耕农,妇人力于织纴,则入多"。第三条是"务于畜养之理,察于土地之宜,六畜遂,五谷殖,则入多"。第四条是"明于权计,审于地形、舟车、机械之利,用力少,致功大,则入多"。第五条是"利商市关梁之行,能以所有致所无,客商归之,外货留之,俭于财用,节于衣食,宫室器械周于资用,不事玩好,则入多"。第六条是"风雨时,寒温适,土地不加大,而有丰年之功,则入多"。这六条都是说在顺应自然规律的基础上尽人力才能增加收入。第一条说的是要掌握不同季节气候变化,来安排农事。第二条说的是要顺应性别分工,合理使用劳动力。第三条说的是要因地制宜地播散五谷,根据牲畜生产规律来畜养六畜。第四条说的是只要认真了解地形、车船、机械的用处,就能用力不多而提高劳动生产率,获得较高的收入。第五条是说增加财政收入,一方面要靠发展商贸,促进工农业发展以增加收入;另一方面要节约支出,房舍器具够用即可,不追求奢侈的玩好,收入自然就增多了。第六条说的是天功,只要风调雨顺、寒热适度就能获得丰收。从这六条看,韩非不仅将农工商都视作增加收入的途径,而且强调政策一定要顺应自然规律。

韩非在财政管理方面非常强调绩效。在《南面》篇中，他提出做任何事，除了充分了解其来龙去脉，遵从事物的规律，寻找正确的做法外，还要"计其入多，其出少者"，就是要做好核算，凡收益多而支出少的，就可以去做。而昏聩之君，"计其入不计其出，出虽倍其入，不知其害"，就是只计算收益而不计算支出成本，有时候支出超过收益都已成倍，还不知道危害，这是"名得而实亡"。在韩非思想中，始终重视法的贯彻，强调考核。在《二柄》篇中提出"功当其事，事当其言，则赏；功不当其事，事不当其言，则罚"。在《奸劫弑臣》篇中提出"人主诚明于圣人之术，而不苟于世俗之言，循名实而定是非，因参验而审言辞"。在《南面》篇中，韩非提出功绩的标准就是入多出少，"凡功者，其入多，其出少，乃可谓功"，即今天如果支出多不仅没有获罪反而还因有少许收益而被核为小功，那么此后官员们都会通过大的花费来成就小功，则对国家的危害就大了，即"今大费无罪而少得为功，则人臣出大费而成小功，小功成而主亦有害"。

在韩非之前，孔子、孟子、墨子等人都是假托先王思想提出主张，这个方式的影响一直延续到晚清的康有为。而韩非认为人类历史是不断发展变化的，在《五蠹》篇中提出"不期修古，不法常可，论世之事，因为之备"，认为制定政策必须根据当时的具体情况。韩非理论的基础是其老师的性恶论，认为趋利避害是人的本性，所以需要"明主峭其法而严其刑"，提出"明主之国，无书简之文，以法为教，无先王之语，以吏为师"。在先秦诸子中，韩非的社会分析能力和政治判断力都是无与伦比的，他广泛地吸纳了诸子的思想，也和他们展开了一些激烈的论战。韩非善于使用寓言故事来突出对手思想的荒谬性，守株待兔、刻舟求剑、自相矛盾、讳疾忌医等寓言一直流传至今。秦始皇虽然任李斯杀害了韩非，却将韩非的思想定为国家的统治思想，将吕不韦之后的秦国重新带回法家的轨道。

四、李斯的财政思想

李斯，战国末期楚国上蔡（今河南上蔡县）人，生年约公元前281年，卒于公元前208年。李斯年少时曾为郡小吏，后从荀子学习帝王之学，是韩非的同学。李斯"度楚王不足事"，于公元前247年入秦，成为吕不韦的舍人。吕不韦推荐李斯到秦王宫廷作了郎官，成为秦王嬴政身边的文职侍从。李斯因向秦王嬴政献灭诸侯以成帝业之策，深得秦王赏识，被拜为长史，后累迁至廷尉、丞相。秦始皇死后，参与谋害公子扶苏、拥立秦二世，后被赵高所害。

韩非是法家财政思想的理论家，而李斯则是韩非财政思想的实践者。李斯以法家思想辅佐秦王嬴政统一中国,建立专制集权的财政制度,并在实践中不断丰富统一集权国家的财政思想。由于李斯没有著作,我们只能从《史记·李斯列传》中收录的部分政论文字去了解。李斯能得秦王赏识就是因上了灭诸侯统一天下之策,提出财政拿出专款,游说各国大臣名士,离间其君臣,为统一大业服务。在《谏逐客书》里提到"地广者粟多,国大者人众"。在秦始皇统一天下后,出现了封建、郡县之争,李斯坚决反对封建,提出"皆为郡县,诸子功臣以公赋税重赏赐之"的思路。他关于建立统一专制集权国家的各项主张,都得到了秦始皇赞同,并付诸实施。

在专制集权理论的建树方面,李斯提出"督责"之术,将专制理论推到极致。《韩非子·八经》提到:"有道之主听言,督其用,课其功,功课而赏罚生焉,故无用之辩不留朝。任事者知不足以治职,则放官收。说大而夸则穷端,故奸得而怒。无故而不当为诬,诬而罪臣。言必有报,说必责用也。"在这里韩非是将"督""责"分开使用,李斯则是将"督""责"并在一起使用,实际是在韩非理论的基础上进一步发挥,将之推向极致。司马迁不惜笔墨,在《史记·李斯列传》全文抄录了这篇长达1 000多字的雄文。

李斯的《行督责书》开篇就说:"夫贤主者,必且能全道而行督责之术者也。督责之,则臣不敢不竭能以徇其主矣。此臣主之分定,上下之义明,则天下贤不肖莫敢不尽力竭任以徇其君矣。是故主独制于天下而无所制也。能穷乐之极矣,贤明之主也,可不察焉。"他认为"行督责之道,专以天下自适也,而徒务苦形劳神,以身徇百姓,则是黔首之役,非畜天下者也,何足贵哉"。他提出要"灭仁义之涂,掩驰说之口,困烈士之行,塞聪揜明,内独视听,故外不可倾以仁义烈士之行,而内不可夺以谏说忿争之辩。故能荦然独行恣睢之心而莫之敢逆"。他反对节俭,认为"俭节仁义之人立于朝,则荒肆之乐辍矣"。他说督责之术"唯明主为能行之",只要行督责之术,"则臣无邪,臣无邪则天下安,天下安则主严尊,主严尊则督责必,督责必则所求得,所求得则国家富,国家富则君乐丰。故督责之术设,则所欲无不得矣"。李斯的督责之术,虽说是为迎合秦二世之恶,其中"荒肆之乐""所欲无不得"等语不无讥讽二世之意,但其思想亦是法家思想的自然发展。李斯的立论也是从申不害的"有天下而不恣睢,命之曰以天下为桎梏"和韩非的相关论述开始引申的,其核心正是法家的尊君重刑思想。李斯认为在督责之术建构的恐怖环境中,"群臣百姓救过不给,何变之敢图?""法修术明而天下乱者,未之闻也"。秦二世行之,"税民深者为明吏""杀人众者为忠臣""刑者相半于道,而死人日成积于市",秦二世得以享乐于禁中。可叹者,不数年,身弒国亡。

李斯作为法家财政思想的实践者，面对现实也不得不对法家思想作出部分修正。他在《焚书奏》中说："今天下已定，法令出一，百姓当家，则力农工。"这实际上强调了农工并重。在执政期间，也能善待工商业者，如因畜牧而致富的乌氏倮，擅丹穴利的巴蜀寡妇清等。在《云梦秦简·为吏之道》中我们还能看到"凡为吏之道"，不得"赋敛无度"这样的句子。特别是面对秦二世修秦始皇陵和阿房宫的横征暴敛，李斯也能多次劝谏，建议"缓刑罚，薄赋敛"，并"请止阿房宫作者，减省四边戍转"，以求维护秦王朝的统治。他也是因此触怒了秦二世，被赵高构陷，落得满门抄斩。李斯临刑前再次上书秦二世："凡古圣王，饮食有节，车器有数，宫室有度，出令造事，加费而无益于民利者禁，故能长治久安。"所谓人之将死，其言也善。

第四节 其他诸子的财政思想

春秋战国之际，各国君主为富国强兵而争相礼贤下士，一些封君、贵族高官也纷纷养士自强。众多的学者纷纷著书立说，争锋论辩，兴学授徒，游走天下，史称"百家争鸣"。各家学术在内部论辩中不断发生分化，如"儒分为八，墨离为三"，各家君主往往"兼而礼之"，使"皆有所长，时有所用"。各家也在论辩中，相互借鉴。喧嚣中难掩各派学理所闪烁着的理性光芒，财政思想也获得空前发展。但以后经秦始皇焚书坑儒，许多著述流失了。不少曾经的显学，我们今天只能在其他文章中的论辩批判中得知其说的一鳞半爪。例如，杨、墨两家曾是当时的显学，《孟子·滕文公下》里说："杨朱、墨翟之言盈天下。天下之言不归于杨，则归墨。""杨墨之道不息，孔子之道不著"，孟子将杨墨视为儒家的主要敌人，以批判杨墨为己任。但后来杨、墨两学都很快衰落，他们的事迹也不详了。墨翟还有《墨子》传世，而杨朱，后人只在孟子等人攻击他的文章中，能看到他思想的一点痕迹。杨墨虽然并称，但他们并非同一学派。一般认为杨朱是道家思想的先驱，也有人认为其是老子的门人。其主要思想就是"贵己"和"为我"，也就是著名的"损一毫利天下不与也，悉天下奉一身不取也。人人不损一毫，人人不利天下，天下治矣"。这与老子的自由放任思想倒是一致的，推崇小政府，每个人从利己本位出发，自由发展，人人获利，也就是天下获利而得治。而这与墨子的主张是有明显区别的。《孙子兵法》虽得传世，但一直有真伪之争，直到 20 世纪 70 年代的一次考古发掘才获正名，并且有了新的补充。近年来，考古发掘出来的先秦文献颇丰，其中也有涉及财政思想的，还待进一步整理发掘。《吕氏春秋》是当时汇集百家、融通各派的著作，其中提及不少后来典籍失传的学说。

一、墨家的财政思想

墨子是墨家学说的创始人,名翟,鲁国或宋国人,曾为宋大夫,活动年代大约在公元前468年至公元前376年。其生平事迹,在司马迁写《史记》时,已经无法详述了。司马迁没有为墨子立传,只是附记在《孟子荀卿列传》中,而且只有24个字,还用了两个"或曰",很不肯定。司马迁连墨子的姓名也颇不肯定,用了"盖墨翟",前面加了不肯定的发语词"盖"。有学者将"墨"与当时的"墨姓"做了联想,也有学者认为墨翟为复姓,其名失传。楚惠王的使者穆贺当面称墨子为"贱人",荀子称其为"役夫",因其书中大量涉及生产技术,也有认为他是工匠出身。也有学者考证墨子为微子之后,与孔子同祖。相传墨子曾受过儒者的教育,因觉得儒家讲的礼,如厚葬久丧之类,并不适合像他这样的普通平民,便脱开儒家自创墨家学说,所以墨家学说中有很多针对儒家思想的不同说法。但是墨子十分尊重孔子,也颇认同孔子的一些思想。《汉书·艺文志》记载《墨子》原有71篇,现存53篇,主要收录了墨子和墨家学派的言论。

司马迁将墨子的思想归纳为"为节用"三个字。这正是墨家在财政思想的突出特点。在《墨子》一书中,《节用》《节葬》就占了6篇,而且其他诸篇中还多次申说"节用"的思想。墨子节用的思想非常全面,他一一论述了过度兴造宫室、华服美食、美饰舟车、广置宫女、厚葬久丧、礼乐之政、军事耗费等的危害。他认为这些的过度使用,则会"厚作敛于百姓,暴夺民衣食之财",而且宫殿这些耗费过多,也会挤占社会拯救方面的支出,"是以其财不足以待凶饥,赈孤寡,故国贫而民难治也"。墨子认为如果施政能做到节用,去无用之费,国家就能得到加倍的利益。国家各项事业支出,都是使用民力,花费民财,如果能做到节用,就能节省财政资金,而使民生能够不劳顿,人民创造的财富就会更多。墨子说:"俭节则昌,淫佚则亡。"

墨子虽然反对过度的奢靡花费,但并不反对必要的支出。他反对侵略战争,但重视国防战备。他反对过度的装饰舟车,但提倡发展交通,认为舟车可以通四方之利,任重致远,节省人力,用财少而为利多,能使民不劳而上用足。他反对厚葬久丧,但并不反对适度的葬埋和服丧。在俸禄上,墨子还主张"高予之爵,重予之禄",这样官吏才会竭尽全力地做事,而且"高爵无禄,民不信也",也就是说高官如果没有相应的俸禄,老百姓也不会相信他们。墨子特别主张"必将富之贵之,敬之誉之"来招揽贤士。

在收入方面，墨子并不主张轻税，而是主张充实财政，提出"官府实而财不散""官府实而万民富"。墨子认为国家的起源是因为人类的经济需要，因此国家应该以解决人民的生活困难为职责，这样就需要国家有足够的财政收入和积蓄来"养万民"，解决人民的衣食等经济问题。他在分析国家内政外交时，也提出国家政治、经济、外交各项政务的展开，都必须有充足的财政，才能有效施行。墨子特别重视备荒，认为"仓无备粟，不可以待凶饥"，主张储备3年之食作为"国备"，而备荒则需要官府收入充实。他在强调积蓄备荒时，也提出在灾荒之年要进一步节用，压缩消耗性开支，而且官员也要适当减少俸禄。墨子还一再强调社会保障支出，要做到"饥者得食，寒者得衣"。

墨子虽然强调政府财政充实的必要性，但反对征收过度。他主张力役要做到"民劳而不伤"，征税要做到"民费而不病（困苦）"，认为民所苦者并非正常的赋役，而是征收过度。相对儒家的单一农业税主张，墨子提倡多开税源，充实国库。墨子于农业税外，还主张开征关税、市税和各种山林泽梁的资源税。墨子认为认真征税是官员的职责，《墨子·非命下》说："士君子竭股肱之力，亶其思虑之智，内治官府，外收敛关市、山林、泽梁之利，以实仓廪府库，此其分事也。"

墨家的主张基于对民众的爱。墨子反对儒家有等差的仁爱，主张无差别的"兼爱"，提出"兼相爱，交相利"，不仅要兼爱，还要互利。《墨子·兼爱中》说："仁人之事者，必务求兴天下之利，除天下之害。"墨家不仅鼓吹其理论，而且还身体力行地去实践。墨家不仅是一个学派，还是一个互助的社团。所有成员力行墨家的主张，穿着平民朴素的短褐衣，生活极度俭朴，"以自苦为极"。墨家的首领称为巨（钜）子，墨子是第一代巨子。下任巨子由上代指定，代代相传。墨者之间，有互助的义务。做官的墨者，要将俸禄的一部分交到社团。墨家提倡"有力者疾以助人，有财者勉以分人，有道者劝以教人"。庄子称墨子"真天下之好也"。孟子说："墨子兼爱，摩顶放踵利天下为之。"梁启超曾说："古今中外哲人中，同情心之厚，义务观念之强，牺牲精神之富，基督而外，墨子而已。"[1]墨家被认为是先秦诸子中真正为平民发声的。墨子说："天下之人兼相爱，强不执弱，众不劫寡，富不侮贫。""官无常贵，民无终贱。"墨家尊天事鬼，以此作为制约政府的力量。《墨子·明鬼下》说："是以吏治官府之不洁廉，男女之为无别者，鬼神见之……夺人车马、衣裘以自利者，有鬼神现之。"墨子用了很大篇幅来证明鬼神的存在，你做什么事情，都有鬼神看着，

---

[1] 梁启超：《先秦政治思想史》，东方出版社1996年版，第159页。

如果违背兼爱、非攻、节用、尚贤,就会受到鬼神的谴罚;反之,就能得到神的福佑。

二、兵家的财政思想

兵家是研习军事理论,并直接参与军事活动的学派。《汉书·艺文志》将兵家分为兵权谋家、兵形势家、兵阴阳家和兵技巧家四类。兵家的代表人物有春秋时孙子、司马穰苴,战国时孙膑、吴起、尉缭子等。今有兵家著作《孙子兵法》《孙膑兵法》《吴子》《六韬》《尉缭子》等。兵家充满了辩证法和战略思想的智慧,为各家学派提供了新的思想来源。司马迁在《史记·货殖列传》中记载商家白圭曾言:"吾治生产,犹伊尹、吕尚之谋,孙、吴用兵,商鞅行法是也。"因为军事活动必须有国家财力的支持,与财政关系甚大,所以,其中也必涉及很多财政思想。兵家集大成者是孙武的《孙子兵法》。孙武,字长卿,齐国乐安(今山东惠民县)人,为齐国陈氏后裔,生卒年不详,约与孔子同时。后世尊称其为孙子,奉为"兵圣"。

中国古代有4 000多种兵书,而《孙子兵法》始终被视为最重要的经典。这不仅因为它写作时间最早,是"百世谈兵之祖",还因为它所达到的战略高度、政治高度。作为兵书,它不仅重视战争的技术和策略,更重视战争的政治社会环境,注重战争对财政的影响,带给民众的危害。孙子说:"兵者,国之大事,死生之地,存亡之道,不可不察也。"他强调战争对财政的依赖:"军无辎重则亡,无粮食则亡,无委积则亡。"他也指出战争消耗对民众影响巨大:"凡兴师十万,出征千里,百姓之费,公家之奉,日费千金,内外骚动,怠于道路,不得操事者,七十万家。"他希望"不战而屈人之兵",还提出"兵以利动""非利不动,非得不用……合于利而动,不合于利而止。"

在具体的财政主张上,孙子提出"善用兵者,役不再籍,粮不三载",即役一次征够,不要征第二次。粮食也不能多次从国内往前线运输,要做到"取用于国,因粮于敌",即兵甲等装备的补充可以在国内补充,但一开进敌境,粮草饲料等的补充都应该从敌国获取,就地解决。只有这样才能"军食可足也"。他特别指出,国家因为战争而导致贫困,不仅因为战争久拖不决,还有远道运输的因素:"国之贫于师者远输,远输则百姓贫;近师者贵卖,贵卖则百姓财竭,财竭则急于丘役。力屈中原、内虚于家,百姓之费,十去其七;公家之费,破军罢马,甲胄矢弓,戟盾矛橹,丘牛大车,十去其六。"即军队远征,必须征集大量民力随军运输,这种远道运输,必会使民众贫困;尤其大军聚集之处,还会因供求失调引起物价上涨,物价上涨会使民众财富枯竭,导致国家无法征集到赋役。国家军力耗尽于战场,国家财力耗尽于百姓之家。一场久拖不决的战事加上远途运输,会使民众财富耗去7/10,国家财力也因各种军备损失掉6/10。明智的将军"务食于敌",食敌一钟粮食,相当于从国内输送20钟;动用敌人1石饲料,相当于从国内运送20石草料。所以在战争中要大力奖赏士卒,使军队勇于夺取敌人的军需物资。孙子强调"故知兵之将,生民之司命,国家安危之主也"。

1972年,山东临沂银雀山汉墓出土的竹简《孙子兵法》,除了有传世的13篇,还发现了失传的《吴问》《见吴王》《四变》《地形二》等篇,为研究孙子的财政思想又提供了新的宝贵材料。其中最重要的是《吴问》篇。《吴问》说的是吴王问孙子:"晋国政权掌握在范、中行、智、韩、魏、赵六家大夫手中。谁会灭亡,谁能最终成事?"孙子回答道:"范氏、中行氏两家最先灭亡。其次是智氏,再次是韩、魏,晋国政权最终会落到赵氏之手。"孙子是用六家的田制、税制和官吏数量、贪廉奢俭等指标来作为分析工具的。

首先是范氏、中行氏,以80平方步为畹,160平方步为1亩。税率五分抽一。六卿中,田制最小,租税最重,这样国家财富多了,就会多设官吏,君臣骄奢,所以最先灭亡。其次是智氏,田亩之制,只比范氏、中行氏稍大,以90平方步为畹,180平方步为一亩,租税却同样苛重,也是五分抽一。智氏同样是赋税多,君臣骄奢,官员腐败,但因田制改革,剥削有所减轻,所以比范氏、中行氏要晚一点灭亡。再其次是韩、魏两家。在田制上,韩、魏以100平方步为畹,200平方步为亩,税率还是五分抽一。韩、魏同样是国家富裕,人民贫苦,官吏众多,急功数战。只是因为其亩制稍大了一些,人民负担相对减轻,所以能比智氏又多残喘几天,亡在三家之后。最后是赵氏。和前五家不同,赵氏在六卿中亩制最大,以120平方步为畹,240平方步为亩,而且采取了免税的政策。这样则民富国穷,国家只能少置官吏,君主简朴,官吏清廉。这样晋国必然归于赵氏。

最后通过吴王之口提出"王者之道,厚爱其民"的道理。孙子的王者之道,就是要扩大田亩制,实行大亩制;要少收税,藏富于民;要少设置官员,君臣廉俭。亩制不仅和农民耕地大小有关,也是当时赋的征收单位。在《黄帝伐赤帝》篇中,孙子提出进行战争必须得"天之道,地之理,民之情",战争的根本目的是因民所欲,以利天下,才能使"天下四面归之"。他还提出富国强兵必须"休民、艺谷"。休民,就是与民休息;艺谷,就是发展生产。

孙子虽是职业军事家,但心中始终装着人民,强调民心的重要。在《计篇》中,他强调一定要得到民众的拥护:"令民与上同意也,故可以与之死,可以与之生,而不畏危。"在《谋攻》篇中他将之总结为"上下同欲者胜"。孙子还能辩证地看待爱民,认为爱民本是制胜的重要条件,但爱民者往往会因民众眼前的局部利益而忽视了全局的、长远的战略利益。

三、《吕氏春秋》的财政思想

吕不韦,姜姓吕氏,战国时期卫国濮阳(今河南濮阳市)人,生年不详,有人推测其生于公元前292年,卒于公元前235年。吕不韦本是阳翟大商人,贩贱卖贵,积累了千金财富。吕不韦在邯郸经商时,结识了在赵国做人质的秦国王孙子楚,认为奇货可居,于是吕出资帮助子楚谋得安君主嗣子之位。公元前250年,子楚即秦王位,是为秦庄襄王。次年,以吕不韦为丞相,封文信侯,食邑河南洛阳10万户。公元前246年,子楚卒,太子嬴政立为秦王,即后来的秦始皇,称吕不韦为仲父,拜为相国。吕不韦前后专断秦国朝政13年,至公元前237年,因嫪毐之乱被免职。吕不韦当政时期,一方面继续秦国富国强兵的国策,积极对外扩张;另一方面广招门客,编撰《吕氏春秋》,希望重构秦国的统治思想。

吕不韦以禄位厚利招揽四方游士,号称有门下食客3 000人。这些门客囊括了当时儒、法、道、墨、兵、名、农、乐、阴阳等各家学者。吕不韦使门客"人人著所闻",而编撰成书。他认为"物固莫不有长,莫不有短,人亦然。故善学者,假人之长以补其短",希望"夫齐万不同,愚智工拙皆尽力竭能,如出乎一穴"。《吕氏春秋》可说是一部集结各家学说的百科全书性质的诸子思想汇编,但所收录各篇都经过吕不韦的同意,体现了吕不韦的思想倾向,大致倾向儒道,特别倚重道家。其《序意》提到"法天地"的思想:"天曰顺,顺维生;地曰固,固维宁;人曰信,信维听;三者咸当,无为而行",还提到"行数,循其理,平其私",以达到崇"公"的思想。吕不韦以12纪为篇名,也体现了以道家思想为主线,融合其他各派的企图,主要是希望以融各家之长,为秦兼并六国建立大一统的统治思想。吕不韦意图取代的是秦国原有的法家思想传统,重建德政的体制,以实现帝国的长治久安。书成之后,为树立书的正统权威意义,吕不韦将它"布咸阳市门,悬千金其上,延诸侯游士宾客,有能增损一字者予千金"。

正是因为吕不韦要重建秦国的统治思想,所以《吕氏春秋》表现出与秦国原来法家思想的传统颇为不同的特征:既纳入了儒家天下为公、以民为本的财政思想,也体现了道家因顺使民、因地制宜的财政理念,还纳入了墨家节用节葬的财政主张;对法家思想,既纳入了其中央集权的部分,也提出了对权力进行限制约束的主张,即要将法制的思想纳入德政的框架体系之中。

从理论基础上看,《吕氏春秋》对君权的来源进行了重新认识。《用众》篇提出君主是由人民推举出来的,即"凡君之所立,出乎众也",认为只有依靠民众的力量,才是统治人民的根本大法。如果君主"立已定而舍其众,是得其末而失其本",只要依靠众人的力量,就不用怕最勇猛的敌人。因此,君主的职责就是要注重民生,为民谋福利。《本生》篇说:"始生之者,天也;养成之者,人也。能养天之所生而勿撄之谓天子。"这就从根本上否定了法家尊君轻民的思想基础。《务本》篇谈到:"安危荣辱之本在于主,主之本在于宗庙,宗庙之本在于民。"通过递进的语法,将国家的安危荣辱所系逐步从君主引向民众,强调了以民为本的思想。《吕氏春秋》多篇表达了制定政策一定要顺民心的思想,如《顺民》提到:"先王先顺民心,故功名成。""凡举事,必先审民心然后可举。"《行论》篇提到:"执民之命,重任也,不得以快志为故。"《吕氏春秋》从君主"出乎众"出发,提出天下非一人之天下,提出了为公和公平的理念,《贵公》篇说"昔者圣王之治天下,必先公。公则天下平矣。平得于公",强调公平治国。

《吕氏春秋》也承认民众的欲望,其主张与法家不同,是希望通过满足民众的欲望,使民众乐于为国作贡献。《为欲》篇指出:"强国,令其民争乐用也;弱国,令其民争竞不用也。"《为欲》篇说:"人之欲多者,其可得用亦多;人之欲少者,其得用亦少;无欲者,不可得用也;人之欲虽多,而上无以令之,人虽得其欲,人犹不可用也。令人得欲之道,不可以不审矣。"所以"善为上者,能令人得欲无穷,故人之可得用亦无穷也"。即君主要善于审视民众的需求,只要满足民众不断增长的利益需求,自然会赢得民众的拥护,并乐于为之所用。《功名》篇说:"大寒即至,民暖是利;大热在上,民清是走。是故民无常处,见利之聚,无之去。欲为天子,民之所走,不可不察。"即君主要爱护民众,知冷知暖,注意体察民众欲望的变化趋向。

具体而言,在财政收入方面,《吕氏春秋》虽没有专门论说赋税的篇章,但在很多地方都流露出公平赋税的理念,如前面提到的"公则天下平""平得于公"。《孟夏》篇说:"是月也,……蚕事既毕,后妃献茧,乃收茧税,以桑为均,贵贱少长如一,以给郊庙之祭服。"《季冬》篇记载:"令宰历卿大夫至于庶民土田之数,而赋之牺牲,以供山林名川之祀。"这里不仅体现了税负公平,不分贵贱,标准统一的思想,同时也体现了当时收支对口、专款专用以求收支平衡的意识。

在此前各家的财政思想中,大多表达了重农抑商的诉求,而吕不韦由于出身商家,对工商业有更多的理解和同情,在其思想中更多体现出农工商贾平等的全面发展的思想,《上农》篇说:"凡民自七尺以上,属诸三官,农功粟,工攻器,贾攻货",提出政府应根据各行业的发展规律来制定相关政策,认为这也是涵养税源的需要。《季春》篇提到:"后妃斋戒,亲东乡躬桑……蚕事既登,分茧称丝效功,以共郊庙之服,无有敢堕。"《仲秋》篇提到:"是月也,易关市,来商旅,入货贿,以便民事。四方来杂,远乡皆至,则财物不匮,上无乏用,百事乃遂。"即减轻关市之税,招徕商旅,繁荣市场,四方的客商汇集,连边远的乡邑都来交易,这样不仅民众富裕起来,君主也不乏财源,各项事业都可以顺利地开展了。

《吕氏春秋》还提出因地制宜的赋税思想。《季秋》篇提出:"合诸侯,制百县,为来岁受朔日,与诸侯所税于民,轻重之法,贡职之数,以远近土地所宜为度。"即君主要在这个月聚集诸侯及县的长官,向他们颁布向百姓收税的法规,贡赋多少,征税轻重,都要以距离远近和土地出产情况作为依据。

在财政支出方面,《吕氏春秋》中多处表露出节用的主张。首先是按照实际需要设置官员,简政放权。《本生》篇说:"多官而反以害生,则失所为立之矣。"即设置官员过多,反而对民众不利,失去了原本设官治民的初衷。《务本》强调"民之乱在于有司",提出官员不得擅自兴作,应该有所节制。《贵生》篇说:"譬之若官职,不得擅为,必有所制。此贵生之术也。"其次是提倡节俭,反对奢侈浪费。《先己》篇中提出治天下先要严于律己地治身:"昔者先圣王,成其身而天下成,治其身而天下治。"即反复强调要节俭。《重己》篇说:"室大则多阴,台高则多阳,多阴则蹶,多阳则痿,此阴阳不适之患也。是故先王不处大室,不为高台,味不众珍,衣不燀热。"《贵公》篇说:"日醉而饰服,私利而立公,贪戾而求王,舜弗能为也。"《情欲》篇说:"俗主亏情,故每动为亡败。"再次是主张节葬,认为将财富用于陪葬,不仅是浪费钱财,而且还会诱导富人和官员过度敛财,增加社会不公平。《安死》篇说:"先王之所恶,惟死者之辱。发则必辱,俭则不发。故先王之葬,必俭、必合、必同。"这里不仅指出先王之葬应简朴,而且指出先王节葬的原因是为了避免因盗墓引发的侮辱,只要俭朴,就不会有人盗墓。通过盗墓带来的侮辱来警醒世人要节葬。

在支出方面,《吕氏春秋》还特别注重社会保障支出。《爱士》篇指出:"人之困穷,甚如饥渴,故贤主必怜人之困也,必哀人之穷也。"《恃君》篇说立君是为了将民众组织起来,互助共生,防备野兽侵袭,蓄积财物以防灾。《吕氏春秋》按照月份编排,指出每月政府应做的事,如《季春》篇指出:"是月也,命司空曰:时雨将降,下水上腾;循行国邑,周视原野;修利堤防,导达沟渎,开通道路。""天子布德行惠,命有司,发仓窌,赐贫穷,振乏绝。"《仲春》篇指出:"是月也,安萌牙,养幼少,存诸孤。"《孟冬》篇指出:"是月也,以立冬。……乃赏死事,恤孤寡。"《吕氏春秋》特别强调政府这只有形之手在发展经济中的引导作用,《孟春》篇指出君主要负责查看丘陵、土坡、高低不平之地、宽广的平原、低下的湿地等,根据因地制宜的原则来引导人民生产;要调动资金物资,修建水利设施,帮助人民生产;要防范各项可能产生的意外灾难对人民的伤害,应该按时保证救助穷人及孤寡等各项救助事务。

  吕不韦集3 000士人,合力著述,穷8年之功,所成《吕氏春秋》,可说是中国思想史上亘古未有之盛事。吕不韦虽被列为杂家,但实是兼收并蓄,博采众家之长,其历史评价应在高位。在财政思想上,集中了各家为公、富民、轻税、节用、救济等爱民惠民思想,在纳入法家思想时,又能注意弥补其偏激刻薄之处。在吕不韦的治理下,秦国社会经济都有了很大发展,其中郑国渠的开凿,可灌田4万余顷,变关中为沃土。在对外扩张方面,取得一系列的胜利。在秦国和新征服的土地上,能实施统一的制度,使"地无四方,民无异国",吸引大量人才奔秦,奠定了统一天下的基础。可惜秦始皇亲政后,改弦易辙,重以法家思想建立统治秩序,大修宫室陵墓,竭尽天下财力,耗尽天下民力。结果经过六代的积累,秦始皇统一天下,完成辉煌伟业之后仅15年,帝国就土崩瓦解。而最初开始反抗的仅数百戍卒,就引出天下云集响应。秦朝的暴政对农业的破坏及由此激化的社会矛盾对西汉统治者来说是刻骨铭心的。汉惩秦之弊,吕不韦所重视的"无为而治""休养生息"等思想又开始被关注。

第四章

中国古代财政思想的汉代结集与其后演变

公元前221年,秦始皇统一天下,是中国历史上的盛事,出现了亘古未有的大一统之局。但由于秦偏用法家之术,也带来了中国思想史上的空前浩劫。公元前213年,丞相李斯请求禁止议论政事。此后,秦又进一步"非博士官所职,天下敢藏《诗》《书》、百家语者,悉诣守尉杂烧之",这就是历史上著名的"焚书坑儒"。此后,中国古代很多典籍被销毁。在汉兴之后,有了一个学术的复苏期,不少学术著作凭着口耳相传得以保存,在西汉重新结集成书。在财政思想史上影响深远的《周礼》《管子》等重要著作都得以重新整理成书,一直流传至今。各家学说也开始重新交锋,有新的发展,并在发展中出现了融合趋势。

第一节 古代财政思想的结集

一、西汉各家财政思想的复苏与融合

西汉建立之初,百废待兴,急需各类人才,刘邦下诏求贤:"贤士大夫有肯从我游者,吾能尊显之。"各种学术主张也乘势而起,各家纷纷提出自己的主张。为了使社会经济迅速恢复,汉初统治者采取"与民休息"的政策,尽可能减少对社会的干预,让人们能致力于社会经济的恢复和发展。以道家思想为主轴的黄老之治成为时代的主潮流,强调"道莫大于无为,行莫大于谨敬""君子之为治也,块然若无事,寂然若无声,官府若无吏,亭落若无民,闾里无讼于巷,老幼不愁于庭,近者无所议,远者无所听,邮驿无夜行之吏,乡间无夜名之征,犬不夜吠,鸟不夜鸣"。在汉初,萧何、曹参相继为相,都坚持了约法省禁、轻徭薄赋的财政政策,征发徭役尽量不误农时,在农闲时进行。当时民间歌谣称:"萧何为法,顜若画一,曹参代之,守而勿失。"

载其清静,民以宁一。"

虽说汉初"因民之疾秦法,顺流与之更始",但事实上刘邦在进入关中秦国故地后,就采取了据秦之地、用秦之人、承秦之制的政策,《汉书·刑法志》说:"相国萧何,取其宜于时者,作律九章。"《晋书·刑法志》说:"汉承秦制,萧何定律。"从1983年湖北江陵张家山247号墓出土的汉初法律简牍文书看,大体都同于秦律。萧何本身就是受过秦代法家训练的县吏,在进入咸阳后,萧何又收"秦丞相御史律令图书藏之"。在西汉开国功臣中,也有不少人接受过秦代法家思想的教育和熏陶,其尊君重刑和中央集权等思想也为新政权建设提供了重要的思想资源。《汉书》提到汉文帝"本好刑名之言",此时"汉兴二十余年,天下初定,公卿皆军吏"。此后,法家思想的重要人物晁错和桑弘羊都在财政思想方面作出了重大贡献。

儒家思想也在汉初复苏。刘邦最初并不喜儒生,甚至有些轻视。对当时投奔他的一些儒生,刘邦还当众摘下他们的儒冠,当成尿壶解小便。为了迎合刘邦,郦食其、叔孙通等儒生都隐藏了儒生的标志性装扮,穿起楚式短衣。郦食其求见刘邦时,自称为"高阳酒徒"才得入。在刘邦平定天下之后,这些儒生开始发挥作用。叔孙通为刘邦设计了朝仪等礼仪制度,实施之后群臣肃敬,刘邦高兴地说:"吾乃今日知为皇帝之贵也。"在黄老之学和法家思想的"交相辉映"中,儒家也呈现复兴之势。

各种思想兴起之后,也颇多争锋论辩。曹参曾对惠帝说:"高帝与萧何定天下,法令既明,今陛下垂拱,参等守职,遵而勿失,不亦可乎?"儒生称:"治道非礼乐不成。"激烈时,也有相互攻击。《汉书·武帝纪》记载丞相绾奏:"所举贤良,或治申、商、韩非、苏秦、张仪之言,乱国政,请皆罢。"《汉书·董仲舒传》记载董仲舒上书:"臣愚以为诸不在六艺之科孔子之术者,皆绝其道,勿使并进。邪辟之说灭息,然后统纪可一而法度可明,民知所从矣。"但在现实中,各家思想却已出现相互吸收的融合现象。这种融合的趋势从战国末期荀子、韩非和吕不韦就开始了。汉初出于国家治理所求,各家也自然开始吸取其他学派的财政思想来适应现实需要。

西汉初期的陆贾和贾谊都是有儒家背景的思想家。陆贾(约公元前240年至前170年)早年以幕僚身份随刘邦征战,常与刘邦论治国之道,经常在刘邦前说《诗》《书》。刘邦骂之曰:"乃公居马上而得之,安事《诗》《书》!"陆贾曰:"居马上得之,宁可以马上治之乎?且汤武逆取而以顺守之,文武并用,长久之术也。"这句"马上得天下,不能马上治之",成为后世国家治理的重要典故。刘邦让陆贾为他著述秦所以亡天下,汉所以得之的原因及古代国家治理成败的原因,陆贾于是写作了12篇进呈,刘邦读后称善,命名为《新语》,这是汉初国家治理的基本纲领。今本

《新语》有学者疑为后人伪托,但大多数学者认为其书为真。

陆贾在《新语》中,虽然也宣传"行仁义,法先王"的儒家思想,但是已经吸纳了黄老之学的"无为"思想。陆贾在财政方面提出轻徭薄赋的思想,但其理论基础来自儒、道两个方面。一方面陆贾从儒家的"仁义道德""重义轻利"等思想出发,强调轻徭薄赋的重要。另一方面从黄老之学的"无为而治""道莫大于无为"等思想出发,提出轻徭薄赋政策。陆贾提出"国不兴无事之功,家不藏无用之器;所以稀力役而省贡献也"。他认为迫使百姓"释农桑之事,入山海,采珠玑,求瑶琨,探沙谷,捕翡翠,捕犀象……以极耳目之玩,以快淫邪之心,岂不谬哉"。在财政支出方面,陆贾主张"俭朴"。他指出:"璧玉珠玑不御于上,则玩好之物弃于下;雕刻精画不纳于君,则淫技曲巧绝于民。"陆贾认为,只有厉行俭朴,才能做到"稀力役""省贡献"。

陆贾还从黄老无为的思想出发,提出了经济上的放任政策。陆贾提出"治国治众者"不可治产业。在解说上,他也是从儒家的"君子笃于义而薄于利"思想出发。陆贾还吸收了法家的重农思想,提出"重农桑、贵仓谷"思想。但在产业的认知上,他却反对法家的轻商思想,主张矿、林、渔、猎、盐等手工业和商业的协调发展。陆贾的思想对汉初恢复和发展经济发挥了重要作用,使社会经济得以较快恢复。

贾谊(公元前200年至前168年),少年时就"以能诵诗书属文章",知名于家乡洛阳,被汉文帝召为博士。贾谊著有《新书》72篇,后经刘向删定为58篇,今存55篇。贾谊的《过秦论》《论积贮疏》《陈政事疏》等都是政论文名篇,被编入各种文选。贾谊能直面社会矛盾而提出改革建议,很得汉文帝器重。但是这些主张严重损害了权贵阶层的利益,贾谊也成了这些权贵阶层的攻击对象,他们说贾谊"年少初学,专欲擅权,纷乱诸事"。贾谊被陷害,流放到潮湿沼荒之地,死时年仅33岁。但是贾谊坚信"自古至于今,与民为仇者,有迟有速,而民必胜之",他的很多主张都被文帝接纳并推行。

贾谊从儒家思想出发,提出以仁义守天下,强调了以民为本的重要性。他从黄老之学出发,提出"载其清净,民以宁一"的思想,为"与民休息"政策提供依据;提出移风易俗,反对豪强淫侈之风。他对"雕文刻镂无用之物繁多……作之宜一日,今十日不轻能成""黼黻文绣纂组害女工。且夫百人作之,不能衣一人"等现象进行了批评,提出行节俭、定制度的主张,"使车舆有度,衣服器械各有制数"。①

在国家财政统一方面,贾谊也吸纳了法家的一些思想。由于长期实行休养生

---

① 贾谊:《新书·瑰玮》,载于《新书校注》,中华书局2000年版,第104页。

息,经济得到恢复和发展,但由于汉初分封,地方诸侯势力有了很大发展,社会贫富分化问题也日益突出,潜伏着很大的社会危机。贾谊指出当时情势是"抱火厝于积薪之下而寝其上",提出"众建诸侯而少其力",即采用分割继承制,通过代代分割,削弱其势力,以巩固中央集权。在统一财政方面,贾谊提出了统一铸币、通关梁等主张。

贾谊对这些主张的申说,明显带有融合儒、法、道三家的特点,并由儒家的民本思想将三者串联起来。贾谊的《谏铸钱疏》提出国家统一铸钱的三条理由:第一条是任民众私铸是驱民犯法。因为按汉律铸钱"敢杂以铅铁、为它巧者,其罪黥"。但是如果不掺入杂质,则不可能获利。而掺以杂质,哪怕很微小,获利也会很大。由于民心驱利,私家铸钱"大抵杂铅铁"。这是驱民犯罪。第二条是允许私人铸钱,会使币制大乱,影响钱币交换,即"民用钱,郡县不同。或用轻钱,百加若干,或用重钱,平称不受"。第三条是允许民众私铸钱,会诱民弃农私铸,伤害农业,败坏民风。用铸钱之利诱使农民"释其耒耨,冶熔炊炭",造成"奸钱日多,而豆谷不为多"。当时地方诸侯多以私铸牟利,吴王刘濞就因私铸钱币,获利甚丰,还免除了百姓的赋税。贾谊的反私铸有一个很大的目标就是要削弱地方诸侯的财源。除了反私铸外,贾谊还主张通关梁,也就是要取消诸侯领地间的关卡。贾谊在《壹通》里说:"行兼爱无私之道,罢关一通。"

在《论积贮疏》里,贾谊提出了重农积贮思想。贾谊强调"一夫不耕,或为之饥;一妇不织,或为之寒",认为"背本而趋末,食者甚众,是天下之大残"。贾谊提出"夫蓄积者,天下之大命也",指出"禹有十年之蓄,故免九年之水,汤有十年之积,均胜七岁之旱",认为只要有充足的粮食储备,"苟粟多而财有余,何不向济?以攻则取,以守则固,以战则胜,怀柔附远,何招不至",而且加强粮食储备也是"驱民而归农"的重要手段。

陆贾、贾谊等儒家思想家的财政思想中融入了不少道家和法家的财政主张。同样,当时的黄老之学中也融入了儒家的德治和法家的刑和术。法家思想家晁错的财政思想中,也吸收了儒家和道家的思想。晁错(约公元前200年至前154年),颍川郡(今河南省禹州市)人,早年曾跟从张恢学习申不害、商鞅、韩非的法家学说,入仕为太常掌故,受太常派遣跟随伏生学习《尚书》,接受了儒家教育。

晁错在财政思想上继承了商鞅的重农抑商、入粟拜爵的思想,提出了"贵粟论"。他在《论贵粟疏》中说:"粟者,王者大用,政之本务",认为粟帛积蓄不仅关系到每个人的饱暖饥寒,而且关系到国家的治乱存亡。他说,一个国家"有石城十仞,汤池百步,带甲百万",然而"亡粟,弗能守也"。在晁错看来,农民不愿从事农业生产的原因主要是,商人兼并农人,农民生活极度痛苦,甚至"卖田宅、鬻子孙"。商人"大者积贮倍息,小者坐列贩卖,操其奇赢,日游都市,乘上之急,所卖必倍。故其男不耕耘,女不蚕织,衣必文采,食必粱肉,亡农夫之苦,有阡陌之得",且"因其富厚,交通王侯,力过吏势,以利相倾"。此外,国家贵珠玉金银而轻粟帛,使得"臣轻背其主,而民易去其乡,盗贼有所劝,亡逃者得轻资也"。于是,晁错提出要财政收入丰足稳定,必须贵粟帛而贱珠玉金银和抑制商人势力。他提出"贵粟之道,在于使民以粟为赏罚"。所谓以粟为赏罚,就是百姓向政府纳粟,政府根据其纳粟的多少授予高低不等的爵位,还可以通过纳粟来赎免罪责。晁错还把"贵粟"政策和国防储备联系起来,即"入粟于边",让愿意纳粟获爵赎罪的将粮食运往边境,充实边境粮食储备,满足国家备战备荒的需要。"夫得高爵与免罪,人之所甚欲也",富人,特别是商人,为了拜爵免罪,大量收购粮食,上缴国家,从而使农民获得了货币收入,国家从边境到各州郡的仓库都相继充实,"如此,富人有爵,农民有钱,粟有所渫"。

晁错提出"损有余补不足"的理财思路,明显带有道家思想的特色,而重蓄积的思想也与儒家贾谊的重农积贮有相似。但晁错的贵粟论基本还是从法家思想出发,与儒道思想有不少区别。晁错认为珠玉金银"饥不可食,寒不可衣",有强烈的抑商思想,而贾谊并不否认珠玉金银的价值,还主张政府以货币经商牟利,"临万货""收奇羡",以"官富实"。汉初,在黄老之学及儒道思想的融通下,采取薄税劝农,与民休息的财政政策,经过文景两帝 41 年的治理,西汉社会经济得到了很大发展,财政充盈,民力绰裕,史称"文景之治"。

汉武帝时,虽提出"罢黜百家,独尊儒术",将儒学确立为官方意识形态,但并未影响其他思想的传播。而首倡"罢黜百家"的董仲舒,也积极吸纳各家思想来充实和改造儒家思想。董仲舒(公元前 179 年至前 104 年),广川(今河北省枣强县)人,著《公羊春秋》,为西汉儒者的一代宗师。其著作多已散佚,今仅存《春秋繁露》一书。董仲舒借用阴阳家的思想因素,创造了"天人感应"理论,提出君主受命于天,统治人民,人民如违抗君命,就是违逆天意。同时,君主也要顺应天命,以德化民,若无道妄为,天就会降下灾异,甚至改易天命。这样既维护了皇权的统治秩序,又约束了皇权,劝导统治者行德政,即所谓"屈民以伸君,屈君以伸天"。此外,董仲舒还吸收了法家的一些思想,认为天有阳阴,治有德刑,德为阳,刑为阴,德主刑辅,不可偏废。

董仲舒虽说吸收了其他诸家的部分思想,但其主体还是儒家学说。董仲舒有所谓"《春秋》为汉立法"之说,称"《春秋》之道,奉天而法古"。近代康有为引申董仲舒的说法,认为孔子著《春秋》是为后世立宪。董仲舒财政思想的基础正是他基于《春秋》之义建构的"正其谊(义)不谋其利"的义利观。董仲舒利用其天人感应理论给儒家贵义贱利论涂抹上了一层神秘色彩:"天之生人也使之生义与利。利以养其体,义以养其心。心不得义不能乐,体不得利不能安。义者,心之养也;利者,体之养也。体莫贵于心。故养莫重于义。义之养生人大于利矣。"他认为"夫皇皇求财利常恐乏匮者,庶人之意也;皇皇求仁义常恐不能化民者,大夫之意也"。

董仲舒继承了孔子"先富后教"的思想,提出"治民者先富之而后加教",并将之纳入了其天人感应的理论体系中,认为利是"养体"所需,而体也是天生予人的,因此君主治理国家,必须遵从天意,使人民能生育养长,家给人足。百姓贫穷为盗、利不足自养的原因,贾谊和晁错认为是因为富人奢靡、商人兼并农人所至,而董仲舒首先将之归结为统治者的贪欲,正是财富分配向统治者一边"有所积重",才导致民众穷困空虚。他提出政府不应该与民争利,尤其不允许政府利用行政优势进行专卖垄断。他说:"不与民争业,然后利可均分布,而民可家足。此上天之理,而亦太古之道,天子之所宜法以为制,大夫之所当循以为行也。"依此理论,董仲舒提出了"薄赋敛,省徭役,以宽民力"的主张,并且批评了汉室的赋敛过重:"古者税民不过什一,其求易共;使民不过三月,其力易足……至秦则不然,……汉兴循而未改。"他认为汉代继承了秦代的重税制度,循而未改。董仲舒还提出了限田主张,他说:"(秦)用商鞅之法,改帝王之制,除井田,民得卖买,富者田连阡陌,贫者无立锥之地……故贫民常衣牛马之衣,而食犬彘之食。"他提出"限民名田,以澹不足,塞并兼之路""使富者足以示贵,而不至于骄,贫者足以养生,而不至于忧,以此为度,而调均之,是以财不匮,而上下相安"。董仲舒在反对土地兼并的同时,还对豪强地主将失地农民变成奴隶和奴婢的现象进行了鞭挞,提出去奴婢、"除专杀之威"。废除奴婢制度,禁止豪强地主任意杀害奴隶和奴婢,是儒家仁政思想的主张,可以解放大量劳动力,增加国家的编户齐民,即纳税人口。

汉宣帝曾把汉家思想概括为"霸王道杂之"。历代都有儒法并用、阳儒阴法之说,其实当时百家汇合,兼采众长,并不局限于儒、法、阴阳、名、兵等,诸家思想都有相互吸收。墨家虽然已经势微,但其兼爱节用等主张,还是被贾谊等吸纳到自己的财政思想之中。

二、史家的评述

在诸子百家复兴和发展的同时,西汉史学家已经开始为他们做传,对他们的思想进行整理记录。

西汉太史令司马谈最早对六个主要学派的思想进行了概括和论述,写作了《论六家之要指》。司马谈写作《论六家之要指》的目的是"愍学者之不达其意而师悖",指出当时许多学者各有师传,惑于所见,各有其片面性。他希望能消除这种片面性,"天下一致而百虑,同归而殊途",以期兼采众长,在融会贯通中发展。他认为各家学说从不同角度提出了治理国家的方法和策略,"阴阳、儒、墨、名、法、道德,此务为治者也"。在财政思想方面,司马谈特别推崇墨家的节用主张,他说:"强本节用,则人给家足之道也。此墨子之所长,虽百家弗能废也。"

司马谈临终时嘱托其子司马迁:"无忘吾所欲论著。"司马迁(公元前145年至前86年),韩城(今陕西省韩城市)人,继承父志,完成了"究天人之际,通古今之变,成一家之言"的伟大著作《史记》。《史记》为众多的思想家立传,记录他们的思想,梳理各家学说的传承演变,使他们的事迹和思想得以流传。《史记》在这些思想家的传记中,还常对他们的思想和主张进行对比,对他们的实践成果进行评述。例如,在《商君列传》里评说商鞅变法成果:"居五年,秦人富强。"在《孟子荀卿列传》里,司马迁写道:"秦用商君,富国强兵;楚魏用吴起,战胜弱敌;齐威王、宣王用孙子、田忌之徒,而诸侯东面朝齐。"对于资料太少的,司马迁也采取在流派相近的传记中以附记的方式进行记录,如在《孟子荀卿列传》中附记了驺衍、淳于髡、慎到、环渊、接子、田骈、驺奭、墨翟等人,并简要记载了他们的著述和主张。对驺衍的思想做了大略介绍后,将之归为"然要其归,必止乎仁义节俭"。对墨翟,也特别强调了其"节用"的财政思想。

司马迁继承了父亲融通各家的志向,不仅记录评述了各家思想,也表达了自己的财政主张。司马迁虽对孔子十分崇敬,还曾随董仲舒学习《公羊春秋》,但在思想上,总能保持史家的客观,对各家学说采取不偏不倚的态度,坚持从史实出发反映其思想和贡献。正是由于重视客观实际,他在义利关系方面强调义要以利为基础,赞成"仓廪实而知礼节,衣食足而知荣辱"。他说"天下熙熙,皆为利来;天下壤壤,皆为利往"。司马迁同情编户之民的求利行为,指出"夫千乘之王,万家之侯,百室之君,尚犹患贫,而况匹夫编户之民乎"?他对社会逐利的后果也有清醒认识,在《孟子荀卿列传》开篇就感叹:"余读孟子书,至梁惠王问'何以利吾国',未尝不废书而叹也。曰:嗟乎,利诚乱之始也!夫子罕言利者,常防其原也。故曰'放於利而行,多怨'。自天子至於庶人,好利之弊何以异哉!"但司马迁并不因此认为应该限制人们的求利行为,他更主张通过人们的求利带动经济的发展。司马迁提倡最彻底的自由放任政策,反对与民争利的专卖政策,也不认同其他鼓励经济发展的政策,在梳理古代经济发展史后,他说这难道是政府的政令所能引导的?他认为:"人各任其能,竭其力,以得所欲。""各勤其业,乐其事,若水之趋下,日夜无休时,不召而自来,不求而民出之(不用强求民众就会生产出物品)。岂非道之所符,而自然之验邪?"在农商关系上,司马迁虽赞成农本工商末的划分,但是反对抑商,认为农工商应该并重,协调发展。他在《史记》中引《周书》说明"商不出则三宝绝",如果没有市场流通,则农业、手工业、货币三宝就得不到发展,资源就得不到开发,就会出现"财匮少"的现象。司马迁的这些思想,正是对各家学说兼容并包的结果,他从历史经验中进行总结和提取,形成了自己的"一家之言"。

司马迁的财政思想更多地体现在其对财政史的叙述和评论上。司马迁认为管仲帮助齐桓公建立霸业是依靠"通轻重之权,徼山海之业"(《史记·平准书》),魏文侯强国得力于李悝的"尽地力"(《史记·平准书》)。田氏"收赋税于民,以小斗受之;其禀予民以大斗""得齐众心""民思田氏"(《史记·田敬仲完世家》)。郑国渠的开掘对秦国的崛起产生了重要作用,"于是关中为沃野,无凶年,秦以富强,卒并诸侯"。对秦"收泰半之赋",使"男子疾耕不足于粮饷,女子纺织不足于帷幕。百姓靡敝,孤寡老弱不能相养,道路死者相望"(《史记·平津侯主父列传》)的局面深恶痛绝。在《史记·秦本纪》中,认为秦国强大是因为"变法修刑,内务耕稼,外劝战死之赏罚",对于秦二世即亡,司马迁引贾谊语评论说"仁义不施,而攻守之势异也"。司马迁对于曾亲身经历的"文景之治"大力称赞:"非遇水旱之灾,民则人给家足。都鄙廪庾皆满,而府库余货财。京师之钱累巨万,贯朽而不可校。太仓之粟,陈陈相因,充溢露积于外,至腐败不可食。众庶街巷有马,阡陌之间成群。"对于文景时期休养生息、无为而治的政策赞赏之余,对汉初"量吏禄,度官用,以赋于民。山川园池市井租税之入,自天子以至于封君汤沐邑,皆各为私奉养焉,不领于天下之经费"(《史记·平准书》)的财政体制充分肯定。而对汉武时期的官营盐铁、算缗告缗持反对态度,甚至在《史记》中不为桑弘羊设传。司马迁的财政思想来自其对历史的深刻认识,对百家的融通,不仅反映了时代的要求,而且有很多已超越了其时代,在近代以后其价值愈显珍贵。

三、汉初对先秦文献的整理

经过秦始皇的焚书和楚汉战争的纷乱,先秦典籍遭到极大破坏。汉代立国以后,开始逐渐重视对文献的收藏和整理。公元前191年,汉惠帝废除秦代的挟书令,"大收篇籍,广开献书之路";汉武帝"建藏书之策";汉成帝遣"谒者陈农求遗书于天下"(《汉书·艺文志》)。经过近百年的努力,到西汉中后期,中秘藏书已达数万卷。西汉成帝时,刘向、刘歆父子大规模整理图书,校正旧本,比勘文字,确定书名,编写叙录,整理出大批先秦典籍。

先秦时期,学术思想的传播,很多都是靠口耳相传,死记硬背的,所以秦始皇焚书只是在一定程度上影响思想的传承。到汉代,不少书都被背诵记录出来。但这样的过程,难免杂入其他内容,而且各有传承,同一本书也出现很多版本。还有一些学者,托故造伪来传播自己的思想。汉成帝重金求古书,也使一些人在利益驱动下,编造古书。如何整理出可靠的定本,在当时是一件非常重要的事情。汉成帝、汉哀帝先后命令刘向、刘歆父子组织专家进行皇家图书的整理编目。刘氏父子经过20多年的努力,共整理了33 090卷图书,完成了对这些图书的编目。刘向、刘歆父子整理图书,一般先广泛搜集多种版本,进行比勘,然后审理篇目,将重复的篇目去掉;再详加考订,将伪托的篇目剔除,接下来对文字进行校勘,最后形成定本。现今还能看到的很多先秦典籍,都是依赖刘氏父子的努力得以保存下来的。从近年来考古发现的先秦简帛来看,今本典籍很多都和原本一致,这也反映了刘氏父子的工作是可靠的,其成绩是巨大的。

反映先秦财政思想的两大经典——《周礼》和《管子》都是经刘向父子整理而得以保存。《周礼》又名《周官》,其传承情况不详,在汉武帝时突然出现,所以至今对其真伪有很多说法。因刘歆对其整理、形成定本贡献很大,以致自古以来就有很多学者认为是刘歆伪造。《周礼》原本共有6篇,即天官冢宰、地官司徒、春官宗伯、夏官司马、秋官司寇、冬官司空,其中冬官司空早已亡佚,在整理时以《考工记》替补成书。刘歆十分推崇此书,认为出自周公手作,是"周公致太平之迹"。《管子》当时有5个版本,总计564篇,刘向去除其中重复的484篇,定为86篇。他在《管子叙录》中提到司马迁也没有能看到全本的《管子》,有不少篇章都是民间没有流传的。刘向将《管子》的思想概括为"富国安民"。

第二节 《周礼》的财政思想

宋人王安石曾说:"一部《周礼》,理财居其半。"《周礼》对财政行政机构、会计稽核、力政、救荒都有周详的安排。在其后的2 000多年里,在财政思想方面,再也没有比《周礼》更系统、更完备的论著了。《周礼》的财政思想对后世的影响是巨大的,很多改革家都以其为旗帜。西汉武帝、王莽、北周宇文泰、唐代武则天、北宋王安石……都在财政改革中汲取了《周礼》的智慧，推动了当时的财政改革建设。直到晚清，改革者还在《周礼》中汲取思想元素。

一、《周礼》成书时间蠡测

《周礼》又名《周官》，是中国古代最早的财政思想专著，相传此书是西周初年周公所著，反映的是西周时期的制度，但在流传过程中掺杂了很多后世的制度和后人的思想。《周礼》的最初著述年代如何，成书年代如何，又在多大程度上反映了周代制度的实际，一直争议很大，聚讼千年，至今难有定论。甚至有人认为是王莽时期为了给篡汉建立理论基础，而由刘歆制造的伪书。虽然关于《周礼》的成书年代与作者，至今难有定论，但刘向、刘歆父子对《周礼》的整理无疑是其最后成型的关键环节。《周礼》在形成过程中，也汇入了各家学说思想，特别是先秦时期的财政制度和实践，是财政思想的集大成之作。

顾颉刚先生曾认为《周礼》和《管子》是一对孪生子，同是东方法家的思想，其财政思想的核心都是富裕人民，充实府库。而正是重视财政思想，使《周礼》和《管子》两书在古代备受批判和排斥。清代经学家齐召南就指责《周礼》"孜孜于财利""如天官、地官以财为职，几于无地不赋，无物不贡，无人不征，前聚鹿台、钜桥亡国之为殃，后启头会箕敛、告缗、平准一切厉民虐政。至其用财，必曰'惟王及后、世子不会'是导君以逸乐盘游，恣睢纵欲，举其取尽锱铢者徒供泥沙之用也而已。苟稍循其法，天怒人怨，必致覆亡"，认为与周公的王道思想不符，认定非周公所作。顾颉刚在《古史辨第四册序》中指出："我们辟《周官》伪，只是辟去《周官》与周公的关系，要使后人不再沿传统之说而云周公作《周官》。至于这部书的价值，我们终究承认的。要是战国时人作的，它是战国政治思想史的材料。若是西汉时人作的，它便是西汉政治思想史的材料。"

近年来的考古新发现，对于我们全面认识《周礼》的成书时代有了很大帮助。如《周礼》中提到周有连山、归藏和周易三易，但后世只传周易，而连山、归藏早已失传，但1993年在湖北江陵王家台15号墓的简牍中发现了归藏。特别是大量周代青铜器的出土，人们将铭文中的金文资料与《周礼》进行比勘，使我们相信《周礼》中包含着大量周代资料。

二、《周礼》的财政制度体系设计

《周礼》系统而周密地构想出一整套财政制度体系，其组织庞大、分工精细、责

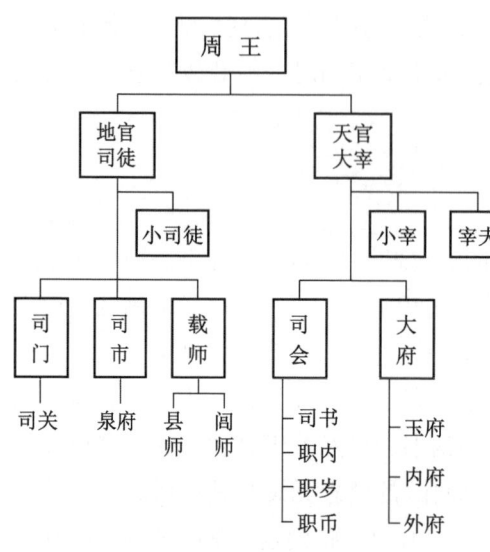

图 4-1 周礼财计官略表

任明确、考核严密、设计精密,令人叹为观止。

《周礼》在设计中,把财政管理作为一个系统工程看待,认为其不仅仅是财政管理机构的事情,而是全部行政部门分工合作的重要工作;把财政管理从中央到地方、从宏观到微观、从政策制定到具体执行、从会计出纳到监察稽核都分成若干环节,每一环节都设置相应的职官来具体负责;从大宰到仓库保管都承担不同责任的财政管理职责,对每一职责的规定既有办事原则,又有办事细则;分工明确、环环相扣,构成一个财政管理的整体系统。周礼财计官略表如图 4-1 所示。

原始的预算制度是其财政制度的核心,所谓的"以九赋敛财贿""以九式均财用",也就是要让九项支出和九项收入一一对应起来。这样做在当时可以保证每项支出都有一定财政来源,方便用严格的制度来进行管理;以经常性收入来安排经常性支出,以收入的预计给使用部门一个开支的最高限额;基本原则是量入为出、略有盈余;在年度预算的制定上还要考虑 3 年的中期预算和 30 年的长期预算。

与预算制度相配合的是严密的统计、会计和审计制度。管理以会计簿记为中心,所有的收入和支出,都有详细的记录,而且每个环节都有严格的审计、稽核和监督,"以参互考日成,以月要考月成,以岁会考岁成"。

在总的预算下,还留有机动预算,以防止预算外支出,即"凡万民之贡以充府库"。这里的"万民之贡"没有安排支出,只是作为备用而储藏,成为调节各项收支的储备保证。但国家也会利用这笔财富来购买市场余货调剂市场,就是在物价低于市价或滞销时以平价买进,在物价上涨时以平价卖出,从而平抑市场物价,稳定市场,或者用来赊贷财货救济人民。

在支出预算中,民生支出占重要比重。《周礼》规定了救荒十二政和养民六法。救荒十二政是指对遇到灾荒的地区和人民,采取给予灾民一定数量的粮食、衣服和农具、减免税赋力役和关税、开放山林川泽便利灾民自救、减少礼仪性支出等措施。养民六法包括慈幼、养老、振穷、恤贫、宽疾、安富,不仅国家要出资帮助人民抚养幼儿和老人，救济贫穷、减免有疾病者的赋税，还要对富人的赋役公平征收，不能以其富而专取之。

虽然《周礼》的财政制度设计本身不可避免地带有经济不发达的远古社会条件下所形成的不完备性、原始性、杂乱性和矛盾性，但仍有不少地方闪烁着智慧的光芒，值得我们思考、研究和学习。特别是其追责意识，在今天仍有重大意义。在以往的改革中，我们过多强调制度设计的激励原则，而对责任原则比较忽视。以前古人对《周礼》就各项事务的责任和追责，都不厌其烦地作详细规定，而且贯穿于执行过程的各个环节，认为"失之繁琐"，但今天看来，这样寻求周密细致实在是非常必要的。特别是其对财务行政的全过程、全方位监督的设计，从起点就开始跟踪考核、监督，都是我们今天在制度设计中应该学习的。当然，《周礼》也同样为我们留下了应该吸取的教训。《周礼》虽十分重视制度建设，但还是留了口子。在严密精细的审计制度设计中，对国王、王后和世子等特殊阶层，在各条考核措施后，都标注"唯王及后、世子不会"，也就是对这个特权阶层的各项收支不进行会计审计，这个口子一开，终会使千里之堤，毁于蚁穴。但无论如何，在两三千年前，我国就能出现这样全面系统的关于国家财政制度的顶层设计思想，是非常值得肯定的古代文明。

三、《周礼》制定的财政原则

《周礼》中的财政思想主要是通过财政职官的描述来表现的，并没有专门论述，但是我们可以从书中梳理出其财政思想的基本原则。这些基本原则有的是在职官职责的描述中通过文字直接表达出来的，有的则是从各项规定中折射出来的。

首先是均节财用，这一理念可以说贯穿于所有的财政制度之中。《周礼》的基础是周公旦设计的西周财政制度，其理财理念是在总结殷商王朝荒淫奢靡而亡的教训上得出的，所以特别强调"均节财用"。孔子在论述节用思想时，也特别强调"则有周公之典在"。《周礼》在表述文字上略有差异，有时说"以均财节邦用"，有时说"以节邦用"，有时说"均节邦之财用"等，但意思是一致的，只是用不同表述反复强调。

其次是公平理念。孔子描述早期社会是"大道之行也，天下为公"。公平也是中国早期对财政制度的一种期待。《周礼》设有"均人"和"土均"等机构负责财政均平工作。均人负责对赋税和力役的政策和征收进行平衡协调，以求做到均平征收。这包括了在不同田地的肥沃程度、不同的农作物、运输距离的远近等因素之间协调,制定不同税率和征收政策。而力役要在距国都的远近间进行协调,务求负担平均。土均负责田地分配,以求做到公平分配。井田制的分配,也涉及一系列可能影响公平的因素,都要一一协调。《周礼》的设计,十分注重公平理念,在各项职务的职责规定中,出现了40多处"均"字。

再次是在财政职官设计上,注重牵制制衡原则。《周礼》在设计中,把财政管理的具体事务分成收入管理和支出管理两个部分,分别由不同机构来管理。支出管理主要集中在天官府,收入管理主要集中在地官府。对任何财政事务,基本上都规定至少两个官员主管。对任何一项职责,都有相应的会计审计人员负责监督审核。在国库的收支出入上,制定了严格的分工牵制和交互考核等办法,达到了"一豪财赋之出入,数人耳目之通焉"的程度。对此,美国著名会计史家迈克尔·查特菲尔德曾高度评价:"在内部控制、预算和审计程序等方面,周代在古代世界是无与伦比的。"①

此外,还有"任土所宜"、生态平衡等原则,即在赋税设计上,"制其贡各以其所有",尊重地方的资源特色,不强求统一。而在各地的贡赋设计中,还要考虑到保持自然界的生态平衡,保持经济发展和贡赋征收的可持续。无论是捕鱼、伐木,还是猎兽,都要有相应的时间、区域和种类限制,《周礼》专门设置了"兽人""渔人""山虞""川衡""林衡""泽虞"等负责相关政令。

虽然在成书时间上存在争议,但中国历代都很尊崇《周礼》,把它作为国家财政制度的理想模板。《周礼》也成为历代财政改革重要的理论根据。其提出的"均节财用""均万民"等理财思想成为中国古代最基本的理财宗旨。在清朝国家的最高财政管理机构——户部的大堂,悬挂着雍正皇帝亲笔题写的"九式经邦"大匾。"九式经邦"就出自《周礼》的"以九式均节财用""以经邦国",大匾旁还悬有训辞:"周礼以九式之法均节国之财用,职綦重焉。尚其平准出纳,阜成兆民,毋旷乃守。"以此作为当时财政工作的宗旨和准则。

第三节 《管子》的财政思想

今本《管子》,有超过50％的内容涉及财经问题。有超过三分之一的篇目专门阐述理财思想,对古代财政思想的形成和发展影响深远。

---

① [美]迈克尔·查特菲尔德:《会计思想史》,中国商业出版社1989年版,第8页。

一、《管子》成书时间的争论

《管子》的成书,经历了一个很长的过程。一般财政思想史著作将其分在三个时期进行讨论,即将《左传》《史记》等史书记载的管仲思想放在春秋时期进行讨论;将《管子》一书记载的轻重论放在西汉时期进行讨论;将《管子》一书中轻重论以外的其他思想放在战国时期进行讨论。这样其实把一个完整的思想体系割裂开来了。在本书中,我们将《管子》思想放在它最后结集成书的时间来整体介绍,既能将其作为一个整体来介绍,也能反映出其最终集结成书对财政思想史演进的意义。在此前,《管子》或者是单篇或者是部分篇目结集流传,一般很难窥其全貌。即使以司马迁读书之广,也只能读到部分篇章。

《管子》不是管仲所著,而是管子后学者对管仲的事迹和思想进行整理而成书的。在管仲的治理下,齐国走上富国强兵之路,成为春秋首霸,经济发达,人民生活富裕。所以,管仲的理财思想当时受到广泛的重视,孔子曾说:"管仲相桓公,霸诸侯,一匡天下,民到于今受其赐。微管仲,吾其被以左衽矣。"一批学者致力研究和发展管仲思想,形成"管子之学",其学也被归为东方法家。田齐桓公田午时,齐在首都临淄设立稷下学宫,吸引大量学者前来讲学和研究,也极大地促进了"管子之学"的研究和发展,形成了大量托名管仲的著作。

一般认为《大匡》《小匡》《霸形》《戒》《问》等篇主要收集了管仲的轶事。《牧民》《立政》《权修》《乘马》《八观》《五辅》《禁藏》等篇大概成文于战国。被认为是汉中期以后完成的《轻重》,其实至少在西汉初年就完成了,司马迁在《史记》中写道:"吾读管氏《牧民》《山高》《乘马》《轻重》《九府》……详哉其言之也",说明司马迁已经看到过《轻重》诸篇。司马迁称其为政,"贵轻重,慎权衡"。

二、管仲治齐的财政思想

从《国语》《左传》等较早的、相对可靠的历史记载来看,管仲的财政思想:

一是"相地而衰征",即按田地土质的好坏和产量多寡来确定税率,对土质好、产量多的多征,土质差、收入少的少征。这种做法既适用于原有的井田,也适用于后来私家开拓的荒地。这种征收办法照顾到了土地的差异,相对于此前的统一税率更加公平,也扩大了税源,增加了国家财政收入。管仲还实行均地之法,《国语·齐语》记载管仲使"陆、阜、陵、墐、井、田、畴均,则民不憾"。

二是"通齐国之鱼盐于东莱,使关市几(讥)而不征",即通过减免关市税的办法,加强齐国与诸侯的商贸往来,促进齐国经济发展。管仲本商人出身,所以也很重视商业的发展和商业能给国家带来的财政收入。

三是力役征集,"无夺民时,则百姓富"。这是中国财政思想史上,第一次把保证农时作为一项原则提出来。农业生产有很强的季节性,要保证农业生产,必须保证农时。国家在征调民众从事各种徭役时,一定要在农闲时节征调,以保证农忙时节有足够的劳动力投入农业生产,只有这样才能保证农业生产,让民众有更多的收获,生活才能富裕。

四是寓兵于农,就是把居民的组织和军队的编制统一起来。例如,分国为21乡,"商工之乡六,士农之乡十五",士农之乡,平时作为农夫耕田,战时当兵,利用农闲时间进行军事训练,既保证了农业生产,又加强了国家军事力量。这样严密的基层组织设计,也为后世所借鉴,成为保证国家税赋征收的重要制度基础。

五是四民分业定居,使"士之子恒为士""农之子恒为农""工之子恒为工""商之子恒为商"。这样保证了生产技术的传承,推动了经济发展,增加了国家财富。

总的来说,管仲在齐国的理财实践,表现出了强烈的富民富国思想,他提出"通货积财,富国强兵""无夺民时,则百姓富",认为"足民有产,则国家丰矣""民不务经产,则仓廪空虚,财用不足""富上而足下,此圣王之至事也"。《史记》中还记载了他的名言:"仓廪实而知礼节,衣食足而知荣辱。"这和《管子》一书表达的中心思想是一致的,都是既重视富国,也重视富民。

除了《国语》《左传》等典籍记录了管仲的思想外,当时诸子也多有引称管仲言论和《管子》书的。孔子曾从三方面肯定管仲:一是九合诸侯,不以兵车,使民免于战乱;二是誉其尊王,称霸诸侯,一匡天下;三是赞其攘夷,认为若不是管仲,中原很可能就被夷狄侵占了。但孔子也批评管子不知礼,不节俭。孔子称赞管仲的事功,认为"博施于民而能济众",不仅是仁,简直就是圣,而孟子却持保留意见,认为管仲的功业仅至于霸,而没有切实地行仁政。荀子也认为管子不能修礼,但也肯定他"乡方略,审劳佚,畜积修斗"。《庄子》则引述管仲临终举荐隰朋时称赞其"其于国有不闻也,其于家有不见也",揭示了管仲思想中蕴含了道家无为的思想。《韩非子》中肯定了管仲的法治思想和"因能而受禄,录功而与官"的俸禄思想,也批评了管仲"发囷仓而赐贫穷"的济贫思想。

管仲的言论和《管子》一书在当时已经产生了广泛影响。《国语》记录有当时齐人议事时能很自然、很流利地引管子言论,对管仲的思想很是了解。《韩非子》里说管子的书在韩国"家有之"。

三、《管子》的财政思想

《管子》的财政思想,概括而言之,就是"取于民有度,用之有止"。在财政收入上,要"取民有度";在财政支出上,要"用之有止"。《管子·权修》说:"地之生财有时,民之用力有倦,而人君之欲无穷。以有时与有倦,养无穷之君,而度量不生于其间,则上下相疾也。是以臣有杀其君,子有杀其父者矣。故取于民有度,用之有止,国虽小必安;取于民无度,用之不止,国虽大必危。"在"取民有度"方面,管子的财政思想有如下表现:

其一,在税收原则上,《管子》主张"薄赋敛"的轻税原则。《管子》认为赋税过重,必会引起人民不满。《宙合》篇说:"厚藉敛于百姓,则万民怼怨。"《权修》篇说:"赋敛厚,则下怨上矣。"《管子》还描述了重赋税会带来严重后果的景象,如果君主不节制欲望,加重赋税,人民则会因无力缴税而流离失所,甚至铤而走险,造成国家政治经济秩序的混乱,这样即使不用征战自己就先败了。《七臣七主》篇说:"愚臣深罪厚罚以为行,重赋敛,多兑道以为上,使身见憎而主受其谤。"《正世》篇说:"重赋敛,竭民财;急使令,罢民力;财竭则不能毋侵夺;力罢则不能毋堕倪。民已侵夺堕倪,因以法随而诛之,则是诛罚重而乱愈起。夫民劳苦困不足,则简禁而轻罪。"《轻重甲》篇说:"君朝令而求夕具,有者出其财,无有者卖其衣履,农夫粜其五谷,三分贾而去。是君朝令一怒,布帛流越而之天下,君求焉而无止,民无以待之,走亡而栖山阜;持戈之士,顾不见亲,家族失而不分,民走于中而士遁于外,此不待战而内败。"

其二,《管子》在《海王》《国蓄》《轻重甲》诸篇中,反对征收房屋、六畜、树木等税收。《国蓄》篇说:"夫以室庑籍,谓之毁成;以六畜籍,谓之止生;以田亩籍,谓之禁耕;以正人籍,谓之离情;以正户籍,谓之养赢。"也就是说,如果征收房屋税,则房屋建不成;如果征收牲畜税,则牲畜减少;如果征收土地税,则农人不愿意耕种;如果征收人口税,则人民会逃亡;如果征收户税,则会造成大家庭繁盛。《戒》篇还提出"山林梁泽,以时禁发而不正(征)也",即对于山林资源开发,只可根据自然规律保护资源的需要,进行时间限制,而不征收税赋。

其三,《管子》主张轻关市之税。《大匡》篇说:"轻税,弛关市之征,为赋禄之制。""桓公践位十九年,弛关市之征,五十而取一。"《幼官》篇提出:"市赋百取二(2%);关赋百取一(1%)。"为避免重复征税,《管子》对于关市之征还提出征一不征二的原则,即一物只可征一次税。《问》篇提出:"征于关者,勿征于市;征于市者,勿征于关。虚车勿索，徒负勿入，以来远人。"即对同一货物，已经征收了关税的，不再征市税；已经征收了市税的，不再征收关税。对于没有运送货物的车辆和背负肩挑的小贩，不要征税。《戒》篇还提出有的关卡只需登记而勿需征税，有些市税可以只征实物税。

其四，对于农业税在实施轻税的同时，还要注意公平。虽然在《国蓄》篇中也有反对农业税，但也提到"五者不可毕用"，最好课征一种，而不征其他。在《乘马》《大匡》《戒》《轻重甲》诸篇中，《管子》都不反对征收农业税，但在农业税的设计上注意了轻税、公平和年成挂钩的原则。《大匡》篇提出："赋禄以粟，案田而税。二岁而税一，上年什取三，中年什取二，下年什取一。岁饥不税，岁饥弛而税。""案田而税"不仅是公田和私田都要统一公平纳税，还包含"相地而衰征"的意思，即税率要考虑到土地的肥瘠状况。此外，税率还要和年成挂钩，根据年成的好、中、差，分别征收15%、10%、5%。遇到荒年，少征或者不征税。

其五，征税还要考虑到家庭养老育幼的情况，综合确定赋税负担。《入国》篇提出家庭有70岁以上的老人，可以"一子无征"；有80岁以上的老人，可以"二子无征"；有90岁以上的老人，可以"尽家无征"，就是全家免税。对于有3个孩子的家庭，"无妇征"，即免除妇女的赋役；有4个孩子的家庭，"尽家无征"。家里收养1个孤儿的，"一子无征"；收养2个孤儿的，"二子无征"；收养3个孤儿的，"尽家无征"。

其六，在力役上，《管子》也主张轻劳役，而且要使民以时。《臣乘马》篇说："起一人之徭百亩不举，起十人之徭千亩不举，起百人之徭万亩不举，起千人之徭十万亩不举。"《权修》篇说："轻用众，使民劳，则民力竭矣。"《戒》篇说："今夫人患劳，而上使不时；人患饥，而上重敛焉；人患死，而上急刑焉。如此而又近有色而远有德，虽鸿鹄之有翼，济大水之有舟楫也，其将若君何？"《国蓄》篇说："今人君籍求于民，令曰十日而具，则财物之贾什去一；……朝令而夕具，则财物之贾什去九。"

其七，在大规模减免税收的情况下，通过"寓税于价"的办法来增加国家收入。《国蓄》篇指出："夫民者亲信而死利，海内皆然。民予则喜，夺则怒，民情皆然。先王知其然，故见予之形，不见夺之理。故民爱可洽于上也。租籍者，所以强求也。租税者，所虑而请也。王霸之君，去其所以强求，废其所虑而请，故天下乐从也。"也就是说，人民喜欢被给予，不喜欢被夺取，租税是夺取，是老百姓不喜欢的。所以在税收上要"见予之形，不见夺之理"，即要取民无形。具体而言，就是通过对盐、铁、粮食实施专营，政府通过操纵价格以获取暴利。《海王》《地数》《轻重甲》等篇对此进行了详细分析。食盐是人类生存的必需品，人人都必须食用，但是食盐的产地有限,便于政府控制。若按男女老幼平均每人每月食盐 3 升计算,则 1 000 万人口每月为 30 万钟。一日为 1 000 钟,每升加价 2 钱,则 1 日即可获得 200 万钱,1 个月可得 6 000 万钱。如果征收人头税,而每人每月人头税 3 钱,1 000 万人仅可征 3 000 万钱。实行食盐专卖,只需每升盐加价 1 钱,寓税于盐价,就等于向人民征收了人头税。而且人民还没有感觉,没有怨言。铁器和盐一样,也是必需品,"一女必有一针一刀,若其事立;耕者必有一耒一耜一铫,若其事立;行服连轺輂者(制造车马的手工业者)必有一斤一锯一锥一凿,若其事立。不尔而成事者,天下无有。"所以,"今针之重(价格)加一也,三十针一人之籍也;刀之重加六,五六三十,五刀一人之籍也;耜铁之重加七,三耜铁一人之籍也。其余轻重,皆准此而行,然则举臂胜事,无不服籍者。"这里"籍"是指人头税,就是说如把铁针的价格增加 1 钱,只要卖出 30 根针,就相当于 1 个人的人头税收入。其他铁器都这样加价出售,政府就能获得丰厚的收入。对于粮食公营,《管子》提出通过建立粮食等物资储备,贱买贵卖,即可平抑物价,也可以使政府获得丰厚的收入。《国蓄》篇说:"凡五谷者,万物之主也。谷贵则万物必贱,谷贱则万物必贵。两者为敌,则不俱平。故人君御谷物之秩相胜,而操事于其不平之间。故万民无籍,而国利归于君也。"

在"用之有止"方面,《管子》的财政思想有如下表现:

其一,强调节用原则。《七臣七主》篇说:"明王有六务四禁。六务者何也?一曰节用……",把"节用"列为"六务"之首。《五辅》篇说:"节饮食,撙衣服,则财用足。"如《法法》篇说:"是故先王制轩冕,所以著贵贱,不求其美;设爵禄,所以守其服,不求其观也。……明君制宗庙,足以设宾祀,不求其美;为宫室台榭,足以避燥湿寒暑,不求其大;为雕文刻镂,足以辨贵贱,不求其观。……故曰:俭其道乎!"《禁藏》篇也说:"圣人之制事也,能节宫室、适车舆以实藏,则国必富、位必尊;能适衣服、去玩好以奉本,而用必赡、身心安矣……故立身于中,养有节:宫室足以避燥湿,食饮足以和血气,衣服足以适寒温,礼仪足以别贵贱,游虞足以发欢欣,棺椁足以朽骨,衣衾足以朽肉,坟墓足以道记。……故适身行义,俭约恭敬,其唯无福,祸亦不来矣。骄傲侈泰,离度绝理,其唯无祸,福亦不至矣。"相关内容在《管子》里还有很多,其主张君主在宗庙、宫室、台榭、车舆、衣服等方面都应追求简朴,以充实国家储备,认为只有君主厉行节俭、抛弃玩好而重视农业生产,国家才会财用充足而地位巩固。《八观》篇说:"国侈则用费,用费则民贫,民贫则奸智生,奸智生则邪巧作。……故曰,审度量,节衣服,俭财用,禁侈泰,为国之急也。"

其二,调整财政支出结构,减少宫廷用度和行政经费,增加"导水潦,利陂沟,决潘渚,溃泥滞,通郁闭,慎津梁"等辅助生产和"老老、慈幼、恤孤、养疾、合独、问疾、通穷、振困、接绝"等"九惠"的社保项目支出。如此"则民之所欲,无不得矣",人民就能安心生产了。《管子》十分重视社会保障支出。《小匡》篇记载齐桓公问管仲如何能安定民心,管子对曰:"慈于民,予无财,宽政役,敬百姓,则国富而民安矣。"《轻重甲》篇记载齐桓公问管仲"何谓致天下之民?"管仲回答说:"请使州有一掌,里有积五窬。民无以与正籍者予之长假;死而不葬者予之长度。饥者得食,寒者得衣,死者得葬,不澹者得振,则天下之归我者若流水。此之谓致天下之民。"《治国》篇说:"凡治国之道,必先富民,民富则易治也,民贫则难治也。"

其三,以财求才。《管子》十分重视人才,主张以财求才。《权修》篇说:"一年之计,莫如树谷;十年之计,莫如树木;终身之计,莫如树人。一树一获者,谷也;一树十获者,木也;一树百获者,人也。"《小匡》篇记载管仲曾使"游士八十人,奉之以车马衣裘,多其资粮,财币足之,使出周游于四方,以号召收求天下之贤士"。《管子》不仅重视能治国强军的人才,也十分重视有一技之长的专业人才。《小问》篇说:"选天下之豪杰,致天下之精材,来天下之良工,则有战胜之器矣",提出"假而礼之,厚而勿欺,则天下之士至矣。"对于"良工",《管子》认为"三倍不远千里",就是说只要把工钱提高3倍,就能吸引他们不远千里而来。《山权数》篇提出对于"民之能明于农事者""民之能蓄育六畜者""民之能树艺者""民之能树瓜瓠荤菜百果使蕃袞者""民之能已民疾病者""民之知时:曰'岁且阨',曰'某谷不登',曰'某谷丰'者""民之通于蚕桑,使蚕不疾病者",都要给他们"黄金一斤,直食八石""一马之田,一金之衣"。

其四,军备之用。《管子》非常强调财力储备对军事的重要。《轻重甲》篇说:一旦发生战事,则"僬戴十万,薪菜之靡,日虚十里之衍;顿戟一噪,而靡币之用,日去千金之积。"《参患》篇说:"一期之师(军费),十年之蓄积殚;一战之费,累代之功尽。"《管子》一再表明战争花费巨大,强调加强财力储备的重要。《管子》还非常重视对战功的奖励。《轻重乙》篇说:"谁能陷陈破敌者,赐之百金""兵接弩张,谁能得卒长者,赐之百金""谁能听旌旗之所指,而得执将首者,赐之千金""其余言能外斩首者,赐之人十金"。

其五,厚币外交。《管子》还重视财政外交。一是以金钱交结邻国,使之臣服。《四称》篇说:"受其币帛,以怀其德。"《小匡》篇记载:"狄人攻邢,桓公筑夷仪以封之。男女不淫,马牛选具,执玉以见……狄人攻卫,卫人出旅于曹,桓公城楚丘封之。其畜以散亡,故桓公与之系马三百匹,天下诸侯称仁焉。……桓公知诸侯之归已也,故使轻其币而重其礼。故使天下诸侯以疲马犬羊为币,齐以良马报。诸侯以缕帛布鹿皮四分以为币,齐以文锦虎豹皮报。诸侯之使,垂橐而入,擔载而归。故钧之以爱,致之以利,结之以信,示之以武。是故天下小国诸侯,既服桓公,莫敢之倍而归之。"二是以金钱贿赂敌国重臣,使之为其所用。《禁藏》篇说:"谋攻者有五。……二曰,视其所憎,厚其货赂,得情可深。身内情外,其国可知。"三是重金收买间谍,搜集各国情报。《七法篇》说:"金城之守者,用货财,设耳目也。"《制分》篇也说:"遍知天下,日一间之,散金财,用聪明也。故善用兵者,无沟垒而有耳目。"《中匡》篇里说:"管仲会国用,三分之二在宾客,其一在国。"即管仲甚至把国家财政支出的2/3用在外交上。

其六,按照功绩大小来确定俸禄多少。《权修》篇说:"凡牧民者,以其所积者食之,不可不审也。其积多者其食多,其积寡者其食寡,无积者不食。"《大匡》篇说:"无国劳,毋专予禄。"《权修》篇说:"禄赏加于无功,则民轻其禄赏;民轻其禄赏,则上无以劝民;上无以劝民,则令不行矣。"还说:"有积而不食者,则民离上;有积多而食寡者,则民不力;有积寡而食多者,则民多诈;有无积而徒食者,则民偷幸。故离上、不力、多诈、偷幸,举事不成,应敌不用。"

《管子》的财政思想还有一个很重要的部分,就是其轻重之术,即"以轻重御天下之道"。轻重之术其实是一种宏观调控思想,从今天的视角看就是通过政策调节价格、税收、财政、货币的结构,以促进经济发展、物价稳定、财政充裕、民生幸福。这个调节,不是单项的,也不是固定的,而是"视时而立仪",不仅调整各单项之间的整体结构,也调整每个单项的内部结构,每个调整都牵一发而动全身,产生联动效应。如税收,既减轻农业税、商业税,又开征房产税;既对贵族的私田统一开征农业税,又按照田地肥沃程度、收成情况调节税率;既对"巨家美修"的房产征税,又为贫困户提供住房;既为民众提供社会福利,又着重振困救急;既促进市场流通,又对盐铁实行专卖;既要提倡节俭,又要在水旱灾害时大修宫殿以给人民工作机会……所有的调整都是按照"既……又……"模式,因时因势权衡轻重而动。西方经济思想总是"必须……才能……"的线性思维,而《管子》却是"要实现……则既需……又要……"的联动互济思维。西方思维是一分为二,非此即彼;中国思维是一分为三,分中有合。古代中国哲人始终重视事物中各种因素的变化关系,以求相互补充促进,《管子》强调要调节好它们之间的轻重关系,"合阴阳,而天下化之"。有如中药开方,一服药下来,要君臣佐使,相互搭配。前辈学者唐庆增认为管仲是重商主义,马非百认为管仲是重农主义,也有学者认为管仲是市场放任主义的先驱,或认为管仲是市场干涉主义的始作俑者,也有认为管仲是2 600年前的凯恩斯,也有认为管仲是古代中国的供给经济学、货币经济学等。从西方经济思想看,《管子》之学可以说是集各种矛盾的学说于一身的大杂烩、四不像,不按常理出牌,但这些在《管子》里是统一的,即"殊而用一也"。《管子》关注的是财税、物价、谷物、万物、货币的内部结构和联动关系,通过建立土地、人口、国用、乡县、货币的统计系统,运用"衡""准""流""权""势"等手段,"调通民利",以达到"富民"的目标。《管子》认为"仓廪实则知礼节",只有民富才能国富,国家才能大治。这样《管子》的轻重理论由价、税、财的联动扩展到国家和社会的综合联动。

《管子》还特别重视数字化管理。《七法》篇说:"不明于计数而欲举大事,犹无舟楫而欲经于水险也。""举事必成,不知计数不可。"《山国轨》篇说:"田有轨,人有轨,用有轨,乡有轨,人事有轨,币有轨,县有轨,国有轨。不通轨数而欲为国,不可。"梁启超认为,"轨即统计",即无论国事、县事、乡事,还是财用等,都要事先做好数据统计工作。《问》①篇可以说是中国最早的一份财政管理的调查问卷。

> 毋遗老忘亲,则大臣不怨。举知人急,则众不乱。行此道也,国有常经,人知终始,此霸王之术也。

> 然后问事:事先大功,政自小始。

> 问死事之孤,其未有田宅者有乎?问少仕而未胜甲兵者几何人?问死事之寡,其饩廪何如?问国之有功大者,何官之吏也?问州之大夫也,何里之士也?今吏亦何以明之矣?问刑论有常,以行不可改也,今其事之久留也何若?问五官有度制,官都其有常断,今事之稽也何待?问独夫、寡妇、孤寡、疾病者几何人也?问国之弃人,何族之子弟也?问乡之良家,其所牧养者几何人矣?问邑之贫人,债而食者几何家?问理园圃而食者几何家?人之开田而耕者几何家?士之身耕者几何家?问乡之贫人,何族之别也?问宗子之牧昆弟者,以贫从昆弟者几何家?余子仕而有田邑,今入者几何人?子弟以孝闻于乡里者几何人?余子父母存,不养而出离者几何人?士之有田而不使者几何人?吏恶何事?士之有田而不耕者几何人?身何事?君臣有位而未有田者几何人?外人之来从而未有田宅者几何家?国子弟之游于外者几何人?贫士之受责于大夫者几何人?官贱行书身士,以家臣自代者几何人?官承吏之无田饩而徒理事者几何人?群臣有位事官大夫者几何人?外人来游在大夫之家者几何人?乡子弟力田为人率者几何人?……问人之贷粟米有别券者几何家?

---

① 黎翔凤《管子校注》(上),中华书局2004年版,第484~492页。

问国之伏利,其可应人之急者几何所也?人之所害于乡里者何物也?问士之有田宅,身在陈列者几何人?余子之胜甲兵,有行伍者几何人?问男女有巧伎,能利备用者几何人?处女操工事者几何人?冗国所开口而食者几何人?问一民有几年之食也?……

这份调查问卷,涉及了人口组成、贫富差别、生产状况、社会救济、官吏出身、任职政绩、断狱理刑、军备状况、装备质量、运输能力等,内容十分广泛,纲目具体,设计细密。《八观》篇还提出了考察国家饥饱、贫富、侈俭、虚实、治乱、强弱、兴灭、存亡八个方面的方法和要求。

《管子》是中国古典财政学的经典,诸子百家无不从中吸取经济学的营养,西学东渐之初也有学者将经济学翻译成"轻重学"的,历代改革家也无不将之奉为圭臬,并不断有所增益。《管子》财政思想的核心是富国富民,其中始终包含着爱民之心,贯穿轻税富民、藏富于民的理念。《霸形》篇中,管仲谆谆劝告齐桓公:"齐国百姓,公之本也。"

第四节　《盐铁论》的财政思想

公元前81年,即汉昭帝始元六年,西汉王朝召开了一次财政政策讨论会。这是中国古代财政史上第一次记载详细的朝廷公卿与儒家学者就国家财政政策进行的辩论。会后,辩论记录被儒家学者桓宽整理成书,即《盐铁论》。这也是中国财政思想史上划时代的事件,代表着儒家正统财政思想的形成。汉代儒家在融合了其他各家思想的基础上,形成的新的儒家财政思想通过这次辩论系统化、理论化了,而以桑弘羊为代表的新法家的财政思想,也通过这次辩论系统化、理论化了,成为此后2000多年里财政思想演进的两条主线。

一、盐铁会议与《盐铁论》

汉武帝独尊儒术,儒生开始陆续进入朝廷,儒家学说成为通向仕途的重要工具,在民间的影响逐步扩大。而与此同时,汉武帝兴"有为"之政,加强中央集权、开拓边疆、大修水利。财政是事业的基础,有为之政带来了巨大的支出需求。在公元前124年对匈奴战争中,仅犒赏费用就用了黄金20余万斤。公元前127年,为巩固收复河套失地的成果,征集10余万人修筑朔方城,花费多达数十百钜万。为了配合"有为"之政对财政的巨大需求,在财政领域,汉武帝大力起用商家出身的桑弘羊、东郭咸阳、孔仅等"兴利之臣"进行财政改革,改变了汉初以来放任自流的经济政策,对社会经济进行全面的干预和控制,通过垄断财利等措施,聚敛了大量财富,为汉武帝的功业提供财力上的支持。这些措施包括专卖、均输、平准、算缗等。专卖,就是对盐、铁、酒等销量极大的必需品进行垄断专卖,在郡县广设盐官、铁官和榷酤官,通过专卖获取重利。均输与平准,就是政府根据各地市场价格的涨落,将其掌握的大量地方贡品和货物在各地进行转运和销售,政府在牟得巨利增加财政收入的同时,也调剂了供需,平抑了物价。算缗是针对商人征收的财产税,规定商人、手工业者、高利贷者必须向政府申报财产,每 2 000 钱纳税一算。一算是 120 钱。车、船等也相应纳税。后来,针对申报不实的问题,又实行了告缗,就是鼓励人们告发财产申报不实者,凡财产申报不实者,没收财产并罚戍边 1 年,没收财产的一半用来奖赏告发者。一时间,"告缗遍天下",政府没收的"财物以亿计,奴婢以千万数,田大县数百顷,小县百余顷,宅亦如之,于是商贾中家以上大抵破"。汉武帝的功业也在政府庞大财力的支持下,走向极盛。但在极盛中也孕育着严重的危机。庞大的财政收入,虽然保证了对匈奴战争的经费,但也诱发了汉武帝的奢靡之气,他屡修宫室池苑,频繁巡行、封禅、求仙,耗费大量财物。公元前 110 年封禅泰山,仅沿途赏赐就用去帛百余万匹,钱以钜万计。与此同时,私营工商业大量破产,广大民众常年困于重税和徭役,破产流亡。人民不堪重负,各地民变不断。武帝晚年,有所反思,下诏罪己,称"事有伤害百姓、糜费天下者,悉罢之""当今务在止苛暴,禁擅赋,力本农"。

汉武帝之后,昭、宣两帝的治国方针开始转向"守文""与民休息"和"恩富养民"。汉昭帝始元五年(公元前 82 年),杜延年向辅政大臣霍光建议"年岁比不登,流民未尽还,宜修孝文时政,示以俭约宽和,顺天心,悦民意,年岁宜应",在杜延年的建议下,霍光诏令三辅、太常各举"贤良"2 人,各郡国察举"文学"1 人,来京共商国事。会议从始元六年(公元前 81 年)2 月开到 7 月,历时 5 个多月。贤良文学都是来自地方基层的儒生代表,他们对汉武帝以来的财政政策进行了激烈的批评,强烈要求朝廷废除盐铁、酒榷、均输,还对自己提出的财政主张进行阐释。时任御史大夫的桑弘羊亲自上场,对相关政策进行辩护,双方唇枪舌战,辩战十分激烈,史称"盐铁之议"。

辩论的双方,一方是朝廷公卿,丞相田(车)千秋、御史大夫桑弘羊等,另一方是地方儒生代表。朝廷公卿的代表主要是桑弘羊。桑弘羊(公元前 152 年至前 80 年),出身洛阳商人家庭;自幼年时期就开始接触工商业业务,积累了丰富的工商业知识;13 岁即入宫做了刚即位的汉武帝的亲信侍从(侍中),得到汉武帝的信任和赏识;后"以计算用事",被汉武帝任命为大农令中丞,此后担任搜粟都尉、大农令、大司农,为汉武帝管理财政长达 30 年之久,是汉武帝时期诸多重要财政政策的提出者和执行者。汉武帝在临终之际,任命桑弘羊为御史大夫,作为托孤重臣之一,辅政幼主汉昭帝。地方儒生代表都是以举荐贤良文学(方正)的方式由地方选出的,共 60 多人,留下姓名的有茂陵唐生、鲁国万生、汝南朱子伯、中山刘子雍、九江祝生等。贤良方正是汉代察举选官制度的重要科目,有"求言"的性质,一般是指发生重大政治议题时,由皇帝下诏察举,按照被举者"对策"水平高低,分等授予官职。这里的贤良、文学只是由地方举荐上来的普通儒生代表,还不是国家官吏,他们在盐铁会议后,都取得了列大夫的职位。

在盐铁会议 20 多年后,儒生桓宽根据当时的会议记录,整理编撰了《盐铁论》。《盐铁论》全书 60 篇。其中,1~41 篇是盐铁会议上的辩论记录,42~59 篇是盐铁会议后,双方继续进行的若干辩论,第 60 篇是作者桓宽在整理完盐铁会议记录后发表的感想和评论。《汉书》里说:"至宣帝时,汝南桓宽次公治《公羊春秋》,举为郎,至庐江太守丞。博通善属文。推衍盐铁之议,增广条目,极其论难,著数万言,亦欲以究治乱,成一家之法焉。"桓宽编撰《盐铁论》的目的是希望用儒家的立场特别是公羊家的立场来宣扬儒家思想,有很明显的倾向性。他在记述辩论时,一般把桑弘羊的辩护放在前面,把儒生对桑弘羊的批判放在后面作为结论。虽然书中从内容到形式都有很多贬抑,但也可以使读者对桑弘羊一派的观点作较全面的了解。

二、财政政策大辩论

在盐铁酒专卖问题上,桑弘羊认为,铸铁的矿山和煮盐的海都是属于君主的,"家人有宝器,尚函匣而藏之,况人主之山海乎?"而且矿山海滩都在偏僻的地方,只有豪富之家才有能力到这些地方去经营,"夫权利之处,必在深山穷泽之中,非豪民不能通其利"。如果国家不采取盐铁专卖,只会增强豪强的财力,使更多的人为了逐利而放弃本业,"罢盐铁以资暴强,遂其贪心,众邪群聚,私门成党,则强御日以不制,而并兼之徒奸形成也"。豪强在财力加强后,就会扩大兼并,使广大自耕农破产,造成社会动荡。贤良文学则认为根本没有君主私人的财富,"民人藏于家,诸侯藏于国,天子藏于四海。故民人以垣墙为藏闭,天子以四海为匣匮……是以王者不畜聚,下藏于民,远浮利,务民之义。……故权利深者,不在山海,在朝廷;一家害百家,在萧蔷,而不在胸邮也"。桑弘羊认为政府垄断盐铁经营,有利于产品质量标准统一,若放任私家经营,质量难以保证,价格也不稳定,最终伤害了老百姓的利益。

他指出:"县官设衡立准,人从所欲,虽使五尺童子适市,莫之能欺。今罢去之,则豪民擅其用而专其利。决市间巷,高下在口吻,贵贱无常,端坐而民豪,是以养强抑弱而藏于跖也。强养弱抑,则齐民消;若众秒之盛而害五谷。一家害百家,不在胸邪,如何也?"贤良文学则认为官府垄断,不仅标准统一死板,不能符合市场对铁器需求的多样性,而且质量很差。贤良文学认为:"今县官作铁器,多苦恶,用费不省,卒徒烦而力作不尽……盐铁贾贵,百姓不便。贫民或木耕手耨,土耰淡食。铁官卖器不售,或颇赋于民。卒徒作不中呈,时命助之。发征无限,更徭以均剧,故百姓疾苦之。"更兼"县官鼓铸铁器,大抵多为大器,务应员程,不给民用。民用钝弊,割草不痛"。对于这些指责,桑弘羊辩解说:"卒徒工匠,以县官日作公事,财用饶,器用备。家人合会,褊于日而勤于用,铁力不销炼,坚柔不和。故有司请总盐铁,一其用,平其贾,以便百姓公私。虽虞夏之为治,不易于此。吏明其教,工致其事,则刚柔和,器用便。此则百姓何苦,而农夫何疾?"

对于均输,桑弘羊说:"往者郡国诸侯各以其方物贡输,往来烦杂,物多苦恶,或不偿其费。故郡国置输官以相给运,而便远方之贡。"对于平准,"开委府于京师,以笼货物。贱即买,贵则卖。是以县官不失实,商贾无所贸利",并指出均输平准政策的好处:"往者财用不足,战士或不得禄,而山东被灾,齐、赵大饥,赖均输之畜,仓廪之积,战士以奉,饥民以赈。故均输之物,府库之财,非所以贾万民而专奉兵师之用,亦所以赈困乏而备水旱之灾也。""平准则民不失职,均输则民齐劳逸",均输、平准"平万物而便百姓"。贤良文学则认为:"古者之赋税于民也,因其所工,不求所拙。农人纳其获,女工效其功。今释其所有,责其所无。百姓贱卖货物以便上求。间者,郡国或令民作布絮,吏恣留难,与之为市。吏之所入,非独齐阿之缣,蜀汉之布也,亦民间之所为耳。行奸卖平,农民重苦,女工再税,未见输之均也。县官猥发,阖门擅市,则万物并收。万物并收,则物腾跃。腾跃则商贾牟利。自市,则吏容奸,豪吏富商积货储物以待其急。轻贾奸吏收贱以取贵,未见准之平也。"

对于统一货币铸造权,桑弘羊指出:"文帝之时,纵民得铸钱、冶铁、煮盐。吴王擅鄣海泽,邓通专西山。山东奸猾,咸聚吴国,秦、雍、汉、蜀因邓氏。吴、邓钱布天下,故有铸钱之禁。禁御之法立而奸伪息,奸伪息则民不期于妄得而各务其职;不反本何为?故统一,则民不二也;币由上,则下不疑也。"贤良文学则认为:"往古,币众财通而民乐。其后,稍去旧币,更行白金龟龙,民多巧新币。币数易而民益疑。于是废天下诸钱,而专命水衡三官作。吏匠侵利,或不中式,故有薄厚轻重。农人不习,物类比之,信故疑新,不知奸贞。商贾以美贸恶,以半易倍。买则失实,卖则失理,其疑或滋益甚。夫铸伪金钱以有法,而钱之善恶无增损于故。择钱则物稽滞,而用人尤被其苦。春秋曰:'算不及蛮、夷则不行。'故王者外不障海泽以便民用,内不禁刀币以通民施。"

盐铁会议涉及的议题很多,综合来讲,桑弘羊主张政府干预的、积极的财政政策,而贤良文学更多主张自由放任的政策,反对政府干预。桑弘羊主张:"王者塞天财,禁关市,执准守时,以轻重御民。丰年岁登,则储积以备乏绝;凶年恶岁,则行币物;流有余而调不足也。""人主积其食,守其用,制其有余,调其不足,禁溢羡,厄利涂,然后百姓可家给人足也。""夫理国之道,除秽锄豪,然后百姓均平,各安其宇。张廷尉论定律令,明法以绳天下,诛奸猾,绝并兼之徒,而强不凌弱,众不暴寡。大夫君运筹策,建国用,笼天下盐、铁诸利,以排富商大贾,买官赎罪,损有余,补不足,以齐黎民。是以兵革东西征伐,赋敛不增而用足。"

桑弘羊说,"兴盐铁、设酒榷、置均输、蓄货长财",不是为了与民争利,而是为了"佐助边费",否则"内空府库之藏,外乏执备之用,使备塞乘城之士饥寒于边,将休以赡之"。贤良文学则主张贵义贱利、重本抑末、黜奢崇俭。他们全面否定专卖制度,指责盐铁官营、均输、酒榷是"与民争利",主张自由放任,藏富于民。他们主张重农抑商,认为"制地足以养民,民足以承其上""男耕女绩,天下之大业也"。他们认为财政困难的原因是政府支用无度,过于奢靡,认为"宫室奢侈,林木之蠹也。器械雕琢,财用之蠹也。衣服靡丽,布帛之蠹也。狗马食人之食,五谷之蠹也。口腹从恣,鱼肉之蠹也。用费不节,府库之蠹也。漏积不禁,田野之蠹也。丧祭无度,伤生之蠹也。堕成变故伤功,工商上通伤农"。他们特别指出了盐铁专卖和均输的弊端,认为盐铁专卖之后,质量差,价格高,生产的农具不适用;认为均输平准,导致官商勾结,欺诈百姓,囤积居奇,哄抬物价,伤害百姓。他们抨击政府干预政策说:"扁鹊抚息脉而知疾所由生,阳气盛,则损之而调阴,寒气盛,则损之而调阳,是以气脉调和,而邪气无所留矣。夫拙医不知脉理之腠,血气之分,妄刺而无益于疾,伤肌肤而已矣。今欲损有余,补不足,富者愈富,贫者愈贫矣。严法任刑,欲以禁暴止奸,而奸犹不止,意者非扁鹊之用针石,故众人未得其职也。"也就是说,虽然政府用财政政策进行宏观调控犹如名医扁鹊调整阴阳,损阳以调阴,损阴以调阳,但无法保证人人都能做扁鹊这样的良医。如果遇到庸医,胡乱诊治,会给身体造成更大伤害。就像现在,你们想损有余补不足,结果却造成了贫富差距更加扩大,与你们期待的结果正好相反。

双方辩论,各执一端,都有片面之处,但也有相通之处。贤良文学主张节俭,但也认为如果人们过于节俭,就应该倡导他们采取符合"礼"的标准的消费,正常用度,以促进消费。贤良文学也并不完全反对汉武帝时的财政政策,但认为应该分清战时与和平时期的不同,战时需要高度集中以"救急赡不给",而在和平时期,就应该调整政策"养劳倦之民""致利除害,辅明主以仁义""减除不急之官,省罢机利之人"。

三、盐铁会议的影响

盐铁会议无疑是中国古代财政思想史上耀眼的一页,朝廷公卿和民间代表面对面平等讨论国家财政政策。这些民间代表由地方州郡察举产生,除三辅地区2人外,其余每郡各1人,从地域上看,有广泛的代表性。虽然这些儒生不是贫民阶层,但也对民间疾苦有相当了解。作为朝廷重臣不以势压人,详细地向贤良文学介绍各项财政政策制定的背景,具体执行情况及效果,一遍遍申说自己的理由;贤良文学作为民间代表,也不惧权贵,勇敢表达自己的意见,甚至激烈地和朝廷公卿展开辩论,你来我往,各不相让。而且辩论长达5个月,会后还继续讨论,有理有节。即使面对文、景、武三位先帝推行的各项政策,也毫不回避,敢于批评。盐铁会议之后,各位贤良文学还被授予列大夫。他们的建议也部分被接受,成为国家政策,如酒专卖在会后就被停罢,但对其他专卖政策,由于执政者从维持国家财政收入可持续的角度考虑没有废止。他们提倡的"与民休息",也成为国家政策的方向。

此后,相关争论并没有停止,还一直延续,成为财政思想和经济理论发展中的一条重要线索。《盐铁论》的编撰者桓宽虽然本着儒家立场对桑弘羊多有贬抑,但是也在最后的《杂论》篇中对桑弘羊有所赞誉,说:"桑大夫据当世,合时变,推道术,尚权利,辟略小辩,虽非正法,然巨儒宿学恶然,不能自解,可谓博物通士矣。"司马迁在《史记》中虽然不为桑弘羊立传,但也在《平准书》中称赞他任大司农时,"民不益赋而天下饶"。班固虽在《汉书》中贬低桑弘羊,但也认为桑弘羊的"运筹"为汉朝"兴造功业"。北魏贾思勰在《齐民要术》里称赞桑弘羊的均输法是"益国利民,不朽之术"。宋代理财家王安石说:"摧制兼并,均济贫乏,变通天下之财,后世唯桑弘羊。"明代学者李贽在《藏书·富国名臣》中为桑弘羊立传,认为"其人不可少""其法不可废",称均输法是"国家大业,制四海安边足用之本,不可废也"。近代孙中山在其《建国方略》里说:"桑弘羊起而行均输、平准之法,尽笼天下之货,卖贵买贱,以均民用,而利国家,若弘羊者,可谓知钱之为用者也。"反对桑弘羊的也很多,如宋代苏轼称桑弘羊"法术不正,民受其病""如蛆蝇粪秽也,言之则污口舌,书之则污简牍"。

司马光认为桑弘羊"不加赋而国用足,不过设法阴夺民利,其害甚于加赋"。明代齐东野人诗云:"天地生财只此数,不在民间即官库。民间官库一齐穷,定是好兴土木故;好兴土木亦何为?只是夸强与逞富。前工未了后功催,东绩才成西叉务"。清代学者宗稷辰称桑弘羊"取利而不顾本者也",认为"剥汉自桑弘羊始"。

而从我们今天的视野来看,《盐铁论》的实质是辩论政府与市场的关系,以及政府理财的机制。桑弘羊的管制经济思路支撑了汉武帝偏好的富国强兵战略,为其功业提供了财政机制与物质基础,但实际上遏制了工商业长远发展的生机,事实上也在其后带来了巨大财政危机,到汉武帝末年已经无可开之财源,不得不改弦易辙,与民休息,给人们的生产以更多的空间。但桑弘羊一派的思想观点和政策设计与实践,在承认"国家干预"必要性的认识框架下,确实有其借鉴价值和经验意义。贤良、文学方面代表了人类财政和经济思想史中根深蒂固的推崇自由放任、主张政府无为而治的一派,对应于实际生活,自有对冲政治专制与官府专横的取向与效应,但也易发生理想主义和流于空谈的偏颇。需说明,当时贤良、文学虽然也提倡重农抑商,但是他们主张的自由放任政策是有利于工商业和农业发展的。贤良、文学也提出了政策的变通性,可在战时实行管制经济的政策,但是要在适当的时候制定退出机制,恢复与民休息的政策。

第五章

财政收入思想的演变

第一节　税收思想的演变

一、古代的轻税思想

在中国古代税收思想中,轻税思想一直居于主导地位。从先秦诸子的税收思想看,几乎所有的学派都主张轻税。即使法家思想家基于重农抑商的理由,主张对工商业采取重税政策,但是对于农业税还是支持轻税的。

《论语》中记载孔子的"百姓足君孰不足,百姓不足君孰与足",成为后世在讨论财政政策时引用最多的话,它也奠定了传统轻税思想的理论基础。孔子"政有使民富""薄赋敛,则民富矣"的轻税思想,不仅仅是基于仁政恤民思想,而是有着发展生产以富民,富民以涵养税源,藏富于民以促进生产的内在逻辑的。《管子》一书中也表达了"治国之道,必先富民"的道理,认为要富国必须先富民,提出"足民有产,则国家丰矣""民不务经产,则仓廪空虚,财用不足"。但是《管子》一书中还进一步申说财富的生产是有限度的,"地之生财有时""民之用力有倦""夫财之所生,生于用力;用力之所生,生于劳身。是故主上用财毋已,是民用力毋休也",即人民能提供的财富和劳力都是有限制的,要想财富增长可持续发展,必须取之有度。墨子更多地站在弱者、寡者、贫贱者、愚者的立场,提出"兼爱"思想,指出重税使"民寒""民饥",认为统治者为了满足自己的欲望,"厚作敛于百姓,暴夺民衣食之财",使"孤寡者冻馁,虽欲无乱,不可得也"。道家则从"无为而治"的立场出发,提出轻税主张,提出"我无为,而民自化;我好静,而民自正;我无事,而民自富;我无欲,而民自朴",认为设的禁区越多,"天下多忌讳,而民弥贫"。《老子》还从"民贵生"的角度提出轻税的必要,如果税收过重,让人民无法生存,国家就无法治理了。兵家则从战争胜败的角度提出轻税的重要性,孙子还曾就当时晋国六卿对新垦私田的税率进行考察,发现税率越低越能刺激人民开垦,人民越富裕,国家也越强大,并指出六卿亡国的顺序根据税率的高低排列。

在先秦诸子那里,虽然立场、出发点和目的各有不同,但在轻税主张上,基本是一致的。秦代的速亡,也留下了重税的深刻教训。西汉立国后,轻税不仅成为税收思想上的主流,而且直接演化成国家基本税收政策。田税从十五税一到三十税一,文帝时还连续多年免税。汉武帝时,赋税增多引起广泛批评,如贡禹批道:"古之赋算、口钱,起武帝征伐四夷,重赋于民,民产子三岁则出口钱,故民重困,至于生子辄杀,甚可悲痛。"汉武帝晚年,下诏"深陈既往之悔",宣布此后"务在禁苛暴,止擅赋"。昭帝和宣帝时期,继续汉武帝晚年政策,多次减免赋税,盐铁会议之后还停罢了酒类专卖。但"昭宣中兴"很快结束,西汉走向衰落。《汉书》中描述此后"大兴徭役,重征赋敛""制度太奢,刑罚太重,赋敛太重",鲍宣、谷永等"常上书谏争",力倡轻税。东汉初年,有过一段"赋役简寡"的日子,但自和帝以后政治混乱,政府对人民横征暴敛,强剥穷刮达到极点。《后汉书》中称各种助军钱、特选、横调"纷纷不绝",人民"供徭赋役,为损日滋""征发无度,老弱相随,动有万计"。到东汉晚期,"京师诸官,费用增多,诏书发调,或至十倍,多言官无见财,皆当民用,榜掠割剥,强令充足,公赋既重,私敛又深""人弃农桑,疲苦徭役"。到西晋时期,司马氏集团更加腐败,晋武帝荒淫怠政,后宫姬妾近万,大臣多骄奢佚乐相互夸富。在此背景下,鲍敬言提出了无君无税论。

鲍敬言,两晋之间人,生平不可考。其所著《无君论》作为被批评的材料,部分地保留在葛洪的《抱朴子·诘鲍篇》里。鲍敬言是从否定君权的合法性出发提出无税论的。他认为"曩古之世,无君无臣,穿井而饮,耕田而食,日出而作,日入而息,汎然不系,恢尔自得,不竞不荣,无荣无辱",也没有"聚敛以夺民财"。他反对儒家"天生烝民而树之君"的君权神授说,认为君主和赋税是暴力和征服的产物。鲍敬言认为君主专制是一切罪恶祸乱的根源,"人君采难得之宝,聚奇怪之物,饰无益之用,厌无已之求""起土木于凌霄,构丹绿于棼橑;倾峻搜宝,泳渊采珠。聚玉如林,不足以极其变;积金成山,不足以赡其费""壅崇宝货,饰玩台榭,食则方丈,衣则龙章,内聚旷女,外多鳏男,采难得之宝,贵奇怪之物,造无益之器,恣不已之欲"。君主如此耗费,必然增加人民的负担,"夫役彼黎烝,养此在官;贵者禄厚,而民亦困矣""君臣既立,而变化遂滋。夫獭多则鱼扰,鹰众则鸟乱。有司设则百姓困,奉上厚则下民贫"。君主"肆酷恣欲,屠割天下",横征暴敛,不断加重人民的赋役,给人民带来无穷苦难。他说:"民乏衣食,自给已剧,况加赋敛,重以苦役!""下不堪命,且冻且饥。"财富是有限的,君主收的赋税重了,老百姓的财富必然减少了,"非鬼非神,财力安出哉?夫谷帛积则民有饥寒之俭,百官备则坐靡供奉之费"。他指出,如果繁重的赋役逼得老百姓无法生存时,君主还想维持稳定是不可能的,"劳之不休,夺之不已,田芜仓虚,杼柚之空,食不充口,衣不周身。欲令勿乱,其可得乎?"为了维持稳定,"王者忧劳于上,台鼎颦顣于下,临深履薄,惧祸之及。恐智勇之不用。故厚爵重禄以诱之,恐奸衅之不虞,故严城深池以备之。而不知禄厚则民匮而臣骄,城严则役重而攻巧"。这时君主为了维持稳定,不断加重赋役以增强军备,犒赏百官,却不知这些又加重了人民负担,犹如抱薪救火,火上浇油。"所以救祸而祸弥深,峻禁而禁不止也",最终社会陷入崩溃,"此皆有君之所致也"。

鲍敬言认为,要避免上述情况,必须消灭其根源,即必须取消君主和赋税制度。他认为君主都是盗贼,不仅桀纣这样的暴君可恶,就是周武王这些所谓的"圣王"也没有什么好称颂的,桀纣和周武王的区别犹如盗贼分赃,取多取少而已。他认为,人民希望有一个好君主,与其实行轻徭薄赋和减少战争的政策,还不如直接铲除制造人民苦难的总根源,提出"散鹿台之金,发巨桥之粟,莫不欢然,况乎本不聚金,而不敛民粟乎?休牛桃林,放马华山,载戢干戈,载囊弓矢,犹以为泰;况乎本无军旅而不战不成乎?"他理想的模式是,没有君主,没有赋税,没有徭役,没有军队,没有战争,人人都有土地,有生计,和睦相处。这是一种乌托邦式的无政府主义理想,反映了当时广大知识分子面对荒淫残暴的政府的无奈与幻想。同一时期,还有陶渊明描绘的桃花源世界、《列子》中勾画的"终北之国"等。阮籍常一个人驾着木车游荡,率性而行,不管方向,没有路了,则恸哭而返。刘伶也常常乘坐鹿车,漫无目的地在荒野漫游,车上装着酒,车后跟着仆人扛着锹。刘伶对仆人说:"我喝到哪里,醉到哪里,死了,你就挖个坑,把我埋进去。"面对"君立而虐兴,臣设而贼生"的现实,不知路在何方?阮籍只能在无奈中勾画无君无臣无贫无富无税的太初社会来寄托理想。相比此前的轻税思想,魏晋时期的无税思想更多地表达了消极的情绪,而轻税思想则取向于更积极地努力改变现状。

南朝初期统治者曾做了一些减免赋税的努力,但好景不长,各种苛捐杂税接踵而来,"横赋关河""征取百端""崇于聚敛""暴掠繁多""竞为剥削""增重其旧""市税繁苦""市税重滥""税江税市"史不绝书。梁竟陵太守鱼弘曾宣称:"我为郡,所谓四尽:水中鱼鳖尽,山中麋鹿尽,田中米谷尽,村里百姓尽。"在沉重的赋役压迫下,人民苦不堪言,"有质卖妻儿,以充此限,道路愁穷,不可闻见",为了逃避繁重的徭役,人民生子不敢养,甚至"自残躯命""折绝手足"。萧子良就是在这样的背景下,提出他的轻税理论的。

萧子良(460—494年),字云英,南朝齐南兰陵(今江苏常州)人。齐武帝次子,封竟陵王,官至司徒、太傅。萧子良将轻税与国家的长治久安联系起来,提出"略小利,取大益"思想,呼吁实行轻税政策。他说:"救民拯弊,莫过减赋。"他认为,通过轻税政策减轻人民负担是为了国家的长远利益,是国家长治久安的需要。而增加税收,只是眼前的小利,他说:"守宰相继,务在哀克,围桑品屋,以准资课。致令斩树发瓦,以充重赋,破民财产,要利一时。"就是说,重赋于民虽然暂时增加了国家收入,但是破坏了生产,损害了人民利益,影响了人民生活,带来的是长期的危害。他提出"略其目前小利,取其长久大益,无患人赀不殷、国财不阜也",指出"守长不务先富民,而唯言益国,岂有民贫于下,而国富于上邪?"为了减轻百姓负担,萧子良具体建议废除加重百姓税赋的主要做法,如建议取消塘丁税、取消折钱纳税、革除商税、禁止台使到地方苛扰、减轻徭役等。他还建议免除民间欠税,"今闻所在,逋余尚多。守宰严期,兼夜课切,新税力尚无从,故调于何取给? 政当相驱为盗耳",提出"逋租宜皆原除,少降停恩,微纾民命"。萧子良本有文集数十卷,今已不存,其轻税思想主要收录在《南齐书·竟陵文宣王子良传》中,反映了其深深爱民忧民之心:"夫国资于民,民资于食,匪食匪民,何以能政? 臣每一念此,寝不便席。"

公元589年,隋朝完成南北统一,结束了长达400年的分裂局面。隋文帝杨坚在辅佐北周静帝时就注意减轻人民的赋役负担,在称帝后,也始终坚持采取轻徭薄赋的政策,多次减免赋税。在杨坚的轻税政策下,长期受战争侵害的人民和社会得以休养生息,生产迅速恢复。《隋书·食货志》记载,"中外仓库无不盈积……京司帑屋既充,积于廊庑之下"。据称隋文帝临终时,仓库储积可支用五六十年,国家编户齐民达到5 000万人,达到魏晋以来的一个人口高峰,国家出现鼎盛局面。但继位的隋炀帝杨广自恃富贵,骄奢淫逸,不恤民力,修东都、开运河,横征暴敛,诸役并举。当时人称:"罄南山之竹,书罪无穷,决东海之波,流恶难尽。"民众被逼得揭竿而起,而隋朝官吏为"救黎民之命",也纷纷起兵。隋太原留守李渊进占长安,于公元618年建立唐朝。隋朝落得一个与暴秦同样的命运——"二世而亡"。唐太宗李世民经常和群臣讨论如何汲取隋亡教训,李世民提出要安人宁国、与民休养生息,认为"民为邦本,本固邦宁"。在财政方面,李世民君臣提出了轻徭薄赋、节省赋役、务求宽减、不夺农时等主张。唐太宗君臣的相关讨论,收录在《贞观政要》里。在太宗君臣的治理下，经济恢复，国力大张，史称"贞观之治"。到唐玄宗时，国力达到鼎盛，出现了"开元盛世"。杜甫有诗云："忆昔开元全盛日，小邑犹藏万家室。稻米流脂粟米白，公私仓廪俱丰实。九州道路无豺虎，远行不劳吉日出。齐纨鲁缟车班班，男耕女桑不相失。"但唐玄宗统治后期，奢靡之风日盛，朝政也走向浊乱。特别是安史之乱后，藩镇割据，原有的赋役制度被破坏，苛捐杂税成为人民的沉重负担，不少有识之士提出自己的改革主张。在这种情况下，陆贽提出了"薄赋敛"的轻税思想。

陆贽（754—805年），字敬舆，苏州嘉兴（今浙江嘉兴）人，唐德宗时宰相（中书侍郎、门下同平章事）。在财政思想上，他主张藏富于民，反对两税法改革。在他为相期间，曾废除多项苛政。其有《陆宣公集》24卷传世，其中有不少财政思想史上的名篇，其《均节赋税恤百姓》等六篇奏议反映了其轻税思想。陆贽的轻税思想是从儒家传统思想出发的，他发挥《大学》中"财聚则民散，财散则民聚"的思想，强调轻税对凝聚民心、巩固国家政权意义重大。他说："当今之要，在于厚人而薄财，损上以益下。下苟利矣，上必安焉，则少损者所以招大益也。人既厚矣，财必赡焉，则暂薄者所以成永厚也。"他指出，统治者应"以天下之欲为欲，以百姓之心为心"，应该"重爱人节用之旨，宣轻徭薄赋之名"，提出要废除陌钱、间架税、竹木茶漆之税和榷盐之法等。他说："建官立国，所以养人也；赋人取财，所以资国也。明君不厚其所资，而害其所养。故必先人事，而借其暇力；先家给而敛其余财。遂人所营，恤人所乏……是以官事无缺，人力不殚，公私相全，上下交爱，古之得众者其率用比欤。"

与陆贽同一时期的杜佑在其名著《通典》中提出"圣王以义为利，不以利为利。宁积于人，无藏府库"，认为重敛只会使民众困于税而逃亡，为豪家大贾所得；而清查隐户，稳定轻税，则可"免流离之患，益农桑之业，安人济用，莫过于斯"。李翱则主张实行"什一税"。"什一税"一直被儒家认为是最公正的，被孔孟推崇。李翱认为："是以什一之道，公私皆足。"陆贽等也都支持什一税，第五琦秉政时，还一度推行过什一税率，但那时由于农业遭到很大破坏，什一税率对于百姓来说并不轻，所以"第五琦什一税法，民苦其重，多流亡"。李翱还提出轻敛财多论，认为："人皆知重敛之为可以得财，而不知轻敛之得财愈多也。何也？重敛则人贫，人贫则流者不归，而天下之人不来。由是土地虽大，有荒而不耕者，虽耕之，而地力有所遗。人日益困，财日益匮，是谓弃天之时，遗地之利，竭人之财。如此者虽欲为社稷之臣，建不朽之功，诛暴逆而威四夷，徒有其心，岂可得耶！故轻敛则人乐其生，人乐其生则居者不流而流者日来。居者不流而流者日来，则土地无荒，桑柘日繁。尽力耕之，地有余利,人日益富,兵日益强,四邻之人,归之如父母,虽欲驱而去之,其可得耶!"对当时两税制实行以来的一些弊端,李翱也提出改进之法:"不督钱而纳布帛,则百姓足。绝进献以宽百姓租税之重,则下不困。"他希望通过实物纳税,以减轻百姓的赋税负担。李翱有《李文公集》传世,其轻税思想主要反映在他的《平赋书》中。

唐末至五代十国,是历史上又一个乱世。那个时期政治腐败,剥削苛重,民不聊生,饿殍狼藉,但也有一些开明君主能实行轻税政策,也有不少大臣通过各种方式向君主进谏,如冯道就曾把聂夷中的《伤田家诗》呈献给后唐明宗:"二月卖新丝,五月粜秋谷,医得眼下疮,剜却心头肉。我愿君王心,化作光明烛,不照绮罗筵,偏照逃亡屋",希望君主能体恤民间艰苦,轻税爱民。北宋建立后,承袭了五代时期的各种苛捐杂税,统称"杂变",又称"延纳"。北宋为了加强中央集权又造成了冗官、冗兵、冗费现象,出现财政危机,只能再增加人民的负担,各种苛刻的赋税和繁重的徭役成为人民的沉重负担。在此背景下,不断有改革的呼声,也有不少关于轻税的主张。苏轼在主张轻税的同时,也为轻税政策提出新的理由,认为苛征杂敛会导致社会风气败坏。

苏轼(1037—1101年),字子瞻,号东坡居士,中国历史上著名的文学家。在做地方官时,苏轼颇能勤政爱民,主政多地,都能有所建树。对于王安石变法,他有很多不同意见。

苏轼主张轻税,他认为赋税过重不仅会影响生产和商品的流通,还会对社会风气造成影响。在《策别七》里,苏轼拿三代和秦汉之世进行对比,提出为什么"三代之民,见危而授命,见利而不忘义""甲兵不可以威,利禄不可以诱",而"秦、汉之世,其民见利而忘义,见危而不能授命,法禁之所不及,则巧伪变诈,无所不为"。对于儒家所谓后世教化不足的说法,苏轼说这是"知有教化而不知名实之所存者"。他认为"昔武王既克商,散财发粟,使天下知其不贪""则其教化天下之实"。而秦汉之世,"专用法吏以督责其民"苛征杂敛,由于"求利太广而用法太密,故民日趋于贫",再空谈教化,只能让人"掩口而窃笑"。苏轼指出,社会风气的恶化是因为上面贪财好利的影响,提出应该"宜先其实而后其名"。他指出:"自宝元以来,诸道以兵兴为辞而增赋者,至今皆不为除去,夫如是将何以禁小民之诈欺哉?"又说:"今鸡鸣而起,百工杂作,匹夫入市,操挟尺寸,吏且随而税之,扼吭拊背,以收丝毫之利……赋敛有常限,而以先期为贤;出纳有常数,而以羡息为能。"苏轼认为,国家贪利苛征,就会诱使百姓"诈欺""贪利",导致世风日下。他从这个角度提出轻税主张。他提出:"难行之言,当有所必行,而可取之利,当有所不取,以教民信,而示之以义。若曰'国用不足而未可以行',则臣恐其失之多于得也",希望"朝廷悯救风俗,全养士节"。

与苏轼同时代的司马光亦主张轻税。司马光(1019—1086年),字君实,陕州夏县(今山西夏县)涑水乡人,北宋著名的政治家、史学家。在其史学名著《资治通鉴》的史论中,表达了其十分丰富的财政思想,也明确表达了其轻税主张。司马光还有多种文集传世,收录了他评论当时财政的大量文章,也反映了他的财政思想。司马光在《论财利疏》中指出:"古之王者,藏之于民。降而不能,乃藏于仓廪府库。故上不足则取之于下,下不足则资之于上。此上下所以相保也。今民既困矣,而仓廪府库又虚。陛下倘不深以为忧而早为之谋,臣恐国家异日之患,不在于它,在于财力屈竭而已矣。"他提出:"在养其本原而徐取之;在减损浮冗而省用之。"司马光在年轻时就表达了"一夫有不获,伊尹为深羞。何当富斯民,比屋困仓稠。惜哉禄秩卑,此志终宜酬"的抱负。

南宋时期的叶适是古代财政思想史上的一位重要人物,他通过对赋税制度的梳理考察和对当时赋税积弊的抨击,建构了他的轻税思想,多方面论述了轻税的必要性。叶适(1150—1223年),字正则,号水心居士,永嘉(今温州市鹿城区)人。叶适是永嘉学派的集大成者,其所代表的永嘉事功学派,与当时朱熹的道学派、陆九渊的心学派并列为南宋三大学派,对后世影响深远。叶适著有《水心文集》《水心别集》《习学记言序目》等。1961年,中华书局将文集和别集合并为《叶适集》出版。

叶适不讳言财利,认为董仲舒的"正其谊不谋其利,明其道不计其功"是"疏阔之论",指出"既无功利,则道义者乃无用之虚语耳"。叶适提出"理财并非聚敛",认为理财是"为天下理之",聚敛是"为自利""自理之"。叶适提出"人君必以其道服天下,而不以名位临天下",强调人君要真心实意对人民行德政。他认为对人民轻征赋税还不够,还要对"天下之民""真见其可佚而不可劳,可安而不可动,可予而不可夺",只有"塞于人主之身而施于天下",才能"令不期而信,权不制而尊,法不严而必,兵强国富"。

南宋赋税过重,是叶适提出轻税论的重要原因。叶适揭露南宋立国以来,赋税不断加重:"祖宗之盛时所入之财,比于汉、唐之盛时一再倍;熙宁、元丰以后,随处之封桩,役钱之宽剩,青苗之结息,比治平以前数倍;而蔡京变钞法以后,比熙宁又再倍矣……渡江以至于今,其所入财赋,视宣和又再倍矣。是自有天地,而财用之多未有今日之比也。""今之茶盐净利酒税征榷,何其浩大欤!虽汉、唐极盛之时,尽一天下之输,曾未能当今三务场之数。其又有浩大者,经总制钱,强立橐名,从而分隶;和买、白著、折帛、折变,再倍而取;累其所入,开辟以来未之有也。入既若是,出亦如之。盖尝仓猝不继,相视无策,遂印两界会子而权之者,有年数矣。"特别是对当时的经总制钱,叶适认为对国家危害极大,他指出经总制钱以"强加之名""百计罔民",经州县"日月消削",致使"昔之号为壮县、富州者,今所在皆不复可举手";昔日仅足衣食的"齐民中产""今皆转徙为盗贼冻饿矣"。经总制钱无孔不入地搜刮,使州县破坏,生民日困,导致"国用日乏"。叶适认为宋廷搜求太甚,使其本源枯竭,假如国家不贫,不至于这样搜刮,既然已贫穷到如此程度,国家何以能富?他指出:"故经总制钱不除,则取之虽多,敛之虽急,而国用之乏终不可救也。"即经总制钱不除会使"人才日衰",因为经总制钱的征收,会使"学"与"政"分离。学的是仁与义,"利之不当言""财之不当取",而从政以后所要做的却是这样无义之事,"县则以板账、月桩无失乎郡之经常为无罪,郡则以经总制无失乎户部之经费为有能而已",一心只为聚敛。他认为长此以往,势必使人才名节日坏,致使人才日衰。

对于当时财政匮乏的情况,叶适说:"言财之急,自古以来,莫今为甚;而财之乏少不继,亦莫今为甚"。也就是说,宋朝赋税之多是自古以来没有的,而财政匮乏的严重也是自古少有的。叶适说:"多财本以富国,财既多而国愈贫;加赋本以就事,赋既加而事愈散",这是因为"财以多为累而致于竭"。叶适认为,宋朝正是因为赋税收入浩大,才有财力养这么多冗官、冗兵,大肆挥霍,浪费如此多财富,最终导致财政衰竭。叶适指出"隋最富而亡,唐最贫而兴","故财之多少有无,非古人为国之所患,所患者,谋虑取舍,定计数,必治功之间耳。非如今日以一财之不足而百虑尽废,奉头竭足以较锱铢"。即这样虽然一时积聚了巨额财富,但却使百姓日益穷困,甚至倾家荡产,所以理财必须理长远之财,就是要养民。如何养民?就必须去殃民之横费,减蠹国之恶赋,如此才能使"小民蒙自活之利,疲俗有宽息之实",才能"慰民心,苏民力,解缠起痼,兴滞补弊",才能"以图兴复,以报仇怨,拔才养民,以振国用"。

叶适还从税收的权利和义务角度来阐明主张轻税的原因。他在讨论什一税时,指出古时"司徒教养其民,起居饮食,待官而具,吉凶生死,无不与偕,则取之虽或不止于什一,固非为过也"。也就是说,当时政府能够养民,即使对百姓的征课超过什之一税,也不算过分。但此后的政府"刍狗百姓,不教不养,贫富忧乐茫然不知,直因其自有而遂取之,则止于什一而已不胜其过矣,亦岂得为'中正'哉?"也就是说,后世的政府放弃了养民的责任,就算仅征什一之税,也已经太过分了,怎么能说是"什一中正"呢?叶适认为,如果以百姓奉养君主,"合天下以奉一君",不仅什一税不轻,就是二十取一,三十取一也可以。这里是将政府收税和养民的义务结合起来。叶适还否认了儒家关于"什一中正"的说法,认为什一税并不轻。

元代的赋役相当繁重,出现了不少主张轻税的声音。耶律楚材力促建立正常的赋税制度,说服蒙古征服者放弃野蛮的掠夺行为,禁止州郡长官擅自向民间征收财物。卢世荣在担任右丞主持财政期间,曾经提出轻徭薄赋的主张。他还提出驿站供应往来使臣应改由政府财政支给,不能由民众供应。当时驿站应差是人民的一项非常沉重的负担,贵族和官吏经过驿站时,当地人民不仅要负担车、马、船、轿或酒食的招待,还要贡献财物,致使不少人家倾家荡产,弃家逃亡。他还提出"逃移复业者免其差役""免民间包银三年""官吏俸免民间代纳""收佃客租课减免一分"等轻税措施。王恽在富民思想的基础上提出轻税主张,他说:"古之善为国者,君不必富,富藏于民,国用虽多而取不竭。孔子曰:'百姓足,君孰与不足'?此之谓也。且财非天来,皆自民出,竭泽焚林,其孰御之?但力屈财殚,非所以养民而强国也。"在这里,他明确提出国家的财富不是国家固有的,也不是天生就能产生的,而是由人民生产出来的。如果让人民无法生存,国家也不可能富强。王恽还提出在荒欠地区应该"弛山林河泊之禁,权停门摊、酒、醋等课"。对长期拖欠的税款予以免征,对逃亡归食者免除3年差役。在大贪官阿合马落马之后,王恽还建议免收人民1年的赋税,用没收阿合马及其党羽的财产以抵补。王恽有《秋涧先生大全文集》传世,反映其主要财政思想的《政事书》还被收录在明代杨士奇、黄淮等编纂的《历代名臣奏议》一书中。

此外,还有刘秉忠的"官民相资"思想。刘秉忠(1216—1274年),曾建议忽必烈以大元为国号,很得忽必烈信任。在忽必烈即位之初,划一税制,建立各种财税法规等,大多出于刘秉忠的思想和建议。刘秉忠在"官民相资"论的基础上提出轻税思想。他说:"天子以天下为家,兆民为子,国不足,取于民,民不足,取于国,相须如鱼水。有国家者,置府库,设仓廪,亦为助民;民有身者,营产业,辟田野,亦为资国用也。"基于这种"相资"的关系,国家对百姓就不能苛取过重,否则就会使百姓逃亡,"官吏乞取,民不能当,是以逃窜"。他又说:"今地广民微,赋敛繁重,民不聊生,何力耕耨以厚产业?"为了缓和官民矛盾,维持"官民相资",刘秉忠极力主张减轻赋役。在轻税方面,他提出"禁横取,减税法,以利百姓"。即关市津梁正税由十五分取一减为三十分取一;盐铁专卖、商贾酒醋货殖等税课应该"从旧例办榷,更或减轻,罢繁碎,止科征,无从献利之徒削民害国";对于输纳税粮的百姓,应就近输纳。在减轻徭役方面,"宜比旧减半,或三分去一,就见在之民以定差税,招逃者复业,再行定夺"。刘秉忠的政论文章本来有很多,可惜现只存诗集6卷,其财政思想主要见于《元史·刘秉忠传》等传记中。

明朝初建立了一套以户籍黄册和登记土地的鱼鳞册为依据的赋税体系,比较规范完备,政府采取了一系列有利于经济发展的措施。这一时期,政治也比较清明,经济得以持续发展,社会也基本保持稳定。但是明朝中期以后,土地兼并和贫富分化开始加剧,官绅大户百般逃避赋役,中下户赋役负担不断加重,每至于破产流亡,严重影响了经济发展和社会稳定。赋税制度日益混乱,胥吏上下其手,弊端丛生。这些都严重影响了国家收入,财政出现很大危机,社会上有关轻税和改革的呼声不断。在此背景下,丘浚提出了轻税更能增加国家收入的说法。

丘浚(濬)(1421—1495年),琼山(今海南省琼山县)人。丘浚是景泰五年进士,曾担任户部尚书。他知识渊博,著述甚丰,常以经国济世为己任,在财政思想上有颇多创见,有《大学衍义补》传世。丘浚提出轻税比重税能征收更多的收入。因为重税会使百姓贫困破产,不得不逃亡,结果就是生产者减少,国家"财日益匮",到后来,无论用什么手段去强征,也征收不到东西了。如果实行轻税政策,则"人乐其生",就会努力生产,那么财富必然增多,即使征收很轻的赋税,国家也能得到很多财政收入。这里包含了培养税源的思想。丘浚认为轻税不仅能增加政府收入,还能获得民心。他说:"财者,民之心,得其财则失其心。"这也是儒家"财聚则民散"思想的发挥。丘浚还以人的同理心来劝导统治者施行轻税政策,他说:"财者,人之所同欲也",也就是说,君主和百姓都有获取财富的共同欲望,"非但上之人好而欲取之,而下之人,亦恶人之取之",所以统治者应控制自己的贪欲,重德轻财。

从晚明到清初,随着明朝的衰亡,很多士大夫开始反思晚明之弊。其中,最突出的是顾炎武、黄宗羲、王夫之三大思想家,他们都主张轻税。顾炎武不仅主张减轻税收,还主张限制私租和减轻地主出租土地的地租。黄宗羲认为儒家最理想的轻税率的什一税率,也已经很高了,是适用于最高一级上上等田地的税率。王夫之也反对什一税,主张二十取一。他认为秦汉以后还主张实行什一税是"不智而不仁,学焉而不思",是"以供贪君之慢藏""至不仁之言"。王夫之还认为土地兼并的根本原因是"赋役繁",赋役繁重,官吏作弊,里胥弄奸,给了豪强兼并的机会。他提出"宽农田之赋"的主张。

明末清初思想家唐甄从富民的角度提出轻税主张。唐甄(1630—1704年),四川达州人,举人出身,曾担任山西长子县知县,但仅任职10个月,就被免职。唐甄被免职后定居苏州,发愤著书,有《潜书》97篇传世。在《潜书·富民》里,他提出只有民富才能实现富国。他说:"为治者不以富民为功,而欲幸致太平,是适燕而马首南指者也,虽有皋陶、稷、契之才,去治愈远矣。""财者,国之宝也,民之命也;宝不可窃,命不可攘。""圣人以百姓为子孙,以四海为府库。无有窃其宝而攘其命者,是以家室皆盈,妇子皆宁。反其道者,输于幸臣之家,藏于巨室之窟。蠹多则树槁(枯),痈肥则体敝。此穷富之源,治乱之分也。"这是说,国家的财富是百姓的命脉,财富不可以盗窃,命脉不可以侵夺。君主应视百姓为孩子,把全国当作仓库,这样就不会发生盗窃财货和侵夺命脉的事情。那么,家家户户都有盈余,阖家幸福安宁;反之,如果将财货配置给宠臣贵族之家,就会引起祸乱,犹如蛀虫多了树木就会枯萎,疮痈肿胀身体就会虚弱。如何分配财富,是国家穷富的根源,治与乱的分界线。唐甄还指出"虐取者,取之一金,丧其百金;取之一室,丧其百室",就是说,政府多虐取一分,对百姓造成的损失就会放大100倍。唐甄甚至将统治者对人民横征暴敛的行为称之窃贼。他说:"杀一人而取其匹布斗粟,犹谓之贼;杀天下人而尽有其布粟之富,而反不谓之贼呼。"

虽然秦汉以来的轻税思想大多是先秦轻税思想的演化,新的创见不多,但要看到,这些主张都是针对当时重税危害而生发,有着强烈的时代特征,也在实践中不断地深化认识。其中,有不少值得关注,如丘浚的轻税能获得更多收入的观点,苏轼的重税败坏社会风气的观点,叶适的权利义务说等。

二、古代均平赋税的思想

与轻税相伴随的是"均平"梦想,我们几乎从每一份关于税制的议论和奏折中都能读到,但是实现起来殊为不易。中国古代税收一般分为土地税、人头税、力役和工商杂税四大类,以直接税为主。这本应更公平,但社会生产环境随着经济的发展是不断变化的,随着社会经济的发展,最初较为均平的税制设计的基础发生了变化,而税制没有适时调整,往往造成更大的不公平。这在直接税上表现得特别明显,会让人很明确地感知到,激发的社会矛盾也就会很激烈,给社会带来的冲击也很大。税制的改革本来相对滞后,再加上既得利益的干扰,就更为不易。2 000多年来,围绕税收均平这个目标,古代思想家就税地还是税人,税人还是税资产,纳货币还是纳实物等问题,展开了激烈讨论,留下了丰富的论述和实践资料。

中国最初的税制设计是建立在授田制基础上的,所有的土地税、人头税、力役都是建立在大家都分得一样多的土地这个基础上。对均平的追求主要是对肥沃程度不同的土地采取不同的税率。大禹提出"差地设征",管仲提出"相地而衰征"。

接着是大量私田出现,于是有了"公田"和"私田"一体纳税的要求,春秋时的"初税亩""初租禾""作爰田"等改革就是要实现"履亩而税"。接下来的目标就是针对贵族占有大量土地而有免税特权的改革,战国时又开始了新一轮改革。这个改革很不容易,晋国的税官在向贵族收税时被绑架,楚国的改革者吴起直接被贵族杀害。秦国的商鞅也被杀害,但是商鞅的改革被推行了下去。商鞅改革在当时是最成功最彻底的,但是也留下了后患,助长了土地私有化的趋势,为以后土地兼并、贫富不均的产生埋下了伏笔。

由于土地私有制的确立,土地兼并也如影随形地出现。土地分配不公趋势日益扩大,但是原来的税制还没有改变,却要缴纳相同的人头税和力役,这就相当不公平了。汉代的时候就开始尝试对人头税进行改革,当时称为"算赋",一般人纳一算(120钱),商人和奴婢翻倍。对奴婢翻倍是为了增加拥有奴婢的富户的赋税。魏晋时进一步改革,以户为单位,按财富多少,分成九个等级,实行累进税。但这些改革受到了豪门世族的反对,到了东晋不仅户调又改为按人丁纳税,就是土地税也改为按人丁纳税,每人三斛。从税地到税人,将国家赋税转嫁到农民身上,极大地加重了农民的负担,加剧了社会矛盾。魏晋时代,傅玄提出了"量民力以役赋""计民丰约而平均之"的均赋主张。刘宋时,周朗提出"取税之法,宜计人为输,不应以赀。云何使富者不尽,贫者不蠲"。西魏时,苏绰提出了"均赋役"论。他说:"夫平均者,不舍豪强而征贫弱,不纵奸巧而困愚拙,此之谓均也。"即通过限制豪强、奸巧转嫁赋役负担,来相对减轻穷人的负担。北朝隋唐借战乱出现大量无主荒地之机,实行均田制,在此基础上建立租庸调制,也是把赋税绑定在丁口之上,所谓"有田则有租,有身则有庸,有户则有调"。唐中期土地兼并加剧,均田制被破坏,但绑定在人丁身上的租庸调还在,征税时,官府不管实际情况,只凭旧户籍向乡里按丁收税,"天下之人苦而无告",只有逃亡。而"富者兼地数万亩""辟地数十顷""连疆接畛",却税负轻。这不仅加剧社会贫富分化,引发社会动荡,而且国家税源也益渐枯竭。在此背景下,杨炎提出"唯以资产为宗,不以丁身为本",推动两税法改革。

杨炎(727—781年),字公南,号小杨山人,天兴(今陕西凤翔)人。唐德宗时宰相(门下侍郎,同中书门下平章事)。唐德宗大历十四年(779年),杨炎上书提出改革方案。他首先指出了当时赋税严重不均等现象:一是户籍记录严重失实。由于开元年间就没有整理过"版籍之书","丁口转死,非旧名矣;田亩移换、非旧额矣;贫富升降,非旧第矣",还要按籍征课,使"天下之人苦而无告"。二是富户多将赋役转嫁给贫困户。豪强富户想出种种方法免税逃役,将赋税转嫁到贫困户,"故课免于上,而赋增于下"。三是官府腐败,苛征繁重。"始以兵役,因之饥疠,征求运输,百役并作,人户凋耗,版图空虚""赋敛之司数四,而莫相统摄,于是纲目大坏"。"权臣猾吏,因缘为奸""故科敛之名凡数百,废者不削,重者不去,新旧仍积,不知其涯。百姓受命而供之,沥膏血,鬻亲爱,旬输月送无休息。吏因其苛,蚕食于人"。杨炎建议实施两税法,提出"无主客,以见(现)居为簿;人无丁中,以贫富为差",就是无论土著户,还是客居户,都编入现在居住州县的户籍,按照丁壮和财产(包括田亩和资产)的多少定出户等,无论商人,还是王公以下官吏等特权人物都要一体征税,只对鳏寡孤独贫苦无依者免税。两税法以户等纳钱,依田亩纳米粟。田亩税以大历十四年的垦田数为准,均平征收。同时,租庸调和一切杂徭、杂税全部取消。两税法提出的以人户拥有资产的多寡作为纳税标准,"有田则有租",体现了赋税均平原则,比以前按人丁征税要合理公平。两税法规定不问主客、丁中,一律按其资产课税,陆贽将其归纳为"唯以资产为宗,不以丁身为本"。

两税法改革体现了均平理念,减轻了贫民负担,缓解了社会矛盾,也扩大了税源,实现了"富国足用"的目标,总体来说适应了时代变化和社会发展的需要,奠定了中国后半段的税制基础,具有极强的生命力。但在执行过程中,也弊端丛生,各种不均现象时有发生,从唐朝后期开始,就批评声不断。北宋时,苏轼指出,在两税法实行之初,赋役的轻重厚薄"一出于地而不可易",那时,"户无常赋,视地以为赋;人无常役,视赋以为役"。所以,"贫者鬻田则赋轻,而富者加地则役重",基本体现了按百姓负担能力征赋役的均平思想,但是随着此后兼并之风日盛,大量土地被兼并,而官府却只知其赋之多少,而不知其地之多少,致使"富者地日以益而赋不加多,贫者地日以削而赋不加少""有兼并之族而赋甚轻,有贫弱之家而不免于重役""赋存而其人亡者天下皆是"。这就完全偏离了两税法按地之多寡、肥瘠纳赋出役的宗旨。为了解决这种"偏重不均"的问题,苏轼提出以土地贸易为线索,彻底清查每户土地的多寡、肥瘠,恢复两税法按土地多少出赋役的办法。在《策别十》里,苏轼提出根据土地交易时所纳"契税"的多少,确定土地的价值,再确定其土地的广狭肥瘠。他说:"苟其税多者,则知其直多;其直多者则知其田多且美也。如此而其赋少,其役轻,则夫人亡而赋存者可以有均矣。"

苏轼其实是提出通过核实土地以实现两税法均赋税的目标。但在当时,面对官吏的腐败和既得利益阶层的干扰,核实土地面积是很不容易的。比苏轼较早一点,欧阳修曾提出过用千步方田法均定天下赋役的主张,也是一种想通过核实土地面积均平赋税的思路。欧阳修通判华州时,秘书丞孙琳和大理寺丞郭咨曾在肥乡县均税,以千步方田法计算土地面积,括定民田,平均赋税,取得了很好效果。于是上《论方田均税札子》,推荐孙琳、郭咨等人的千步方田法,说以前也曾有均税的人,但不懂得"均定之术",造成"税未及均,民已大扰"等许多弊端。而千步方田法,"括定民田,并无欺隐,亦不行刑罚,民又绝无词讼,其时均定税后,逃户归业者五百余家,复得税数不少,公私皆利"。但在具体执行过程中,各地乘机加税,有的地方把许多陈年虚额也摊入正税计课,有的地方对无法耕种的土地也要征税,导致民怨四起,河北路上千人聚集京师向三司申述。这使欧阳修很丧气,又上《论均税札子》,说:"盖均税非以规利,而本以便民",但"俗吏贪功希赏,见小利忘大害,为国敛怨于民",提出在还未曾推行均税的地区,停止执行该法。

1069年,王安石变法,其中一项重要措施就是方田均税法。王安石(1021—1086年),字介甫,号半山,临川(今江西抚州市临川区)人,中国历史上著名的改革家,有《临川先生文集》传世。熙宁五年(1072年),王安石提出方田均税法,这是对千步方田法的修正和补充,主要是想通过整理地籍以均平赋税。方田就是以四边各千步作为一方,对各州县已经垦种的土地进行清查。丈量后根据土地的肥瘠定出相应的五个等级,按不同税额标准征收,在一定程度上使田赋不均的现象得以纠正。方田均税法是要使良田税重,瘠田税轻,无生产之田免征赋税,一县税收总额不能超过配赋的总额。元丰八年(1085年),丈量并且规定税额的土地有 2 484 394 顷,约为当时全国税田的 54%。清出了大量瞒漏的田产,使赋税负担与土地占有的实况相符合,这不仅使赋税较为平均,也使政府税收更有保证。但这却极大地触及了官僚豪绅之家的既得利益,引起了他们的反对。一般侵占隐瞒土地的都是豪强兼并之家,苏轼在《策别十》中说:"今之法,本不至于什一而取,然天下嗷嗷然以赋敛为病者,岂其岁久而奸生,偏重而不均,以至于此欤?今欲按行其地之广狭瘠腴,而更制其父之多寡,则奸吏因缘为贿赂之门,其广狭瘠腴,亦将一切出于其意之喜怒,而患益深。是故士大夫畏之而不敢议。"可以说,方田均税法的提出和推行,是需要极大政治勇气的。

南宋时期朱熹提出正经界、均赋税思想,认为应该在正经界的基础上核实土地数量和产量。朱熹(1130—1200年),字元晦、仲晦,号晦庵,晚称晦翁,江南东路徽州府婺源县(今江西省婺源)人,是儒学后期集大成者,被尊称为朱子。华东师范大学古籍研究所整理编集的《朱子全书》,是目前为止最完备的朱熹文集,共 27 册,约 1 436 万字。朱熹认为均赋税的正途是正经界。"正经界"的思想来源于孟子,《孟子·滕文公上》说:"夫仁政必自经界始,经界不正,井地不均,谷禄不平。是故暴君污吏必慢其经界,经界既正,分田制禄可坐而定也。"经界就是田界,如果田界划分不清晰,赋税就不可能公平。正经界就是要使纳税数额与实际占有土地相符合。在《经界申诸司状》里,朱熹指出"版籍不正,田税不均","最为公私莫大之害",因为"贫者无业而有税,则私家有输纳欠负追呼监系之苦;富者有业而无税,则公家有隐瞒失陷岁计不足之患"。在《条奏经界状》里,朱熹认为"经界一事,最为民间莫大之利""其利在于官府、细民,而豪家大姓、猾吏、奸民皆所不便"。

元朝统治之初,出现以丁征税的意见,受到耶律楚材、马端临的反对。耶律楚材(1190—1244年),字晋卿,号湛然居士,契丹王族。降蒙古后受到成吉思汗的器重。他的财政思想对元朝的财政制度转型起了重要的作用。耶律楚材从保护税源的角度,提出中原地区是"财赋所出"之地,不仅应"存恤其民",而且应严禁州县之官"非奉上令敢擅行科差"。他指出若行"以丁为户"的征课办法,必会使"丁逃则赋无从出"。他提出要使元朝统治下的各民族间赋税均平,让内迁居民和中原人民"一体应输赋役"。马端临(1254—1323年),字贵与,号竹洲,饶州乐平(今江西省乐平市)人,编著有《文献通考》348卷,其中详述了上古至宋宁宗间的财政制度演变情况,还系统梳理收录了各代有关财经思想的论述。马端临认为"赋税必视田亩,乃古今不易之法"。他指出如果按人口和户口征税,贫民和豪富兼并之家按一个标准出纳赋税必然造成贫户税赋加重,出现不均平的情况,导致穷人逃亡,从而影响国家财政收入。他比较汉、隋财经资料发现,随着耕种土地面积的增长,人口户数不断减少,指出这是"庸调之征愈增,则户口之数愈减,乃魏晋以来之通病"。他提出按田征税,是符合赋税均平原则的。明代理财家丘浚非常肯定马端临的以田定税思想,在其所著的《大学衍义补》里说:"土地万世而不变,丁口有时而盛衰,定税以丁稽考为难,以亩检核为易。""以天下之垦田定天下之赋税,因其地宜,立为等则……其法一定而可守,其额百世而不亏。吏不能以为奸、民不致于重困。"

明代周忱提出了均征加耗思想。周忱(1381—1453年),字恂如,号双崖,江西吉水人,宣德年间曾任工部右侍郎,巡抚江南诸府,总督税粮。周忱针对江南地区官田民田赋役负担严重不均衡的状况,先后提出了"官田依民田起科""均征加耗法"等法。税粮的运输征解是古代田赋制度中一个十分困难与棘手的问题。运输就会有损耗,鼠雀吃食、水中漂没、腐烂等都会造成消耗。为了弥补漕粮征收、起运、储存过程中的损耗,于是在田粮正项之外,又有加耗,成为当时江南百姓的一个沉重负担。而且由于耗米征收不均平,更加重了贫民的负担。"豪有力者只供正额,而一切转输诸费,其耗几与正额等,乃独责之贫民。此耗之不得其平也"。宣德八年(1433年),周忱创"均征加耗法",又称"平米法"。即无论大户小户,加耗米陡正米依一定的比例摊派,不分强弱贵贱,即所谓"官民田皆画一加耗",并且"初年正米一石加耗米七斗,计输将远近之费为支拨。支拨之余者存积县仓,曰余米。次年余米多,正米一石,减加耗为六斗。又次年益多,减加耗为五斗"。周忱此前曾提出"官田依民田起科",希望减低官田税率,但没有得到朝廷同意,于是他在"平米法"中采取措施调整了原有的田赋不均状况,即重税的官田少纳耗米,轻税的民田多纳耗米。周忱还将原先以"户"为对象摊派征的里甲、均徭等项差银,随田征收。傅维鳞的《明书》评价周忱:"善理财者,权万物轻重,操奇赢转输,以利其籴,民不加赋而用足。其弊或与商争息,虽刘晏、赵开不免焉。若周忱,止为江南贫民平赋,减耗耳,而疏剔之余,不可胜用,至于备凶札,给上供,兴利补坏,百废俱举,而民不告病。谁谓理财无大道乎? 然忱善用人,其钩算苏赋以况钟,条画鞍以平江伯迪,知忱所以不劳而功也。"

明代在均平田赋方面最重要的一项改革当属张居正的一条鞭法。张居正(1525—1582年),字叔大,号太岳,江陵(今湖北荆州)人,中国历史上与商鞅、王安石齐名的改革家,著有《张太岳集》《书经直解》《帝鉴图说》等。他推行的一条鞭法的主要内容是:将原来的按户、丁派役的办法,改为按丁、粮派役,将部分力役分摊于田亩;一切赋、役、杂税合并为一条,一律折银缴纳,差役则由政府用银雇人充当。一条鞭又写作一条边、一条编、条鞭、条边、条编、一条法、总编、类编、明编等,因"总括一州县之赋役""悉并为一条"而得名。一条鞭法是赋役制度的重大变革,它采用赋役合征的办法,简化了征收名目和手续,有利于防止豪强、官吏隐田偷税,并多少减轻了无地少地农民的负担。将赋役直接和田地捆绑,也在一定程度上实现了赋税均平。

从两税法以来,以土地和资产为征税对象就成为追求赋税公平的一个方向,但明末清初的思想家王夫之却提出了以人定税的主张。王夫之财政思想的核心是儒家的以德治财,他在《四书训义》里说:"有德而必有人矣……人归之则新附之疆日广,而固有之土不荒……土既广则地产之出自丰,而惟正之供自足、必有财焉,不待敛取也。"在赋税均平方面,他认为以人定税比以田定税优越,其思想基础还是儒家对三代之政的推崇,他在《四书稗疏》里说"夏后氏一夫则取其五十亩之税,殷人取其七十亩之税,周人取其百亩之税"。五十、七十、百亩不是授田之制,而是"取民三制"。他认为以田定税会导致土地流向豪强,不利于农业发展,因为以田定税,会使民不愿拥有田地,认为有田不如无田好。而按照田地的肥瘠程度定税,会让人产生有良田不如有瘠土好之感,而会使人以农为戒,以田为祸,民不耕则赋役不及,从而使土地流向豪强,助长土地兼并。这种看法显然是有其片面性的。支持王夫之以人定税的还有清代的邱家穗等人。

我国古代均平赋税的思想十分丰富,涉及面也很广阔,关于均田的部分内容将放在第七章里论述。

三、税收原则和税收合法性的讨论

对于我国古代的税收原则,当首推轻税和均平,因为这两条原则的讨论内容特别丰富,所以在前面已作了专门的介绍。

除了轻税和均平,先秦时期还提出了若干原则,如有义的原则,《论语》里说"义然后取人不厌取""有君子之道,其使民也义";统一的原则,《商君书》中多次论述了"壹"的重要性;适时的原则,《论语》里说"使民以时",《荀子》里说"无夺民时";为公的原则,《荀子》里说"有公赋而无私求""有公役而无私使";培养税源的原则,《荀子》里说"节其流,开其源……则出实百倍";效益的原则,《商君书》里说"官属少,征不烦,民不劳,则农日多";自愿的原则,《管子》里说"征籍者,所以强求也,租税者,所虑而请也。霸王之君,去其强求,废(发)其虑而请,故天下乐从也";明确的原则,《管子》里说"不告之以时,而民之知。不道之以事,而民不为。与之分货,则民知得正矣,审其分,则民尽力矣";弹性的原则,《管子》里提到农业税税率应根据丰歉情况调整;隐征的原则,《管子》里提出通过盐铁专营让老百姓"见予之形,不见夺之理"。这些原则的表述,都是后人从先秦的相关著述中概括出来的,当时的思想家一般并未有意识地系统提出税收原则。在古代财政思想史上第一次有意识地系统全面论述税收原则的,是西晋思想家傅玄提出的税收三原则。

傅玄(217—278年),字休奕,北地郡泥阳县(今陕西铜川耀州区东南)人。《晋书·傅玄传》说他:"少孤贫,博学善属文""专心讲学,后虽显贵,而著述不废"。傅玄著述颇丰,《隋书·经籍志》载"晋司隶校尉《傅玄集》15卷",但今已散佚,今本《傅子》为后人辑本。傅玄在《平赋役》里提出了"至平""趣公""有常"的治税三原则。

"至平"就是公平原则,傅玄提出赋役要"计民丰约而平均之"。傅玄并不简单地主张轻税,而是认为"世有事,即役烦而赋重;世无事,即役简而赋轻",如"用人之力,岁不过三日",只适用于"治平无事之世",而国家有事时便不能以此为限。傅玄强调国家税收政策要"随时益损而息耗之,庶几虽劳而不怨",做到"使力足以供事,财足以周用"。傅玄推崇孔子的"有国有家者不患寡而患不均""均无贫"的思想,即无论轻税,还是重税都要做到"至平"。如果能做到"至平",即使在国家有事的时候,采取较重的赋役,人民也能接受,"虽劳而不怨"。他还举例说:"若黄帝之时,外有赤帝、蚩尤之难,内设舟车门卫甲兵之备,六兴大役,再行天诛,居无安处。即天下之民,亦不得不劳也。劳而不怨,用之至平也。"不是说国家就可以随意兴事,加重人民负担,国家有事之时,虽不得不实行繁重的赋役,但政府还应力求节省。他提出"役简赋轻,则奉上之礼宜崇,国家之制宜备,此周公所以定六典也。役繁赋重,即上宜损制以恤其下,事宜从省以致其用"。傅玄还主张根据百姓的贫富程度来确定征发赋役的数量,使赋役负担均平。

"趣公"的"趣"是趋向的意思,就是税收和劳役都要符合公共的需要。"天下为公"是儒家的理想,傅玄认为赋役都应为国家公利征发。傅玄说:"唯公然后可正天下。"为公必须去私,傅玄在《问政》篇说:"私不去则公道亡,公道亡则礼教无所立,礼教无所立则刑赏不用情。刑赏不用情而下从之者,未之有也。"傅玄在《平赋役》篇里还提出君主"趣公"必须"积俭",他举例说:"禹凿龙门,辟伊阙,筑九山,涤百川,过门不入;薄饮食,卑宫室,以率先天下,天下乐尽其力,而不敢辞劳者,俭而有节,所趋公也。"就是说大禹治水,一心为公,生活俭朴,人民乐于为其效力,不辞劳苦,是因为大禹俭朴而有节制,所做的都是为了公共需要。除了"趣公",傅玄还用了"务公"的概念,说民众愿意纳税服役,而不怨恨君主,是因为君主能"务公"。傅玄还提议要简省官吏,让多余的官吏务农,这不仅可以节省开支,还能增加国家财政收入。他说:"使冗散之官为农,而收其租税,家得其实,而天下之谷可以无乏矣。"

"有常"是指赋役征课必须有统一的制度,具有确定性和经常性。傅玄在《傅子·检商贾》篇说:"国有定制,下供常事;役赋有恒,而业不废。""乃立壹定之制,以为常典,甸都有常分,诸侯有常职焉"。定制颁布后,一般情况下不要作轻易地变动。这样做的好处,是可以避免赋役制度紊乱,防止地方官吏诛求扰民。傅玄在《平赋役》篇说:"上不兴非常之赋,下不进非常之贡,上下同心,以奉常教,民虽输力致财,而莫怨其上者,所务公而制有常也。"在《安民》篇说:"役赋无常,横求相仍,弱穷迫不堪其命,若是者民危。"傅玄还提出赋税要征收实物,就是征收当地民众的劳动产品,避免被中间商盘剥,增加额外负担。他强调:"所调非所生,民以为患。"指出:"上以无常役下赋,一物非民所生,而请于商贾,则民财暴贱;民财暴贱,而非常暴贵;非常暴贵,则本竭而末盈;末竭本盈而国富民安,未之有也。"

虽然傅玄在《平赋役》的篇末把自己的治税原则总结为三点,实际文中还包含了另一条原则,就是定赋税要考虑到百姓的承受能力。对于这一点,傅玄在《曲制》篇中作了详细申说:"海内之物不益,万民之力有尽",必须"量民力以役赋"。他说,"昔者东野毕御,尽其马力,而颜回知其必败""况御天下,而可尽人之力也哉"?他还以秦代速亡的史实来说明:"战国之时,弃德任威,竞相吞代,而天下之民困矣。秦并海内,遂灭先王之制行其暴政。内造阿房之宫,继以骊山之役,外筑长城之限,重以百越之戍,赋过大半。倾天下之财,不足以盈其欲,役及闾左;竭天下之力,不足以周其事。于是蓄怨积愤,同声而起。陈涉、项梁之俦,奋剑大呼,而天下之民,响应以从之。骊山之基未闭,而敌国已收其图籍矣。"殷鉴不远,足以为后世统治者所汲取,绝不可"纵无已之求,以灭不益之物,逞无极之欲,而役有尽之力"。傅玄在《安民》篇还说:"视远而忘近,兴事不度于民,不知稼穑艰难而轻用之",那么百姓就会被逼得破产逃亡,"如是者民危",殷鉴秦鉴不远,"民危而上安者,未之有也""此殷士所以倒戈于牧野,秦民所以不期而周叛"。

傅玄治税诸原则的提出,是对先秦诸子税收思想的高度概括,在我国财政思想史上具有重要意义,对以后的财政实践和思想有很大影响,他被尊称为傅子,比英国人亚当·斯密提出近似的"公平""确定""便利""经济"的税收四原则要早1 000多年。继傅玄的治税原则后,南朝顾宪之又提出了"便于公,宜于民"的原则。他说,"愚又以便宜者,盖谓便于公,宜于民也。窃见顷之言便宜者,非能于民力之外,用天分地者也,率皆即日不宜于民,方来不便于公。名与实反,有乖政体"。即国家赋税政策既要满足国家财政需要,也要考虑便民的原则,两者不可偏废。西魏北周时的苏绰曾提出治国的六条原则,其中一个原则就是"均赋税"。北宋的包拯在讨论税收政策时,曾提出不能"先有利而后害"的原则。北宋的另一位思想家,还提出税收政策应该有弹性,奖勤罚懒和考虑年成丰歉。相关讨论还有不少,这里就不详列了。

对于税收的合理性和必要性,先秦诸子也多有论及。孔孟虽主张轻税,但并不反对税收,也不认为税收越轻越好,而是要"取民有制""度之以礼"。对于劳役,他们也不是一味反对,而是主张要"使民以时""择可劳而劳之"。孔子也提出"国之大事,在祀在戎",提出足食、足兵的财政需要。孟子还提出"劳心者治人,劳力者治于人;治于人者食人,治人者食于人",将人民向统治阶级缴纳赋役视为"天下之通义"。墨子提出"官府实而财不散""官府实而万民富",认为国家应有足够的财政收入和积蓄来"养万民",解决人民的衣食等经济问题,特别是防备灾荒,需要国家有充足的财政储备。墨子还指出政治、经济、外交等各项政务都需要有财政的支持才能运行。孙子则从军事的角度强调税收对战争的重要性，"军无辎重则亡，无粮食则亡，无委积则亡"。荀子认为，如果没有君主和官吏，天下就会产生争夺，出现混乱，所以需要君主用礼和乐来制约他们，根据人力情况分授工作，根据收入多少来抚养百姓。为了维持君主的地位，必须守"礼"，即要按照"礼"的标准来分配财富。"若夫重色而衣之，重味而食之，重财物而制之，合天下而君之"，意思是说要多做华丽的衣服给他穿，多做美味的食物给他吃，把众多的财物委托给他保管，全天下都拥戴他做君主。但这样做并不是为了让君主过荒淫骄奢的生活，而是为了让他"王天下，治万变，材万物，养万民"。

此后，论述虽多，但基本延续先秦诸子的观点。东汉仲长统认为，向统治者纳税，以下愚事奉上智，"此理天下三常法"。班固在《汉书·食货志》序言里说："财者，帝王所以聚人守位，养成群生，奉顺天德，治国安民之本也。"西晋傅玄《平赋役》说："昔先王之兴役赋，所以安上济下，尽利用之宜。"唐代韩愈《原道》说："民者，出粟米麻丝，作器皿，通货财，以事其上者也。"李觏《富国策》说："儒者之论鲜不贵义而贱利，其言非道德教化则不出诸口矣，然洪范八政，一曰食，二曰货；孔子曰足食足兵，民信之矣。是则治国之实，必本于财用。盖城郭宫室，非财不完；羞服车马，非财不具；百官群吏，非财不养；军旅征戍，非财不给；郊社宗庙，非财不事；兄弟婚媾，非财不亲；诸侯四夷朝觐聘向，非财不接；矜寡孤独，凶荒札瘥，非财不恤。礼以是举，政以是成，爱以是立，威以是行。舍是而克为治者，未之有也。是故圣王之君，经济之士，必先富其国焉。"李觏甚至说"国之所宝，租税也"。宋代王安石在《上仁宗皇帝言事书》里有句名言："因天下之力以生天下之财，取天下之财以供天下之费。"明代丘浚《大学衍义补·制国用》说："君制其用虽以为国，实以为民，是故君不足则取之民，民不足则取之君，上下通融，交相为用，时敛散，通有无，盖以一人而制其用，非专用之以奉一人也。是以古之仁君知其为天守财也，为民聚财也，凡有所用度非为天、非为民决不敢轻有所费，其有所费也必以为百神之享，必以为万民之安，不敢毫厘以为己私也。"明末清初的思想家王夫之认为，人民纳税是天经地义，主张普遍征税。他在《噩梦》里说："不论客户、土著、佃耕、自种、工商、游食，一令稍有输将，以供王民之职。"他提出应对"工商、游食"也课税，特别是对获利大的盐、茶、酒等课以重税。

在这些讨论中，虽然有着君权神授之类的说法，但基本都申明税收为公共需要，为保障万民的需要，这一思维取向是具有文明进步意义的。

四、有关工商杂税思想

工商杂税本应是重要的财政收入，但在长期重农抑商的政策下，并没有得到足够的重视。对其讨论,也多限于重农抑商还是农商并重这样的视角,或言重或言轻,对其征收形式和内容缺乏研究。从税收结构看,农业税始终占着绝对优势,直到北宋天禧年间工商杂税占全部税收的比重才突破50%。此后到熙宁十年(1077年),达到72%的高峰。但是明、清之后农业税比重有了很大反弹,达到70%以上。对工商税重视不够,也影响了其作用的发挥。

  虽说重农抑商,但很多时候,政府还是十分重视商业流通的。汉初虽说立法抑制商人,不许他们衣丝、乘车骑马,但还是"开关梁,弛山泽之禁"。在武帝之前,关税是不征的,市税是很轻的,这就极大促进了商贸的发展。以致晁错说:"今法律贱商人,商人已富贵矣;尊农夫,农夫已贫贱矣。"唐初也在重农抑商的口号下制定了一些制约商人的法令,但在税收制度的设计上采取了"宽商利末"的政策。唐朝开国就对商业采取了放任政策,开关弛禁,不仅不征收商税,连关卡稽查制度都废除了。唐高祖李渊曾在武德九年(626年)的诏书中申明了商品流通的重要,认为关税、商税阻碍商品流通。贞观十年(636年),治书侍御史权万纪曾向唐太宗建议开征矿税,被唐太宗拒绝,说他要的是"人才",而不是"财利"。武则天时有大臣建议征收关市税,也因会不利于货物流通等原因被拒绝。凤阁舍人崔融提出如征商税导致"万商废业则人不聊生""税市则人散,税关则暴兴"(《旧唐书·崔融传》)。

  两宋时期是工商税比较发达的时期,工商税思想也相对丰富。范仲淹曾提出"以商养农"的思想。范仲淹(989—1052年),字希文,苏州吴县人。庆历三年,范仲淹出任参知政事,推出"厚农桑""减徭役"等10项改革措施。由于触动贵族官僚的既得利益,遭到了他们愈来愈甚的阻挠,不到1年就失败了。范仲淹倡导的"先天下之忧而忧,后天下之乐而乐"和其兴办的范氏义庄对后世影响深远,有《范文正公文集》20卷传世。范仲淹的"以商养农",是希望通过发展商业,获取更多的工商税,增加国家财政收入。这样,国家就有能力减轻农业税。范仲淹认为,国家的正常经费是没有办法减少的,这些费用不是取于商,就要取于农。通过发展商业,使商人利润增加,那么国家分减他们一部分利润对他们没有太大影响。但是相对农民来说,如果增加其赋税对其影响就会很大。所以与其损害农民利益,不如分减商人的部分利益。他说:"茶盐商税之入,是分减商人之利耳。行于商贾,未甚有害也。今国用未减,岁入不可阙,既不取之于山泽及商贾,经取之于农。与其害农,孰若取之于商贾。"

  在宋代工商税收入达到高峰时,苏轼提出了免征部分商税以调节社会经济,同时节省财政支出的思想。

一是免征五谷力胜税钱。在《乞免五谷力胜税钱札子》里,苏轼提出如果免征五谷力胜税钱(谷物交易税),那么商贾就会争相购买丰收之乡的谷物,以提高谷物的价格,然后将粮谷大量运往受灾地区售卖,这就自然压低了灾区的粮价。如此,政府可以节省大量救灾赈恤之费,而且因为"五谷无税,商贾必大通流,不载见钱,必有回货,见钱回货自皆有税",政府最后得到的税收未必少于以前的所得。由此观之,国家如免除五谷力胜钱,既可"结民心"、省费用,又能获利,这样农末皆利,官府所受之益不可胜计。

二是免榷零售小商盐课。在《论河北京东盗贼状》里,苏轼认为免榷零售小商盐课能一举三利:第一可减少盗贼。他指出以前榷盐制度太过严密,切断了小盐贩的生计,逼得他们铤而走险,成为盗贼。第二能增加国家盐税收入。苏轼认为免榷零售小商盐课,可以增加小盐贩的贩卖,增加盐的销量,那么国家从大盐商那里取得的盐税反而会增加。而且小商小贩可以深入偏远地区,从而又流通了盐货,使偏远地区免受无盐可食之弊。第三可减少国家赈灾支出。受灾饥馑的小民能以贩盐为生自救,还能得以富裕,就可减轻国家赈恤负担。

三是废除漕船携带商品沿途征税之制。在《论仓法札子》《论纲梢欠折利害状》《乞岁运额斛以到京定殿最状》等奏折中,苏轼提出废除对漕船梢工携带商品沿途检查征税,到京师后一体检查纳税。苏轼认为这样做"必有五利":一利是这些艄公杂役因有商品可卖,所以"饱暖、惜身、畏法",从而减少漕粮的运输损失;二利是被役之人既能"饱暖、惜身、畏法",就会减少犯罪的冲动,从而"省徒配之刑",减少"流亡贼盗之患";三利是被役人无衣食之忧,自然不破坏漕船,反而会以船为家,从而节省维修费用;四利是由于沿路不再拦截检查,到京师后被役之人唯恐犯法,自会主动纳税,这样所收之税不会少于沿路检查所征之税,而且由于商货集于京师,其必能满载而归,到时所获商税,必倍于此前;五利是漕船携带商品到京师交易,活跃了京师市场,使京师更加富庶。

元朝的商品经济也很繁荣。元朝全国统一,海运和漕运的沟通,促进了商品的流通和发展。而且,因蒙古势力跨及欧亚,海外贸易也有了很大发展。卢世荣提出了国家垄断海上贸易以增加财政收入的思想。他提议在泉、杭两州设立市舶都转运司,由国家造船并出资,交给商人从事海外贸易,所获利润按官七商三分利,此外严禁私人泛海进行贸易。从卢世荣的财政思想看,其整体上是支持自由贸易的,此建议也只是想通过垄断海上运输工具来增加国家财政收入,而且还是由商人自行经营,政府只是分取部分利润。元代商税名目繁多,有30多种,马端临还提出了对商税进行调整的建议,在工商税方面,他赞成商品税,而反对通行税。他说:"鬻卖而有税,理也;经过而有税,非理也。"明代张居正也提出了"轻关市之征"的思想。他在《赠水部周汉浦榷竣还朝序》里说:"古之为国者,使商通有无,农力本穑,商不得通有无以利农,则农病;农不得力本穑以资商,则商病。"所以,他极力主张减轻工商税收。张居正推行的一条鞭法,将交易税也并入田亩之中,完全由农民负担,引起王夫之的批评。

明代中后期,土地兼并日益严重,社会矛盾不断激化,各地民变纷起,内忧不断,外患又起,满族在东北崛起,不断向南扩展。加上朝廷腐败奢靡之风日盛,致使国家财政枯竭。为了增加收入,政府在增大农业附加税的同时,也加强了对城市工商业的掠夺,派出许多宦官充任矿监税使,在全国各地大肆掠夺,这些宦官以开矿为名,强占土地;巧立商税名目,横征暴敛。叶向高提出革除矿税,以安民心。叶向高(1559—1627年),字进卿,福建福清人,曾两次出任内阁首辅。叶向高在《请止矿税疏》里将矿税视为关系天下安危的第一件大事,他说:"今日宗社安危之机,万口同声欲号呼于君父之前者,则矿税是已。"他指出,因矿税为害,"贫富尽倾,农商交困",已激起民变,加上"闽粤苦潦,川贵苦兵,吴越荆扬,骚然扰动"。叶向高痛陈,如皇上不停征矿课、店税和物产税,势必"驱迫穷民陷于死地",恐怕秦、隋灭亡之祸将"旋踵而至"。叶向高说,皇帝贵为天子,享受着天下的供奉,还害怕贫困。那些劳碌奔波的贫民百姓,家里没有什么积蓄,怎肯心甘情愿忍受盘剥?他进一步指出,小商贩之辛苦,营生无计,只有行商,肩挑背负,赶脚推车,每日所得不过数钱,养家糊口已是不易。但政府"榷网之设,密如秋荼",还有店租、珠宝、盐、茶、木、船等物产税,甚至"穷乡僻坞,米盐鸡豕,皆令输税",逼得百姓"变产倾生,卖妻鬻子,以充官府之逋负"。叶向高说,如果断绝他们的生计,难免使他们铤身作难。他恳请皇帝行德政,"天下自此有万世之安矣"。

明清以来,反对重本抑末,提倡重视商业的呼声很高。其中,王源等人提倡经世致用,形成了一个财经实务学派。王源(1648—1710年),字昆绳,直隶大兴(今北京市大兴区)人。王源的财政思想集中反映在其所著的《平书》中。"平书"的意思是"平天下之书",希望能成就未来"一二千年太平之业"。王源批评传统的重本抑末思想:"嗟夫,重本抑末之说固然。然本宜重,末亦不可轻。假令今天有农而无商,尚可以为国乎?"他主张轻征商税,指出原来用榷关的办法征商,"税日增而无所底,百数十倍于旧而犹不足,官吏如狼虎,搜及丝忽之物而无所遗。商旅之困惫已极""宜尽撤之,以苏天下而通其往来"。他提出"取消一切苛繁的商税,违议按商人资本的多寡征收。保证商人不亏本。仅足本者免其税,预计不足本者,则官如其本买之"。他提议改革征商办法:分别坐商和行商。坐商每年征利润的10%。行商每年除征资本的1%外,在商品售出地区再随时征收利润的10%。政府要参加经商活动以调节物价:如商人出售某种商品会亏本,则由政府按成本买进(烟酒除外)。王源还提出了一个通过提高商人社会地位,"使之自不肯隐",来防止商人漏税的办法。王源提出将商人按资产分为九等,资本在100~900贯的为下商,1 000~9 000贯的为中商,10 000~100 000贯的为上商。上、中、下商又各按资本分为三等,超过10万贯的属于上上等。"九等各以次为尊卑,行立坐拜不得越"。凡纳税满2 400贯的授以九品冠带,再满再增一级,到五品为止。取得虚衔的商人便可入官僚士大夫之列。他说:"夫欲胜者,人之同情也。分之等杀(降)而限之制,孰肯自匿其实而甘为人下哉!"他认为这样就可促使商人据实缴税,是商人获名、国家获利的双赢局面。

第二节 力役思想的演变

力役是古代统治者强迫人民从事的无偿劳动。力役的概念最早见于《孟子·尽心下》的"力役之征",还有更、徭役、劳役等概念。秦汉时期,徭役的概念更丰富,除了力役,还包括兵役。古代力役思想主要包括轻役思想、使民以时思想、以钱代役思想、役改税思想等。

一、轻役和使民以时思想

轻役和使民以时的思想在先秦时期基本已经形成。在儒家方面,孔子提出"使民以时""择可劳而劳之"。孟子提出"不违农时",《孟子·滕文公上》说:"不违农时,谷不可胜食也;数罟不入洿池,鱼鳖不可胜食也;斧斤以时入山林,材木不可胜用也。谷与鱼鳖不可胜食,材木不可胜用,是使民养生丧死无憾也。"荀子提出"少力役",《荀子·王制》说:"罕兴力役,无夺农时,如是则国富矣。夫是之谓以政裕民。"在道家方面,老子提倡无为而治,《老子》说:"我无为而民自化。我好静而民自正。我无事而民自富。我无欲而民自朴。"黄老之学的重要经典《经法》提倡"节民力以使"。在墨家方面,墨子主张力役要做到"民劳而不伤"。在法家方面,商鞅虽主张要对工商业者加重力役,但也主张要减轻农民的力役,做到"农逸""商劳"。韩非子认为,减轻力役不仅有利于生产,也有利于巩固统治,《韩非子·备内》说:"徭役多则民苦""徭役少则民安"。《管子》一书中提出"无夺民时,则百姓富"的思想,《管子·臣乘马》说:"起一人之徭,百亩不举;起十人之徭,千亩不举;起百人之徭,万亩不举;起千人之徭,十万亩不举。"

秦始皇统一天下后,大兴力役,北修长城动用40余万人,开拓岭南戍边动用50余万人,修建骊山皇陵则征发了70余万人。除中央朝廷直接征役外,地方官府杂役也无不征用民力。据估计,秦朝日常服役的劳动者达到壮年男子的1/3。董仲舒称秦代"力役三十倍于古"。秦始皇完成辉煌伟业之后仅15年,秦帝国就土崩瓦解了。西汉建立后,君臣都比较注意吸取秦亡教训,提出无为而治、休养生息的政策。陆贾提出"稀力役",董仲舒提出"省徭役,以宽民力"。汉初,把起役时间从秦代的15岁提高到20岁,后又提高到23岁;免役年龄也从秦代的65岁减到60岁,后又减到56岁。但到了汉武帝以后,力役加重了很多,《汉书·食货志》说:"内兴功作,役费并兴,而民去本。"东汉后期,力役更是繁重,《后汉书·庞参传》说:"征发不绝,百姓力屈,不复堪。"于是"悉起为盗贼"。魏晋南北朝时期,政权更迭不休,干戈扰攘不止,战祸相寻,几无中辍,人民力役负担也空前繁重。曾有学者估计这一时期是古代力役最沉重的时期之一。《晋书·范宁传》称:"今之劳扰,殆无三日休停。致有残形剪发,要求复除,生儿不复举养,鳏寡不敢妻娶。"这一时期也出现了很多关于减轻力役的主张,也提出了不少减轻人民力役负担的方案。曹魏时的著名经学家王肃提出了"一期而更之"法。

王肃(195—256年),字子雍。东海郡郯县(今山东郯城西南)人。《三国志·王肃传》介绍了"一期而更之"法。针对当时魏明帝曹睿无节制征发力役,大修宫室,王肃上疏道:"今宫室未就,功业未讫,运漕调拨,转相供奉,是以丁夫疲于力作,农夫离其南亩""种谷者寡,食谷者众,旧谷既没,新谷莫继。斯则有国之大患,而非备豫之长策也"。他提出"大魏承百王之极,生民无几,干戈未戢",不能再用繁重的力役困扰百姓,"诚宜息民而惠之,以安静遐迩之时也",实行"夫务畜积而息疲民,在于省徭役而勤稼穑"的政策。他希望魏明帝"发德音,下明诏,深愍役夫之疲劳,厚袗兆民之不赡",对力役制度进行改革,实行"一期而更之"的办法,限制劳役时间。即"选其丁壮,择留万人,使一期而更之。咸知息代有日"。他认为这样可使"莫不悦以即事,劳而不怨矣",既可保证朝廷重要工程所需要的劳动力,又可使剩余劳动力返乡生产,向国家正常输送赋税。"计一岁有三百六十万夫,亦不为少,当一岁成者,听且三年,分遣其余,使皆即农,无穷之计也"。他认为,实行"一期而更之""息代有日"的力役政策,可使"仓有溢粟,民有余力,以此兴功,何功不立?以此行化,何化不成?"

此后,魏晋时期还尝试了抽丁、番役等法。刘颂进一步提出了"政在息役"的思想,并将之上升为治国理财的三原则之一,指出:"凡政颂静,静在息役,息役在无为。"在具体措施上,他提出就近应役的思想,反对曹魏以来的错役制。东晋范宁提出提高成丁起役年龄的主张,他针对西晋将起役年龄降低到16岁,还增加了"次丁"这个年龄等级,将起役年龄更降低到了13岁的情况,上书孝武帝:"今以十六为全丁,则备成人之役矣;以十三为半丁,所任非复童幼之事矣。岂可伤天理、违经典、困苦万姓,乃至此乎!"他主张:"今宜修礼文,以二十为全丁,十六至十九为半丁,则人无夭折,生长滋繁矣。"(《晋书·范宁传》)

与范宁同时代的著名书法家王羲之建议以罪犯充役,以此来缓解百姓的重役之困。他说:"自军兴以来,征役及充运死亡叛散,不返者众,虚耗至此,而补代循常,所在凋困,莫知所出。上命所差,上道多叛,则吏及叛者席卷同去。又有常制,辄令其家及同伍课捕,课捕不擒,家及同伍寻复亡叛。"王羲之指出这样繁重的力役和残酷的同伍连坐法导致"百姓流亡,户口日减,其源在此"。他建议:"谓自今诸死罪原轻者及五岁刑,可以充此,其减死者,可长充兵役,五岁(刑)者,可充杂工医寺,皆令移其家以实都邑。"(《晋书·王羲之传》)

东晋南朝,门阀势盛,拥有政治经济特权,"百役不及"。于是不少民众为了逃避繁重的力役,开始伪造士籍。这不仅影响了国家的赋役征发,还混淆了士庶界限。于是南齐高帝设立校籍官,以宋元嘉二十七年的版籍为准清查户籍,被检出来的冒籍户被称为"却籍户",要罚充远戍或筑城。校籍过程中,弊端百出,不少贫苦人民因"却籍"的讹诈,受到重罚。顾宪之对此提出批评,他认为民众伪造士籍逃避赋役的原因是当时"役赋繁重",百姓"不堪勤剧"所致。他认为应先检讨当时的力役制度,对百姓"不可疾责""务详宽简"。顾宪之还提出了"便于公,宜于民"的赋役原则(《南齐书·顾宪之传》)。南梁竟陵王萧子良上疏主张从宽处理,建议只订正户籍而不施惩罚(《南齐书·竟陵文宣王子良传》)。

隋朝建立后,苏威提出"务从轻典"的思想,主持赋役制度的修订。隋开皇三年,将起役年龄提高到21岁,服役时间由每年1个月缩短为20天。但隋炀帝即位后,开掘大运河、营建东都洛阳,滥发丁役严重,如开通济渠和永济渠,每次征集役丁都在100万人以上,营建东都洛阳,每月征调役丁达200万人之众。唐朝建立后,发布减轻力役的诏书,将轻役政策制度化。唐初制定的《唐律疏议》将力役征发的办法载入法典,规定依法充役。唐玄宗曾说:"官吏不依令式,多杂役使",要求

"自今以后,不得更然"。唐肃宗时也下诏:"其杂徭非要切者,一切并停。"但不按照制度,滥征杂役的现象并没有得到遏制,"杂役殷繁"的情况还更加严重了。

北宋时期,范仲淹曾针对当时由于郡县设置过滥而致使力役过重的情况,提出省并郡县以减轻百姓力役负担的建议。范仲淹在《论复并县札子》里指出:"天下民困,由吏役繁出",在《奏减郡邑以平差役》里进一步指出"天下郡县至密,吏役至繁,夺其农时,遗彼地利,是以边廪或窘,民财未丰"。于是他建议裁并郡县以减少吏役,从而使吏役归农。只有这样,才能"农时不夺,地利无遗,民财可阜"。欧阳修在《原弊》里将力役之弊列为当时的三大弊端之一,也就是力役不公平。他说:"今大率一户之田及百顷者,养客数十家……夫主百顷而出税赋者一户,尽力而输一户者数十家也。就使国家有宽征薄赋之恩,是徒益一家之幸,而数十家者困苦常自如也。""民有幸而不役于人,能有田而自耕者,下自二顷至一顷,皆以等书于藉,而公役之多者为大役,少者为小役,至不胜,则贱卖其田,或逃而去。"李觏提出平徭役的主张,他认为只有徭役均平,才能使民富,民富才能国安,他在《李觏集·国用》里提出"平其徭役,不专取以安之"。他建议,根据徭役总量来确定起役和免役的年龄,使个人徭役负担不致过轻或过重;对于牲畜的使役,不能征发"未尝刍秣"的幼畜服役;征发徭役应考虑水旱、疾疫等情况,不能不顾百姓死活而随时征发;对朝廷官宦只能免除其自身的徭役,不应免除全家的徭役。此外,他还建议考虑当时学生免役的情况,对学生多的地方,应该减免其徭役。

元朝时董文用从爱民思想出发,提倡轻役。至元十三年(1276年),董文用出任卫辉路总管,在面对当时征发百姓去运输南宋的图籍、金玉、财帛时,他表示反对,指出百姓"单弱贫病、不堪力役"。他说:"吾民弊矣,而又重妨农作,殆不可"。他建议物品由州县吏卒去运送,"不必重烦吾民",这样"民得以时耕,而运事亦不废"。他曾对卢世荣说:"……牧羊者,岁尝两剪其毛,今牧人日剪其毛而献之,则主者固悦其得毛之多矣,然而羊无以避寒热,即死且尽,毛又可得哉!民财亦有限,取之以时,犹惧其伤残也。今尽刻剥无遗,犹有百姓乎!"

此外,还有很多人也提出减轻力役的主张,这里不再一一列举。

二、以钱代役及役改税思想

秦汉时期就有以钱代役的做法。江陵张家山汉简《奏谳书》里提到秦已有"践更"之法,《汉书》记载汉有"过更""更赋""践更""雇更"之制,都是以钱代役。《汉书》师古注引服虔曰:"以当为更卒,出钱三百,谓之过更。"《汉书》如淳注曰:"出钱三百入官,官以给戍者,是谓过更也。""贫者欲得顾(雇)更钱,次直者出钱顾之,月二千,是谓践更。"当时法律规定,每人每年要服戍边 3 日之役,还有修建道路、修治河渠、漕运转输、修缮宫苑、建造陵寝等各种力役,一般 1 月为期。为了不误农时,很多人家愿意以钱代役。

南齐时,有塘役折钱之制。塘役是修治堤岸桥路而征发的力役。南齐永明二年,镇东将军、会稽太守王敬则认为,当时征发的塘役已经超出实际需要,提议将塘役全部折成钱上缴台库,增加国家财政收入,得到梁武帝的批准。竟陵王萧子良极力反对这一做法,他认为这样做会使堤岸道路损坏时找不到人修治,造成"塘路崩芜,湖源泄散",而桥路完好时,百姓本应"终岁无役",现在折钱,则在国家赋税制度之外又增加了一项赋税,增加了人民的负担,是"害民损政"。

隋唐时期,实行租庸调制度,规定不役者可以纳庸。隋制规定 60 岁免役,50 岁以上者,可以免役收庸。唐制规定,每丁每年服役 20 日,闰月加 2 日。如无役时,可以纳庸代替,即每天折合绢 3 尺或布 3 尺 7 寸 5 分。以庸代役逐渐成为通常制度,而且唐政府还规定了役期的最多天数,这使农民有了更多的时间从事农业生产。唐中期,刘晏在改革漕运时,以盐利雇佣船夫,不再在沿河州县征发丁役,"不发丁男,不劳郡县",不仅免除了沿河人民挽船的艰苦力役,还提高了漕运效率。唐德宗时,杨炎提出两税法,开始了古代赋役制度的全面改革,从两税法到明代的一条鞭法、清代的"摊丁入亩",逐步把力役摊入田亩,改为税缴纳。

两税法规定取消租庸调及一切杂徭、杂税,但保留丁额。按照量出为入的办法,对田亩课税,田多税多,田少税少。田亩之数以大历十四年(779 年)的垦田数为基数。但杨炎的两税法不仅"丁额不废",而且在实施之后,也没有像《旧唐书·杨炎传》中所说的"杂徭悉省"。唐德宗贞元二年(786 年),度支奏请"酒户并蠲杂役",可知在两税法实施 6 年后,酒户还在服杂役。唐懿宗时曾诏免杂役 3 年,说明 3 年后还要继续。

北宋王安石于熙宁二年(1069 年)提出免役法,其总的原则就是"应昔于乡户差役者,悉计产赋钱,募民代役,以所赋钱禄之"。王安石曾向神宗进言:"今所以未举事者,凡以财不足故。臣以理财为方今先急,未暇理财而先举事,则事难济。臣固尝论天下事如弈棋,以下子先后当否为胜负。又论理财以农事为急,农以去其疾苦、抑兼并、便趣农为急。此臣所以汲汲于差役之法也。"王安石在《上五事札子》中说:"免役之法,出于周官所谓府史胥徒,《王制》所谓'庶人在官'者也。然而九州之民,贫富不均,风俗不齐,版籍之高下不足据,今一旦变之,则使之家至户到,均平如一,举天下之役,人人用募,释天下之农,归于畎亩。苟不得其人而行,则五等必不平,而募役必不均矣……故免役之法成,则农时不夺而民力均矣。"由此可见,王安石将免役法看作其改革中最为重要的一项改革,其目的还是希望减轻人民力役负担。免役法于熙宁四年(1071年)全面推行。

免役法的主要内容是:将原来按户等轮流充当州县差役的方法改由州、县官府募人充役,募役所需经费由民户按户等分摊。有产的税户按财产的高下分为九等,按等输钱以免役,上三等户分八等,随夏、秋两税缴纳役钱,称免役钱。原来免役的未成丁、单丁户、女户、寺观户、坊郭户和品官户等,要按定额的半数缴纳役钱,称助役钱。政府就一州一县之内计雇值多少,然后随户等均取雇值;雇值既已足用,再以"备水旱欠阙"为名,于定额之外增取二分,以备水旱荒灾役钱征收不足时用,称免役宽剩钱。政府用上述输钱,代三等以上税户募役。政府将这些收入作为资金,另外招募无业者充役。

王安石的免役法受到了司马光等人的激烈攻击。司马光在《乞罢免役钱依旧差役札子》里提出免役法有五害:一是上户年年出钱,无有休息,或有所出钱数多于往日充役陪备之钱。二是下户一例出免役钱,家产既尽,流移无归,弱者转死沟壑,强者聚为盗贼。三是召募四方浮浪之人,使之充役,无宗族田产之累。作公人则恣为奸伪,曲法受赃;主守官物则侵欺盗用。一旦事发,则挈家亡去,变姓名别往州县投名,官中无由追捕,官物亦无处理索。四是自古农民所有不过谷、帛与力,凡所以供公赋役,无出三者。农民出钱难于出力。而缴纳免役及诸色钱,丰年便须贱粜其谷,凶年则不免卖庄田、牛具、桑柘。甚至拆屋伐桑以卖薪,杀牛以卖肉。今岁如此,来岁何以为生?是官立法以殄尽民之生计。五是提举常平仓司唯务多敛役钱,广积宽剩以为功效,希求进用。聚敛之臣,犹依傍役钱别作名目,隐藏宽剩,使幽远之人不被圣泽。司马光在元祐主政时,废募复差,恢复旧制。

苏轼虽反对王安石变法,但他还是对免役法进行了部分肯定,他说:"方雇役时,户岁出钱极不过三四千,而今一役二年,当费七十余千,休闲不过六年,则是八年之中,昔者徐出三十余千,而今者并出七十余千,苦乐可知。"经过计算,百姓负担可减轻两三倍,而国家却增加了收入,主要是因为特权阶层也被要求纳助役钱。苏轼反对司马光不加区别地废除免役法,他对司马光说:"差役、免役,各有利害。免役之害,掊敛民财,十室九空,敛聚于上而下有钱荒之患。差役之害,民常在官,不得专力于农,而贪吏猾胥得缘为奸。此二害轻重,盖略等矣。""公欲骤罢免役而行差役,正如罢长征而复民兵,盖未易也。"

明代丘浚提出了配丁田法。丘浚在《大学衍义补》里提出"凡有天下国家者,不能不役乎民。"但在力役负担政策的确定上,不能只以人丁数量作为负担力役多少的标准,还应兼顾年龄、体力、财产、土地、官品等因素。他提出配丁田法,就是将土地制度与力役制度结合起来,具体而言就是在一定的期限内,一个成年的男子只许占田若干,比如一顷。据此定力役的法规,丁多田少的,准许买足田数;丁田合适的,不许再买;丁少田多的,只许售卖。超过定额多买的土地,没收入官。用田一顷配一个丁男,负担一个人的差役。田多丁少的户,用田配丁,足数以外,有田两顷看作是一个丁男,负担一个人的差役。准许出钱雇人充役,即"富者出财"。田少丁多之户,用丁配田,足数以外,把两个人丁看作田地一顷,承担一个人丁的差役,照此服役,即"贫者出力"。有的地方田多丁少,有的地方人多田少,丁田的配额比例根据实际而定。所有的土地都要计入配额。此外,还规定仕宦优免之法,"因官品崇卑,量为优免,惟不配丁,纳粮如故"。丘浚认为如能实施,"不惟民有常产,而无甚贫甚富之不均。而官之差役,亦有验丁验粮之可据矣"。由于买田有限,田多的只许卖,"兼并之患日以渐销矣"。丘浚为了能减少执行阻力,提出"不追咎其既往,而惟限制其将来"的增量改革策略。丘浚还主张减少力役,他提出"使民不过三日""人君之用民力,非不得已不可用也"。

万历九年(1581年),张居正推行了"一条鞭法"改革。明代的役有按户和按丁征收两种,按户征收的役,叫里甲,按丁征收的役,叫作均徭。"一条鞭法"总的来说就是"总括一县之赋役,量地计丁,一概征银,官为分解,雇役应付"。具体而言,就是将各种赋役项目合并成一条摊入田亩,折银征收。这样就取消了力役,由政府募人充役。赋役的征收解运,也由过去摊派力役解收,改为官收官解。但一条鞭法并没有把全部力役摊入田赋,而只是部分地摊入了田赋。过去按户按丁征发的力役,改为折银征收,称为户丁银。有的地方把户丁银全部摊入田赋征收;有的地方将户丁银的六成摊入田赋征收,四成仍然按丁征收;有的地方将户丁银的六成仍然按丁征收,而四成摊入田赋征收;有的地方将户丁银按田赋和按丁平均分配。

清朝建立后,基本沿袭了明代的赋役制度。康熙五十一年(1711年),康熙决定以康熙五十年的丁税额数作为定额,以后新增人丁永不加赋,就是"盛世滋生人口,永不加赋"。雍正元年(1723年),直隶巡抚李维均奏请地丁合一,就是摊丁入亩,也叫丁随地起,即不再以人丁为对象征收丁银,而把固定下来的丁银全部摊到地亩上。这一制度很快在全国推广,并将地丁银之外的匠户银、渔课钞等也都摊到田赋中征收。

王夫之反对摊役入田的做法,主张役赋分征。王夫之是主张节役的,而且认为力役负担比田赋负担更重,对人民的危害也更大。他认为,田赋过重人民可以通过努力生产来纾解,而力役过重则是断了人民的财源。而且,田赋征收的标准便于确定,贪官的贪占也很明显,而役额则几乎无法确定。从朝廷到地方基层,层层加码,层层克扣。他在《宋论》里还指出每实行一次赋役改革,人民的负担就加重一次。杨炎实行两税法,将租、庸(力役)调并入两税,后来又征力役。王安石将差役改为雇役,又征力役。这是"三征其役"。正因为如此,他主张役赋分征。

黄宗羲也在研究中国古代赋税制度时发现了一种现象,并将之称为"积累莫返之害",就是历代不断在进行税费改革,每次改革都是将一些杂费并入正税,意在使农民负担有所减轻。但是时间一长,出于种种原因,统治者似乎忘了正税中已经包含了若干杂费,又以各种名目在正税之外加派各种杂费。黄宗羲称之为"积累莫返之害",当代学者将之称为"黄宗羲定律"[①]。

第三节　专卖思想的演变

中国古代把专卖称作"榷",也称作"筦(管、官)""总一"。这里的专卖思想另一个准确的表述应该是禁榷思想。专卖思想在先秦时期已经出现,是中国传统财政思想的重要组成部分,并一直延伸到近代。由于专卖不仅能使政府获巨大利润,而且有很好的隐蔽性,所以历来很受古代理财家赞赏,常说"民不益赋而天下用饶""民不加赋而国用饶"。现在世界上还有 70 多个国家实行专卖制度。美、日等市场经济国家同样存在不同形式的专卖制度,通过专卖增加国家财政收入。

一、古代专卖思想的出现和发展

一般认为,古代专卖思想出自管仲,由管子后学者进一步完善和发展,在《管子》中作了系统论述。还有学者根据上古歌谣"薰风阜财",推测虞舜时期已经有了专卖制度。但更多学者还是谨慎地认为,最早实施专卖制度的是汉武帝,其思想来源主要是桑弘羊、孔仅、东郭咸阳等理财家的专卖思想。

《史记·平准书》记载汉武帝元狩四年(公元前 119 年),任命孔仅、东郭咸阳为大农丞,领盐铁事。孔仅、东郭咸阳上书:"山海,天地之藏也,皆宜属少府,陛下不

---

① 秦晖:《并税制改革与"黄宗羲定律"》,载于《农民中国:历史反思与现实选择》,河南人民出版社 2003 年版,第 17～23 页。

私,以属大农佐赋。愿募民自给费,因官器作煮盐,官与牢盆,浮食奇民欲擅管山海之货,以致富羡,役利细民,其沮事之议,不可胜听。敢私铸铁器煮盐者,钛左趾,没入其器物。郡不出铁者,置小铁官,便属在所县。"桑弘羊在盐铁会议上讲到实施盐铁专卖的意义:"令意总一盐铁,非独为利入也;将以建本抑末,离朋党,禁淫侈,绝并兼之路也。"《管子》和桑弘羊的专卖思想在第三章里已有介绍,这里不再详述。

西汉末年,外戚王莽篡汉,建立新朝。为了寻求合法性,王莽开始托古改制,其中"六筦"是一项重要内容。"六筦"就是国家对盐、铁、酒、名山大泽、五均赊贷、铁布铜冶等工商事业实行统一管理,其中,盐、铁、酒由政府专卖;铁布铜冶由国家铸造;名山大泽由国家管理;五均赊贷由政府办理。王莽认为:"夫盐,食肴之将;酒,百药之长,嘉会之好;铁,田农之本;名山大泽,饶衍之臧;五均赊贷,百姓所取平,卬以给澹;铁布铜冶,通行有无,备民用也。此六者,非编户齐民所能家作,必卬于市,虽贵数倍,不得不买。豪民富贾,即要贫弱,先圣知其然也,故斡之。"

魏晋南北朝时期,盐铁专卖时兴时废。曹操指出"察观先贤之论,多以盐铁之利,是赡军国之用"(《三国志·魏书·王修传》),《三国志·魏书·卫觊传》记载卫觊提议:"夫盐,国之大宝也,自乱来散放,宜如旧置使者监卖,以其直益市犁牛。若有归民,以供给之。"即恢复食盐专卖,还可用获利购买耕牛予民,以促进农业发展。东晋南朝,由于世家大族封山占水,专卖政策很难施行,不少人提议恢复专卖政策。《宋书·刘道济传》记载刘宋时,益州刺史刘道济采纳费谦之言恢复铁专卖政策,"一断民私鼓铸,而贵卖铁器"。《陈书·世祖纪》记载:"太子中庶子虞荔,御史中丞孔奂,以国用不足,奏立煮海盐赋及榷酤之科。"

隋唐初期,没有实行专卖制度,但唐中期重新实行专卖之法后,弊端丛生,影响民生甚大。此后历代也基本都采取了专卖办法,与此同时,批评之声一直不断。也有不少人提出了官私结合的思想。王夫之是为数不多的肯定专卖制度的代表。王夫之肯定盐茶专卖,他说:"唯海之有盐,山之有茶,农人不得而有也,贫民不得而擅其利也……富民大贾操利柄以制耕夫之仰给,而军国之盈虚杳不与之相与;则逐末者日益富,力田者日益贫,匪独不均,抑国计民生之交蹙矣。"(《宋论》)他指出盐铁会议中的"文学、贤良竟欲割盐利以归民",是"割利以授之豪民大贾"怎么"可云仁义也"(《读通鉴论》)。他肯定刘晏的"榷盐之利得之奸商,非得之食盐之民"。

二、专卖与市场之争

从食盐专卖开始,关于专卖和自由市场之争就没有停止过。最早《管子》一书在讨论专卖制度时,就已经考虑到市场问题,采取了一种有限介入市场的策略,将制盐环节留给市场,政府只是控制收购、运输和销售环节。在收购中,进行质量把关,让出部分利润给生产者,刺激生产,使很多人去海边煮盐,"譬若市人",像去赶集似的。而且,管仲还能将食盐专卖所得还利于民,《史记》记载"以赡贫穷,禄贤能,齐人皆悦"。《管子》里设想的专卖,还仅是单纯的官收而已,而汉代桑弘羊的专卖则几乎贯彻到了制、收、运、销的全部环节。

在汉昭帝始元六年(公元前81年)的盐铁会议上,桑弘羊和儒生代表就专卖政策进行辩论。儒生代表主张放任主义,反对盐铁专卖,认为是"与民争利",提出政府应该"重德而贱利,重义而轻财",要求"罢盐铁,退权利"。桑弘羊从国家财政的角度强调了盐铁专卖的必要性,认为只有国家有了强大的物质基础才能加强国防力量,抗击匈奴;而且财政收入的增加,还能兴修水利、改进耕作方法和使用大型铁制农具,促进农业生产,发展经济。虽然汉昭帝倾向儒家,但还是面对现实,维持了盐铁专卖政策。

唐初对盐铁既不专卖,亦不收税,直到唐肃宗时才恢复对盐实行专卖制度。乾元元年(758年),官员第五琦(曾担任户部侍郎)提出完全官卖的专卖思想。他主张"尽榷天下盐,斗加时价百钱而出之,为钱一百一十"。通过民制、官收、官销,实行完全官卖政策,把盐利全归国家,这在一定程度上损害了商民利益,也不利于商货流通。虽然收获很丰,但盐利并未完全纳入国库。由于完全官营,政府设置了大量官盐机构和盐官盐吏,其运营经费和俸禄支出占用了很大一部分财利,加上盐官贪腐,损失很大,盐专卖成了弊政。唐德宗时,刘晏对专卖制度进行改革,进一步放开运输和销售环节,政府仅控制收购环节,通过控制货源而保证盐利收入,实行"官商分利",调动商人的积极性。刘晏在改革中,更提出"以养民为先"的主张,在操作环节注重"取人不怨"。因为商人趋利,很多偏僻人少的地方,商人不愿意去,出现市场失灵,刘晏在这些地方设立机构,保障食盐供应。为防止商人暴利影响民生,刘晏设常平盐仓,在市场供应不足价格上扬时,以低于市场的价格售盐,平抑盐价,做到"官收厚利而民不知贵",对唐中期中央财政的起死回生,作出了突出贡献。

宋代初年,对盐、茶、矾、酒等实行专卖,采取民制、官收、官运、官卖的办法,《宋史》称为"百般官卖",仅在个别地区允许商人代官府转运和分销,其被称为通商法。为了顺利营运,严禁私营,要维持庞大的营运机构和缉私队伍,其中弊端很多,"以致兵士逃亡死损,公人破荡家业,比比皆是,所不忍闻"。庆历四年(1044年)京西路汝州知州范祥提出新的解盐运销体制,将原解盐禁榷区域一律改行通商,并允许解盐运销川蜀。宋代的解州在今山西省运城一带,是著名的产盐区。范祥的通商法试行后,引起很多争议。《宋史·包拯传》记载,包拯任三司户部副使时,"解州盐法率病民,拯往经度之,请一切通商贩"。包拯明确了对通商法的支持。他在《言陕西盐法》里写道:"法有先利而后害者,有先害而后利者;若复旧日禁榷之法,虽暴得数万缗,而民力日困,久而不胜其弊,未免随而更张,是先有小利终为大害也;若许其通商,虽一二年间课额少亏,渐而行之,必复其旧,又免民力日困,则久而不胜其利,是先存小损而终成大利也。且国家富有天下,当以恤民为本。今虽财用微窘,亦当持经久之计,岂忍争岁入数十万缗,不能更延一二年以责成效?"

宋代专卖思想,在专卖与市场结合方面还有折中、盐钞等法,对后世专卖制度的发展影响很大。折中法,又称入中法,是由刘式、李防等人提出的。刘式上奏"请通茶盐之利,被之河北关中,国可益赋而财用足",李防建议:"淮南旧不禁盐,制置司请禁盐而官自鬻之,使兵夫辇载江上,且多漂失之患。""请令商人入钱帛京师,或输刍粮西北边,而给以盐,则公私皆利。"(《宋史·李防传》)《续资治通鉴长编》对折中法作了介绍:"自河北用兵,切于馈饷,始令商人入输刍粟塞下,酌地之远近而优为其直,执文券至京师,偿以缗钱,或移文江淮给茶盐,谓之折中。"《宋史·食货志》称折中法为入中法:"河北又募商人输刍粟于边,以要券取钱及缗钱、香药、宝货于京师或东南州军,陕西则受盐于两池,谓之入中。"就是说,商人将粟米等军需粮草运往沿边前线州郡,称为"入中",政府按其物资多少、路程远近、情况缓急折价,给予票券称之"交引"。商人持交引可以到京师兑换现金;也可到解州或江淮盐场兑换成盐去贩卖获利,这称为"折中"。明代的开中法就是源于这一思想。盐钞法,又称"见(现)钱法"是由范祥提出的,即改折中法的输粮为纳钱,通过纳钱换取盐钞,拿盐钞去盐场换盐,任其私卖。

欧阳修还提出了"权商贾"的思想。欧阳修在《通进司上书》里全面回顾了古代政府与商人的关系,指出其中的利弊得失,提出了因势利导,与商共利,诱制结合的思想。在专卖方面,他认为,由于政府专卖,盐、茶等商品积压过大、时间过长,特别是茶叶因积压时间过长,不得不焚烧,损失巨大。如能放松垄断,国家与商人共利,必能加大盐、茶流通,既能便民又能获利。他还以批发商和零售商为例,指出国家不应与小商人计较小利。他说,大批发商不会以区区小利而亲自到市场去零售,只有小零售商才会为了获利到市场上零售。为什么大批发商不妒嫉反而分利给小零售商呢?因为大批发商掌握了丰富的商品,虽获利小,但只要商品流通快、积存时间短,就能获大利。国家为什么不能像大批发商对待小零售商那样对待商家呢?

因为国家妒嫉商家分了国家之利,所以才宁可积存至腐烂也不肯实行通商之法。既然善于经营的大批发商都知道以小利诱导小零售商,那么善于理财的人也应该以小利诱导商家。但他也提出制商之法,就是在大商家积货较多的情况下,只以利诱商还不行,还必须尽收其货由官卖之,待其货尽,国家便可与其共利。他提出对待商家,既要制之,又要诱之。"欲诱商而通货,莫若与之共利,此术之上也;欲制商,使其不得不从,则莫若痛裁之,使无积货,此术之下也"。在为宋仁宗起草的《通商茶法诏》里,欧阳修进一步阐述了放松榷茶之法,实行通商之制的思想:"古者山泽之利与民共之,故民足于下而君裕于上……自唐建中时,始有茶禁,上下规利,垂二百年。如闻比来为患益甚……间遣使往就问之,而皆欢然愿弛其禁,岁入之课以时上官。一二近臣,条析其状,朕犹若慊然,又于岁输裁减其数,使得饶阜,以相为生,俾通商贾"。

李觏(1009—1059年)字泰伯,北宋建昌军南城(今属江西)人,是北宋思想家和诗人,博学通识,著有《富国策》《强兵策》《安民策》各十篇。他反对专卖,主张一切通商。他认为以前专卖能取得"民不益赋而国用饶"的效果,是因为那时专卖的弊病还没有产生,但现在已经弊端丛生,"通变之时,不可忽也",他提出"今日之宜,亦莫如一切通商。官勿专卖,听其自为"。在《富国策》里,他指出了专卖的弊端和通商的好处。他认为专卖弊端有四:一是国家专卖需要征役运输,成本太高;二是在转漕和入仓期间,军、吏等人盗卖,然后掺以粪土等杂物,致使盐茶质量低劣;三是官卖不准赊欠,摊点又少,于民不便;四是私贩猖獗,虽有重刑,仍不能禁。以上诸多弊端导致盐茶积滞,国家受损。他认为通商的好处有三:一是能保证质量,因为商人为了获利多,必要追求质量,不敢掺杂他物;二是商人多,售盐摊点多,又可以赊贳,既能便民又能卖得更多,不会积压;三是准许商人自由买卖后,私贩问题自然解决。所以,他认为实行通商法,利国便民。

元代时,专卖收入成为国家财政收入的重要来源,《元史》称:"国家经费,盐利居十之八,而两淮盐独当天下之半。"元朝建立后,忽必烈以中书平章事阿合马兼诸路都转运使、制国用使司,负责理财。阿合马理财思想的核心就是专卖思想,其大多数理财措施都是围绕官专卖而展开的。阿合马不仅继续对茶、盐等实行专卖,还对铁、银等矿业实行专卖。两汉后,就很少对铁实行专卖了。当时,元朝的农业生产尚未恢复,国家粮食不足,阿合马实行了铁专卖政策,以铁器换取粮食,取得很大成效。阿合马的专卖法虽然带有完全专卖的特征,但也有和私商结合的一面。在铁专卖方面,一部分由国家组织无业之民开矿、冶炼,所得的产品,由官府统一制成铁器,再以铁器换取粮食,以供国家之用;一部分则是不完全官专卖,即由私人开矿、冶炼,其产品由官府统一收购,或销售,或制成铁器。在盐专卖方面,则实行专卖与征税并行的制度,大的盐地,如解盐,实行官专卖,对土盐(即小盐),则允许其自由贩卖,而由国家征税。虽然历史上对阿合马的评价很负面,他也因为敛财引起权贵不满被刺杀,但其专卖思想中也有减轻农民负担的爱民之心,他在建议专卖时曾说:"应公私铁鼓铸,官为局卖,仍禁诸人毋私造铜器。如此,则民力不屈,而国用充矣。"(《元史·阿合马传》)

元初的另一位理财能手卢世荣(字世荣,大名人,曾任江西榷茶运使)提出了官营私营并行的思想。他认为应根据不同情况兼采官营垄断或商营纳税两种形式。对竹货与渔业,国家应放弃专卖,让商民自由经营,国家只收税;对铁、酒等大宗商品,应"一切禁罢,官自酤卖",实行国家专卖;对食盐,他主张官营私营并行,以私商为主。国家通过掌握足够数量的常平盐,调控食盐价格。在其专卖思想里,无论是对铁、酒实行完全专卖,还是建立常平盐,都是为了防止富豪权贵谋取暴利。

此外,王恽(1227—1304年,字仲谋,号秋涧,曾任监察御史)提出了"便商贾为利"的思想,郑介夫(字以居,号铁柯,元代儒士,曾上陈《太平策》)提出了食盐民营的主张,马端临提出了反对官府专卖的思想。这些主张和思想都反映了宋元以来,中国商品经济发展加快,重农抑商的理念开始改变,更加注重市场机制的发挥。而且专卖政策也出现了种种弊端,使人们对官营的弊端有更为清楚的认识。王恽在列举了官营弊端之后,说"其弊不能一一遍举"。郑介夫更是将专卖部门比喻为馋猫恶犬,说:"夫畜猫防鼠,不知馋猫窃食之害愈甚。养犬御盗,不知恶犬伤人之害尤急。今盐司官司,犹馋猫恶犬之为害也。"马端临从专卖的历史说起,一一指出其弊端。在改革专卖制度上,王恽认为盐法"最为急务"的是官府不要刁难商人赴场买引关盐,同时必须禁止主管盐政的官吏自己出资经营食盐买卖。郑介夫建议在产盐处选富家充当亭户,分认每岁盐额,盐由各亭户自行收储,以使"官享其利,而民安其业"。马端临主张让商家自由经营,公私两利。但他又认为,官营盐铁是取之山泽,而酒酤均输又取之商贾的逐利,所以"稍夺之以助县官经费,而不致尽倚办于农田之租赋,亦崇本抑末之意"。

明朝成立之初,对盐采取了课税政策,税率为5％,不久提高到10％。在统一全国后,开始实行专卖制度。户部尚书李汝华在上疏里说:"国家财赋所称盐法居半者,盖岁计所入止四百万,半属民赋,其半则取给于盐策。"明代的开中盐法是对北宋折中法的发展。但不仅限于粮粟,凡属国家急需物资,皆令商人输纳中盐,由此而衍生出许多新的制度,如纳马中盐、纳钞中盐、纳铁中盐、纳布中盐等。总之,国家需要什么,就开中什么,盐随时随地成为国家与商人交易的媒介。清代盐法大多承袭明制,以官督商办为主。在明清时期,丘浚、李雯等很多人都对专卖提出批评,希望国家能放开政策,让民自营,政府变专卖为收税。

丘浚在《市籴之令》篇里对历史上一切官营措施如桑弘羊的均输平准、王莽的五均六管、唐代的官市和买、王安石的均输市易等都持否定的态度,认为官营盐、铁、茶、酒等"与民争利""争商贾之利""堂堂朝廷而为商贾牟利之事,且曰欲商贾无所牟利。噫!商贾且不可牟利,乃以万乘之尊而牟商贾之利,可乎?"他提出"度其所卖多寡",以定其税。但他也反对"重商税以致困辱"商人的政策,对贩盐商人,他主张除盐引"工墨钱"外,应无其他征课。

李雯(1607—1647年,上海县人,"云间派"诗人,有经世思想)提出了取消专卖、征收重税的思想。李雯分析了历代专卖政策的利弊得失,关于明代盐专卖政策,他认为初期也有成功的地方,但是后来积弊越来越大,"每立一法,则商增一弊,商增一弊而贪官猾吏又增一利。故商日益困,国日益贫,盗鬻私贩日益多,浮食奸民日益横"。他提出让商户自行煮盐,国家只要最后课以一次重税即可。这样不仅能增加盐税收入,还能变私盐为官盐,私盐不禁而自止。

第六章

财政支出思想的演变

第一节　古代支出思想

一、用于公的思想

在先秦时期,儒家为我国勾画出一个"天下为公"的大同社会,其中,财富均平分配,老弱病残受到充分照顾。墨家希望建立兼爱的世界,君主收取赋税是为了"养万民"和储粮备荒,"必务求兴天下之利,除天下之害"。《尚书》《左传》《国语》等上古典籍也都一再申说"天子作民之父母,以为天下王""天生民而立之君,使司牧之""政在养民"。明代的方孝孺对古代国家的产生和财政的目标作了系统论述,他认为天之生人,有自然的不平等,所以要设立君主和官吏,集中财富,济贫扶危。"天非不欲人人皆智且富也。而不能者,势不可也。势之所在,天不能为,而人可以为之。故立君师以治,使得于天厚者不自专其用,薄者有所仰以容身。""天之立君,所以为民,非使其民奉乎君也。然而势不免粟米布帛以给之者,以为将仰之平其曲直,除所患苦,济所不足而教所不能。""人君之职,为天养民者也。"(《逊志斋集》)就连中国末代皇帝的退位诏书开篇仍是陈说"古之君天下者,重在保全民命,不忍以养人者害人"。正是在这样的理念下,形成了节财、节流、节用、用之有止、去无用之费、量入制出、养万民、九惠之教等支出思想。

《诗经·小雅·大田》有"雨我公田,遂及我私"之句,表示当时已经有了公、私之分。《周礼》的支出思想里已经有了公私之别,它规定只有在各项正常支出有结余的情况下,才能将结余用于"王玩好之用"。秦汉时期,已经出现了国家财政和皇室财政的分离,《史记·平准书》称:"量吏禄,度官用,以赋于民。而山川园池市井租税之入,自天子以至于封君汤沐邑,皆各为私奉养焉,不领于天下之经费。"《后汉书》记载汉文帝称"朕为天下守财耳,岂得妄用之哉"。毋将隆在《谏私给武库兵疏》里,对"别公私"的思想进行了阐释,并提出"不以本臧给末用,不以民力共浮费,别公私,示正路也"。东汉荀悦在《申鉴》里说:"人主有公赋无私求,有公用无私费,有公役而无私使,有公赐而无私惠。"西魏苏绰在起草的《六条诏书》里提出:"率至公之理,以临其民。"北周明帝称天子是为天下守财,对于"有侵盗公家财畜钱粟者",可以免其罪,但公家的财物必须追回。唐太宗区别了"共众所有"与"私欲"的区别,强调国家财政必须用于"共众所有"。

兴元元年(784年),唐德宗设"琼林、大盈"二库,将地方贡奉纳入其中作为皇帝私财,而未将其归入国库,引发了一轮关于财政公与私的讨论。

陆贽说:"天子所作,与天同方;生之长之,而不恃其为;成之收之,而不私其有;付物以道,混然忘怀。""亦何必挠废公方,崇聚私货,降至尊而代有司之守,辱万乘以效匹夫之藏?"陆贽提出:"国家作事,以公共为心者,人必乐而从之;以私奉为心者,人必咈而叛之。"他指出:"今兹二库,珍币所归,不领度支,是行私也;不给经费,非宣利也。"他建议德宗"凡在二库货贿,尽令出赐有功,坦然布怀,与众同欲。是后纳贡,必归有司,每获珍华,先给军赏,瓌异纤丽,一无上供"。他认为君主应该像德宗此前那样"不厚其身,不私其欲,绝甘以同卒伍,辍食以啖功劳"。(《陆宣公奏议全集》)

第五琦认为"是以天下公赋,为人君私藏,有司不得窥其多少,国用不能计其赢缩"。杨炎认为:"夫财赋,邦国之大本,生人之喉命,天下理乱轻重皆由焉。是以前代历选重臣主之,犹惧不集,往往覆败,大计一失,则天下动摇。"于是,要求将国家财政仍归有司管理,宫中经费则由财政按规定拨给。德宗最后同意"凡财赋皆归左藏库,一用旧式"。

马端临在《文献通考》里指出之前的财政制度是有公私之名而无公私之实,他说:"然自周官六典有太府,又有王府、内府,且有惟王不会之说。后之为国者因之。两汉财赋曰大农者,国家之帑藏也。曰少府、曰水衡者,人主之私蓄也。唐既有转运、度支,而复有琼林、大盈。宋既有户部、三司,而复有封桩、内藏。于是天下之财,其归于上者,复有公私。恭俭贤主常捐内帑以济军国之用,故民裕而其祚昌;淫侈僻王,至縻外府以供耳目之娱,故财匮而其民怨。"

丘浚在《总论理财之道》中指出"善于富国者,必先理民之财,而为国理财者次之"。因为"民财既理,则人君之用度无不足者"。丘浚强调要为民用财。虽然君主掌握着制国用的权力,但君主不能将取之于民的国财作为"私有""私用"。君主的责任是"为天守财也,为民聚财也。凡有所用度非为天非为民,决不敢轻有所费。其有所费也,必以为百神之享,必以为万民之安,不取毫厘以为己私也"。

明清之际的王夫之主张将国家的公共开支与君主私人生活费分开。他对汉代将天子封君的"私奉养"同国家"经费"相区分表示赞赏,强调皇室开支应尽量节约,国家公共开支则应充裕。他认为,如果国家经费不足,"则事起而猝无以应,必横取之民,以成于陋习"。如果必要的公用开支没有经费保证,要筹办事情就只好听凭官吏横取于民了,这实际上加重了人民的负担,结果是民众日困。

支出应用于公的思想,不仅是对皇帝开支的限制,而且也包括对官员开支的制约。如古代有"官不修衙"之说,就是要求官员对涉及私欲的开支应该有所约束。北宋时,苏轼曾两度任职杭州。第一次是在1072年担任杭州通判的时候,发现杭州署衙还是五代时期留下的,已有180年历史,衙门已破烂不堪,"例皆倾斜,日有覆压之惧",他上书请求修理,没有获得同意。第二次是1089年他被任命为杭州知州,再次回到杭州的他发现署衙屋宇破败依旧:"见使宅栖庑,欹仄罅缝,但用小木横斜撑住,每过其下,栗然寒心,未尝敢安步徐行。"他再次上书请求修葺,这次获得了批准。这个官不修衙的传统一直延续到清末。

二、以节用为核心的支出思想

傅玄曾提出趣于公、积于俭,即财政支出要想实现为公的目的,必须要遵循节俭的原则。孔子提出"政在节财""节用而爱人"。《老子》提出"去甚,去泰,去奢"。墨子更是全方位申说了其节用思想。司马迁将墨子的思想归纳为"节用"。荀子认为"足国之道,节用裕民,而善藏有余"。荀子在揭示节用的意义时,还从支出结构的角度进行讨论,认为统治者如能节制自身消费,财政才能有结余用于民生。

秦始皇统一天下之后,独夫之心,日益骄固,滥用民力到了无以复加的程度。"秦爱纷奢,人亦念其家。奈何取之尽锱铢,用之如泥沙?"秦二世即位后,奢华风气更甚。李斯还迎合道:"以天下奉一人""所欲无不得"。由于为私欲毫无节制地滥用民力,秦帝国统一后仅15年就灭亡了。汉代建立后,汲取秦亡的教训,提出"无为而治""休养生息"的国策。陆贾作《新语》,倡导"夫道莫大于无为"。汉文帝在政府支出方面,励行节俭。他在位期间,宫室苑囿,车骑服御,都无增加。他曾经想作一露台,预算报上来后,得知需要百金,他便放弃了这一想法。他说:"百金相当中产人家十家的财产总和了,我继承先帝的宫室,还常觉得羞耻,怎么能花百金建露台。"为了减免人民税负,他还减少自己的开支,裁减侍卫人马。汉景帝下诏不接受地方贡献的锦绣等奢侈物品,并禁止地方官员购买黄金珠玉等奢侈品,否则以盗窃论罪。

汉武帝时改"无为"为"有为",大兴土木、恣意挥霍、四处巡幸,奢侈腐败之风亦随之日益盛行起来。西汉后期社会矛盾的全面激化,多是由统治阶级毫无节制腐败引起的。王莽曾上书,希望太后带头节俭:"亲承前孝哀丁、傅奢侈之后,百姓未赡者多,太后宜且衣缯练,颇损膳,以视天下。"但王莽自己"奉天法古"的改制运动,轰轰烈烈地"制礼作乐"花费甚巨,仅修黄帝等九庙就"功费数百巨万,卒徒死者万数",王氏兄弟"五侯群弟,争为奢侈……大治第室,起土山渐台,洞门高廊阁道,连属弥望"。思想和实践的矛盾,在王莽身上表现得特别突出。百姓以民谣讥讽:"五侯初起,曲阳最怒,坏决高都,连竟外杜,土山渐台西白虎。"(《汉书·元后传》)

东汉以后,豪强势力有了很大发展,他们"广起庐舍,高楼连阁,波陂灌注,竹木成林"(《水经注·比水》),"连栋数百,膏田满野,奴婢千群,徒附万计"(《后汉书·仲长统传》)。曾有人建议光武帝刘秀封禅,刘秀说:"即位三十年,百姓怨气满腹,吾谁欺,欺天乎!"(《续汉书·祭祀志》)到东汉后期,政治已经不能简单地用黑暗腐败来描述,《后汉书》的作者用了一个词来描述——"主荒政谬",这是一个荒谬错乱的时代。交替执政的宦官和外戚,个个骄横奢靡,贪财残忍。在这样的背景下,崔寔提出了奢僭论。

崔寔(约103—170年),字子真,涿郡安平(今河北安平)人,著有《政论》和《四民月令》。崔寔的奢僭论主要是针对当时的地方官吏和豪强提出的。他将这些地方官吏和豪强的奢侈行为与"僭越"联系起来,认为这些过奢行为实际就是"僭越",希望实现以礼节财的目的。崔寔在《政论》中说:"夫人之情,莫不乐富贵荣华,美服丽饰,铿锵眩耀、芬芳嘉味者也。昼则思之,夜则梦焉。唯斯之务,无须臾不存于心,犹急水之归下,下川之赴壑"。就是说,这种奢僭之心,人皆有之,是人的本性。面对"下僭其上,尊卑无别"的现象,崔寔呼喊:"是可忍也,孰不可忍?"崔寔认为,出现这种现象的原因是"法度颇不稽古""法度既堕,舆服无限",提出加强封建法度,禁止奢僭货品的生产,消除民奢僭之欲。

东汉后期,统治阶层奢靡腐坏,终于侵蚀空了大汉400年的基业。一时英雄并起,魏蜀吴,三分天下,是为前三国。90年间,战祸相寻,几无中辍。白骨纵横万里,人民流徙,十不存一。晋朝虽统一天下,但没有带来励精图治的生气,反而演化出奢靡的狂欢,生造出更大规模的混乱。司马炎得意地问大臣刘毅:"你看我可以和汉代哪位皇帝相比?"刘毅回答:"陛下同桓帝、灵帝一样。"司马炎怒道:"我平吴国,统一天下,你竟把我比作桓、灵,实在太过分了。"刘毅回答:"桓、灵卖官,钱入公库;陛下卖官,钱归私人。这样看来,陛下还不如桓、灵呢!"此后南北分裂,南、北君臣竞相贪腐。这一时期,也出现了不少关于节用的思想。西晋傅玄在《检商贾》篇中指出当时是"用有尽之力,逞无穷之欲",他指出任何节用的办法都不如统治者的"息欲"。傅玄还主张精简官吏,节省支出。南梁时散骑常侍贺琛(480—549年)极力谴责当时政府上下的腐败现象:"吏牧民者,竞为剥削","盖由宴醑所费,既破数家之产;歌谣之具,必俟千金之资。所费事等丘山,为欢止在俄顷",提出"减省国费"的主张。具体而言,一是全面检查治、署、邸、肆各机构的职能和编制,精简其执掌和职官,裁撤不必要的机构和人员;二是全面检查各类支出项目的经费使用情况,有"在昔应多,在今宜少""虽于后应多,即事未须,皆悉应简省";三是对于政府正在进行的各项活动,权衡轻重缓急,以息费休民为原则,对于费钱多的、不是急需的、要劳役百姓的,能省就省。贺琛认为"国弊则省其事而息其费,事省则养民,费息则财聚",如果能这样执行5年,"必能使国丰民阜"(《梁书·贺琛传》)。贺琛全面紧缩财政的思想在当时是很难得的,但是却引起梁武帝的极度不满。司马光在《资治通鉴》里评论道:"观夫贺琛之谏未至于切直,而高祖已赫然震怒……大谋颠错而不知,名辱身危,覆邦绝祀,为千古所闵笑,岂不哀哉!"西魏苏绰在《六条诏书》里提出"躬行俭约""省官"的思想,认为"官省则事省,事省则民清;官烦则事烦,事烦则民浊"。这一时期,也出现了反对节用的思想,《北史·和士开传》记载和士开曾向高湛进言:"自古帝王,尽为灰土,尧舜桀纣,竟复何异。陛下宜及少壮,恣意作乐,从横行之,即是一日快乐敌千年。"就是说:人固有一死,自古帝王,尽为灰土,尧舜也罢,桀纣也罢,还有什么区别?陛下宜及时行乐,一日快乐敌千年。

唐朝建立后,唐太宗经常与群臣讨论治国之道。唐玄宗时,卫尉少卿吴兢乘史馆修国史之机,将这些言论进行整理,汇编为《贞观政要》进呈。《贞观政要》共40篇,其中《论俭约》《论奢纵》《论贪鄙》《论行幸》《论畋猎》《论慎终》等篇直接讨论节用,其他诸篇也多有涉及。

唐太宗君臣对于前代兴亡教训多有讨论,在《论奢纵》中,唐太宗认为北齐灭亡的原因是"齐主深好奢侈",隋代灭亡的重要原因就是隋炀帝的奢华无道,他指出"亡国之事,皆在其身",还比喻说这是"馋人自食其身,肉尽必死"。所以,唐太宗很重视节用,他说:"圣人制法,莫不崇节俭,革奢侈。"《论俭约》篇记载:贞观二年,公卿奏,按照《礼记》所述制度规定,"季夏之月,可以居台榭。今夏暑未退,秋霖方始,宫中卑湿,请营一阁以居之"。太宗曰:"朕有气病,岂宜下湿?若遂来请,糜费良多。昔汉文帝将起露台,而惜十家之产,朕德不逮于汉帝,而所费过之,岂谓为人父母之道也?"固请至于再三,竟不许。

在《论俭约》篇中,唐太宗还提出国家支出应用于"共众所有"的原则。他说:"自古帝王凡有兴造,必须贵顺物情。昔大禹凿九山,通九江,用人力极广,而无怨讟者,物情所欲,共众所有故也。秦始皇营建宫室,而人多谤议者,为徇其私欲,不与众共故也。朕今欲造一殿,材木已具,远想秦皇之事,遂不复作也。古人云:'不作无益害有益。''不见可欲,使人心不乱。'……至如雕镂器物,珠玉服玩,若恣其骄奢,则危亡之期可立待也。自王公已下,第宅、车服、婚娶、丧葬,准品秩。不合服用者,宜一切禁断。"吴兢称:"由是二十年间,风俗简仆,衣无锦绣,财帛富饶,无饥寒之弊。"唐太宗还多次论及兴修宫殿、游玩池台,是帝王的私欲,非百姓的公欲,帝王应该节己以顺人。

《论慎终》篇记载贞观十三年,魏征见太宗行为发生某些变化,恐太宗不能克终俭约,他指出唐太宗在贞观之初,"无为无欲""今则求骏马于万里,市珍奇于域外,取怪于道路,见轻于戎狄";贞观之初,对民"爱之犹子,每存简约,无所营为",近年以来,"意在奢纵,忽忘卑俭,轻用人力";贞观之初,"损己以利物,至于今者,纵欲以劳人。卑俭之迹岁改,骄侈之情日异";贞观之初,"动遵尧舜,捐金抵璧,反朴还淳",近年以来,"好尚奇异,难得之货,无远不臻;珍玩之作,无时能止"。魏征说:"非知之难,行之惟难;非行之难,终之斯难",希望唐太宗能始终坚持"绝奢靡而崇俭约"。太宗接到魏征奏章后,"反复研寻,深觉词强理直",于是把它贴在屏风上,朝夕瞻仰。

唐玄宗统治初期,按节俭原则处理武则天、中宗以来的弊政:一是精简机构,裁减冗员;二是节省宫廷费用,对于宫廷过于奢华的器物,要求"有司销毁,以供军国之用";三是制定百官用度标准;四是禁厚葬。但其统治的中后期,却走向奢靡。对此,司马光在《资治通鉴》里评价说:"明皇(玄宗)之始欲为治,能自刻厉节俭如此,晚节犹以奢败。甚哉奢靡之易以溺人也!《诗》云:'靡不有初,鲜克有终。'可不慎哉!"安史之乱后,不仅奢用之风没能遏制,而且与藩镇的战争不断,支出浩大,财政困难。唐德宗时,杜佑提出"救弊莫若省用,省用则省官",他建议精简机构,减少浮费。杜佑认为,当时生之者日少,食之者日众,如不精简支出,国家难安。白居易认为,人民的贫困,是官吏纵欲不能节用造成的,而根源在于作为最高统治者的君主不能节用,他在《人之困穷由君之奢欲策》中指出:"人庶之贫困者,由官吏之纵欲也,官吏之纵欲者,由君上之不能节俭也。""君之命行于左右,左右颁于方镇,方镇布于州牧,州牧达于县宰,县宰下于乡吏,乡吏转于村胥,然后至于人焉。自君至人,等级若是,所求既众,所费滋多,则君取其一,而臣已取其百矣,所谓上开一源,下生百端者也。""君好则臣为,上行则下效,故上苟好奢,则天下贪冒之吏将肆心焉;上苟好利,则天下聚敛之臣将置力焉。雷动风行,日引月长,上益其侈,下成其私,其费尽出于人,人实何堪其弊?此又为害十倍于前也。"他认为君主应该"宫室有制,服食有度,声色有节,畋游有时;不徇己情,不穷己欲,不惮人力,不耗人财",也就是要"节之以数,用之以伦"。

北宋建立后,为了加强中央集权,采取了分化各级官僚机构官员职权的办法,致使各级政府机构重叠严重,官吏人数大增;为了维持社会稳定,采取了养兵政策,就是每遇灾荒年份,政府就在灾区大量募兵,以防止农民破产后铤而走险,导致职业兵人数大增;为了维持边疆和平,北宋每年向辽、西夏支付大量"岁币",造成开支经费大增。这就是北宋所谓的"冗官""冗兵""冗费"问题,其致使财政支出始终居高不下,而且还不断攀升,造成持续的财政危机。北宋时期的节用思想也主要围绕这一问题展开。司马光提出"减损浮冗而省用之"的思想,他在《论财利疏》《荒政札子》《劝农札子》《蓄积札子》《钱粮札子》《节用札子》等奏疏中,以儒家学说为基础,反复阐述了节用的思想。他总结当时财力困乏的原因除了"冗官""冗兵""冗费"问题外,还有滥赏过大问题,"祖宗之积,穷于赐与,困于浮费",内藏早已"什耗七八矣";管理混乱问题,"今内藏库专以内臣掌之,不领于三司,其出纳之多少,积蓄之虚实,簿书之是非,有司莫得而知也";绩效问题,"国家比来政令宽弛,百职隳废。在上者简倨而不加省察,在下者侵盗而恣为奸利。是以每有营造贸买,其所费财物什倍于前,而所收功利曾不一二,此国用所以尤不足者";官吏腐败问题,"府史胥徒之属,居无廪禄,进无荣望,皆以唉民为生者也。上自公府省寺、诸路监司、州县、乡村、仓场、库务之吏,词讼追呼,租税徭役,出纳会计,凡有毫厘之事关其手者,非赂遗则不行。是以百姓破家坏者,非县官赋役独能使之然也。太半尽于吏家矣"。他提出"减损浮冗而省用之"的主张,即精简机构,裁减冗员,节约开支。王安石也主张节用,要求坚决停止不合理的财政支出,反对"滥赏",但认为不能以"节用""节俭"之名节省必要的开支。他强调应以制度来节用。王安石认为,当时财政困境的症结并不是开支过多,而是生产过少,生产少则民不富,民不富则国不强,所以还要通过增加农田水利支出,来帮助农民生产。

元朝时期,统治者仍保持游牧民族特色,赏赐无度。据《元史》所记,元武宗初期,每年赏赐费用就占到国家总支出的90%。除赏赐外,宫廷支出也特别浩大,单是豢养一些珍禽异兽,每年支出就需13 800锭。行政也是"经费浩繁"。到元中后期,统治者更是挥霍无度,国家财政库藏空虚,入不敷出。王恽的节用思想建立在其富民思想的基础之上,他认为财富是人民生产出来的,不是国家固有的。这一思想的出现,也是元朝财政从掠夺型向建设型转型的需要。王恽提出要藏富于民,不能竭泽焚林。他认为增加国家财富不应该着眼于增加赋税,而应把重点放在"去其害财者",也就是说要以节用来达到丰财的目的。他在《承华事略·尚俭》中说:"上俭约则下丰足,上侈靡则俗凋弊,此必然之理也。"他提出节用的基本方针是:"节浮费之用,停不急之务。"即要节省兵、妄求、浮食、冗费及一切不符合常例的支出。

张珪(1263—1327年)字公端,卫州(今河南新乡一带)人。他的节用思想则主要针对当时的元朝统治者奢侈无度上。《元史·张珪传》记载张珪曾上书:"……分珠寸石,售直数万,当时民怀愤怨,台察交言,且所酬之钞,率皆天下生民膏血,锱铢取之,从以捶挞,何其用之不吝!"张珪指出:"古今帝王治国理财之要,莫先于节用,盖侈用则伤财,伤财必至于害民;国用匮而重敛生。"他提出:"今内外增置官署,员冗俸滥,白丁骤升出身,入流壅塞日甚,军民俱蒙其害。夫为治之要,莫先于安民;安民之道,莫急于除滥费、汰冗员。"

明代张居正在财政改革中,比较重视"节用",他提出"加意樽节,则其用自足"的思想。张居正在《陈六事疏》里说:"天之生财,在官在民,止有此数,譬之于人,禀赋强弱自有定分。善养生者唯樽节爱惜,不以嗜欲戕之,亦皆足以却病而延寿。"他在《看详户部进呈揭帖疏》里说:"夫天地生财,止有此数,设法巧取,不能增多,惟加意樽节,则其用自足"。他在《论时政疏》里说:"天地生财,自有定数,取之有制、用之有节则裕,取之无制、用之不节则乏。"在《赠水部周汉浦榷竣还朝序》里说:"古之理财者,汰浮溢而不鹜厚入,节漏费而不开利源。不幸而至于匮乏,犹当计度久远,以植国本,厚元元(百姓)也。"

陈宏谋(1696—1771年,临桂即今广西桂林人,清雍正年间官至东阁大学士兼工部尚书)提出,政府财政支出不仅要考虑节用的原则,还要服从人民的长久利益。他在《与当事论经费书》里指出:"为国理财,节慎为要,量入为出,自是正论。然愚见当问所用之为何事,倘事在可已,无关利害,费虽少亦所当惜;若事关民务久远利害者,虽重有费,亦当不惜。就《大学》生财大道而言,如此经久有益之费,乃在'为之者疾,生之者众'之内,不在'用之者舒'之内也。况事势成败各有其渐,当为之事惜费不行,后虽多费而不及行,或能及行而所伤已多矣。"他在这里特别强调"事关民务久远利害者,虽重有费亦当不惜",这在当时是难能可贵的。他还反对简单地说省事,提出要为民做事,让财政支出能产生良好的绩效。他批评"在司计者多一事不如少一事,既可免目前驳诘,又可少日后干系,实于私计甚便。第恐人人如此,事事如此,地方诸事日就废弃,亦非长策也"。他甚至将地方官吏不能运用好手中的经费为民做事比作四恶之一:"司库者皆以慎于出纳,免于侵挪为能事,势必作不终日之计。费小时不肯为,必至害大费重而后为之。圣人以出纳之吝列于四恶之末,正此意耳。"他说,地方官"每奉行一事,体察民情……惟求有利于民,并防有累于民,行之而利多弊少"。他自己也身体力行,敢负责任。他说:"寒素书生,家无长物,几历仕途,岂不知动辄之难,岂不念赔累之苦。而事属应行,费当不惜。有时不费固省,有时多费而亦省,惟熟计其事之有益与否,不能惧一己之后累,而忘国家之远图也。"

明末清初的思想家顾炎武的节用思想不再拘于消费层面,而是放在生产层面去考虑。他提出节用不仅是节约消费,而是要腾出更多资源用于生产。他在《郡县论》里举例说,如果节省官府因繁文缛节浪费的大量纸张,就可以使用于生产纸张的东南竹子不可胜用,可以节省出大量劳动力和物质资料,用来促进农牧业增产,"以省耕敛,教树畜,而田功之获,果蔬之收,六畜之孳,材木之茂,五年之中必当倍益"。

第二节 俸禄支出思想的演变

官俸支出是财政支出里的重要内容。从春秋战国之际展开关于世官世禄制与俸禄制的讨论开始,就一直是人们关注的重大问题。

一、无功不受禄思想

春秋时期,随着争霸战争的日趋激烈,建构在古老的氏族血缘关系上的政治结构开始摇摇欲坠。战争的胜负决定着贵族的升降,不少旧贵族消亡了,甚至举族被灭,新的贵族不断崛起。各诸侯为了取得战争的胜利,发展壮大,都在想方设法吸引人才,不拘一格选拔人才,不约而同地废弃了原来以血缘为核心的世官世禄制,改行俸禄制,强调"食有劳而禄有功"的原则。

法家先驱李悝最早在魏国开展"食有劳而禄有功,使有能而赏必行,罚必当"的改革。他主张应把俸禄给予对国家有功劳的人,而不应给那些既无功于国,又过着奢侈腐朽生活的世袭贵族。《荀子·议兵》里介绍李悝当时制定奖赏军功的标准：
"魏氏之武卒，以度取之，衣三属之甲，操十二石之弩，负服矢五十个，置戈其上，冠
軸带剑，赢三日之粮，日中而趋百里，中试则复其户，利其田宅。"后来，吴起在楚国
改革，采取逐步取消世官世禄制的办法。《韩非子·和氏》里记载，吴起到楚国后对
楚悼王说："大臣太重，封君太众。若此，则上逼主而下虐民，此贫国弱兵之道也。
不如使封君之子孙三世而收爵禄，绝减百吏之禄秩，损不急之枝官，以奉选练之
士。"最成功的当属商鞅变法，制定了新的20等爵制。《史记·商君列传》记载："有
军功者，各以率受上爵……宗室非有军功论，不得为属籍。明尊卑爵秩等级，各以
差次名田宅，臣妾衣服以家次，有功者显荣，无功者虽富无所芬华。"这些改革为打
破世官世禄，推行新的职官制度打开了道路。

先秦诸子也就此展开了热烈讨论。儒家在此问题上比较保守，希望维持原有
的制度和礼制秩序，反对新兴的俸禄制。孟子还依托周制设计出一套爵禄制，表现
出鲜明的礼制等差思想。孟子的爵禄制虽然保守，但他的等差受禄思想对后世俸
禄制的设计还是很有启发意义的。荀子在这个问题上的态度已经有所转化，提出
"德必称位，位必称禄，禄必称用"，将德行和官位、俸禄相联系，事实上否认了以前
建立在血缘基础上的世官世禄制。韩非继承了商鞅以爵禄服务于国家耕战政策的
思想，提出了"官贤者量其能，赋禄者称其功"的思想。

二、高薪养廉思想

在俸禄思想上，墨子最早提出高薪思想，主张"高予之爵，重予之禄"，认为只有
这样，官吏才会竭尽全力地做事。墨子还认为"高爵无禄，民不信也"，就是说高官
如果没有相应的俸禄，老百姓也不会相信他们。

东汉崔寔提出俸低官贪论。崔寔在《政论》里就先秦和秦以后的官员俸禄作了
对比，指出秦以后官俸过低。他说先秦时，晏婴之"禄足赡百"，而"暴秦之政，始建
薄俸"。他还拿"百里之长"的俸禄来算了一笔细账，说明当时官吏俸禄太低。他
说："百里长吏，荷诸侯之任，而食监门之禄……一月之禄得粟二十斛，钱二千。长
吏虽欲崇约，犹当有从者一人。假令无奴，当复取客。客庸一月千匄，膏肉五百。
薪炭盐菜又五百。二人食粟六斛。其余财足给马，岂能供各夏衣被、四时祠祭、宾
客斗酒之费乎？况复迎父母、致妻子哉！"他认为当时贪污盛行正是因为俸禄太低
所致。他说："不迎父母，则违定省，不致妻子，则继嗣绝。迎之不足以相赡，自非夷
齐，孰能饿死？于是则有卖官鬻狱，盗贼主守之奸生矣。"过低的俸禄使官吏履行职

责如"渴马守水,饿犬护肉",则"欲其不侵,亦不几矣"。他提出不能靠道德、刑法约束,只有"增益"官俸,以"绝其内顾念奸之心"。

西晋傅玄明确提出了高薪养廉论,他在《傅子·检商贾》里提出,官吏的俸禄应该"厚足以衔宗党,薄足以代其耕,居官奉职者坐而食于人",若不如此,官吏就会设法谋取私利,出现贪污腐败现象。他认为官吏"弃家门委身于公朝,荣不足以庇宗人,禄不足以济家室,骨肉怨于内,交党离于外,仁孝之道亏,名誉之利损,能守志而不移者,鲜矣"。他认为官吏俸禄太少,不足以养家糊口,就违背了儒家提倡的仁孝之道,同时也无法使官吏廉洁奉公,"天下知为清之若此,则改行而从俗矣。清者化而为浊,善者变而陷于非。若此而能以致治者,未之闻也。"傅玄还提出俸禄的多少要与官吏功劳的大小相适应。他指出:"爵非德不授,禄非功不与……夫爵者,位之级;而禄者,官之实也。级有等而称其位,实足利而周其官,此立爵禄之分也。爵禄之分定,必明选其人而重用之。德贵功多者受重爵大位、厚禄尊官;德浅功寡者,受轻爵小位,薄禄卑官。"

北魏初年,分配沿袭游牧国家旧俗,百官并无俸禄,而是以廪给、赏赐等形式予以补贴,以至一些官员生活清贫,如《魏书·崔亮传》记载,崔亮"虽历显任,其妻不免亲事舂簸"。这一时期,官员腐败现象也很严重。《魏书·高间传》记载尚书、中书监高间进言说:"天生烝民,树之以君,明君不能独理,必须臣以作辅。君使臣以礼,臣事君以忠。故车服有等差,爵命有分秩;德高者则位尊,任广者则禄重。下者禄足以代耕,上者俸足以行义。"高间在这里不仅说明了俸禄制的必要性,也指出俸足才能使官员行义。只有"臣受其禄,感恩则深",才能"贪残之心止,竭效之诚笃"。他提议施行俸禄制度,这样"清者足以息其滥窃,贪者足以感而劝善";若不班禄,"则贪者肆其奸情,清者不能自保"。据《魏书·高祖纪上》记载:太和八年(484年),冯太后接受了高间的建议,正式颁诏实施俸禄制度;同时宣布以往赃罪既往不咎,但"禄行之后,赃满一匹者死"。

北宋范仲淹曾提出"均公田"思想。范仲淹的均公田是公平分配给各级官吏相应的职分田,以补俸禄的不足,防止官吏贪赃枉法。这里的公田是指官员的职田,也称职分田、圭田,是宋代官员俸禄的重要补充。职田虽按等级设定等差,但是在分配过程中,存在严重不公,还有不少官员超额多占。在《答手诏条陈十事》里,范仲淹指出当时官员腐败的一个重要原因是"俸禄不继,士人家鲜不穷窘",甚至"男不得婚,女不得嫁,丧不得葬",一些官吏不得不"不守名节""冒法受赃",或"不耻贾贩,与民争利",致使"吏有奸赃而不敢发,民有豪猾而不敢制,奸吏豪民得以侵暴",

以致"贫弱百姓理不得直,冤不得诉,徭役不均,刑罚不正,比屋受弊,无可奈何"。正是因为官俸过低,才导致官吏贪腐,不能施行善政,导致赋役不均等各种弊病。范仲淹提出继续实行职田制度,让官吏俸禄有所补贴,既能养廉,又能"督其善政"。但在国家财用匮乏、无力增加官俸的情况下,应分配好职田,清除其中的不均状况。范仲淹也提出在改进职田制度后,还有官吏贪腐枉法,就应严惩。

王安石在上宋仁宗的万言书里也对此有所提及,他说:"方今制禄,大抵皆薄,自非朝廷侍从之列,食口稍众,未有不兼农商之利而能充其养者也。其下州县之吏,一月所得,多者钱八九千,少者四五千,以守选待除守阙通之,盖六七年而后得三年之禄,计一月所得乃实不能四五千,少者乃实不能及三四千而已。虽厮养之给,亦窘于此矣,而其养生丧死婚姻葬送之事,皆当于此。"他认为"夫出中人之上者,虽穷而不失为君子;出中人之下者,虽泰而不失为小人;唯中人不然,穷则为小人,泰则为君子。计天下之士,出中人之上下者,千百而无十一,穷而为小人泰而为君子者,则天下皆是也",所以"先王以为众不可以力胜也,故制行不以已,而以中人为制,所以因其欲而利道之,以为中人之所能守,则其志可以行于天下而推之后世"。他指出"以今之制禄,而欲士之无毁廉耻,盖中人之所不能也。故今官大者,往往交赂遗、营赀产以负贪污之毁;官小者,贩鬻乞丐无所不为。夫士已尝毁廉耻以负累于世矣,则其偷惰取容之意起,而矜奋自强之心息,则职业安得而不弛,治道何从而兴乎?又况委法受赂侵牟百姓者,往往而是也,此所谓不能饶之以财也"。他提出"欲士之无毁廉耻",只有"吏禄既厚,则人知自重"。他认为当时虽然财政困难,但"增吏禄不足以伤经费也",理财应能"通变",即精简机构才能节用增效,而不是减少官吏的俸禄。

元代初期和北魏一样,也是无俸禄制度。《元史·姚枢传》记载姚枢曾向忽必烈"为书数千言",提出"救时之弊"30条,其中一条就是"班俸禄,则赃秽塞而公道开"。此后,元代逐步建立起俸禄制度,但制度多变,很是混乱,而且相对于宋时官俸,标准要低很多。《新元史·郑介夫传》记载大德二年(1298年)御史郑介夫上言说:"丞相职居人臣之右,每月得俸八锭有零,一日之俸不满十四两,若仿晋之何曾,日食万钱无下箸处,虽竭私帑亦不能自给矣。天子立相,必须厚禄以优崇,大臣律身自宜戒奢而从俭,岂可先处以约而薄其所养哉。今俸自三锭以上者,不得添米,官益高而俸益薄,甚非尊尊贵贵之道。"下层官吏就更不容易了,如九品官俸钞12两,只够十口之家6天的伙食费用,而小吏俸钞只有8两。他指出,当时俸禄"实为鲜薄,似难养廉""饥寒交迫,欲律以廉,得乎"。郑介夫提出,在不增加国家俸禄总支出的条件下,通过平均俸禄的办法来提高大部分官吏的薪资水平。他指出,当时禄制存在严重的不公平现象,当时俸禄包括俸钞、俸米、职田等项目,就职田而言,地方官中只有路府州县和廉访司官才有职田,其余没有;但只有有官田的地方才能有职田,没有官田的地方也没有办法发职田,还有些地方有官田也不发职田;一般地方官官俸 10 两(中统钞 10 贯)的有职田 2 顷,但江南要减半。郑介夫指出,"当今之弊,不在俸禄之薄,而在俸禄之未均。不患俸禄之未敷,而患设官之太滥""制禄不均则人心不一,放辟邪侈,无不为已,其流弊可胜言哉"。他建议收回职田,官俸一律按俸禄高低发放,"将中外人员差等而普及之",以平均京官和外官的俸禄,也即"均有余以周不足,取滥设之米以给合设之官,则国无所损,而官有所利"。针对当时纸币通货膨胀厉害,他还建议以米作为放俸禄的标准,有不愿意领米的将米价折钞发给。郑介夫称此法可使官吏所得"倍多于前,又可不费太仓之粟,此利国利官之要道也"。

针对元代俸低官贪的情况,元代名臣苏天爵也在其《滋溪文稿·题金宪张侯异政记》里提到:"今天下之吏俸禄甚薄,其侵渔于民者势使然尔,故世视吏之受赇率以为常……吏不廉平则治道衰,此汉所以益小吏俸也,在位者可不思救其弊乎……昔我国家建台之初,中外进用大抵皆忠厚老成之人,故纪纲肃而治化兴,初非以苛刻为能征赃多者为功也。"

明代关于薪薄官贪的讨论也非常多,如李贤在《达官支俸疏》里说:"俸禄所以养廉也,今在朝官员,皆实关俸米一石,以一身计之,其日用之资不过十日,况其父母妻子乎?臣以为欲其无贪,不可得也。"戈谦在《恤民疏》里说:"且计一官,其家少者五六口,多者十余口,俸既不足,则其衣食器用、仆隶之需,必出于民,为害非小……因国用浩繁,文武官吏俸给什撙节其六七,所得不给其所费。"张纯在《复仇疏》里说:"臣闻人皆患吏之贪,而不知去贪之道;人皆喜吏之清,而不知致清之本。必欲去贪致清,在乎厚其禄均其俸而已。"顾炎武在《日知录》里,曾感叹道:"自古百官俸禄之薄,未有如此者。"他说:"今日贪取之风,所以胶固于人心而不可去者,以俸给之薄而无以赡其家也。"他提出:"忠信,厚禄,所以劝士;无养廉之具,而责人之廉,万万不能。"王夫之强调官俸开支要从优,俸厚才能廉洁,俸薄就会贪占。他在《噩梦》中说:"今俸入不堪,吏莫能自养。其始也,亏替公费,耗没祭祀、学校、夫马、铺递、民快之赀以自入,而一责之民,其既也,则无所不为,而成乎豺虎也。"除了相关议论外,也有一些人提出通过制度的微调,进行局部改善的建议,如《明史·周忱传》记载:周忱提出改变京师百官月俸发放办法,将官员在南京领取禄米折换成银两的极不经济办法,改为直接支取折银的简单办法,取得了"民出甚少而官俸常足"的效果。

清初继承了明代的低薪制。《东华录》记载了当时监察御史赵璟的一段奏议,他说若以知县每年45两俸银,"计每月支俸三两零,一家一日,粗食安饱,兼喂马匹,亦得银五六钱,一月俸不足五六日之费,尚有二十余日将忍饥不食乎? 不取之百姓,势必饥寒。若督抚,势必取之下属,所以禁贪而愈贪也。……臣以为俸禄不增,贪风不息,下情不达,廉吏难支"。他提出以"应征税款与折纳赎银加增官员俸禄"。当时官员为补贴收入,常常加征耗羡,也称火耗。《石渠余纪》里记载康熙曾言:"所谓廉吏者,亦非一文不取之谓。若纤毫无所资给,则居常日用及家人胥役,何以为生?如州县官止取一分火耗,此外不取,便称好官。若一概从苛纠摘,则属吏不胜参矣。"康熙后期,不少人上疏提出将耗羡由私征改为公派,"耗羡归公"后,一部分银两用于弥补地方财政亏空,一部分银两可以补贴地方官用度。雍正即位后,诺岷上疏提出耗羡归公,各官发养廉银思路。在实施养廉银后,雍正下诏:"将惟正之供,赏给养廉,朕今施恩于官者,实施恩于民之意。无非欲百姓等催科不扰,皆乐业于田间;官员等俯仰裕如,咸尽心于官守。倘官员不知朕爱民之苦心,仍有作奸犯科、隐粮逋赋。及侵渔公帑。剥削民膏者。在天理国法。俱难姑容。加以重惩,更无可贷,思之慎之。"(《清世宗实录》)但养廉银发放后,在制度上也有不公平的问题,乾隆指出"各省督抚养廉有二三万者,有仅止数千两者,在督抚俱属办理公务,而养廉多寡悬殊,似属未均",提出按照"地方远近、事务繁简、用度多寡"三个原则重新进行规划(《清高宗实录》)。

第三节 军费支出思想的演变

军费支出历来都是政府财政支出中的重大项目,是国家财政的一项沉重负担,对国民经济和人民生活的影响很大。春秋战国以来,战争接踵迭起,战费的筹措不仅成了政府的重要工作,也引起了朝野人士的广泛讨论。

一、一般军费支出思想

孔子曾言"足食足兵"。虽然孔子强调不得已时首先应"去兵",但还是重视武备,将足兵列为支出的重要方向。《国语·鲁语》记载,季康子增加军赋,派冉求去征求孔子的意见,孔子没有回答,而私下对冉求说:现在的田赋制度是先王制定的。

"籍田以力,而砥其远;赋里以入,而量其有无;任力以夫,而议其老幼。于是乎有鳏寡孤疾,有军旅之出则征之,无则免。"这表明孔子反对新增军赋,表示只需维持旧制即可,并且强调军赋征收应该根据战事情况。有战争发生时,才征军赋。孟子生活在战事频繁、军费浩繁的战国,所以反战情绪很大,坚决主张行仁政,反对战争,认为应该用王道战胜霸道。他说:"君不乡道,不志于仁,而求为之强战,是辅桀也。"他认为"城郭不完,兵甲不多,非国之灾也,田野不辟,货财不聚,非国之害也,上无礼,下无学,贼民兴,丧无日矣。"荀子虽强调王道,认为"王夺之人,霸夺之与,强夺之地",但不反对增强实力,"辟田野,实仓廪,上下一心,三军同力"。墨子主张非攻,但不反对自卫战争。他说:"库无备兵,虽有义不能征无义;城郭不备全,不可以自守……故备者国之重也,食者国之宝也,兵者国之爪也,城者所以自守也,此三者国之具也。"法家的耕战思想,是把整个国家训练成了战争的机器,财政成为筹费强军的工具。《管子》提出"国富者兵强,兵强者战胜",建构了欲强军、必先富国的思想。《孙子》作为兵家的重要著作,不仅强调财力保障对战争的重要,"军无辎重则亡,无粮食则亡,无委积而亡",还建立了"因粮与敌"的军事补给思想。《孙膑兵法》也强调委积的重要,"故城小而守固者,有委也",他还强调在战争中切断敌人粮道的重要性。

西汉初年,虽以"休养生息"为国策,但也强调战备。贾谊提出:"夫积贮者,天下之大命也。苟粟多而财有余,何为而不成?以攻则取,以守则固,以战则胜。怀敌附远,何招而不至?"贾谊还主张禁止私铸,把省下来的铜用来改铸兵器,他说:"故善为天下者,因祸而为福,转败而为功。"晁错提出"重粟"思想,通过授爵来引导商人购粟运往边防前线,增强边防储备。汉武帝时期,国家转向积极有为方向,财政政策也随之调整。桑弘羊主持财政改革,积极为汉武帝筹集财政资金。桑弘羊在盐铁会议上,以历史为据说明加强军费的重要。他指出宋襄王有文事而无武备,"身执囚而国几亡",是自取其辱。秦国之所以战能胜,攻能取,统一六国,打败匈奴,拓地千里,就是因为商鞅能施行积蓄财力的财政政策,"夫蓄积筹策,国家之所以强也"。他强调盐铁官营对筹集军费的重要,"边用度不足,故兴盐铁,设酒榷,置均输,蓄货长财,以佐助边费,今议者欲罢之,内空府库之藏,外乏执备之用,使备塞乘城之士饥寒于边,将何以赡之?罢之,不便也"。

三国时代,豪杰并起,均以英雄自许,在战争实践中丰富着军费支出思想。曹操在注释《孙子兵法》时,提出了很多自己的看法,如"欲战必先算其费""兵甲战具,取用国中,粮食因敌也""军无财,士不来,军无赏,士不往"。作为常年征战的统帅,曹操有着非常丰富的实践经验,他在注释《孙子兵法》讨论军事用度时,十分重视算账,如讨论装备时,他能一一仔细算账:"一车驾四马,卒十骑一重,养二人主炊;家子一人主保固守衣装;厩二人,主养马,凡五人。步兵十人,重以大车驾牛。养二人主炊,家子一人主守衣装,凡三人也。"在讨论运输时,他也能从具体花费角度来说明宜近不宜远的原则:"六斛四斗为钟。计千里转运,二十钟而致一钟于车中也……石者,一百二十斤也。转输之法,费二十石得一石……言远费也。"诸葛亮指出:"古之善用兵者,揣其能而料其胜负。主孰圣也,将孰贤也?吏孰能也?粮饷孰丰也……由是观之,强弱之势,可以决矣。"又说:"军以粮食为本,兵以奇正为始,器械为用,委积为备,故国困于贵买,贫于运输。"三国归晋后,陈寿将诸葛亮的兵书收编入《诸葛亮集》。

北魏时期,长孙嵩提出掠夺与狩猎相互补充的思想。《魏书·长孙嵩传》记载,太武帝诏问公卿,赫连、蠕蠕征讨何先。长孙嵩等曰:"赫连居土,未能为患,蠕蠕世为边害,宜先讨大檀。及则收其畜产,足以富国;不及则校猎阴山,多杀禽兽,皮肉筋角,以充军实,亦愈于破一小国。"可以看出,当时北魏统治者认为"充军实"的主要来源是掠夺与狩猎,而且掠夺的作用要大于狩猎。只有掠夺不那么如意时,才以狩猎弥补。《资治通鉴》记载太延五年(439年)在是否讨伐北凉的讨论中,北魏君臣的着眼点也在于有没有畜产可供掠夺,崔浩引《汉书·地理志》的"凉州之畜为天下饶"激发了北魏君臣讨伐北凉的欲望。南朝宋在这一时期还提出了借贷筹集军费的思想。《南朝宋会要》记载,元嘉二十七年(450年),宋文帝欲大举北伐但军资不足,这时有司奏请向民间富民借贷,家资满五千万,僧尼满二十万,并四分换一,即征借其家财的四分之一。"过此率计,事息即还"。只可惜,"元嘉草草,封狼居胥,赢得仓皇北顾"。

唐初名将李靖著有《李卫公兵法》,原书已佚,《通典》有其佚文。李靖十分重视军粮,将军粮视为敌我双方力量对比的关键因素,认为粮运不继的敌人是可以战而胜之的。"因粮于敌"是战争中"变客为主"的关键,在不能实现"因粮于敌"的时候,要力求通过自带粮食迅速完成任务。在进攻东突厥时,他命令1万骑兵带足20日粮食,迅速突击逼降东突厥。李靖还十分重视军费绩效的提高,他仔细调整各种军事物资储备的比例结构,加强管理。他提出对出战士兵的背包应注明"衣服物数、并衣资、弓箭、鞍辔、器仗,并立具题本军、营、州县、府卫及己姓名,仍立营官视检押署,营司抄取一本,立为文记,五日一申报"。

安史之乱致使军费急剧增长,此后又出现了藩镇割据局面,财政更加困难。为保证军政所需,唐代中期出现了一大批财经技术官僚,展开了一系列财税改革,如刘晏、元载、杨炎、第五琦等,这些改革在前面已经提到,这里不再详述。此外,陆贽在《论边城贮备米粟等状》里提出:"自昔败乱之由,多因馈饷不足",在《论缘边守备事宜状》中提出:"理兵足食,备御之大经,兵不理则无可用之师;食不足则无可固之地。"在《制策问识洞韬略堪任将帅科》中,陆贽提出:"兵足则威,食足则固。"李筌在《太白阴经》里提出农业是富国强兵的基础,他说:"课农者,术之事,而富在粟;谋攻者,权之事,而强在兵。"还说"军无辎重,则举动皆阙""兴师不有财帛,何以结人之心"。

五代时,后唐张延朗在辞三司使之职的表章里提出财政在养民与养军上的两难困境。《旧唐书·张延朗传》收录了这份《请节国用表》。张延朗提出"欲养四海之贫民,无过薄赋。赡六军之劲士,又藉丰储。利害相随,取与难酌",指出了养民与养兵的两难困境。他认为:"若使罄山采木,竭泽求鱼,则地官之教化不行,国本之伤残益甚。取怨黔首,是黩皇风。况诸道所徵赋租,虽多数额,时逢水旱,或遇虫霜,其间则有减无添,所在又申逃系欠。乃至军储官俸,常汲汲於供须。夏税秋租,每悬悬於继续。况今内外仓库,多是罄空。远近生民,或闻饥歉。伏见朝廷尚添军额,更益师徒。非时之博籴难为,异日之区分转大。窃虑年支有阙,国计可忧。"他主张:"节例外之破除,放诸项以俭省。不添冗食,且止新兵。务急去繁,以宽经费。减奢从俭,渐俟丰盈。则屈者知恩,叛者从化,弭兵有日,富俗可期。"即对政务要去繁从易,对奉公善政的要不惜重酬,对没有贡献的,不要给予厚俸。

宋代苏轼对军事支出多有论述,郎晔编的《经进东坡文集事略》中将苏轼的相关论述收录入进策、策问篇中,《宋史·苏轼传》中也收入了部分文章,可相互参考。苏轼提出:"农出谷帛以养兵,兵出性命以卫农,天下便之。虽圣人复起,不能易也。"他指出:"民者天下之本,而财者民之所以生也。有兵而不可使战,是谓弃财。不可使战而驱之战,是谓弃民。"他还说:"夫兵无事而食,则不可使聚,聚则不可使无事而食,此二者相胜而不可并行,其势然也。"李觏在《强兵策》里提出了"足兵足食""兵有储,边有备"等思想。

元代耶律楚材劝导蒙古统治者建立赋税体系来保障军需,放弃原来依靠游牧和掠夺的办法。《元史·耶律楚材传》记载耶律楚材向窝阔台汗力陈:"陛下将南伐,军需宜有所资,诚均定中原地税、商税、盐酒、铁冶、山泽之利,岁可得银五十万两、帛八万匹、粟四十余万石,足以供给。"在蒙古人攻陷汴梁城欲屠城掠夺之际,耶律楚材进言:"将士暴露数十年,所欲者土地人民耳。得地无民,将焉用之!"他又说:"奇巧之工,厚藏之家,皆萃于此,若尽杀之,将无所获。"

明代于谦在《急处粮运以实重边以保盛业疏》里提出"强兵以足食为本"的思想,在《令诸将预订安边策疏》里提出"足食者足兵"的思想。戚继光在《请兵破虏疏》里提出"以节制当其利器"的思想,还提出军队在地方操练、作战,武器、粮饷都应在地方就地解决,不必中央户部或工部统管,这样可以节省转运之劳,又可免除空虚之患。李之藻曾向当时西方来华的耶稣会传教士学习近代科技知识,又曾亲自管理过军需,他在《制胜务须西铳敬述购募始末疏》里介绍了西方火铳的威力,建议军需采购应该购买西铳,然后仿制。

清代康熙帝曾提出军需浩繁、用度宜简的思想。他在诏书里说:"各处大兵征剿,军需浩繁。一切供应皆出民力……文武大小各官,俱当以国计民生为念,洁己奉公,加意撙节,表率属员,恪遵法纪,以副朕戡乱救民之意。"谢阶树在《约书·理财》篇里指出"耗财者三:兵饷、河防、漕运是也",提出"省冗官""汰冗兵"等节财主张。

二、寓兵于农思想

上古传说中的井田制是"兵农合一"思想的一种具体实践方式。《汉书·刑法志》所称"因井田而制军赋",就是指政府向农民授田,农民在缴纳一定量的田租的同时,还相应承担一定服兵役和提供军需的义务,即《汉书·刑法志》中说的"有税有赋,税以足食,赋以足兵"。具体而言,就是一丘(十六井)出戎马 1 匹,牛 12 头,甲士 3 人,士卒 72 人,干戈自备。

《管子》提出了寓兵于农的思想,亦叫作"作内政而寓军令",即把居民组织和军队编制统一起来,分全国为 21 个乡,其中士农之乡有 15 个。士农之乡每家出 1 人为士卒,每乡 2 000 户,出士卒 2 000 人,5 乡出士卒万人,组成一军。士农 15 乡组成三军,平时农作,农闲时训练,战时出征,并建立相应的保甲制度,"卒伍之人,人与人相保"。这种寓兵于农的思想,相传是齐国开国之君姜尚传下来的。姜尚(约公元前 1156—前 1017 年),字子牙,因辅助周武王灭商,受封于齐。相传他著有《六韬》。但一般认为《六韬》成书于战国时期。《六韬》详述了寓兵于农的办法,将军事的组织、征战、军备物资的征集运输及仓储和农业生产过程联系起来,还提出农具就是兵器,如"耒耜者,其行马蒺藜也。马、牛、车、舆者,其营垒蔽橹也。锄耰之具,其矛戟也。蓑薜簦笠者,其甲胄干盾也。镢锸斧锯杵臼,其攻城器也。牛马,所以转输粮用也"。

西汉桑弘羊提出了屯垦边疆、加强战备的思想。当时西汉与匈奴作战,需要大量粮食供给,如单纯依靠内地供应,不仅负担过重,而且转输困难,损耗严重,人力不堪。再者军人久戍思归。只有增加边地居民数量,调动其守土热情,才能因民为兵,因屯为守。在此思想的指导下,汉武帝多次大规模移民实边,为军屯打下了基础。"屯田"一词虽最早见于《汉书》,但裘锡圭先生认为商代晚期卜辞中屡见的"侯田""多田"就是屯垦戍边的领兵将领①。于省吾先生认为西周钟鼎文中的"司土""司佃"等职官,亦是管理军事屯田的官员②。

汉宣帝时,赵充国(公元前137—前52年,字翁孙,陇西上邽即今甘肃天水人,西汉著名将领)上书《屯田便宜十二事》,提出实行边疆屯田的建议。他分析道:"臣所将吏士马牛食,月用粮谷十九万九千六百三十斛,盐千六百九十三斛,茭藁二十五万二百八十六石。难久不解,徭役不息。"而在临羌东至浩亹,有羌虏故田及公田二千顷以上,没有人开垦。如果实行军垦,可以获得大量粮食,不仅可以解决驻军给养,还能增加储备,节省财政大量开支。他提出12个好处:"因田致谷,威德并行,一也。又因排折羌虏,令不得归肥饶之地,贫破其众,以成羌虏相畔之渐,二也。居民得并田作,不失农业,三也。军马一月之食,度支田士一岁,罢骑兵以省大费,四也。至春省甲士卒,循河湟漕谷至临羌,以视羌虏,扬威武,传世折冲之具,五也。以闲暇时下所伐材,缮治邮亭,充入金城,六也。兵出,乘危徼幸,不出,令反畔之虏窜于风寒之地,离霜露疾疫瘃堕之患,坐得必胜之道,七也。亡经阻远追死伤之害,八也。内不损威武之重,外不令虏得乘间之势,九也。又亡惊动河南大开、小开使生它变之忧,十也。治湟狭中道桥,令可至鲜水,以制西域,信威千里,从枕席上过师,十一也。大费既省,徭役豫息,以戒不虞,十二也。"此后,赵充国又一次上书,提出开展军屯"内有亡费之利,外有守御之备"。

东汉时王符(约85—163年,字节信,安定临泾即今甘肃镇原人,东汉政论家、思想家)积极主张移民垦荒,并针对当时东汉和西部羌族长期征战,提出土地和人民的比例要适当。《后汉书·西羌传》称"羌叛十余年间,兵连师老,不暂宁息"。边郡地区人口锐减,土地荒芜。王符在《潜夫论》中指出为"攻必胜敌""守必自全",必须移民垦荒,充实边地防卫力量。但王符也提出移民时要注意人口与土地的比例关系,不是移民越多越好。他说"土多人少,莫出其材是谓虚土,可袭伐也",但"土少人众,民非其民,可匮竭也"。这一认识,在当时是很务实有见地的。

北魏时期,一次发放给士兵1年用于购粮的绢12匹(当时绢帛带有货币属

---

① 裘锡圭:《甲骨卜辞中所见的"田""牧""卫"等职官的研究》,载于《文史》第19辑,中华书局1983年版。
② 于省吾:《略论西周金文中的"六师""八师"及其屯田制》,载于《考古》1964年第3期。

性),很多士兵使用毫无节制,一下子就大手大脚地花完了,接下来就得忍受饥寒,薛虎子(441—491年,南北朝时北魏将领,曾任徐州刺史)针对这种情况,提出将这些用于军饷的绢帛集中起来,买牛分发戍卒,用于屯田耕种,《魏书·薛虎子传》记载当时"州镇戍兵,资绢自随,不入公库,任其私用,常苦饥寒",于是薛虎子上表:"窃惟在镇之兵,不减数万,资粮之绢,人十二匹,即自随身,用度无准,未及代下,不免饥寒……若以兵绢市牛,分减戍卒,计其牛数,足得万头。兴力公田,必当大获粟稻。一岁之中,且给官食,半兵耘植,余兵尚重,且耕且守,不妨捍边",则"一年之收,过于十倍之绢;暂时之耕,足充数载之食。于后兵资,唯须内库,五稔之后,谷帛俱溢"。

北周时期,宇文泰(507—556年,字黑獭,代郡武川即今内蒙古武川西人,鲜卑族,南北朝时的军事家、北周政权奠基者)推行"府兵制",将兵制和均田制联结起来,平时就在农隙时训练,战时出征,自带武器。《北史·李弼等传》记载:"每兵唯办弓刀一具,月简阅之",但一般重武器,如甲、矟、戈、弩等都由政府提供。隋朝建立后,隋文帝杨坚于开皇十年(590年)下诏,规定"凡是军人,可悉属州县,垦田籍账,一与民同"(《隋书·高祖纪下》)。唐代继续实行府兵制,寓兵于农。唐中期后,府兵制被破坏,开始实施募兵制。政府也在各地实施屯田,《旧唐书·郭子仪传》记载:大历六年(771年),河中军队经常缺粮,朔方节度大使、关内副元帅亲耕百亩,令将校以此为差,不籍而耕,军食有余。白居易在《复府兵、置屯田》里,主张恢复府兵制和组织屯田。他认为只有实行府兵制,让"府有常官,田有常业,俾平时而讲武,岁以劝农,分上下番,递劳逸之序。故有虞则起为战卒,无事则散为农夫。不待征发,而封域有备矣;不劳馈饷,而军食自备矣"。李筌(生卒年不详,陇西即今甘肃人,唐代道家学者,号达观子)的《太白阴经》很重视屯田,认为士卒三时务农,一时治武,才能"人有余粮"。陆贽虽肯定了府兵制在唐初的作用,但他更支持政府购买粮食和籴,他提出政府加价在当地采购粮食,并采取贷给种子、提供耕牛的办法,吸引人民到边地耕种,这样边地得到开垦,政府得到粮食,加强了储备,而且不劳人,不变法,不加赋税,不费官钱,政府还免除了屯田督责之劳。

北宋时苏轼也主张寓兵于农,他在《策别十六》里说:"今夫天下之患,在于民不知兵,故兵常骄悍而民常怯,盗贼攻之而不能御,戎狄掠之而不能抗。今使民得更代而为兵,兵得复还而为民,则天下之知兵者众,而盗贼戎狄将有所忌。"他还说:"兵出于农,有常数而无常人,国有事要一家而备一正卒,如斯而已矣。是故老者得以养,疾病者得以为闲民,而役于官者,莫不皆其庄子弟。故其无事而田猎,则未尝发老弱之民,师行而馈粮,则未尝食无用之卒。使之足轻险阻,而手易器械。聪明足以赴旗鼓之节,强锐足以犯死伤之地,千乘之众,而人人足以自捍。故杀人少而成功多,费用省而兵卒强。"李觏的《强兵策》也极力主张屯田,他说:"其势莫若置屯田而官领之。举力田之士,以为之吏。招浮寄之人,以为之卒。立其家室,艺以桑麻,三时治田,一时讲事。男耕而后食,女蚕而后衣,撮粒不取于仓,寸帛不取于府。而带甲之壮,执兵之锐,出盈野,入盈城矣。其所输粟又多于民,而无养士之费,积之仓而已矣。此足食足兵之良算也。"

明朝朱元璋在起兵之初,就提出了"以农养兵"的思想。他指出"今军务实殷,用度为急,理财之道,莫先于农"。他以康茂才为营田使,开展军屯,以其收获,充作军饷。建国后,朱元璋建立卫所制度,各地卫所都实行屯田,以保证军饷供应。明朝初期,几乎无军不屯,军队大体都能屯田自养,免去了国家养兵之费。为保障兵源和供给,明代实行了军户制度,军士世袭,单编户籍,叫作军户。由于身份固化和剥削严重,明中期以后军户逃亡渐多,土地荒废。林希元(1482—1567年,福建同安人,字茂贞,明正德年间进士,曾任大理寺丞、钦州知州、广东按察司佥事等)上《应诏陈言屯田疏》,指出当时屯田破坏的主要原因是军士逃亡几尽,田土遗失过半,根结在于课税太重。林希元主张变通屯田办法,他说:"法尚通变,必因其时,时变可通,何必旧也。今卫所之兵逃亡过半,守城且不足,况可复屯种乎!"他提出由民佃种,一人一分或二分,不许多占。土质较差的地,酌减科税。边地的屯田,也做好军事保护措施。

清朝兵制实行八旗制度。在入关之前,是寓兵于农,兵农合一,出则征战,入则务农。但入关后,清朝采取了兵农分离的制度,兵是兵,农是农,各有其职务。当时不少人主张建立军屯制,如谢阶树(1778—1825年,字子玉,江西宜黄人,嘉庆年间进士,授翰林院编修,官至御史)在《约书·理财》篇里指出"耗财者三:兵饷、河防、漕运是也",提出辟边缴之荒地以屯田,则兵费可节约。汤鹏(1801—1844年,字海秋,湖南益阳人,道光年间进士,曾任户部江南司郎中、陕甘乡试正考官等职)在《浮邱子·医贫》篇里积极主张"兵耕""屯田"。他提出通过屯田方式开发西北,以开荒自养,还能减轻东南人民的负担。

第四节　社会保障支出思想的演变

一、政府提供社会保障思想

早在原始社会,人类就形成了协助互助的精神,古代关于大同社会的认知,就是中国传统社会的最高理想模式。《礼记·礼运篇·大同章》描述："大道之行也，天下为公，选贤与能，讲信修睦。故人不独亲其亲，不独子其子。使老有所终，壮有所用，幼有所长，矜寡孤独废疾者，皆有所养。男有分，女有归，货恶其弃于地也，不必藏于己，力恶其不出于身也，不必为己，是故谋闭而不兴，盗窃乱贼而不作。故外户而不闭，是谓大同。"古人希望的是一个老弱病残受到社会照顾、儿童由社会教养、一切有劳动能力的人都有机会充分发挥自己才能的大同社会。在国家建立以后，人们把这种理想附着于国家，成为完美国家的形象，这种理想也贯穿于整个传统社会。但在阶级统治的现实中，这种理想要成为统治者的自觉行为谈何容易。夏是中国历史上第一个朝代，其统治者迷信"天命"，自视为"天子"，受命于固常不变的天。夏桀曾说："天之有日，犹吾之有民，日有亡哉，日亡吾亦亡矣。"他认为自己的统治是永恒的，于是为所欲为，荒淫无度，而罔顾人民死活。然而上天并没有像夏桀希望的那样永远保护他，他在人民的反抗下丧失了统治地位。代之而起的商朝在一定程度上汲取了夏的教训，提出了"施实德于民"(《尚书·商书·盘庚》)的思想，但他们依然迷信鬼神，认为自己的统治基础来自鬼神的意志。商纣说："我生不有命在天乎！"(《史记·殷本纪》)，于是"小民方兴，相为敌雠"(《尚书·商书·微子》)。以周公为代表的周初政治家们在总结夏、商两代衰亡的教训时，深刻认识到人民的力量，认为"民之所欲，天必从之"(《尚书·周书·泰誓》)，将天命和民欲联系起来，上天关心的是人民的疾苦，天命是以人民愿望为依归的，提出了敬天保民的思想。德政成了沟通天命和民欲的桥梁，要求统治者在政治上爱民、重民，经济上富民、知百姓疾苦，生活上节俭，以减轻百姓负担。

对于实施德政需要提供的公共产品，《周语》中有七德之说，具体而言，就是《逸周书》里所说："乡立巫医，具百药以备疾灾，畜百草以备五味，立勤人以职孤，立正长以顺幼，立职丧以恤死，立大葬以正同，立君子以修礼乐，立小人以教用兵，立乡射以习和容。春猎耕耘，以习迁行，教芋与树艺，比长立职，与田畴皆通，立祭祀与岁谷登下厚薄，此谓德教。"《周礼》虽然成书时间有争议，但包含着周代的某些史实。《周礼》不仅提出了慈幼、养老、赈穷、恤贫、宽疾、安富的"养万民"政策，还设计了保障这些公共产品供给的制度和程序。《周礼》还提出了十二荒政思想，即"以荒政十有二聚万民：一曰散利，二曰薄征，三曰缓刑，四曰驰力，五曰舍禁，六曰去几，七曰眚礼，八曰杀哀，九曰蕃乐，十曰多昏，十有一曰索鬼神，十有二曰除盗贼"。管子的"九惠之教"理财思想也反映了提供公共产品的内容："饥者得食，寒者得衣，死者得葬，不资者得赈，则天下之归我若流水。"即政府应该提供"老老、慈幼、恤孤、养疾、合独、问病、通穷、振困、接绝"等公共产品。他对每一项政策都设计了专门人员来管理,并对其职责和工作方法程序作了说明。

先秦诸子也提出了一些主张,基本上都在这个范围内,只是各有侧重。如孔子主张"博施于民而能济众",荀子主张"收孤寡、补贫穷",墨子主张"使民之饥者得食,寒者得衣,劳者得息",庄子主张"以事为常,以衣食为主,蓄息畜藏,老弱孤寡为意,皆有以养"。孟子尤其注重对鳏、寡、孤、独等弱势群体的救助,他认为"此四者,天下之穷民而无告者。文王发政施仁,必先斯四者"。孔子还从社会均平角度提出,"丘也闻有国有家者,不患寡而患不均,不患贫而患不安",强调政府进行贫富调整对社会稳定的重要作用。《老子》提出要"损有余而补不足"。

中国古代思想家在公共产品的提供上还有一个值得重视的方面,就是"为民治产"的富民思想。孟子认为"民之为道也,有恒产者有恒心",提出"明君治民之产,必使仰足以事父母,俯足以蓄妻子,乐岁终身饱,凶年无死亡"。管子认为"仓廪实则知礼节,衣食足则知荣辱",提出"治国之道,必先富民"。所以古代思想家特别重视政府对生产的辅助,一方面在大同思想的影响下一再提倡均田地,如秦之授田、汉之限田、曹魏之屯田、北魏隋唐之均田,一直延续到晚清太平天国的《天朝田亩制度》;另一方面则对农民生产提供帮助,如大兴水利、提供种子农具的贷款、编制农书等。晋文公认为,政府的职责,除了"施舍分寡,救乏振滞,匡困资无",还要"轻关易道,通商宽农,懋穑劝分,省用足财"(《国语·晋语》)。

从世界财政史来讲,中国是世界上最早建立公共福利体系的国家。从周代开始,政府就建立了从中央到地方的各级机构来保障公共产品提供,并且经常派出使者"分行四方,延问疾苦",以便及时"开仓救饥""赈济百姓"。汉代财政支出中,社会福利支出有十多项,包括收养孤儿、赈恤鳏寡、尊老养老、基础教育、医药救助、放赈救灾、丧葬抚恤、助贷贫民、协助生产等。这给政府财政带来很大压力,而且各项标准还不断上涨,如丧葬抚恤费成帝时1人2 000钱,到哀帝时增加到1人3 000钱。在《淮南子》里,还特别强调要为农民提供安定的生产环境和辅助农民进行生产,《主术训》篇说,在制度安排上要勿夺农时,轻徭薄赋,节俭费用。在辅助农民生产方面,要"教民养育六畜,以时种树,务修田畴滋植桑麻,肥硗高下,各因其宜"。董仲舒认为,当时官僚地主对百姓的掠夺造成了贫富悬殊和民不乐生,这是社会"难治"的根本原因。要使社会"易治",就必须实行调节,要使"民财内足以养老尽孝,外足以事上共税,下足以畜妻子极爱"(《汉书·食货志》),"使富者足以示贵而不致于骄,贫者足以养生而不致于忧。以此为度而调均之,是以财不匮而上下相安,故易治也"(《春秋繁露·度制》)。董仲舒还通过建构天人感应理论,来警示帝王实行德政。

魏晋南北朝时期,虽属乱世,战争频繁,人民苦难深重,甚至出现"白骨露于野,千里无鸡鸣"的场景,但社会保障思想还是有所体现。如曹操曾提出:"吏民男女,女年七十已上无夫子,若年十二已下无父母兄弟,及目无所见,手不能作,足不能行,而无妻子父兄产业者,廪食终身。幼者至十二止,贫穷不能自赡者随口给贷。老耄须侍养者,年九十已上,复不事,家一人"(《三国志》注引《魏书》)。各政权都在一定程度上,制定了一些社会保障政策。梁武帝还创办了独孤园,这可能是最早的养老院和孤儿院。梁武帝说:"孤独有归,华发不匮。"北魏李冲提出"三长制"思想,其设想是:"民年八十已上,听一子不从役,孤独癃老笃疾贫穷不能自存者,三长内迭养食之。"因为战乱,出现了大量流民和荒芜的土地,于是出现了屯田、授田、均田、牛力相贸等思想,把人民和土地结合起来,帮助人民生产自救。这一时期,还出现了不少桃花源这样的乌托邦理想,憧憬人民都过着自食其力、没有剥削、与世无争的生活。

中唐时期,刘晏提出生产与救灾相结合的赈济思想。刘晏指出当时赈济需求巨大与财政能力有限的矛盾:"赈给少则不足活人,活人多则阙国用,国用阙则复重敛矣。"就是说,赈济少不足以救活人,或救活不了多少人;广施赈给,凡受灾者都救,国家财政又承受不了,国用不足就只能加重征税,反过来又得加重人民的负担。刘晏进一步指出,遇到灾情就大量赈济,会造成人民的侥幸、依赖心理,不能积极生产自救。刘晏还指出,当时吏员奸猾,赈济近于侥幸,可能出现强者得之多,弱者得之少的情况,造成该救济的没有得到应有救济。于是刘晏提出救灾与引导人民生产自救相结合的办法。首先建立灾情预警系统,即"每州县荒歉有端,则计官所赢,先令曰:'蠲某物,贷某户。'民未及困,而奏报已行矣"。就是通过建立信息情报网络,在灾情刚显端倪时就发出警报计算赢余,先进行相关税收豁免和赈贷事宜。在灾情发生百姓还没有陷入困境时,就立即上报中央,民未及困,救灾措施就已下达施行了。其次是降低粮价,换取当地特产。刘晏认为"灾沴之乡,所乏粮耳,它产尚在,贱以出之,易其杂货,因人之力,转于丰处,或官自用,则国计不乏",也就是说,灾区缺乏的只是粮食,其他物产还在。通过粮食换取当地物产,可促使当地人民恢复生产来换取粮食,而降低粮价则能让灾民以少量特产换得更多粮食,达到救灾的目的。然后官府再雇佣人力,把这些特产转运到需要的地方售卖获利,或者官府自用,这样国家财政不会因救灾而匮乏。而雇佣人力,又能收以工代赈之效。此外,

"多出菽粟,恣之粜运,散入村间,下户力农,不能诣市,转相沽逮,自免阻饥,不待令驱"。也就是通过低价大量出售粮食,放开粮食运送,散入村庄,贫民致力农耕,不能到集市交易,也能辗转相互分沾好处,自然也免去了饥荒。刘晏"又以常平法,丰则贵取,饥则贱与,率诸州米尝储三百万斛"。通过常平法,不仅能及时救灾,还使各州经常性储备粮食达到300万斛。《新唐书·刘晏传》引刘晏部属的话说:"善治病者,不使至危殆;善救灾者,勿使致赈给",称赞刘晏为"管、萧之亚。"

南宋叶适提出"析居"辟地的思想。叶适提出国家扶贫,一方面要通过减轻赋税以养民;另一方面使贫民析居辟地,不仅富裕了贫民,也富裕了国家。他指出,自晚唐五代以来,人们为逃避战乱,纷纷逃亡到闽浙等地狭地区,超过了当地人口承载力一倍以上,造成人多地少和负担不均的情况,使广大民众"无地以自业,其驽钝不才者,且为浮客,为佣力;其怀利强力者,则为商贾,为窃盗,苟得旦暮之食,而不能为家"。而大量地广的地区,"土地之广者,伏藏狐兔,平野而居虎狼,荒墟林莽,数千里无聚落",无人耕种,致使"偏聚而不均,势属而不亲,是故无垦田之利,无增税之人,役不众,兵不强"。这样的土地和人民的不匹配,一方面加大贫富分化;另一方面造成国家赋税减少。他提出"有民必使之辟地,辟地则增税,故其居则可以为役,出则可以为兵",让大量贫民"去狭而就广""田益垦而税益增""财不理而自富"(《叶适集·民事中》)。

清代陈宏谋提出兴修水利以工代赈的思想。他在《勘估长沙月河檄》里提出兴办水利工程时,改变过去征发民夫的办法,而大量雇佣民工,这样可以使"中年力强氓,正可招集,赴工力作,按方领价,本身日食之外,尽可养活家口,免致流移他往,所全实多"。他提出兴修水利工程除了疏通河道、建筑堤坝、防洪灌溉以外,还可以包括港口建设,这样也能有利于商船停泊和货物的交流,使"转移谷米,实为便益"。他还主张因地制宜,广种树本,推广桑蚕,以使百姓增加收入。

二、公私合作提供公共服务思想

人类社会是一个共同体,人与自然、人与社会、人与人之间互利共生,和谐发展,离不开"共担"。"共担"是共存、共荣、共利、共享的基础和前提。孔子说:"独富独贵,君子耻也""富而能富人""富有天下而无怨财,布施天下而不病贫,如此,则谓贤人矣。"《论语》记载子贡曾问孔子:"如有博施于民而能济众,何如?可谓仁乎?"孔子回答:"何事于仁?必也圣乎!"孔子是高度评价能惠及他人的行为的。孔子理想的天下为公的大同社会是"人不独亲其亲,不独子其子。使老有所终,壮有所用,幼有所长,矜寡孤独废疾者,皆有所养"。墨家不仅是一个学派,还是一个互助的社团。所有成员力行墨家的主张,穿着平民朴素的短褐衣,生活极度俭朴。墨者之间,有互助的义务。做官的墨者,要将俸禄的一部分交到社团。墨家提倡"有力者疾以助人,有财者勉以分人,有道者劝以教人"。

汉政府还积极探索社会福利多元供给的途径。不仅卖爵筹集赈济资金,还提出"宠富民之假贷者以救之",借贷民间资金进行社会救助,其后政府偿还富民先行支付的钱物,对"吏民有救饥民免其厄者""吏民以义收食贫民,入谷物助县官赈赡者"奖以爵位、官职,或免征若干年租税。政府还通过同样方法引导民间资金进入公共工程、文教事业等领域,政府自身也通过出售出租公田、节省政府开支、鼓励基层政府"畜鸡豚,以赡鳏寡贫穷者"等措施,多方面筹集资金。宗族互助和民间救助在国家衰乱时期更发挥着重要的作用,其相关思想也得到很大发展,如汉末《四民月令》、以《颜氏家训》为代表的各种家训都在不同程度上丰富了民间提供公共产品的思想。

东汉以后,佛教的传入和道教的兴起,为公私合作提供公共服务提出了新的思想资源。佛家主张众生平等,慈悲为怀。《大智度论》称"大慈与一切众生乐,大悲拔一切众生苦;大慈以喜乐因缘与众生,大悲以离苦因缘与众生"。道教倡导以仁爱恻隐之心利物济人,劝导人们要"矜孤恤寡,敬老怀幼""济人之急,救人之危"。《太平经》提出天地间的财物,原是用以供养众人的,不能让个人或极少数人独占为私有,"此财物乃天地中和所有,以共养人也。此家但遇得其聚处,比若仓中之鼠,常独足食,此大仓之粟,本非独鼠有也;少内之钱财,本非独以给一人也;其有不足者,悉当从其取也。愚人无知,以为终古独当有之,不知乃万户之委输,皆当得衣食于是也"。佛家寺院经常参与各种社会救济活动,如施粥、治病、借住等。道家五斗米道曾在汉中建设一个互助共生的小天地。境内广设免费住宿的义舍,义舍内提供义米义肉,供行人量腹取食。

唐宋继续将"劝富豪以助济施"作为重要国策,但只是作为一种补充,主要用于一般特定的灾难救助、军事支出和水利工程。由于这一时期宗教慈善事业有了很大发展,政府主要通过"政府购买服务"的方法,给予宗教团体一定量的土地,用此后的地租兴办一些常规性福利机构,来为社会提供养老、医疗、救济、丧葬等基本公共服务,如唐代的悲田院,宋代的福田院、居养院、漏泽院、安济坊、安乐病坊等,都是采用这种办法,由僧人主持。而对于穷人家妇女怀孕的资助,都是一次性的"赐以常平钱一千、米一石",由政府设立专门的举子仓负责支付。举子仓在政府拨付的基础上,也吸纳民间捐赠。对于弃婴的收养,也是用拨付土地的办法,由借助民间力量兴办的慈幼庄负责收养。有个人愿意领养的,政府每日给予2升米予以支助。基础教育事业也是划拨专门的学田来进行资助。这样利用宗教和民间慈善力量来兴办福利机构提供基本民生服务,不仅提高了运作效率,也节省了政府开支。这样官民合作,建立起了"由胎养到祭祀"的体系,用今天的话讲就是"从摇篮到坟墓"的社会福利。

南宋朱熹将社会救助视为缓解社会矛盾的重要手段,他主张劝募富户捐献作为赈济费用。朱熹在《劝农文》和《劝谕救荒》等文告中,常常对地主和农民双方分别进行劝谕,指出地主和佃户是互相依存的共同体:"乡村小民其间多是无田之家,须就田主讨田耕作。每至耕种耘田时节,又就田主生借谷米,及至终冬成熟,方始一并填还。佃户既赖田主给佃生借以养活家口,田主亦借佃客耕田纳租以供赡家计,二者相须方能存立。"他希望在遇到灾荒时,"上户有力之家切须存恤救济,本家地客(佃户)务令足食",免得农民流移,使"田土抛荒,公私受弊"。他还提倡上户将余粮出粜或出借。借粮的利息依常例,若到期不还,由官府负责追究。遇到灾荒,农民无力偿还债务时,则禁止逼债,允许延期归还。

明清时期虽然将一些慈善机构收回,由官府自办,但还是积极引导民间资金投资社会福利事业,推动公私合作的公共设施建设。在赐爵筹资方面,进一步制度化,确立一系列的标准。同时,积极引导民间组织和资金参与地方架桥修路、挖井建池等公共设施建设,如《泉州府志》记载,泉州明清时期造桥260座,大多是公私合作建造,其中还有60多座是僧人主持兴造的。1196年,泉州开浚东湖2.9万丈,当地政府全部交给僧人负责。

古代国家提供社会福利的对象与当代福利国家不同,主要局限于贫而无告和遭受天灾这样的特殊对象,所以国家也极力鼓励民间互助来提供涵盖面更广阔的社会福利事业,如"先天下之忧而忧"的范仲淹创办的范氏义庄,通过范仲淹等族人捐献的公田收取的田租,为全族人提供白米、冬衣、嫁娶丧葬补助、基础教育的学费、升学考试的路费等。范氏义庄延续了5个朝代,从1049年到1949年整整900年,受到历代多位皇帝的表彰,成为古代乡里慈善的楷模。

明清时期还建立了"立牌坊以彰尚义"的制度,即通过特定的国家荣誉,来表彰人们的善行,引导人们积极出资参与社会福利和地方公共建设。牌坊的表彰对象,不仅包括纳钱获爵者,还包括大量在民间乡里、宗族互助中表现突出者。在安徽歙县郑村镇棠樾村东大道上,有7座逶迤成群的牌坊,配合周边的古祠堂、古民居、古亭居、古亭阁,在广阔的田园风光、秀丽的山光水色映照下,构成一幅绝美的画面。我们经常可以在电视、书画、宣传册里看到这个经典画面,它已经成为中国传统文化的重要标志之一。但是过去它让人联想到的还有封建社会对妇女的迫害,"贞节守寡"是一条套在古代妇女脖子上的锁链,其实在 7 座牌坊里,严格意义上只有一座贞节牌坊,居正中位置规模最大的一座,是"乐善好施坊",是表彰鲍氏父子大力捐助地方公益事业救济贫困的善行。这座"义"字牌坊四柱三间三楼,高 11.7 米,宽 11.82 米,比那座贞节牌坊要多 2 根柱子,高出近 2 米。中国各地还有很多古代遗存的"义"字牌坊,如被古人称之"天下第一"的福建仙游县的"乐善好施"坊,其建造时间就有 30 多年,精雕细刻,无论建筑造型、结构、雕刻都趋至境。在当时得到这样一块牌坊并不容易,相传清代安徽歙县鲍漱芳父子在那里置义田,办义庄,铺路修桥,常年热心公益事业,其善行义举在当地有口皆碑。从中央到地方都有不少官员上书为鲍氏立"义"字坊。但嘉庆皇帝还觉得不够,暗示鲍家,当时安徽、江苏、浙江三省军饷匮乏,鲍家立即主动捐赠三省 3 年军饷。接着洪泽湖决堤,"诸坝灾民嗷嗷待食",鲍家捐米 6 万石。淮河、黄河发生严重的洪涝灾害,鲍家又捐麦 4 万石,并捐银修筑长达 800 里的淮河河堤。这些捐赠,使不少百姓获益,"所存活者不少数十万人",才终于赢得了这座"义"字牌坊。这类牌坊的层高、檐顶、立柱、额枋、抱鼓石、斗拱、花版、浮雕的图案,乃至圆、透、高、浅、平、阴等雕刻方法,组合出不同的荣誉等级。这些故事也体现了一种公私合作提供公共服务的财政思想。

第七章

财政管理思想和财政政策思想的演变

第一节 预算思想的演变

一、预算管理思想

中国的财政预算管理思想萌芽于远古国家初建之时。预算与财政活动是分不开的,有财政就会有预算。若从政府预算最一般意义的特性——政府收支计划的角度来考察中国预算思想的萌芽,可以一直追溯到夏禹时期。传说夏禹建立了最早的贡赋制度,并在浙江绍兴的茅山召集诸侯会议,进行"大会计",茅山也因之更名为会稽山,沿用至今。"会"的象形字写作"🍲",表示的是把饭合起来在一个锅里煮。"计"是"🗣"(言)+"十"(十),"🗣"表达的是在原始部落里,猎人口头向部落首长报告所获猎物的数目,由部落首长进行分配。"十"有大量的意思,也有从四方向中间集中之意。在后来的史书中,我们也可以看到匈奴、鲜卑等游牧民族都有定期集会,对收获物进行统核分配的制度,如《史记·匈奴传》记载:"岁正月,诸长小会单于庭,祠。五月,大会茏城,祭其先、天地、鬼神。秋,马肥,大会蹛林,课校人畜计。"

西周时,中国已经出现了年度的和跨年度的预算。《礼记·王制》提出的预算思想是:"冢宰制国用,必于岁之杪,五谷皆入,然后制国用。用地小大,视年之丰耗,以三十年之通制国用,量入以为出。"这里提出预算编制量入为出的原则,编制的程序,还提出要建立中长期预算,实行跨年度财政收支长期平衡稳定的机制。这一思想的出现,是源于古代农业社会储备救灾的需要,即"国无九年之蓄,曰不足;无六年之蓄,曰急;无三年之蓄,曰国非其国也。三年耕必有一年之食,九年耕必有三年之食。虽凶旱水溢,民无菜色"。这是古代人们在长期的农业生产和抗灾经验中总结提炼出来的财政管理思想。

《周礼》里设计了以"九赋"对"九式"的收支对口的预算思想。即用一一对应的办法来达成收支的平衡,一项收入解决一项支出。《周礼》中虽没有直接提到"量入为出"的原则,但已经表达出了这个意思。财政收入包括了赋和贡,"九赋"有邦中之赋、四郊之赋、邦甸之赋、家削之赋、邦县之赋、邦都之赋、关市之赋、山泽之赋和弊馀之赋。"九贡",即祀贡、嫔贡、器贡、币贡、材贡、货贡、服贡、游贡和物贡。赋和贡的收入都有特定的用途。"九赋"用于"九式"支出,一一对应,专款专用。"九式"包括了祭祀之式、宾客之式、丧荒之式、羞服之式、工事之式、币帛之式、刍秣之式、匪颁之式和好用之式。"九赋"和"九式"的对应关系是:"关市之赋以待王之膳服,邦中之赋以待宾客,四郊之赋以待稍秣,家削之赋以待匪颁,邦甸之赋以待工事,邦县之赋以待币帛,邦都之赋以待祭祀,山泽之赋以待丧纪,币余之赋以待赐予。"九贡的用途是:"凡邦国之贡以待吊用,凡万民之贡以充府库。"式、贡使用后还有结余,则供王"玩好之用"。周礼"量入为出,收支对口"的预算设计如表 7-1 所示。

表 7-1　　　　　　《周礼》"量入为出,收支对口"的预算设计

	收　入		支　出
九赋	① 邦中之赋(城郭园地收益 1/20)	九式	② 宾客之式(宴请宾客)
	② 四郊之赋(京畿百里内土地收益 1/10)		⑦ 刍秣之式(饲养牲畜的谷草)
	③ 邦甸之赋(公邑之地任甸地 2/10)		⑤ 工事之式(制造宫室车辇器具)
	④ 家削之赋(家邑之地任稍地 2/10)		⑧ 匪颁之式(分赐诸侯百官的物品)
	⑤ 邦县之赋(小都之地任县地 2/10)		⑥ 币帛之式(赠劳宾客的礼物)
	⑥ 邦都之赋(大都之地任畺地 2/10)		① 祭祀之式(祭祀天地祖先山川)
	⑦ 关市之赋(关税及商业税)		④ 羞服之式(王室的吃穿)
	⑧ 山泽之赋(山林川泽收入 5/20)		③ 丧荒之式(丧礼与救荒)
	⑨ 币余之赋(其他收益税)		⑨ 好用之式(赐予及王的玩好)
九贡	① 祀贡(包茅、牲畜等)	以待吊用(凶礼五事,即丧礼、荒礼、吊礼、襘礼和恤礼)	玩好之用
	② 嫔贡(皮帛之类)		
	③ 器贡(宗庙器具之类)		
	④ 币贡(绣帛、玉马、皮帛之类)		
	⑤ 材贡(木之类)		
	⑥ 货贡(金、玉、龟、贝之类)		
	⑦ 服贡(祭服、服材之类)		
	⑧ 斿贡(羽服、燕好、珠玑之类)		
	⑨ 物贡(各以其所贵宝)		
	九功(九种职业的产品税)	以充府库	

(续表)

	收　入		支　出
役	国民 20～60	一年三日,少者一日	跟随诸侯、大夫从事狩猎、追捕盗贼
	野民 15～65		运送官物及其他劳力支出
军赋	一丘(16井)出戎马一匹牛三头		军事费用
	一甸(四丘)出兵车一乘		
战士自备干戈武器			
王室私债或国债			经济受困,应急
罚课(对不勤劳作者征收)			

战国秦、汉有上计制度。对于上计的内容,《后汉书·百官志》注引胡广的说法是:"户口、垦田、钱谷入出、盗贼多少。"林剑鸣认为秦代的预算形式是:"每年地方官事先要将赋税收入的预算写在木'券'上送交朝廷。年终时,地方官必须将有关情况如实上报。"①郭沫若的描述要更具体些:"把一年税收预算数字写在木券上,剖而为二,王执右券,官吏执左券,国王根据右券在年终考核官吏,予以升降,这种制度叫'上计'。"②由于上计制度涉及更多专业技术,相关讨论并不多见,我们现在只能根据出土的简牍材料来体会其中蕴含的财政思想。《汉书·翟方进传》记载当时"百僚用度,各有数",而翟方进不能"量多少,一听群下言,用度不足"。这说明汉代各种支出都是有预算的,由于身为丞相的翟方进没有很好执行预算,从而造成"用度不足",被汉成帝逼迫自杀谢罪。

西魏、北周时,苏绰发明文案程式,朱出墨入,及计账、户籍之法。《资治通鉴》在梁纪武帝大同元年(535年)条下记载了此事。对于计账,胡三省注曰:计账者,具来岁课役之大数,以报度支。对于这样的制度创造,胡三省感叹道:"世有为之主,必有能者出为之用;若谓天下无才,吾不信也。"

唐初预算已有了明确具体的制度。唐代预算一年一造,即"一岁一造计账,三年一造户籍。县成于州,州成于省,户部总领"(《唐六典》)。此时的预算自下而上编制,最后形成国家预算。我们现在可以根据吐鲁番出土的唐代预算文书,了解其中的财政思想。比如,从吐鲁番出土的"都账"文书里,我们可以了解到唐代在预算编制中的"破除见在"思想。"见"同"现",其实就是"破除现在"。所谓"破除现在"就是对来年

---

① 林剑鸣:《秦汉史》,上海人民出版社1989年版,第115页。
② 郭沫若主编:《中国史稿》第二册,人民出版社1963年版,第15页。1979年版对此作了修订,将"木券"改成了"计簿",第22页。

需求的估算，要破除当前执行金额，重新审核预估，有点类似零基预算。为了保证"破除现在数"，政府明确规定今年结余不能进入来年的预算，只能入后年预算。

开元二十四年(736年)，时任户部尚书的李林甫上书："租庸丁防和籴杂支、春采税草诸色旨符，承前每年一造。据州府及诸司计，纸当五十馀万张，仍差百司抄写，事甚劳烦。条目既多，计检难遍，缘无定额，支税不常，亦因此涉情，兼长奸伪。臣今与采访使、朝集使商量，有不稳便於人，非当土所出者，随事沿革，务使允便。即望人知定准，政必有常，编成五卷，以为常行旨符。省司每年但据应支物数，进书颁行，每州不过一两纸，仍附驿送。"(《唐会要》)他认为一年一造预算成本过高，应把各项固定收入编成册籍，称"常行旨符"，颁行州县，组织预算收入。即把有稳定性的税目编成书册，不必每年更改，其他不稳定的税目，另行编制，一州不过一两页纸。这样纳税的人户明确知道每年应该纳税多少，国家的预算收支比较稳定，同时也降低了编制预算的成本。

户部度支司是当时负责预算编制的主要部门。权德舆(759—818年，字载之，天水略阳即今甘肃秦安县人，唐贞元、元和年间名重一时的宰相)在《论度支疏》里说："且度支所务，天下至重，量入为出，从古所难。使物无遗利而不可竭，竭则害生类；使奸无隐情而不可刻，刻则伤人和。调其盈虚，制其损益。上系邦本，下系元元。苟非全才通识，则有所壅。"当时裴延龄(728—796年，唐河中河东即今山西永济人，掌管财赋时官声极差)以户部侍郎判度支，以苛刻剥下附上为其功，权德舆在《论裴延龄不应复判度支疏》指出"经费之司，安危所系"，认为裴延龄不适任，指其"以租赋正额支用未尽者，便谓之剩利，以为己功""破官钱买常平先所收市杂物，遂以再给估价，用充别贮利钱""边上诸军，皆至悬缺，自今秋以来，并不支粮"。

二、编制会计录的思想

唐宪宗时，参考"常行旨符"，正式编制了10卷本的《元和国计簿》，此后又编了1卷本的节本《元和国计略》和30卷的《元和会计录》，作为国家收支的基础。唐文宗大和年间，编制了《大和国计》，后于开成初年又编制了《开成占额图》。"国计簿""会计录"的出现，标志着我国古代预算制度发展到一个新的时期。此后宋明清各朝，都以此模式编制《会计录》颁行天下，形成了中国独特的传统预算模式。

宋承唐制，立国不久就开始修会计录。目前所知最早的是真宗咸平年间编的《咸平占额图》。其后所编，都统称"会计录"了。宋真宗时有《景德会计录》、宋仁宗时有《庆历会计录》和《皇祐会计录》、宋英宗时有《治平会计录》、宋哲宗时有《元佑会计录》。宋徽宗时，战乱已起，虽没有编成全国性的会计录，但也编有地方性的《宣和两浙会计总录》和简略版的《国用须知》。宋高宗南渡后，虽偏安江南，还是很重视会计录的编制。宋高宗时编成《绍兴会计录》，此后宋孝宗有《乾道会计录》、宋光宗有《绍熙会计录》、宋宁宗有《庆元中外会计录》、宋理宗有《端平会计录》。两宋几乎每代都有编制"会计录"，可惜没有一部能留下来。幸有不少主持者，如欧阳修、苏辙等为文学名家，从文学角度为我们保留了一些片段，如为《元佑会计录》作的总序、民赋序、收支序还保留在其文集里。在总序里，苏辙总结历代财政得失，提出依法理财的重要，指出"无法以为久也"，如"法度不立"，"数年之后，国用旷竭，臣恐未可安枕而卧也"。他介绍他编写的《元佑会计录》，"凡计会之实，取元丰之八年，而其为别有五：一曰收支，二曰民赋，三曰课入，四曰储运，五曰经费。五者既具。然后著之以见在，列之以通表，而天下之大计，可以画地而谈也。若夫内藏右曹之积，与天下封桩之实，非昔三司所领，则不入会计，将著之他书，以备观览焉"。

明代丘浚在《大学衍义补》中提出仿照唐宋旧例，如李吉甫的元和国计簿、苏辙的元祐会计簿等，将自洪武以来每朝编成一卷会计录以供后世参考。"使今之知昔而后日之知今"，作为每年"规国用"，即编制国家预算的必要参考资料。他提出参照《王制》冢宰制国用的原则，"每岁户部先移文内外诸司及边方所在，预先会计嗣岁一年用度之数；某处合用钱谷若干、某处合费钱谷若干，用度之外，又当存积预备若干，其钱谷见在仓库者若干，该运未到者若干，造为账籍，一一开报"，并预先通知各地方的布政司，每年10月秋收后，"总计一岁夏秋二税之数，其间有无灾伤、逋欠、蠲免、借贷，各具以知"。至年终，户部根据中央各司和地方提供的"新旧储积之数"，编制下一年度的财政计划，"约会执政大臣通行计算嗣岁一年之间所用几何，所存几何，用之之余，尚有几年之蓄，具其总数，以达上知（向皇帝汇报）。不足则取之何所以补救，有余则储之何所以待用。岁或不足，何事可以减省，某事可以暂已。如此则国家用度有所稽考，得以预为之备，而亦俾上之人知岁用之多寡，国计之盈缩、蓄积之有无云"。为了使预算的编制合理，执行顺利，丘浚又主张根据《周礼》的设计，重视预算的稽核审计。他说："成周设司会之官以职财计……大宰总其法于上，司会察其法于下，有所施用于邦国，有所施用于官府，有所施用于都鄙，皆毕合于六典、八法、八则之典礼。然后致之，令之，均节之，使财足以周天下之用，而用之各得其宜焉。"他强调，司会不仅是事后审查，还必须在事前考察预算是否合理。他认为，这样是因为"以国家之大，用度之伙，其出入之数，必为籍以纪之，设官以稽之，所以防有司之奸欺也"。他还提出，审核与收支记录应分官掌管，以便两种职务

"交相参互,以此所掌,稽彼所录,多寡虚实昭然然矣"。

丘浚还揭示了编制会计录对保持跨年度财政收支长期平衡稳定的作用,他说编好会计录后,使"国计大纲,了然在目。如或一岁之入不足支一岁之出,则推移有无,截补长短,省不急之用,量入为出,则国不亏而岁用有余矣"。

嘉靖年间,户部尚书潘潢在编制《会计录》时说:"国家财赋国计总于户部,营缮总于工部,太仆光禄各有司谨于每岁终会计成录进览。一曰岁征,一曰岁收,一曰岁支,一曰岁储。总数会其略,散数注其详。大率一年以岁征为定额……收支既明,岁储虚实自见,即为次年岁派实征通融节缩之计。"从这段话看,当时已经有了每年一编的制度。明代最著名的会计录是张居正主持国政时期编制的《万历会计录》,因为推行清丈土地和一条鞭法改革,使国家财政管理有了稳定、可靠的会计信息基础。《万历会计录》被完整保留至今(近年由中国社科基金课题研究者通力合作,已形成400余万字的《明代〈万历会计录〉整理与研究》一书公开出版)。清朝入关之初,还继续使用《万历会计录》,并延续了编制会计录的传统。

三、量入为出与量出为入的争论

在早期预算思想刚萌芽时,就已经明确了量入为出的原则。汉初由于人民逃亡,生产凋敝,社会秩序破坏严重,急需建立新的财政体系,于是萌发了量出为入的思想,通过对支出的估算确定新的赋税制度,制订国家收支计划。司马迁在《史记·平准书》中将其描述为"量吏禄,度官用,以赋于民。而山川园池市井租税之入,自天子以至于封君汤沐邑,皆各为私奉养焉,不领于天下之经费",这里已经很清晰地包含了量出为入的思想。《汉书·食货上》说:"天下既定,民亡盖臧,自天子不能具醇驷,而将相或乘牛车。上于是约法省禁,轻田租,什五而税一,量吏禄,度官用,以赋于民。"

在唐中期两税法改革中,更为正式地提出了"量出为入"的思想。《旧唐书·杨炎传》记载,杨炎提出:"凡百役之费,一钱之敛,先度其数而赋于人,量出以制入。"早在安史之乱前,唐初制定的均田制已经遭到极大的破坏,土地兼并日益严重,到安史之乱后更是名存实亡。建构在均田制基础上的租庸调和预算管理体制也自然不能延续下去,必须重新建立新的赋税体系,调整收支结构,建立新的预算制度,以保证国家正常运转。《旧唐书·代宗纪》记载,唐代宗永泰二年(766年)十一月诏提出:"古者量其国用,而立税典,必于经费,由之重轻。公田之籍,可谓通制;履亩而税,斯诚弊法。所期折中,以便于时。亿兆不康,君孰与足?故爱人之体,先以博施;富国之源,必均节用……而边事犹殷,戎车屡驾,军兴取给,皆出邦畿。九伐之师,尚勤王略;千金之费,重困吾人。乃者遵冉有之言,守周公之制,什而税一,务于行古。今则编户流亡,而垦田减税,计量入之数,甚倍征之法,纳隍之惧,当宁轸怀。虑失三农,忧深万姓,务从省约,稍冀蠲除,用申勤恤之怀,以救茕嫠之弊。"一系列财政改革也随之展开,刘晏、第五琦等理财家都提出了不少改革主张,并在实践中取得一定成效。唐代宗于永泰五年二月下诏提出建立统一的财政体系的设想:"自王室多难,一纪于兹,东征西伐,略无宁岁。内外荐费,征求调发,皆迫于国计,切于军期,率于权便裁之,新书从事,且救当时之急,殊非致理之道。今外虞既平,罔不率俾,天时人事,表里相符。将明画一之法,大布维新之命,陶甄化源,去末归本。"(《旧唐书·代宗纪》)量出为入的思想也就是在这一背景下,逐步形成,顺应了当时重建财政秩序的需要。

杨炎"量出以制入"的原则直接违反了儒家知识分子一直以来"量入为出"的信条,一经提出就受到很多攻击。陆贽在《论宣令裴延龄度支使状》里提出《礼记·王制》所说的"冢宰制国用,量入为出"是不可动摇的理财原则。他在《均节赋税恤百姓六条》里说:"夫地力之生物有大数,人力之成物有大限。取之有度,用之有节,则常足;取之无度,用之无节,则常不足。生物之丰歉由天,用物之多少由人。"所以"圣王立程,量入为出,虽遇灾难,下无困穷。理化既衰,则乃反是,量出为入,不恤所无"。他提出所取要"量人之力,任土之宜;非力之所出则不征,非土之所宜则不贡"。他还指出自天宝以来,师旅数起,用颇殷繁,数已加征,而用常不足,其原因就在于"盖以事逐情生,费从事广,物有剂而用无节"。"今人穷日甚,国用岁加,不时节量,其势必蹶",就是说只有像古代圣王那样根据民力和土地所宜量入为出,国家财政才能"常足",如果"广求羡利,以赡库钱,岁计月支,犹患不足""逞其情,侈其用",就会带来严重的社会问题。不能"但忧财利之不足,罔虑安危之不持"而"量出为入,不恤所无"。对此,今天学者虽肯定"量出为入"保证国家职能之履行的视角顺应了财政发展规律,但也强调其往往为统治阶级的榨取大开方便之门。唐代时虽有规定敢在两税外加敛一文钱以枉法论,但事实上只是一纸空文。白居易有诗云:"国家定两税,本意在爱人。厥初防其淫(加税),明敕内外臣。税外加一物,皆以枉法论。奈何岁月久,贪吏得因循……夺我身上暖,买尔眼前恩。进入琼林库,岁久化为尘。"

宋代欧阳修在《新唐书·食货志》开篇就阐明:"古之善治其国而爱养斯民者,必立经常简易之法,使上爱物以养其下,下勉力以事其上,上足而下不困。故量人之力而授之田,量地之产而取以给公上,量其入而出之以为用度之数。"它强调了量入为出的原则。在《原弊》里,他指出北宋财政的弊端就是没有遵守"量入为出"的原则,而采取了"量出为入"。他说:"方今量国用而取之民,未尝量民力而制国用也。古者冢宰制国用,量入以为出……今不先制乎国用,而一切临民而取之。故有支移之赋,有和籴之粟,有入中之粟,有和买之绢,有杂料之物;茶盐山泽之利有榷有征",从而造成了"用心益劳而益不足",加剧了国家财政困难。李觏在《周礼致太平论》里也强调了"量入为出"的原则,指出:"一谷之税,一钱之赋,给公上者,各有定制。苟不量入以为出,节用而爱人,则……怨刺并兴,乱世之政也。"苏轼在《策别十三》里也强调了量入为出的原则,他说:"一岁之入,才足以为一岁之出,天下之产,仅足以供天下之用",他称"最下而无谋者,量出以为入,用之不给,则取之益多",是"衰世苟且之法"。朱熹在《答张敬夫》里批评当时"不量入以为出,而反计费以取民,是以末流之弊不可胜救"。他强调税收应与人民实际收入水平相称,"有余者取,不足者与"。

元代马端临在《文献通考》里虽肯定了两税法,但坚持"量入为出以制国用"的传统思想。他指出如不坚持量入为出的原则,"虽竭天下之力以奉之,多为法以取之,只益其不足耳"。他根据《周礼》的记载,认为三代以前"赋税取之千里之内而自足,不闻其责饷运于畿外之诸侯,籴米粟于畿内之百姓也",而后世无法做到,就是因为没有坚持"量入为出"。

明代张居正在改革中坚持量入为出的原则,提出"务使岁入之数常多于所出,以渐复祖宗之旧"。面对当时官僚队伍膨胀,军队虚报支出,皇室奢靡无度的状况,他仍坚持量入为出。张居正在《陈六事疏》里建议"捐无用不急之费,并其财力,以抚养战斗之士",他还提请隆庆帝停取户部藏银、停修武美殿和慈庆、慈宁两宫等,以节约皇室支出,缓和财政的紧张状况。

明清之际的王夫之对杨炎的"量出制入"提出了激烈的批评。他认为,正常的财政原则是"量其入以为出",而不应"因出而求入",量出为入只能是权宜之计。他在《读通鉴论》里批评杨炎的量出为入:"实皆国计军需,在租庸调立法之初,已详计而无不可给者也。举天下之田亩户口,以应军国之用,而积余者尚不可以数计。量其入以为出,固不待因出而求入也。因出以求入,吏之奸,民之困,遂浸淫而无所止。"他指责杨炎"贻害于无穷乎"!他认为在正常情况下,国家财政足以"给天下之用""沛然而有余"。财用不足的主要原因在于"亲戚贵宠之窃以厚藏者不可问",或"湮沉填塞于古屋积土之中",一旦国家有事,就难免因出而求入,"横取百姓"了。所以,国家应坚持量入为出的原则,在制定财政计划时,留有余地,"常留有余之德,意于法外以使有可宽"。

在今天学者看来,"量入为出"原则具有常识层面的直观性,而"量出制入"原则却具有国家收支制度设计建设层面的可塑性,两原则关系的深入研讨仍然有重要的学术价值与鲜明的现实意义。

第二节 财政管理思想的演变

一、财政管理体制思想

秦以前是封建体制,天子为天下共主,名义上拥有天下的土地和人口,即"普天之下,莫非王土"。天子将全国的土地和附着于土地的人口,分封给大大小小的诸侯,有公、侯、伯、子、男五等,让他们各制其地,各征其产,以藩屏周,即"率土之滨,莫非王臣"。这些诸侯要尽的财政义务包括:定期缴纳一定的土特产作为贡物,自备出兵助王征伐的军需和在天子的直辖领地王畿遇灾患时提供援助。在各个诸侯国,诸侯又一层层向下分封,形成一个宝塔状的层级体系。每一个小封君都是封区内政治和经济的世袭主人,有权向他的人民征派赋役。《礼记·礼运》篇说:"天子有田以处其子孙,诸侯有国以处其子孙,大夫有采以处其子孙。"《国语·晋语四》说:"公食贡,大夫食邑,士食田。"《左传》昭公七年称:"天有十日,人有十等,下所以事上,上所以共神也。故王臣公,公臣大夫,大夫臣士,士臣皂,皂臣舆,舆臣隶,隶臣僚,僚臣仆,仆臣台。马有圉,牛有牧,以待百事。"这些都反映了当时封建财政体制的思想,并为其提供了合法性理论。

战国时期,各国经过改革,财政体制逐渐从多元走向一元,形成专制集权的财政体制。商鞅"利出一孔"的思想为专制集权的财政体制提供了理论支持。在这个过程中,又出现了皇室财政和国家财政分立的二元管理体制。《史记·平准书》说:"量吏禄,度官用,以赋于民。而山川园池市井租税之入,自天子以至于封君汤沐邑,皆各为私奉养焉,不领于天下之经费。"从汉代文献中,我们还可以看到很多这类思想。在谈到盐铁专卖的合理性时,认为盐铁是"山海池泽""山海之利""天地之藏",本应属于天子私藏,而天子不私,让其为国家财政兴利。

汉初曾经"惩亡秦孤立之败",而分封同姓诸王,使他们"自拊循其民"。贾谊、晁错等人提出建立统一集权体制的思想。汉武帝时,进行了大规模的政治和财政体制改革,加强了大一统财政集权体制。在集权体制下,不断有人提出地方分权的主张。孔子的"百姓足,君孰与不足"和荀子的"下贫则上贫,下富则上富……上下俱富,交无所藏之,是知国计之极也"蕴含着藏富于民之意,常被用来作为建立分级分权财政体制的理论基础。在实践中,也一再出现分财权于地方的呼声。如《后汉书·第五访传》记载,第五访(京兆长陵人,司空第五伦之族孙)任张掖太守时,遇到灾荒,马上下令开仓赈济。属吏都很惧怕,纷纷劝阻,让上报等批准后再开仓。第五访说:"若上须报,是弃民也,太守乐以一身救百姓。"遇到灾情,等上报中央批准,在古代交通条件下,就必然耽误救灾。这就需要地方有一定程度的财权。汉顺帝后来接到举报后,不仅没有处置第五访,还玺书嘉奖。

魏晋南北朝时期,原先的财政体制被打断,不断有新的设想和尝试。《魏书·食货志》记载献文帝时,"遂因民贫富,为租输三等九品之制。千里内纳粟,千里外纳米。上三品户入京师,中三品入他州要仓,下三品入本州"。北齐时对北魏的三分制又有了继承和发展。《隋书·食货志》记载:"垦租皆依贫富为三枭。其赋税常调,则少者直出上户,中者及中户,多者及下户。上枭输远处,中枭输次远,下枭输当州仓。三年一校焉。租入台者,五百里内输粟,五百里外输米。入州镇者,输粟。人欲输钱者,准上绢收钱。诸州郡皆别置富人仓。初立之日,准所领中下户口数,得支一年之粮,逐当州谷价贱时,斟量割当年义租充入。谷贵,下价粜之;贱则还用所粜之物,依价籴贮。"

唐代建中元年(780年),杨炎在提出两税法的同时,也提出了两税三分法。元稹在《钱货议状》里说:"自国家置两税已来,天下之财限为三品,一曰上供,二曰留使,三曰留州。""上供"是指上供中央财政的部分;"留使"也称"送使",是送归所属的节度使和观察使的部分;"留州"是留存本州的部分,以供地方开支之用。唐代三分比率和北朝不同,是按照对中央地方支出所需进行分配的。户部司根据计账折算来年收入,金部司根据各地上报都账核实所需支出,度支司综合收支数据编制预算。地方所需支出包括官员工资(官禄、料钱、衣粮食等)、行政费用、公共建设费用、交通运输费用、宗教费用、礼仪费用等。两税三分法改变了唐朝前期财政高度集中、完全由国家统收统支的体制。这不仅简化了手续,而且还减少了国家的消耗,减轻了农民的运输负担,为财政体制的创新进行了有益的尝试。

北宋建立了高度集权的财政体制。苏辙提倡给地方适度分权,《宋史·苏辙传》记载苏辙担任户部侍郎时曾经上书,提出"善为国者,藏之于民,其次藏之州郡。州郡有余,则转运司常足;转运司既足,则户部不困"。他还将今制与唐代两税三分制比较,指出今制之弊:"唐制,天下赋税,其一上供,其一送使,其一留州。比之于今,上供之数可谓少矣。然每有缓急,王命一出,舟车相衔,大事以济。祖宗以来,法制虽殊,而诸道蓄藏之计,犹极丰厚。是以敛散及时,纵舍由己,利柄所在,所为必成。自熙宁以来,言利之臣,不知本末之术,欲求富国,而先困转运司。转运司既困,则上供不继;上供不继,而户部亦怠矣。两司既困,故内帑别藏,虽积如丘山,而委为朽壤,无益于算也。"

王安石在免役法中提出了"以一州一县之力,供一州一县之费;以一路之力,供一路之费"和"诸路各从所便为法"的原则。这就考虑到了各地人口疏密、贫富不等、差役轻重不一等情况。他还谈到,若某地遇到凶年,就以本地免役钱募人兴修水利,既可以收以工代赈之效,又可改进当地水利条件。

南宋叶适主张在财政管理体制上实行分权。叶适在《水心文集·纪纲》中批评了当时财政的高度集权,提出"用分画之法,稍以事权付托臣下"。他还主张将州郡兵权和军费都下放地方,分成三种情况处理:一是"宿卫兵者,因都邑所近之民,教成而番上,与募士杂,国廪其半而不全其养也",即宿卫兵,国家财政负担一半;二是"大将屯兵者,悉用募士而教其精锐,全养之而已",即对募兵,由国家财政负担全部军费;三是"州郡守兵者,以州郡之人守之,而不以州郡之力养也"。叶适认为这样分类管理,可以大大节约财政经费。

元代马端临在《文献通考》里高度肯定了唐中期的两税三分法,认为这样做"一则州郡有宿储,可以支意外不虞之警急;二则宽于理财"。他认为在州县政府有足够余财的情况下,若地方官吏清廉,就可用余财"恤民",实施"仁政";若地方官吏是"贪饕纵侈之辈",也可因有余财而不致残剥人民。

明末清初的顾炎武、王夫之都反对财权过于集中。顾炎武在《郡县论》里说:"封建之失,其专在下;郡县之失,其专在上。古之圣人,以公心待天下之人,胙之土而分之国;今之君人者,尽四海之内为我郡县犹不足也,人人而疑之,事事而制之,科条文簿日多于一日,而又设之监司,设之督抚,以为如此,守令不得以残害其民矣。不知有司之官,凛凛焉救过之不及,以得代为幸,而无肯为其民兴一日之利者,民乌得而不穷,国乌得而不弱?"顾炎武在《日知录》里梳理了历代财政体制演变的概况,详细分析了明代财政集权之弊。他说:"百姓不足,君孰与足。""财聚于上,是谓国之不祥。"他在《郡县论》里提出"尊令长之秩,而予之以生财治人之权,罢监司之任,设世官之奖,行辟属之法,所谓寓封建之意于郡县之中,而二千年以来之敝可以复振。后之君苟欲厚民生,强国势,则必用吾言矣""今则一切归于其县,量其冲僻,衡其繁简,使一县之用,常宽然有余。又留一县之官之禄,亦必使溢于常数。然其余者,然后定于解京之类"。他认为"行此十年,必无尽一县之入用之犹不足者也"。

王夫之主张财权适当集中,但应该有聚有散。他指出地方财政收入不足,地方官吏必然"减额以剥其军,溢额以夺其民",引起地方军民不满,影响社会稳定。当时财权集中于中央,由宦官管理漏洞很大,难以稽核,"散则清、聚则漏"。王夫之认为如能让地方掌握部分财力,则有利于抑制君主的"侈心"。王夫之在主张地方分权的同时,也强调中央集权的必要性,指出:"财用出纳消息之权,必操之朝廷,而后张弛随宜,裕于用而民不困。""民必输国,而兵必待养于度支,此定理也。"他提倡财权有散有聚,散聚适度。

二、编户齐民思想

"编户齐民"是古代国家管理人民的一种方式。《汉书·高帝纪》师古注:"编户者,言列次名籍也。"即政府把其控制的人口的姓名、年龄、籍贯、身份、相貌、财富情况编成户籍。如淳注:"齐,等也,无有贵贱,谓之齐民,若今言平民矣。"即编户的身份都是平等的,不属于豪强的依附人口,而是向国家承担赋役义务的自由民。编户齐民是古代赋役主要的承担者,国家掌握编户齐民的数量,直接关系国家财政的筹划与管理。编户齐民也是国家财政管理的重要基础工作。

《国语·周语上》称周宣王南征失败,"乃料民于太原",即要进行人口调查和登记,以补充兵员。仲山父反对料民:"民不可料也!夫古者不料民而知其少多,司民协孤终,司商协民姓,司徒协旅,司寇协奸,牧协职,工协革,场协入,廪协出,是则少多、死生、出入、往来者皆可知也。于是乎又审之以事,王治农于籍,搜于农隙,耨获亦于籍,狝于既烝,狩于毕时,是皆习民数者也,又何料焉?不谓其少而大料之,是示少而恶事也。临政示少,诸侯避之。治民恶事,无以赋令。且无故而料民,天之所恶也,害于政而妨于后嗣。"即政府可以通过已经掌握的生死人数、军队人数、受刑人数、狩猎人数等来了解人口数量情况,没有必要对人民进行普遍登记和统计。说明当时现实生活已经反映出对人口进行统计和管理的需要,而大部分人还没有认识到其重要性。

春秋时期,中国社会状况发生了很大变化。随着井田制的破坏,各国展开了"初税亩""作辕田""初租禾""履亩而税""作丘甲"等改革,国家直接向农民征收赋税,征发兵役和劳役。因此国家为保证财源和兵源,就必须加强对基层人口、土地的控制。管仲主政齐国的时候,提出了四民分业定居论。他希望将人民按照职业固定下来,"农之子恒为农",这样就能保证农业生产的需要。当时农民约占齐国人口的91.5%。管仲除了加强人口控制外,还重视通过公平的财税制度留住人民,赢取民心。他说:"相地而衰征,则民不移。"实行均地之法,使"陆、阜、陵、墐、井、田、畴均,则民不憾"。孔子在游历卫国时,赞叹道:"庶矣哉!"他也是将人口数量作为衡量一个国家治理水平的首要指标。墨子也把人口数量作为衡量国家富强的标志,他说:"国家之富,人民之众。"

战国时期,战争的规模空前扩大,次数日益频繁,各国都面临着战争动员的压力。各国军队数量剧增,对粮食等军需物资的需求随之增大,修筑各种防御工事和后勤运输也增大了对力役的需求,有效管理和控制人口,使之成为国家农耕的劳动力和打仗的兵力就成为改革的重要内容。商鞅提出"强国知十三数",将人口细分为壮男壮女、老弱、官士、游说者、工商者等指标。他非常强调人口户籍管理,指出:"四境之内,丈夫女子皆有名于上,生者著,死者削。"商鞅还强调人民在身份上的平等和税制上的公平,他说:"訾粟而税,则上壹而民平。"《史记·商君列传》记载商鞅还发明了什伍连坐法,使人民相互监督以加强控制;鼓励成立小家庭,扩大国家户籍人口。从出土的秦国户籍简牍可知当时对人口管理和控制的严密程度,当时户籍内容包括姓名、身份、年龄、身高、籍贯、身体特征、财产状况等,这些资料成为国家课取赋税、征发兵役和力役的依据。《周礼》《管子》等书都对如何管理和控制人口提出了细致的设计方案。

汉代在对人口的控制和管理上,基本承袭了秦国的思想和制度,并逐步形成了编户齐民的概念。仲长统在《理乱篇》里称"汉兴以来,相与同为编户齐民"。贾谊认为"国以民为本,君以民为本,吏以民为本"(《新书·大政》),提出"驱民而归之农,皆著于本"(《论积粟疏》)。他认为政府掌握各地人口数字是非常重大的政事,是国家治理的基础,应该以一定的礼仪将之神圣化,他提出"受计之礼,主所亲拜者二,闻生民之数则拜之,闻登谷则拜之"(《新书·礼》)。

东汉末年的徐干在理论上对人口管理作了系统阐述。徐干(171—217年)字伟长,北海郡剧县(今山东寿光)人,建安七子之一。《中论》为其主要著作,曹丕称赞此书"成一家之言,辞义典雅,足传于后"(《与吴质书》)。《中论·民数》篇提出掌握人口数量是国家治理的根本,他说:"夫治平在庶功兴,庶功兴在事役均,事役均在民数周,民数周为国之本也。故先王周知其万民众寡之数,乃分九职焉。九职既分,则勤劳者可见,怠惰者可闻也,然而事役不均者未之有也。事役既均,故民尽其心而人竭其力,然而庶功不兴者未之有也。庶功既兴,故国家殷富,大小不匮,百姓休和,下无怨疚焉,然而治不平者未之有也。故曰:'水有源,治有本。'道者审乎本而已矣。"他指出国家不能掌握人口户籍的弊端:"户口漏于国版,夫家脱于联伍,避役逋逃者有之,弃捐者有之,浮食者有之,于是奸心竞生,伪端并作矣。小则盗窃,大则攻劫,严刑峻法不能救也。"最后,他总结了掌握人口数量在国家治理中的作用:"故民数者,庶事之所自出也,莫不取正焉。以分田里,以令贡赋,以造器用,以制禄食,以起田役,以作军旅。国以之建典,家以之立度,五礼用修,九刑用措者,其惟审民数乎?"

东汉末年到魏晋以来,门阀士族兴起,大量的国家编户齐民成为他们的依附人口,严重影响了国家的赋税收入。西晋永嘉之乱后,北方人民大量南迁,出现了侨民问题。如何扩大国家编户,就成了当时国家增加赋税,加强中央集权的重要问题。这一时期,南朝范宁提出了"土断"思想,北朝李冲提出了"三长制"思想,都是为了扩大国家的编户齐民,加强国家对人民的直接控制。

东晋孝武帝时,范宁提出土断主张。范宁(339—401年),字武子,南阳顺阳(今河南浙江川东)人。《晋书·范宁传》记载他担任豫章太守时上疏:"古者分土割境,以益百姓之心;圣王作制,籍无黄白之别。昔中原丧乱,流寓江左,庶有旋反之期。故许其挟注本郡。自尔渐久,人安其业,丘垄坟柏,皆已成行。虽无本邦之名,而有安土之实。今宜正其封疆,以土断人户,明考课之科,修闾伍之法。"即把编入"白籍"的侨居户和浮浪人按其居住所在地编入国家正式户籍("黄籍"),由当地郡县直接管理,与土著居民一样照章纳税服役,不再享受任何免税免役的权利。由于"流民多庇大姓以为客",土断政策直接触及世族地主的利益,引起他们的不满和阻扰,他们称"人各有桑梓,俗自有南北。一朝属户,长为人隶,君子则有土风之慨,小人则怀下役之虑"。《宋书·武帝纪》记载,晋安帝义熙八年(公元412),刘裕上疏,力主推行土断,他认为"财阜国丰,实由于此"。

北魏孝文帝时,南部给事中李冲提出"三长制"的设想,即"五家立一邻长,五邻立一里长,五里立一党长,长取乡人强谨者"(《魏书·食货志》)。这是用来代替宗主督护制的基层组织形式。三长的职责是掌握乡里人家的户口数量、田地状况,征收租调,征发徭役等。三长制的思想提出之后,引起了北魏统治集团的激烈争论。当时北魏主政的冯太后称赞"立三长,则课有常准,赋有恒分,苞荫之户可出,侥幸之人可止"。

隋初,"避役惰游者十六七。四方疲人,或诈老诈小,规免租赋"(《隋书·食货志》)。高颎提出输籍法,通过稳定户口来确保赋役来源。高颎(541—607年),字昭玄,渤海蓨人(今河北景县南)。《隋书·高颎传》称其"当朝执政将二十年,朝野推服,物无异议。治致升平,颎之力也,论者以为真宰相"。隋初各种重大的财政制度建设和政策措施,无不掺有高颎的思想和决策。隋朝建立后,由于当时隐瞒户口和依附豪强地主的人很多,从开皇五年(585年)开始,隋政府在全国展开大规模的人口普查,对户籍记录和本人体貌特征进行比对,称为"大索貌阅"。为增加课税户口,下令析籍,凡堂兄弟及出嫁姐妹,都需各立户头,以防隐漏。同时,将三长制推广到全国,具体负责户籍登录和清理工作,规定如清查不确,或有隐漏,三长和隐漏户要一体承担罪责。这次清查,国家户籍增加了44万余丁,164万余人。高颎认为"人间课输,虽有定分,年常征纳,除注恒多",地方官吏从中徇私舞弊,户籍账册,没有准确的数字记载,难以据之分析,提出制定一个民户应负担国家赋税和劳役的标准,应"输籍定样"。即按每户土地资产多少划定户等,按户等确定应纳赋税数量,制定一个标准样本,颁发给各州县。每年正月五日,县令派人到农村,各随便近,以三党(300户)或者五党(500户)为一团,依"定样"确定户等高下,作为征调赋税、徭役的标准。这一标准要低于当时豪强地主对佃农的剥削量,带有减轻农民负担的性质,所以也称轻税之法。此办法实施后,许多原来依附豪强地主的农民纷纷脱离地主,向政府申报户口,纳税赋役,成为国家的编户齐民。史称"高颎设轻税之法,浮客悉自归于编户。隋代之盛,实由于斯"(《通典·食货·丁中》)。

唐后期实施两税法后,户籍虽仍有为征税服务的功能,但地籍在国家赋税征收上的作用越来越大。

三、漕运思想

在古代财政管理工作中,赋役运输始终是一个重大问题。古代交通不便,无论税收的集中,还是人民服劳役,成本都很大。据孙子估计,战国时期,运输成本约有20倍(《孙子兵法·作战篇》)。秦朝统一后,运输的距离进一步加大,主父偃估算从山东沿海运输粮食到河套地区,运输损失将近200倍(《史记·平津侯主父偃列传》)。财政转运工作之难,贯穿整个古代时期。

北魏孝文帝为更好地推进改革,决定迁都洛阳,其首先要解决的,就是要建构起将各地征收的赋税转运到洛阳的运输系统,以确保政府运作的财政供应。这是一个十分庞大和复杂的工作,当时的尚书令陆叡说,"运给之费"是"日损千金"。当时的三门都将薛钦提出由漕运替代陆运的提议。他仔细算了一笔账,认为可以极大节省转运成本,于公于私都有很大好处。薛钦首先计算了陆运的花费:其所辖二州五郡,即汾、华二州,恒农、河北、河东、正平、平阳五郡,每年的租赋锦绢及资麻等都折算成公物,雇佣牛车送到京城,大略计算,华州1部牛车,官方酬金是绢8匹3丈9尺,按9匹计算,雇佣民工的价格是布64匹;河东1部牛车,官方酬金是绢5匹2丈,雇佣民工的价格是布50匹。其余州郡,虽然不知道具体的价格,但按照远近推算,应该不会比这两个州的价格低。如果雇佣私民运输,近的地方是1匹布能运1石粮食,远的地方1匹布只能运5斗粮食。而且三门峡一带道路险峻,古代就有崤函之险的说法,加上长途运输,民夫疲惫,途中损耗丢失难免,公私双方都受到很大损失。如果改用漕运,1艘船就能装13车的财物,而造船费用加上雇佣工匠劳工,包括其食宿费用在内,不过39匹绢,也就是13辆车每车不过摊上3匹。那么计算下来,可以节省绢78匹,布780匹。如果运输粮食,按照官方标准,一辆车只能装40斛粮食,但一艘船能运粮700石。700石粮食如果陆运,需要布1 400匹,改为漕运加上种种杂费,也不过需布300匹,一艘船就能节省下来1 100匹布。而且,造船所需,包括砍伐木材,具体工作都可以分派给当地驻军,不需要另外向百姓摊派。另外还有从陆上运输到水边的费用。汾州有租调的地方,距离汾水不超过百里,华州距离黄河不到60里,都计算里程,依靠原来的酬价,雇佣牛车送到漕船所在地。调用1车需酬绢1匹,租用1车需酬布5匹,这样,公私双方都方便有利。

薛钦的漕运主张获得朝野的一致称赞。度支尚书崔林还追述了历史上漕运的贡献,并提出漕运不应局限在薛钦提出的三门峡地区,而应是全国能走水运的地方,不论远近都要尽量走水运。古人曾远通褒水、斜水以便利关中的漕运,南面远至交州、广州,漕运粮食以补充关中、洛阳等京城地区的供给,这些古迹都还存在。何况漳水、洹水这种平坦的水路,黄河、济水这种宽阔的河流,航运条件都要大大好于三门峡水段,都应该利用起来,以节省经费,均衡劳力,使政府和民众都能获益(《魏书·食货志》)。

隋炀帝时,开凿大运河,贯通南北,极大地方便了将南方征收的粮食运往北方。特别是隋唐两代实行关中本位政策,将大量的政府机构、兵员集中于关中,"举关中之众以临四方",也加大了关中粮食供给对江南的倚重,漕运成了维持京师供应的一条生命线。安史之乱后,淮汴运路阻绝,临时改由汉、沔、商、于运输,中外艰食,畿县百姓揍穗以供,财政供应十分困难。上元元年(760年)刘晏出任度支、铸钱、盐铁等使,宝应元年(762年)又兼任转运常平等使。刘晏上任即"以转运为己任",展开对漕运的调查研究工作,"凡所经历必究利病之由""遥瞻淮甸,步步探讨,知昔人用心"。在调研之后,他致书宰相元载,指出当时恢复漕运有四利四弊。四利指:

一利可减轻京师三辅转运劳役之苦；二利可吸附流民，繁荣运道两旁经济；三利可充实军粮，以振军威；四利可恢复运道沿途贞观、永徽时期的繁荣。四弊指：一弊是安史之乱后人烟稀少，难承繁重运役；二弊是河、汴两水年久失修破坏严重；三弊是多处未设防戍，容易发生盗抢事件；四弊是自淮阴至蒲坂3 000里，屯戍相望，常以种种理由扣留漕粮。刘晏针对这些情况提出了整改方案。首先，疏通运河，建造坚固的漕船。为了建造坚固的漕船，刘晏在扬子县建了10个造船厂，每艘船的造价包括物料和工钱"给钱千缗"，当时一般价格为500缗，刘晏支付的多了1倍。他认为只有提高工匠的工钱，改善他们的生活，给足物料钱，才能保证造船的质量。如果造的船不坚固，"安能久行乎"。他说不能"屑屑校计锱铢"，如果只算小账，为了减少造价，造出来的船不坚固，"过此则不能运矣"，浪费的钱将更多。其后50年，主管官员将造船价格压低一半，果然"船益脆薄易坏，漕运遂废"（《资治通鉴》卷226）。其次，不再在沿途州县征发丁役，而以盐利雇佣船夫。不仅从优支付运粮人员工资，还给予安全奖金，"十运无失去，授优劳，官其人"（《新唐书·刘晏传》）。再次，实行分段转输法，节节转运（江船不入汴，汴船不入河，河船不入渭；江南之运积扬州，汴河之运积河阴，河船之运积渭口，渭船之运入太仓）。经此整顿，不仅免除了沿海人民挽船力役之苦，还降低了漕运的运费，减少了损耗，提高了效率，据史载："每岁运谷或至百余万斛，无斗升沉覆者。"

明宣宗时的理财名臣周忱（1381—1453年，江西吉水人，明永乐二年进士，曾任刑部员外郎、工部右侍郎等职）也曾改良漕运制度。《明史·周忱传》记载当时漕运、军运和民运各半。军运船只由官府提供，民运由百姓自己租船，加以杂费损耗，往往3石就要损失1石，常年这样往来运输耽误农业生产。周忱提出民运只需运粮到淮安或瓜州交兑，由运漕粮的军队接着运输到通州。如运到淮安的每石加收5斗运费，运到瓜州的再增收5升，如漕运船队因风浪耽误期限，可由州县承担损耗。这样，民运虽然多支付了运费，但已经比直接运到通州节省了很多，不仅减轻了纳税人户的漕运费用，也减轻了运粮人户的沉重力役。

清代开国后，基本沿用明代漕运旧制，变化不大。但到中期后，由于黄河经常决口，南北运河航道时常中断，漕运的运费和损耗巨大，当时还出现了"有患莫大于漕"的说法。这时有关海运漕粮的议论逐渐多了起来。嘉庆初年，包世臣首次提出"雇商海运"的建议。包世臣（1775—1853年），安徽泾县人，清代学者。包世臣虽半生羁旅辗转，过着凄凉的游牧生活，但毕生留心于经世之学，并勤于实际考察，对于漕运、水利、盐务、农业、荒政等各方面都有独到见解，名满江淮，著有《齐民四术》。明代来华的利玛窦曾有个疑问,中国每年花费100万两以上的银子来维持大运河,以便把南方大量的赋役运往北京,而与运河平行就有一条既近而花费又少的从海上到北京的路线。对当时的欧洲人来说,这的确是很奇怪的,这被称作"利玛窦难题"。① 其实从明代绘制的中国地图上很容易看到这条海路的存在,而事实上,在明永乐十三年(1415年)之前,元明两代也是通过海路运输的,而直到永乐皇帝时才禁止海运。海漕运输的提议常被指责为"海禁渐弛,恐有后患"。包世臣在《海运南漕议》里指出"驳海运之说者三:一曰海氛方警,适资盗粮;二曰重洋深阻,漂没不时;三曰粮艘需别造,舵水需另招,事非旦夕,费不更赀。然三者皆书生迂谈,请得以一一折之以事实而后伸正义"。在被一一批驳之后,包世臣得出"海运大便"的结论,认为"官费之省,仓米之增者无数。又使州县不得以兑费、津贴旗柁名目,藉词浮勒,一举而众善备焉"。包世臣不仅主张海漕运输,还提出雇佣商船运输漕粮。他说:"国家除南粮之外,百货皆由采办,采办者官与民为市也,间岁并有采买米粮以民船运通之事,而山东、江南拨船,皆由雇备,是雇船未尝非政体也,取其便适无他患,何必官艘哉。"他指出"雇商漕运",不仅可改变官府垄断漕利,降低漕运成本和百姓负担,缓解官民矛盾,而且还可使漕运和河工分离,使政府能集中更多人力、财力专心治河,避免河、漕两误。

四、数字化管理思想

《周礼》在制度设计中,融入了数字化管理的思想。其收支对口的预算管理方法前面已经介绍,这里不再多述。除此,它还要求汇总各地财务执行情况:"以参互考日成,以月要考月成,以岁会考岁成,以周知四国之治,以诏王及冢宰废置。"即把四方邦国的每旬统计表,按月统计的月报表,以及全年汇总的年度报表,全部汇集后总结,报给天子和冢宰,作为国家行政和理财管理的依据。

《管子》一书特别重视数字化管理,《七法》篇提出:"不明于计数而欲举大事,犹无舟楫而欲经于水险也。"《山国轨》篇说:"田有轨,人有轨,用有轨,乡有轨,人事有轨,币有轨,县有轨,国有轨。不通于轨数而欲为国,不可。"梁启超认为"轨"就是统计。《管子》将建立各方面的统计数据视为国家理财工作的基础,要做好财政管理,必须了解"某乡田若干?人事之准若干?谷重若干?曰:某县之人若干?田若干?币若干而中用?谷重若干而中币?终岁度人食,其余若干?曰:某乡女胜事者终岁

---

① 樊铧:《政治决策与明代海运》,社会科学文献出版社2009年版,第4页。

绩,其功业若干?以功业直时而橫之,终岁,人已衣被之后,余衣若干?别群轨,相壤宜"。《问》篇更是一篇涉及人口组成、贫富差距、生产状况、社会救济、官吏出身、任职政绩、军备状况、装备质量、运输能力等方面的数据调查问卷。《八观》提出考察一个国家强弱程度,应搜集饥饱、贫富、侈俭、虚实、治乱、强弱、兴灭、存亡八个方面的信息。信息搜集的范围包括政治、经济、财政、文化、军事等各方面,信息搜集的地域包括田野、山泽、国都、兵役、州里、朝廷、敌国和盟国。信息搜集的方法包括采访(行、人、课、听)、观察(视、观、察)、计算(计算、估量)等。《管子》提出的轻重法,是通过广泛搜集土地、人口、物价、生产、需求等各方面的信息,分析其中的关系,然后进行宏观调控。

《商君书》认为治理好国家,必须做好信息统计和管理工作。《算地》篇说:"故圣人之为国也,观俗立法则治,察国事本则宜。不观时俗,不察国本,则其法立而民乱,事剧则功寡。"《壹言》篇说:"故法不察民之情而立之,则不成。"《去强》篇说:"强国知十三数:竟(境)内仓口之数,壮男、壮女之数,老弱之数,官、士之数,以言说取食者之数,利民之数,马、牛、刍藁之数。"《禁使》篇说:"夫吏专制决事于千里之外,十二月而计书以,定事以一岁别计而主以一听见所疑焉,不可,蔽员不足。夫物至则目不得不见。言薄则耳不得不闻。故物至则变,言至则论。"

汉代萧何十分重视数字化管理。在刘邦攻入秦宫时,萧何就第一时间取得了秦帝国的国家数据库——"天下图书计籍",即记录天下情况的舆图、籍书、计账,它包括了天下关隘要塞、人口户籍、土地税收等各种统计数据。正是凭借这个数据库,萧何得以运筹帷幄,助刘邦统一天下,功封第一。在汉朝建立后,萧何还在相府设置计相,主管相关工作。汉武帝时,桑弘羊主持均输平准,也建立广泛的信息搜集系统,以便及时掌握各地市场行情,进行宏观调控。《东海郡集簿》的出土,充分展现了汉代地方数字化管理的水平,也让我们了解到当时数字化管理思想的发达。

唐代刘晏理财十分重视经济信息动态。他利用在各道设置的巡院,以重价募疾足,驿递相望,建成了一个四通八达的情报信息网,广泛地搜集各地的气象变化、自然灾害、农业丰歉以及商业动态、物价变动、居民供应(主要是食盐等)等各种信息。他要求诸道所置知院官必须在规定的日期(每旬、月)内,将当地州县雨、雪、农业丰歉状况,报告中央有关部门,以供中央决策;或购或粜,或转易他物储用;对各地物价涨落变化情况,虽在极远也需在四五日内报告转运诸使,以采取相应措施,使物价平稳。由于这个信息系统的成功运转,使"四方动静,莫不先知",使政府能及时决策,也大大提高了政府财政管理的效率。

宋代王安石变法，也非常重视信息的搜集和运用。熙宁二年（1069年），王安石派薛向去做江南东西、两浙、荆湖南北、淮南六路发运使，要求他不仅要管理这六路的漕运和茶、盐、酒、矾诸项收入，还要周知这六路的生产情况，各仓库的库存量和需求量，以求能将这六路的经济情况做通盘考虑，充分发挥这六路日益富饶的物资生产优势，使其得以与不发达地区相互调剂。

宋明时期，《会计录》的编制充分展示了当时数字化管理思想。其编制方法是在前期财政收支的基础上，按照量入为出的原则，对国家财源进行详细分析之后，对此后的财政收支作出的系统规划。《皇祐会计录》序中讲："在昔冢宰制国用，必度岁之丰寡，谨出入之式法，以驭其用，至通三十年之率，以防不给，其裁节过杀，精密至慎，可知也矣。"《元祐会计录》序中讲："网罗一时出纳之计，首尾八十余年。本末相授，有司得以居今而知昔，参酌同异，因时施宜。"其中始终贯穿着维持财政收支长期稳定的思想。对于大的变动，也往往把实地调查和历史数据相参照，作出长期的预测和先期安排。如北宋中期沿边开支浩大，欧阳修先后到河东、河北调研各种收支数据，寻求相对稳定的经费支出额。《会计录》还十分重视政府会计分析。不仅要对未来收支作出安排，而且要通过系统考核天下财物出入之数，分析比较财用出入之中存在的问题，达到理财制用的目的。宋高宗时的殿中侍御史张绚说："国之财用，必得节制之法，节财之要，必资会计之书。"苏辙在《元祐会计录》序言中直指前朝封禅等预算外支出耗资巨大的弊端，国之用度多超出额度，如今再不加以补救，"岂不殆哉"。在会计分析中，不仅重视对历史数据的比较分析，而且也注意各收支项目之间的比重分析，其四柱编制方法能清楚看到各项指标、各个项目的动态变化。每本会计录都有裁减浮费的举措，而且分析原因，提出精兵简政，裁制冗官，兴修水利，改铸货币等具体建议。可以说，《会计录》也是一部政府综合财务报告，是国家治理的基础和重要支柱。正如当时统治者所讲，一卷在手，"如指诸掌""如镜之照""国计大纲，了然在目"。

宋明还建立了记录全国土地占有情况的资料库——《鱼鳞图册》，不仅注明地主姓名、土地亩数、四至，以及土地等级，还把每块土地形状绘制成图，每册前面又有土地的综图，仿佛鱼鳞一般，因此称《鱼鳞图册》。明清两代还编成了《赋役全书》，记载各地赋役数额，作为征收赋税的依据。

五、与缴纳、监管相关的财政管理思想

在征税管理中，折纳（折合缴纳）一直是一个重要问题。折纳问题古亦有之，但

在两税法以货币定税后才凸显出来。陆贽曾上书说："定税之数,皆计缗钱,纳税之时,多配绫绢。往者纳绢一匹,当钱三千二三百文,今者纳绢一匹,当钱一千五百文,往输其一者,今过于二矣。虽官非增赋,而私已倍输。"(《均节赋税恤百姓第一条》)李翱在《疏改税法》中说:"……自建中元年初定两税,至今四十年矣。当时绢一匹为钱四千,米一斗为钱二百。税户之输十千者,为绢二匹半而足矣。今税额如故,而粟帛日贱,钱益加重。绢一匹价不过八百,米一斗不过五十,税户之输十千者,为绢十有二匹然后可。况又督其钱,使之贱卖者耶。假令官杂虚估以受之,尚犹为绢八匹,乃仅可满十千之数,是为比建中之初,为税加三倍矣。"白居易的《赠友》中说:"私家无钱炉,平地无铜山;胡为秋夏税,岁岁输铜钱;钱力日已重,农力日已殚。贱粜粟与麦,贱贸丝与绵;岁暮衣食尽,焉得无饥寒!"他提出恢复租庸调制,"不求土所无,不强人所难;量入以为出,上足下亦安。"

五代时有"折纽"制度,是"折纳"与"纽配"的合称。元人胡三省注《资治通鉴》时指出:"折纳,谓抑民使折估而纳其所无。纽配,谓纽数而科配之也。"可知折纳是以正税(两税)为基础的变相加敛,纽配则是无名的公然增税。后唐同光三年(925年),吏部尚书李琪上疏建议厘革"折纽"之弊,提出"不以折纳为事,一切以本色输官,又不以纽配为名,止以正耗加纳"(《旧五代史·李琪传》)。

长期以来,一直存在纳钱还是纳实物的争议,大多数人主张量入为出,以所产实物纳税,如宋代包拯就提出"请免诸般支移折变,只令各纳本色"。明代王夫之认为纳税形态随形势而变化,在前期商品货币经济不发达时,赋税纳"本色"为宜,即缴纳出产的实物,但在商品货币经济有了相当发展之后,纳折为宜,即将原征实物改为征钱。他肯定货币税优于实物税,强调确定纳税形态要随形势发展而变通。他在《读通鉴论》里说:"唐初去古未远,银未登于用,铸钱尚少,故悉征本色可也。"后来,"金钱大行于天下,故无如折色之利民而无病于国也。故论者,贵于知通也"。

北宋时,有税务官吏年终按增利数提取赏格的制度。苏轼认为这种做法有伤吏治。他在《乞罢税务岁终赏格状》里说:"今盐酒税务监官虽为卑贱,然缙绅士人公卿胄子未尝不由此进。若使此等不顾廉耻,决坏四维,掊敛刻剥,与专拦抨(秤)匠一处分钱,民何观焉?所得毫末之利,而所败者天下风俗。"他指出"给钱充赏"必使税务官"刻剥日甚""故人人务为刻虐,以希岁终之赏,显是借关市之法,以蓄聚私家之囊橐",最终致使商旅不行。因此,苏轼主张立即罢除这一制度。

元初有包税制,就是政府把某些税额承包给商人,商人一次性将税款交付给政府,然后再向人民征收。一般商人实际征收要比承包价高出很多。马端临在《文献通考》中指出包税之弊害，"买扑之利，归于大户；酬奖之利，归于役人，州县坐取其赢，以佐经费；以其剩数上供"。耶律楚材提出了反对包税制的思想，《元史·耶律楚材传》记载耶律楚材曾多次劝阻窝阔台，指出包税制使"贪利之徒，罔上虐下，为害甚大"。窝阔台没有采纳其主张，耶律楚材感叹："扑买之利既兴，必有蹑迹而篡其后者，民之穷困，将自此始矣！"

元代胡祗遹（字绍开、紫山，今属河北的磁州武安人，著有《紫山大全集》）还提出反对赋役并重的思想。他指出"今之聚敛则不然，不规划，不会计，不知生财之道、取财之方；不量民力之重轻、田力之厚薄、水旱疾疫、殍饿流亡"。他认为当时百姓赋役并重现象主要有：一是因户口不实，往往出现产去而税存、地多者反而不纳税的问题。二是某些地方民户逃亡，而将徭役负担转嫁邻里。三是制度规定"当丁税者不纳地税，当地税者不纳丁税"，但在执行中却"既纳丁粮，因买得税之地，而并当地税，或地税之家买得丁粮之地，而并纳丁粮，如此重并"。四是在徭役方面，"军政本无重役重差之弊，始于展转分拟，隶属别管，频繁细碎，各无籍账"，结果造成"有父子二人两处应当，兄弟三人三处应役"的现象。五是在工商杂税方面，如税屋间架，"木植苞灰丁线已行税讫，今又税屋"；税羊，"既于每群内不计多少抽分讫羊口，又行收毛收皮纳税，每遇造作，复于民间取要"；站户，既供应马匹，又供应酒食。凡此种种，"委实重并困弊"（《紫山大全集·民户疾苦状》）。

在财政监督方面，明代张居正提出考成法。张居正在《请稽查章奏随事考成以修实政疏》里提出"明立程限，责令完报"，并规定"月有考，岁有稽"。"有司以征解为殿最"，官吏不敢怠慢，上缴税赋比较及时、如额。张居正曾说"考成一事，行之数年，自可不加赋而上用足"（《张文忠公全集·书牍》），可见他对加强财政管理的重视程度。

明熹宗时，内阁首辅叶向高（1559—1627年，字进卿，号台山，福建福清人）提出加强财政监管，治理贪污滥用的主张。他在《条陈时务疏》中说："国家定制，岁入租赋原足供用，徒以弊孔溃漏，冗蠹侵渔遂至空乏。年来重以东西军兴，骚然烦费，主计之臣策无所出……若在各部，则兵饷之出入，茫无的数，独不可一稽查乎？各省之解纳，假印假批，无从对质，独不可一严核乎？开纳之事例，半入奸胥、棍徒之橐，如近日南北监所发觉仅百一耳。其在他曹，皆官吏朦胧，共相容隐，独不可一搜治乎？各衙门之冗胥、冗役，蚕食公家，所损不赀，独不可一裁减乎？"他提出用"稽查""严核""搜治""裁减"等行政手段处治"冗蠹侵渔"财政的贪官污吏。

清代唐甄（1630—1704年，字铸万，号圃亭，四川达县即今达州市人，"清初蜀中三杰"之一)提出"天下之大害莫如贪,盖十百于重赋焉。穴墙而入者,不能发人之密藏;群刃而进者,不能夺人之田宅;御旅于途者,不能破人之家室;寇至诛焚者,不能穷山谷而遍四海。彼为吏者,星列于天下,日夜猎人之财"(《潜书·富民》),认为官员的贪占,远远超过重税和强盗危害。他认为不仅要加强监管,更要君主以身作则,起示范作用。如果"人君能俭,则百官化之,庶民化之,于是官不扰民,民不伤财。人君能俭,则因生以制取,因取以制用。生十取一,取三余一。于是民不知取,国不知用,可使菽粟如水火,金钱如土壤,而天下大治"(《潜书·富民》)。

第三节 财政政策思想的演变

一、土地分配和抑制兼并思想

中国古代一直是农业社会,土地分配和无法遏制的土地兼并始终是中国古代思想家关注的重大问题。土地分配政策也是国家调整宏观经济的重要手段,是古代财政的重要关联事项。

孟子认为"在民之为道也,有恒产者有恒心",最早提出"为民制产"的思想。要使人民有能恒久使用的、足以维持本人和家庭成员生存和再生产的财产,"仰足以事父母,俯足以畜妻子,乐岁终身饱,凶年免于死亡"。他认为"恒产"的主要内容就是耕地,"制民之产"的关键就是"制其田里"。他根据古代田制的情况设计出一个井田制的土地分配方案,并提出什一税的主张。即把耕地划分为井字形,每井900亩,每份100亩,中间100亩为"公田",周围8份分与8家作"私田"。8家共耕公田,各耕私田。城内及城郊不划分井田,而缴纳什一税。孟子的井田制思想成为古代儒家知识分子的理想,在古代社会不断被提出。

汉代土地兼并问题日趋严重,董仲舒称:"(秦)用商鞅之法,改帝王之制,除井田,民得买卖。富者田连阡陌,贫者亡立锥之地⋯⋯汉兴循而未改。"他认为古代井田制已经很难恢复,可以推行稍微接近古代的良法。他提出"限民名田,以澹不足。塞兼并之路,以宽民力,然后可以善治也"。但董仲舒并没有提出限田的具体措施。

汉武帝时,桑弘羊提出出租公田的主张。当时存在大量公地,或战后摺荒地,或没收犯法者的土地,或河流改道而形成的河滩地,或皇家禁苑内的可耕地。桑弘羊主张把这些地都整理出来,分为小块,租给少地或无地农民耕种,政府坐收租税。耕种公田的农民虽然在向具有土地所有者身份的国家缴纳田租(当时称为假税)之外,还要负担算赋、更赋,但相对私家佃农,负担要轻很多,身份也较高。这在一定程度上缓解了少地和无地农民问题。

西汉末年,土地兼并更加严重。王莽提出"王田制",宣布将天下田更名为"王田""不得买卖"。规定"男口不盈八"的家庭,限田九百亩,超过之数必须分给九族。原来无田者可以重新分得,即一夫一妇田百亩。王莽的王田制是要通过古代井田的思想,来实现限田的目的,并不是机械地恢复井田制。

刘秀建立东汉后,面对土地兼并和豪强大量隐瞒土地的问题,提出"度田"思想,并于建武十五年(39年)颁布"度田"令。度田就是清丈土地,核实户籍。刘秀希望以此限制豪强兼并土地的数量,便于国家征收赋税和征发徭役。

西晋时,出现了占田思想。首先是对王公官僚占田额的规定,王公官僚可按官品高低占有土地从10顷到50顷;占有佃客从1户到15户。其次是对一般百姓的占田规定,男子可以占70亩,女子占30亩;此外丁男课田50亩,丁女20亩,次丁男25亩。有学者认为,占田还只是一个设想,并没有真正实施。

北魏时李安世提出了均田思想。《魏书·李安世传》记载:"时民困饥流散,豪右多有占夺,安世乃上疏曰:'臣闻量地画野,经国大式,邑地相参,致治之本。井税之兴,其来日久,田莱之数,制之以限。盖欲使土不旷功,民罔游力。雄擅之家,不独膏腴之美,单陋之夫,亦有顷亩之分,所以恤彼贫微,抑兹贪欲,同富约之不均,一齐民于编户。"这一思想是古代井田思想的进一步发展,并在孝文帝太和九年(485年)付诸实施。此后,这一思想为东魏、西魏、北齐、北周、隋、唐所继承,实行了近300年。

中唐以后,均田制被破坏,土地兼并问题日益严重,各种抑兼并的思想又再兴起。白居易提出:"天育物有时,地生财有限,而人之欲无极;以有时有限奉无极之欲,而法制不生其间,则必物暴殄而财乏用矣。"而且,"地之生财,多少有限;人之食利,众寡有常,若盈于上则耗于下,利于彼则害于此",而"不均不平,则地虽广,人虽多,徒有贵之名,而无富之实"。他希望建立一种合理的分配制度,使"地力人财,皆待制度而均"(《策林》)。陆贽认为以前的限田、均田都不能真正解决问题,只有政府制定一个降低地租的标准,即"凡所占田,约为条限,裁减租价,务利贫人",才能"微损有余,稍优不足,损不失富,优可赈穷",他认为这是"安富恤穷之经"(《均节赋税恤百姓六条》)。

宋代统治者推行不抑制兼并的政策,但各种抑制兼并的呼声还是很高。欧阳修在《原弊》里提出"兼并之弊"是当时诸弊之首。苏轼提出了"均户口"和"按地征赋役"的主张。李觏提出了"限人占田,各有顷亩,不得过剩"的主张。张载、程颢、程颐、林勋等提出了恢复井田制的主张。朱熹虽认为井田是"圣王之制",但认为井田难以恢复,而且认为限田主张也是"胡说"。他提出只要减轻赋税,"无大故害民处""便是小太平了"。叶适首次指出井田制的弊端,指出其并非良法,但他提出的在宗族内"田不必子,而贫者可共"的主张,也不具有可行性。

元代郑介夫强烈抨击当时的兼并现象,痛斥"今之豪霸,所谓御人于国门之外者,真生民之蠹,国家之贼也"。他认为最好的制度是井田制,但井田制难以恢复,只有实行"限田之法"才为可行。他的限田法规定:"每一家无论门阀贵贱,人口多寡,并以田十顷为则。有十顷以上至于千顷者,听令分析,或与兄弟子侄姻党,或立契典卖外,人但存十顷而止……十顷以下至于一亩者,许令增买,亦至十顷而止。"(《论抑强状》)

明代邱浚反对恢复井田制,提出"配丁田法"。王艮提出了"均分草荡"法。明末三大思想家中,黄宗羲虽认为对私有田产征税"不仁之甚",但却主张恢复井田制。顾炎武认为大地主连陌跨阡的田产都是从小的资本价值逐渐增殖形成,来之不易,反对抑兼并,他提出通过限制私租来让农民受益。王夫之认为土地兼并问题"积习已久,强者怙之,而弱者亦且安之矣",不必强求改变。他不但反对恢复井田,也反对限田,主张以赋税调节土地占有。王夫之提出对自耕的土地轻税,对自耕以外的土地,按户等纳土地税,以求实现"有其力者治其地"。

清代颜李学派主张土地均衡配置,但所选择的方案不同。颜元、李塨主张通过佃农租种地主的土地获得部分的土地占有权,如一富家有田十顷,自己留一顷,其余给九家佃户佃种,每家一顷。王源提出"有田者必自耕"思想,主张通过清官地、辟旷土、收闲田、没贼产等方式获得官地,实行"疆田"制。所谓"疆田"制也是一种类似井田制的共耕公田之法。

二、积蓄备荒和常平仓思想

中国很早就有了通过仓储救灾的思想,并将其融入财政制度。《礼记》写道:"国无九年之蓄,曰不足;无六年之蓄,曰急;无三年之蓄,曰国非其国也。"西周时就形成了通过收支对口,均节财用,建立蓄积的理财制度,不仅要有年度收支计划,还要有3年,甚至30年的中长期通盘考虑,认为只有如此,才能"虽有凶旱水溢,民无菜色"。汉代贾谊的《论积贮疏》里说:"夫积贮者,天下之大命也",并通过授爵、赎罪等方式,鼓励富民捐粮,增加国家粮食蓄积。

除了加强国家粮食储备外,古代还积极探索发挥财政政策的放大效应。毕竟国家财力有限,而需救济的灾民甚众,有时候更是旧灾未复,新灾又生。战国时,魏国李悝发明平籴法,以粮食产量为指标。即国家在产量高的年份以平价收购粮食,建立仓储,在歉收的年份再以平价卖出粮食。这样"虽遇饥馑水旱,籴不贵而民不散,取有余以补不足也"。西汉时,大司农耿寿昌又发明常平仓法,以粮食价格为指标,在粮食价格低时,大量购买建立仓储,在各州郡遍设粮常平仓以蓄积,在粮价高涨时及时售出粮食,通过平衡供需来保持市场粮价的稳定。这些措施使国家"仓廪实,蓄积有余",对社会的稳定和可持续发展具有积极意义,也是财政政策对国家和人民的贡献。

隋代长孙平(字处均,河南洛阳人,曾任度支尚书等职)提出地方自救思想,主张创建义仓,贮粮备荒。他提议"令民间每秋,家出粟麦一石以下,贫富差等,储之闾巷,以备凶年,名曰义仓"。他上书说:"臣闻国以民为本,民以食为命,劝农重谷,先王令轨。古者三年耕而余一年之积,九年作而有三年之储,虽水旱为灾,而民无菜色,皆由劝导有方,蓄积先备者也。去年亢阳,关右饥馁,陛下运山东之粟,置常平之官,开发仓廪,普加赈赐",虽然"强宗富室,家道有余者,皆竟出私财,递相周赡"。但长孙平认为这仅是一时行为,"经国之理,须从定式",应建立一个储粮备荒的长效机制,"令诸州百姓及军人,劝课当社,共立义仓,收获之日,随其所得,劝课出粟及麦,于当社造仓窖贮之。即委社司,执账检校,每年收积,勿使损败。若时或不熟,当社有饥馑者,即以此谷赈给"。

唐代中期刘晏改革常平法,大大扩展了原来常平的范围,不仅限于粮食,而及于更多商品。他在诸道设置巡院,选择勤廉干练者担任知院官,让其随时上报当地物价涨落信息。政府遇贵则卖,遇贱则买,并且让知院官每旬每月及时上报各州县雨雪丰歉信息,让政府能及早决策。在丰收地区,以高于市价的价格购买粮食;在歉收的地区,以低于市价的价格出卖粮食。《新唐书·刘晏传》称:"刘晏因平准法,斡山海,排商贾,制万物低昂,常操天下赢资,以佐军兴。虽拏兵数十年,敛不及民而用度足。"

王安石变法时,对常平仓进行了改进,提出了"常平新法",亦称青苗法。即以常平籴本作本金,政府每年在正月和五月青黄不接时(即苗青时),按照户等高下贷粮食或贷款给农村主户,称青苗钱。借贷半年后加息二分归还。这是希望以低息贷款代替地主的高利贷,维持农民正常的生产、生活秩序,还可增加政府财政收入。王安石在知鄞县时,采用此法取得很好成效,但在向全国推广中出现了很多弊端。

苏辙曾指出："以钱贷民,使出息二分,本非为利。然出纳之际,吏缘为奸,虽有法不能禁;钱入民手,虽良民不免非理费用;及其纳钱,虽富民不免违限。如此则鞭笞必用,州县多事矣。"司马光认为青苗法取利过重,强调既然富者与贫者是相互依存、互利互惠的关系,那么县官散青苗钱就会使"贫者既尽,富者亦贫""若不幸国家有边隅之警,兴师动众,凡粟帛军须之费,将从谁取之?"司马光认为最好的办法就是恢复常平旧制。

南宋朱熹提出民办社仓思想。朱熹的社仓是借鉴义仓、常平仓和王安石青苗钱的办法,但由民间主办。朱熹认为常平仓和义仓有两大缺点:一是粮仓储藏在州县,距离农村太远,特别是山区,赈济不便;二是相关法规太过严密,程序太多,遇灾时无法及时发放粮食。由于长期储存,一些粮食腐化。所以朱熹提出社仓法,这是一种由人民自行筹集粮食,由"乡人士君子"自行管理,以备荒歉的自救办法。这样不仅能深入乡里,还能及时赈济。朱熹的社仓还借鉴了王安石青苗钱收息的办法,规定凡借仓米,五月出借,十一月收回,收息二分。假若遇有荒年,小歉利息减半,大饥利息全免。若干年后,当息米相当于原本 10 倍时,不再收息,每石只收耗米 3 升。

元朝时货币经济十分发达,基本不发行铜钱,在全国范围内发行和流通纸币,称为"钞"。王恽提出了将常平仓与货币经济结合的思想,也就是以各路平准行用钞的工墨钞息(发行纸币所得的收益)作为籴本,分发到各州县购买粮食。他认为,只要 3 年就可不劳而得到 100 万石以上的粮食。他在《论钞息复立常平仓事》里提出实行常平仓制,其利有五:一是不动官本,不影响国家经费;二是发生饥馑时,可以发放粮食济民,安定民心,使灾民能感念国家恩惠;三是使农民知道国家"贵谷贱货",安心于农业生产;四是在丰收年份,常平仓粮食可以用来济军,使"民无和籴之扰,军免阙食之虞";五是在歉收年份,"平价出粜,钞本不失,人赖以安,使市廛之徒绝幸灾贪利之心,贫乏之家脱转死流移之苦"。王恽认为,常平仓不仅可以在不动用国家财政支出的情况下发挥恤民的积极作用,还能平抑市场物价,安定民心。

郑介夫提出义仓民办思想。他在《论抑强状》里指出官办之弊:"贪官污吏,并缘为奸。若官入官出,民间未沾赈济之利,且先被打算计点之扰,及出入之时,又有克减百端之弊,适以重困百姓也。"他主张民办义仓,其具体办法是:"验户多寡或一乡一都于官地内设立义仓一所,令百姓各输己粟,自掌出入之数","民入一石之粟自得一石之价。不费于公亦无损于私"。"犹虑风俗不古,急义者少","须官为立式:有地百亩者限以一岁出粟一石",令出等甲户执其纲领,择乡里能干者效其驱驰。"他还主张通过出卖从七品和正、从八品的虚名敕牒和僧道度牒来筹集赈粜粮食。他认为原来在荒年时勒令富户平粜流弊很大,"大户纵贿而求免,小户力贫以奉行。徒资官吏之买卖,初无济闾里之危急"。而通过卖敕牒和卖度牒,"但费朝廷一纸,不动声色,而数百万粮可立而致"。

明清时期,政府也重视储粮备荒,如朱元璋曾说:"务农重谷,王政所先。古者民勤耕稼之业,故三年耕则余一年之食,九年耕则余三年之食,二十七年耕则余九年之食,是以岁或不登,民无饥色,以储蓄有素故也。朕屡敕有司劝课农桑,而储蓄之丰未见其效,一遇水旱,民即饥困。故尝令河南等处郡县,各置仓庾,于丰岁给价籴谷,就择其地民人年高而笃实者主之,或遇荒歉,即以赈给,庶使民得足食,野无饿夫。其有未备之处,宜皆举行。"朱元璋曾建预备仓,"籴谷收贮以备赈济",后又建常平仓。周忱曾在地方设济农仓。清代广设常平、义仓和社仓。

三、从重农抑商到农商皆本思想

虽然重农抑商思想在农业社会普遍存在,但是在中国形成却较晚。在先秦诸子那里,除法家之外都没有抑商思想,孔、孟、墨等基本都持农商并重思想。重农抑商思想最早起源于三晋法家的先驱李悝。李悝提出了"农伤则国贫""重本禁技巧"等思想。此后,商鞅提出了"事本禁末"的思想。商鞅的重农抑商思想是其耕战国策的具体体现,并贯彻到他的各项改革措施之中。商鞅的重农抑商思想基本是从富国强兵的实用角度出发,没有系统化的理论分析。荀子是第一个将重农抑商思想理论化的学者,他将农、商看作社会分工和交换的两个方面,有着相互促进、相互依赖的关系,但他认为只有农业才是财富生产的源泉。荀子已经认识到工商业对农业的促进作用,但认为从事工商业的人过多,会影响农业发展,应对其加以限制。他的学生韩非子更进一步提出了农本工商末的思想,将手工业也归入"末"的行列。

汉初陆贾、贾谊、晁错等人从不同角度肯定了重农抑商思想。陆贾在《新语》开篇就说,"天生万物,以地养人",强调了土地和农业的重要。他又从对自然、对朴素的追求中,将珠玉等奢侈品视为"淫邪"。贾谊从"安天下"的要求出发,提出重农积粟的诉求。他从"驱民而归农"的需要出发,提出了抑制末技游食之民的政策。晁错更多从现实生活中对商人盘剥农民和兼并土地的观察中意识到重农抑商对社会稳定的重要,淋漓尽致地揭露了商业资本的兼并现象,对商业进行了激烈抨击。虽然汉初制定了很多抑商政策,如不许商人穿绸骑马等,但由于当时执行的休养生息国策,事实上促进了商业的迅速发展。

文景之治的经济繁盛在汉武帝时把西汉王朝推向鼎盛,也出现了两位重商的思想家。司马迁的重商意识无疑来源于对文景时期休养生息政策的认同,他在《史记》里全景式地描述了各行各业的发展图景,得出农、工、商都是人类衣食之源的看法。他指出"待农而食之,虞而出之,工而成之,商而通之……人各尽其能,竭其力,以得所欲"。与司马迁主张自由放任的经济政策不同,另一位重商思想家桑弘羊却力主经济干预政策,其重商思想是出于富国的需要。桑弘羊强调:"治家非一宝,富国非一道",认为商业和农耕一样,也是致富之道。桑弘羊强调的是"利归于上",他认为"人主积其食,守其用,制其有余,调其不足,禁溢羡,厄利涂,然后百姓可家给人足也"。桑弘羊的重商,不是要发展私人商业,而是要由国家运用商业手段直接控制主要生活用品的生产和流通来垄断巨额利润。桑弘羊的财政政策更多的是抑制私人商业的发展。桑弘羊在盐铁会议中,与儒家知识分子就各项政策进行了激烈辩论,这次辩论中,桑弘羊强调工商的重要,却主张重农抑商、干预经济的财政政策,儒生虽强调重农抑商,却主张自由放任的财政政策。虽然有着这样那样的矛盾,当时的儒生还是成功为重农抑商正式戴上"儒冠",法家创造的重农抑商成功地被儒家吸收,成为儒家的正统思想,并持续影响中国2 000多年。

虽然西汉中期以后,重农抑商思想成为主要的财政思想,在传统财政思想中始终居于主流地位,但2 000年间还是不断有人提出异议。东汉王符认为农、工、商在社会经济生活中都有正当作用,而且三者皆有本末。对工而言,致用为本,巧饰为末;对商而言,通货为本,鬻奇为末。他提出重本抑末要全面地看,要重视致用和通货,反对巧饰和鬻奇。唐代韩愈提出农工商相生相养论,认为农工商各部门均处于互相依存、相生相养的关系之中。宋代范仲淹不仅重视农业生产,也非常重视商业流通,认为商人同士农工一样,在国家万民之中占有重要位置。欧阳修提出要与商共利,因势利导的思想。王安石认为商业太盛太衰都不好,主张建立新型农商关系。南宋叶适指出"抑末厚本,非正论也",还提出扶贫不抑富的思想,认为政府除了减赋济贫外,还应该通商惠工,扶持商贾,流通货币。明代丘浚反对抑商,反对国家与商争利,要求国家放宽对商人的政策,还主张积极发展海外贸易,但肯定平籴法,并不完全反对国家在稳定谷物价格中发挥作用。张居正指出农商是相互依存相互促进的关系,提出"省征发,以厚农而资商;轻关市,以厚商而资农"。明末清初的三大思想家,顾炎武仍主张以农富国,王夫之仍强调重农抑商,而黄宗羲则提出了农商皆本论。清代包世臣也提出本末皆富论,魏源提出缓本急标论。

虽然重农抑商政策一直受到种种挑战,特别是在宋代商品经济高度发展以后,但直到鸦片战争前,还是一般居于主流地位,成为影响财政政策的最重要的因素之一。

四、与民休息与宏观调控思想

我国宏观调控思想起自《管子》。管仲在齐国改革的成功经验激励了后学者,在其基础上逐步形成了专卖政策、价格政策、贸易政策、税收政策、信贷政策、劳动调节政策、物质奖励政策等一系列的调节经济的思想,这些都汇总到了《管子》一书中,对后世影响深远。可以说,此后的各种财政宏观调控思想发源于此。

公元前359年,商鞅在秦国主持变法时提出了更为激烈的宏观调控主张,并付诸实施。韩非从人的自利心出发,为国家进行宏观调控建构理论基础。就宏观调控的政策目标,商鞅只在富国强兵,韩非还提出"均贫富"的目标。韩非在《韩非子·六反》里提出了用租税政策调节贫富的思想。

汉文帝时,晁错提出重粟策和减税思想,对经济进行了有限调控。汉武帝时,桑弘羊提出了全面宏观调控的思想。例如,在税收政策上,加征了财产税(算缗),并以重奖鼓励揭发偷漏税(告缗);在市场政策上,对盐铁酒进行垄断专营;在价格政策上,采取均输平准法进行调节;在货币政策上,采取国家统一铸造高质量的五铢钱;在发展生产上,大规模兴修水利工程。桑弘羊融通了《管子》、商鞅和韩非的宏观调控思想,并结合当时的实际情况,提出了更具可行性的宏观调控措施,在向全国推行前,还在部分地区进行了试点,成为后世模板。

西汉末年,王莽提出了更全面、更激烈的宏观调控思想。王莽将桑弘羊的均输平准发展为五均六筦。五均就是在长安、洛阳、邯郸、临淄、宛及成都等大都市设五均司市师,对工商业经营与物价进行统制与管理。其控制价格的方法还是均输平准法,但也新提出了平价法,对不同时间、不同质量的商品制定"市平价"。六筦是指盐铁酒专营、铸钱、征收渔猎樵采税、五均赊贷等六项宏观调控政策。其中,政府办理赊贷业务是王莽的一个创举。赊就是借钱给城市贫民用于祭祀等非生产的消费,由于这是不生产的消费,故不收取利息,故称之曰赊。贷是借钱与小生产者作生产的资金,收取年利什一的低息。在货币方面,王莽先后进行5次改制,建立了"五物、六名、二十八品"的复杂货币体系。王莽还试图恢复井田制,提出了王田思想。

北宋时期,王安石提出了全面改革的思想。在税收政策方面,他提出方田均税法,对土地进行全面清查丈量(方田),明确土地产权、质量和数量,分别定等,作为征税的依据;在力役政策方面,提出免役法,亦称募役法,就是把以前按户等轮流充当州县差役的办法,改由州县政府按当地户等高下征收免役钱,募人充役;在政府采购方面，提出均输法，就是要求各地负责政府采购的发运使全面掌握市场价格信息，按照"徙贵就贱，用近易远"的原则，有计划、有选择地在产地进行采购，而且尽可能在路程较近的产地进行采购，以节省采购费用和转运的劳务费；在市场政策方面，他提出了市易法，就是在京师开封、杭州、润州、长安、凤翔等地设市易务，由政府出资大量收储各种滞销商品，待市场短缺时再赊销给商人，于1年后加息2分偿还货款。以此限制大商人对市场的操控，稳定物价，还能增加国家收入；在生产方面，他提出了青苗法和农田水利法。青苗法是在青黄不接之时，政府借贷粮食或种子给农民，既维持了农民正常的生产生活秩序，也防止兼并之徒趁机压榨农民。农田水利法规定由政府出工料钱，受利地区按户等高下出工出资兴修水利，并强制疏通被豪强兼并之家私占的水利资源。

政府要不要采取宏观调控政策，在中国财政思想史上也一直有争议。孔子明确表达了反对，他推崇自然法则，提出"四时行焉，百物生焉""因民之所利而利之""使民以时"等思想。孔子说："唯天下至诚，为能尽其性，则能尽人之性；能尽人之性，则能尽物之性。"孟子以揠苗助长的故事反对政府干预，主张顺应自然。在《公孙丑下》篇中，孟子还将市场垄断者称为"贱丈夫"和"贼"。道家更是主张无为而治，《老子》说："天下多忌讳，而民弥贫。"

在古代，宏观调控思想也有周期性特点，一般朝代建立之初，由于国民经济破坏严重，多会提出与民休息、休养生息的主张，如汉初的"黄老之治"，陆贾等人系统构建了与民休息、无为而治的思想体系。唐初李世民君臣对谈中反复申说了安人宁国的思想，李世民提出："安人宁国，惟在于君，君无为（与民休息）则人乐，君多欲则人苦。"（《贞观政要·论务农》）明初，朱元璋也一再告诫臣下："天下始定，民财力俱困，要在安养生息。"他指出"百姓足而后国富，百姓逸而后国安"，要求"凡有劳民之事，必奏请而后行，毋擅役吾民也"（《明太祖实录》）。而到了朝代中期，各项花费增多，国家财政出现危机，于是就强化了宏观调控需求。桑弘羊认为"人主积其食，守其用，制其有余，调其不足，禁溢羡，厄利涂，然后百姓可家给人足也"。刘晏强调理财的重要，"能时其缓急而先后之"，也指出"理财常以爱民为先"。杨炎指出财赋是国家根本，百姓的"咽喉性命"。王安石指出"因天下之力以生天下之财，取天下之财以供天下之费，自古治世未尝以不足为天下之公患也，患在治财无其道耳"。他还指出"聚天下之人不可以无财，理天下之财不可以无义""为天下理财，不为征利""均天下之财，使天下无贫"。叶适认为"理财与聚敛异"，提出"天下之财与天下共理之"。这些就都涉及政府实现调控、财政管理的哲理层面。

近代卷

第一章

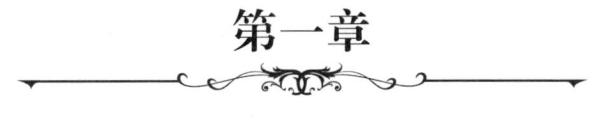

中国近代财政思想概貌

1840年到1949年是中国近代史阶段。这一时期最大的特点,用一个字来说就是"变"。晚清名臣李鸿章曾说,"此三千余年一大变局也"。就近代财政思想史而言,也是一个大变的时代。先秦时期建构起的传统思想,在2 000年里都没有太大变化,而近代以来却发生了翻天覆地的变化,而且变化之大,变化之快,变化之频繁,都是惊人的。这一时期,财政思想流派之多,内容之丰富,也是十分可观的。

第一节 西方财政思想冲击下的近代财政思想变迁

一、鸦片战争带来的财政思考

1840年,中英之间爆发的鸦片战争被认为是中国古代史和近代史的分界线,在此前中国是个自给自足、独立自主的集权国家,也是一个相对封闭的帝国。在之后,中国频受西方列强侵辱,主权丧失,几近亡国。同时,原来财政体系依赖的自给自足的经济体制结构受到巨大冲击,逐渐解体。原有的财政体系和思想已经完全不能适应新形势的需要。

实际上,在鸦片战争之前,中国已经开始走向衰败。在经济方面,土地兼并日益严重,20%左右的大官僚、大地主占有全国80%以上的耕地。鸦片战争中力主妥协、擅自割让香港的大学士琦善就占有250多万亩土地。占有巨量土地的大官僚、大地主不断加重对农民的盘剥,造成大量农民破产,社会经济呈全面衰败现象。在政治方面,官僚集团腐化严重。乾隆末年和珅侵吞的国家资产据说相当于国家20年的财政收入。当时民间流传"三年清知府,十万白花银"。在财政方面国库空虚,乾隆好大喜功,耗费掉1.2亿两白银,嘉庆袭剿白莲教耗费2亿两白银,财政早已入不敷出。而同一时期,欧美资本主义经济飞速发展。特别是英国已经初步完成工业革命,蒸汽机已经广泛使用,机器进行的社会化工业生产已经全面推开。工业革命不仅极大推进了英国的生产能力,使其成为"世界工厂",而且彻底改变了英国传统农业社会的面貌,有力地推动资产阶级民主化进程,促进了学术思想的全面进步。面对西方世界的巨变,清朝统治者却茫然不知,他们虚骄自大,将外国视为"蛮夷",把各种科学技术斥为"奇技淫巧",坚持闭关锁国的基本政策。英国人的鸦片走私更使中国的经济和财政雪上添霜,导致白银大量外流,银价剧烈上涨,烟毒泛滥波及全国各阶层。林则徐称:"是使数十年后,中原几无可以御敌之兵,且无可以充饷之银。"

鸦片战争将中国社会的种种弊端最彻底地展示在世人面前,特别是其不堪重负的财政体制。

当时,中国GDP世界第一,占全世界的33%,是英国的6倍,拥有90万常备军,世界第一。清代马上得天下,前期战争一直不断,有一整套军事财政体制和制度。常额的军费支出已经是财政支出的70%左右,在财政制度上也有一套补充办法。在高度中央集权的体制之下,庞大的常备军,巨额的军费支出,决策都归于皇帝一人。在鸦片战争中,我们看到了庞大帝国巨大的动员调度能力,也看到所有的调度命令都来自于紫禁城。信息的迟缓,个人意志的摇摆,严重影响着战争进程。而且财政的用度,既缺乏统一的规划,又缺乏有效监督。

1688年的"光荣革命"在英国建立了国会财政体制,使会对国家收支取得了绝对控制权,每一次战争都要国会通过拨款。此后的100多年,英国的战争从来没有停息,打仗的范围越来越大,庞大的战争军费带来了一次又一次的财政危机。虽然英国当时已是世界第一强国,世界各地的财富源源不断地输入英国,但国会紧紧控制着收税权,国王也无可奈何。随着国会对支出结构的调整,到威廉三世时,国王的年金只剩下100镑左右。为了更好地平衡收支,在鸦片战争的100年前,英国建立了现代预算制度。为了更好地花钱,避免浪费,在鸦片战争的10年前,英国国会建立起专款专用审核制度,而该制度首先施行于海军部。海军开销实在太大,按照英国当时的记录,海军的军费支出是陆军的3倍多。

1839年6月,林则徐虎门销烟,严厉禁烟。8月,消息传到了英国,英国国会就面临的中英战争开始了长达数月的辩论。国会最关心的是钱从哪里来。财政部长弗朗西斯·巴尔宁向国会汇报,国库已经入不敷出,在此前三年,每年赤字多达100万英镑。英国政府还答应补偿受损失的鸦片商人250万英镑,而国会从一开始就拒绝支付这笔赔偿费。89岁的陆军大臣,著名历史学家托马斯·麦考雷提出解决办法是,让中国支付这场战争的费用,即这些钱将在打败中国后获得。外交大臣巴麦尊也向国会保证,不会用英国纳税人的钱赔偿鸦片商人的损失,战费将是从中国获得赔偿。媒体也在鼓吹:"想想看,太阳和月亮的儿子(中国皇帝)将成为我们政府的资助人,每年给我们50万英镑,而只要一位英国大臣处理他的事情就可以了。""如果说印度是英国的金矿,中国将成为英国的白金矿床。"1840年4月7日,英国国会下院以271票对262票的微弱多数通过了政府对华战争政策。"东方远征军"正式受令出发,国会和政府给予了明确的指令和目的。

而当时的中国财政,虽是集权于皇帝,但对地方用财却没有有效的约束机制。战争反成了各地官吏发财的一个机会,请款的奏折也从四面八方涌向朝廷。

"工欲善其事,必先利其器"。调兵的同时,各地也开始大规模铸造火炮。据后来查实的一些情况,宁海知县以修理城墙、支应兵差之名,贪赃34 587两白银。浙江开销10万两,据称训练了南勇9 000多人,但打仗时,却不知这支部队去了哪里。还有定海称雇有水勇2万余人,花费40余万两,也不知所踪,朝廷追查时说都在战时逃散了。龙溪县名单上有1 200名士兵却见不到1个人,地方官承认是闽浙总督被革职还乡,路过此地,地方接待花费了1万两白银,无处报账,只好造空饷弥补。1841年10月,道光帝命扬威将军奕经驰援浙江战事,可奕经带着大批随员,从北京到浙江途中,一路上游山玩水,勒索地方供应,到苏州后更屯兵不前,整天花天酒地。军中文秘贝青乔记载:"将军之外,复有参赞;参赞之外,复有钦差;钦差之外,复有小钦差……郡县供应愈烦。"而打造的各式火炮,质量低劣。当时前线奏报:"大炮以铁沙搀泥料,外包铁皮""适用之炮无多"。

据茅海建先生考证,清政府在3年鸦片战争中总共花费白银2 871余万两。《英国国会文件》记载的英军花费,折算成白银,共1 263万两。坚船利炮劳师远征的英国,花费竟然比居于本土作战的清军少一半不止。3年的战争拖垮了国家财政,不断的拨款使以户部银库和各地司道库构成的国家储备系统几近崩溃。而各地本应正常上解的税款,也多以战争的名义截留地方了。国家正常的财政安排全部被打乱,不得不靠卖官鬻爵等捐输来维持开支。到了1842年,不仅军事无力对抗,财政也无法持续了。1842年3月,浙江巡抚上书,说英人炮火"猛烈异常,无可抵御",而沿海各省"一月之防,为数甚巨,防无已时,即费难数计,糜费劳师,伊于胡底"?道光帝无可奈何,只好派出宗室耆英和英人议和。而英军除了国会正常拨款,还得到了东印度公司近30万英镑的支持,并不急于议和,为了争取更大好处,继续攻打南京。清政府终于在英军攻占南京后与之签订《南京条约》。该条约规定赔偿英国军费1 200万银元,赔偿鸦片商人600万银元。英国政府向国会承诺的两笔款项全部取得。而清廷不仅战争带来的巨额亏空无以填补,紧接着来的巨额赔款又成了巨大包袱,大清财政不仅仅只是困难了。战后,道光帝命刑部尚书惟勤亲自去户部银库查清家底,结果发现账面应存白银1 200多万两,而实际还不到300万两,900多万两不知道去了哪里,道光帝阅报后,"愧恨忿急",一时间不知所措。

鸦片战争失败,震惊了当时的知识阶层,促使他们对中国传统思想进行了深刻反思。鸦片战争不仅是中国历史的转折点,也是中国财政思想史的转折点。一部分知识分子试图从传统财政思想中发掘出能适应时代需要的因素,一部分知识分子开始改弦易辙,希望更多地了解和学习西方的财政思想,使财政思想进入一个新的活跃期。

二、晚清财政思想的变迁

有学者提出应将近代史的开端放在明清之交,他们认为明代中后期中国已经出现了资本主义萌芽,西方学说也已由传教士传播到中国,在思想领域也开始对此进行了回应,不仅提出了农商皆本的思想,而且对君主专制也作出了批评。但整体而言,明清社会经济的基本结构仍旧是农业和家庭手工业相结合的小农经济。西方思想的传播也仅限于极个别的知识分子,皇室虽然引进了一些西式建筑,但也仅限于宫廷,还用大红墙遮挡起来。一些西洋商品,也只是皇亲国戚和达官贵人们的玩物。直到鸦片战争惨败,才把一部分人震醒过来,开始重新思考国家何去何从。

在鸦片战争之前,已经有不少知识分子认识到当时国家的衰败之势,主张致力经世致用之学,研究现实社会经济问题,以救时弊,如龚自珍就在《乙丙之际著议》里直指当时是"衰世",大乱将临。在《西域置行省议》里,龚自珍指当时的社会"生齿日益繁,气象日益隘,黄河日益为患""人心惯于泰侈,风俗习于游荡""不士、不农、不工、不商之人,十将五六";"自京师始,概乎四方,大抵富户变贫户,贫户变饿者……各省大局,岌岌乎皆不可以支月日"。而统治者只知道用开捐例、加赋、加盐价等有如"割臀以肥脑,自啖自肉"。龚自珍在诗中写道:"不论盐铁不筹河,独倚东南涕泪多。国赋三升民一斗,屠牛那不胜栽禾?"他仰头长啸:"九州生气恃风雷,万马齐喑究可哀。我劝天公重抖擞,不拘一格降人才。"

在鸦片战争中力主禁烟的林则徐,同时却极力主张开放正常的对外贸易。他认为发展对外贸易可以增加国家财政收入,国家可以用关税收入来加强国防、制炮造船。在思想上，林则徐敢开风气之先，积极倡导向西方强国学习。他在广州厉行禁烟的同时，也积极组织幕僚搜集西方情况，翻译西方书籍报刊，编成《华事夷言》《四洲志》等介绍西方的书籍，这是中国近代向国人介绍西方社会经济状况和思想的开端。鸦片战争失败后，林则徐被流放新疆，临行前将其主编的《四洲志》一书托付给魏源，希望魏源能继续研究，以更广泛、更深入地了解西方情势。魏源在《四洲志》的基础上编成《海国图志》，这是当时人们了解西方的重要信息来源。魏源的《海国图志》被梁启超称为"中国士大夫之稍有世界地理知识，实自此始。其论实支配百年来之人心，直至今日，犹未脱离净尽"。他在《海国图志》中提出的"师夷长技以制夷"成为当时最激动人心的口号。他说："善师四夷者，能制四夷；不善师外夷者，外夷制之。"他也是在这个基础上提出其财政思想，就是要通过学习西方，发展军用和民用的新式产业，广泛地发展机器制造，鼓励私人经营，以培植和保护新的税源，达到富国强兵"以制夷"的目标。魏源成为中国近代财政思想史上承前启后的人物。

鸦片战争和《海图国志》对当时的主流思想影响甚微，以天朝上国自居的儒家士人发出"何必师事夷人"的呼喊，且认为《海图国志》是大逆不道，应该全部焚毁。左宗棠在《海国图志序》里叹息："书成，魏子殁，廿余载，事局如故。"1862年，日本维新派人士到上海，惊异地发现此书在中国已几近绝版。连日本学者盐谷宕阴在为日本翻刻本《海国图志》写序时也多有感叹："呜呼！此为忠智之士忧国所著，未为其君所用，反落他邦。吾不独为魏默深悲，亦为清帝悲。"中国清政府在鸦片战争中的惨败给了日本人很大刺激，很快就出版了各种关于鸦片战争的书籍，其中最为有名的是岭田枫江所著《海外新话》。其序诗写道"巨炮震天坚城摧，夷船进港汉军走……哀哉百万讲和金，往买夷酋一朝笑"。接着庆幸日本还没被波及，"唯我神州（指日本）屹海东，四沿清涵苍波中"。岭田枫江警醒幕府政府，"天赐前鉴非无意"，政府一定要"海国要务在知彼，预备严整恃有待"。由此拉开了日本向西方学习的序幕。当时日本得到魏源的《海国图志》如获至宝，前后出版了20多种翻刻本、节译本、国别单行本，成为当时启迪日本维新人物的最重要读物，也奠定了近代两国不同的命运走向。

虽然当时中国的很多士大夫和知识分子在思想上沉迷在传统辉煌里，没有直面西方的世界和思想，没有从鸦片战争惨败的震撼中惊醒过来，但是民间却有更为深刻的感应。清政府为支付巨额战争赔款，用加捐加税和巧立名目之法变本加厉地对人民进行盘剥。鸦片战争后10年，民众赋税负担增加了1倍以上。与之同来的，还有西方的商品思想。天主教不仅得到解禁，还凭借一系列的不平等条约得到迅猛发展。天主教不仅在沿海通商口岸表现活跃，而且还深入中国腹地，甚至在云贵、辽东、西藏等中国边境地区也有开设教堂进行多种传教活动的情况。西方资本主义世界开始以这种矛盾的状态介入和冲击中国的思想史。洪秀全1836年赴广州应试不第，路遇传教士送他一部梁发编著的布道书《劝世良言》。书里反映的某种平等、平均思想极大地刺激了当时落第消沉的洪秀全。洪秀全认为此书"内容奇极，大异于寻常中国经书"，他砸了孔子牌位，放弃了传统儒学，开始研读《圣经》，并结合中国传统思想，编写了《百正歌》《原道救世歌》《原道醒世训》和《原道觉世训》等传教书籍，并创办了拜上帝教，开始其传教活动。其提出的消除等级特权、信徒之间人人平等以及提倡实行财物公有等思想，深深抓住了当时千百万人民的心，并通过他们化为排山倒海的力量，席卷东南半壁，从而建立起太平天国。洪秀全建都南京后，发表了《天朝田亩制度》，提出了"有田同耕，有饭同食，有衣同穿，有钱同使，无处不均匀，无人不保暖"的伟大理想。洪秀全在《天朝田亩制度》中描绘出一个绝对平均主义的蓝图：每25户为一基本单位，设一"两司马"，每一基本单位建立一个国库；每户人家除种田，还可以种桑，养5只母鸡，2头母猪，收获的东西除按标准留用外，一律上缴国库，婚丧等事由国库开支，鳏寡残孤由国库供养，各地丰荒相通，生产和生活"统天下皆一式"。在太平天国后期，洪秀全的族弟洪仁玕发表了《资政新篇》。由于洪仁玕曾避居香港，接触到更多西学，《资政新篇》更多带有西方资本主义思想色彩。《资政新篇》提出加强集权及"因时制宜，审势而行"的主张；提出效法西方，发展交通事业和机器制造业；发展金融事业，允许私办银行；发展矿冶业，允许民间采矿；发展邮政事业，允许民进开办书信馆；发展新闻事业，允许民间办报；保护私有财产，奖励发明创造；发展对外交流、通商等。在财政方面，他主张在各省建立"钱谷库"，以支应政府人员的薪俸和其他公费开支，其业务设官司理，"每月报销"；主张设官征收内地的工商、水陆关税、每礼拜呈缴省、郡、县存贮，或供地方市镇公务支用。《天朝田亩制度》还带有明显的中国传统财政思想的烙印，而《资政新篇》已经明确提出资本主义的财政金融发展纲领。

在镇压太平天国运动过程中，清廷内部一批洋务派开始崛起，提出"中体西用"思想，希望通过创办新式军工和民用企业，创建新式海军来实现自强求富的目标。晚清"中兴第一名臣"曾国藩，因镇压太平天国运动之功，被封为一等毅勇侯。作为程朱理学的信徒，曾国藩的财政思想明显带有传统财政思想特色，以节用为核心。他力主节欲戒奢、崇俭养廉，并身体力行，成为载入史册的道德楷模。在镇压太平天国运动中,曾国藩高举儒家卫道大旗,在《讨粤匪檄》中,他高喊:"士不能诵孔子之经,而别有所谓耶稣之说、《新约》之书,举中国数千年礼义人伦诗书典则,一旦扫地荡尽。此岂独我大清之变,乃开辟以来名教之奇变,我孔子孟子之所痛哭于九原,凡读书识字者,又乌可袖手安坐,不思一为之所也。"但是曾国藩对西方科技发达有着清醒认识,提出"师夷智"的思想,积极创办西式工业企业,而且特别强调优先发展"制器之器"的生产,还创办了当时最大的军工厂——江南机器制造总局,生产枪炮、弹药、水雷等。曾国藩也对传统财政思想提出了批评,强调面对现实应该注重理财,他说:"大抵军政吏治,非财用充足,竟无从下手处。自王介甫(王安石)以言利为正人所诟病,后之君子例避理财之名,以不言有无,不言多寡为高。实则补救时难,断非贫穷坐困所能为力。叶水心(叶适)尝谓:仁人君子不应置理财于不讲,良为通论。"他提出"理财之道,莫患乎上不归官,下不归民,而归于中饱之蠹"。曾国藩虽开风气之先,大建西式企业,但也始终重视农业的发展,将农业放在国家经济中基础性的战略地位,提出"今日之州县,以重农为第一要务",认为"民生以穑事为先,国计以丰年为瑞"。

在洋务运动的推动下,不仅一批新式的军工和民用工厂应运而生,而且西方的学说和思想有了更广泛的传播。作为洋务运动的一个重要组成部分,清政府先后创建了北京同文馆、上海广方言馆、广州同文馆、江南制造总局翻译馆等西学翻译、教育机构,对当时了解和学习西方学术思想起了积极作用。洋务派还先后派遣学生出洋留学,学习西方先进文化知识。其中,被官派留学英国学习海军的严复翻译了亚当·斯密的《国富论》,这是中国财政思想史在向现代转型过程中的一个重要事件。严复不是简单地翻译,而且还写下了大量按语,针对中国现实情况提出自己的主张。

洋务派的代表人物之一张之洞将洋务派的主张归结为"中学为体,西学为用",即要在维持旧的统治秩序的"圣道"的基础上,采用一些西方的工业技术、自然科学知识等,"采西法以补中法之不足"。张之洞的财政思想主要有修农政、劝工艺、用银元、征新税、设邮政等。在洋务运动后期,一部分曾投身洋务运动或与洋务派有过密切关系的人,已经注意到洋务派只重视西方的"船坚炮利"和一些技艺,不愿从事政治体制改革和忽视自由思想引进的弊端,如容闳、王韬、薛福成、马建忠、郑观应、陈炽、何启、胡礼垣、陈虬等,其中郑观应的《盛世危言》最具代表性。洋务运动虽然有着很大不足,但在洋务派的努力下,中国开始把新式工、矿、交通业移植进来,并开办了大量新式教育机构,翻译了大量西方书籍,介绍外国知识。这些新式企业的创办，推动了中国经济结构的转变，客观上成为财政思想现代化转型的重要推动力量；西方知识的大量引进，更为财政思想的现代化转型提供了新的源泉；新式人才的培养，则有利于实现财政思想创造主体的现代化转型。

1895年，清军在中日甲午战争中惨败，北洋水师全军覆没。在其后中日签订的《马关条约》中，清政府割让了台湾、澎湖列岛及辽东半岛，开放了大量内地城市为通商口岸，赔偿日本军费2亿两白银。甲午战争中，洋务运动的种种弊端都显露了出来，官僚体制和官办垄断企业的腐化以及产品质量低劣等，都成为战争失败的重要原因。1895年4月，正值清政府选拔人才的举人会试期间，《马关条约》割地赔款的消息传到北京，引起各地举人的愤慨。康有为等举人联名上书，请求光绪帝"下诏鼓天下之气，迁都定天下之本，练兵强天下之势，变法成天下之治"，提出富国、养民、教民、练兵的变法主张。梁启超后来在《戊戌变法记》里写道："唤起吾国四千年之大梦，实自甲午一役始也。"

康有为编撰了《新学伪经考》《孔子改制考》《春秋董氏学》《大同书》等，旨在通过对儒学的重新解读，阐释孔子真意，来为变法维新提供理论依据。实际上，其是想托名孔子来提出自己的改革主张。在财政思想方面，康有为主张设立度支局统管国家财政，财政改革中以纸币先行，以满足维新之用，然后开征印花税等新税，以扩大财源。他还提出改革管理体制，减少中间层级以节省费用。康有为非常重视建立政府预算制度，认为"是理财为第一要事"。1898年6月11日（光绪二十四年四月二十三日），光绪帝颁布了《明定国事》诏，揭开了维新变法的序幕。《明定国事》诏要求"嗣后中外大小诸臣，自王公以及士庶，各宜努力向上，发愤为雄。以圣贤义理之学，植其根本，又须搏采西学之切于时务者，实力讲求，以救空疏迂谬之弊。专心致志，精益求精，毋徒袭其皮毛，毋竟腾其口说，总期化无用为有用，以成通经济变之才"。

对于财政改革，光绪帝在上谕里提出："户部职掌度支，近年经费浩繁，左支右绌。现在力行新政，尤须宽筹经费以备支用……近来泰西各国，皆有豫筹用度之法，著户部将每年出款、入款，分门别类列为一表，按月刊报，俾天下咸晓然于国家出入之大计，以期节用丰财，蔚成康阜。"此前李希圣编著的《光绪会计录》已经引用了西式预算编写方法，其例言写道："今日言理财者，莫不回仿行西法。"《光绪会计录》的编写方式和项目布局已与传统会计录不同，而是以西式簿记决算报告表的基本格式为模板，并附上了中、西收支项目的对比表。在戊戌变法中，李希圣提出："变法当以理财为本。"

戊戌变法虽然仅推行 103 天就失败了,但其作为一场思想运动对中国财政思想的现代化转型,意义却是巨大的。从 1895 年甲午战败到 1898 年戊戌变法,其间长达 4 年的关于变法的激辩,不仅使一批具有现代意义的知识分子脱颖而出,也使具有现代意识的财政思想开始得到广泛传播。在戊戌变法前后创办的京师大学堂及各地的新式学堂,成为新的财政思想传播和研究的阵地。就财政思想的新旧转换而言,戊戌前后无疑是一个十分重要的时期。

即使镇压了戊戌变法,但变法图存的呼声依旧,使慈禧太后也不得不顺应此呼声:"变法一事,关系甚重……朝廷立意坚定,志在必行""惟有变法自强……舍此更无他策。"1906 年 9 月,清政府将户部更名为度支部,并先后成立税务处、清理财政处和督办盐务处,从而形成了"一部三处"的新财政管理体制。1908 年清政府发布《逐年筹备事宜清单》,提出财政改革路线图;1908 年由度支部颁布清理财政章程;1909 年,调查各省岁入岁出情况;1910 年,进行复查并拟定地方税章程,厘订国家税章程;1912 年,颁布国家税章程;1913 年,试办国家预算,颁布会计法;1915 年,确定皇室经费;1916 年,确定预算决算,制定次年的确定预算案①。事实上,1910 年清政府就编制了宣统三年(1911 年)的财政预算案,出台了中国近代第一份具有现代预算意义的政府财政预算。

1905 年,清廷还派出载泽、戴鸿慈、端方等 5 大臣出洋考察各国政治。5 大臣先后访问了日、美、英、德诸国,回国后请梁启超代为起草了考察报告,提出立宪的主张,痛陈专制之害。1906 年,清廷下谕宣布"仿行宪政,大权统于朝廷,庶政公诸舆论"。1908 年,清廷颁布《钦定宪法大纲》,这是中国第一部宪法性文件。其中,君上大权部分规定,"皇室经费,应由君上制定常额,自国库提支,议院不得置议"。臣民权利义务部分规定,"臣民现完之赋税,非经新定法律更改,悉仍照旧输纳"。1909 年,张謇等人提出不纳税主义,即国会不开,各省谘议局不得采纳新的租税,且各省谘议局应限制本省选举的资政院议员,使其在资政院拒绝承认新的租税。1911 年,清廷颁布《宪法重大信条十九条》。其中,第十四条规定"每年出入预算,必经国会议决,不得自由处分",第十五条规定"皇室经费之制定及增减,概依国会议决"。虽然《宪法重大信条十九条》较《钦定宪法大纲》显然有所进步,但为时已晚,没有能挽救清政府的覆灭。几个月后,清帝退位。

晚清财政思想的演进是由最初的改革漕运、盐政、农政等传统议题开始的,伴

---

① 故宫博物院明清档案部:《清末筹备立宪档案史料》(上册),中华书局 1979 年版,第 61~67 页。

随着帝国主义的入侵,迅速向开征印花税等新税、发行公债筹款、兴办教育、奖励发明、补贴企业发展及如何建立现代预算制度等现代议题转型。而立宪以规范财政运行成了清朝灭亡前几年最热的议题。晚清财政思想在现代转型中另一重大变化就是现代公共财政思想的传播和发展,不仅有了大量译著,而且也有了不少中国人自己的著述。这些思想不仅影响了晚清新政中的财政改革,也在很大程度上影响了北洋政府时期的国家财政政策。北洋政府时期历任财政总长基本上都以西方公共财政思想来阐释自己的财政政策和指导当时的财政工作。他们提出的改革税制、完善预算、培养税源、发行国债等主张也均以西方公共财政基本原理为理论基础的,极少援引沿袭了千年的中国传统财政思想。

三、民国时期财政思想的变迁

在戊戌变法失败后,就有了革命与改良之争。康有为等人坚持改良主张,而孙中山等人提出革命的主张。孙中山等革命派先后在各地成立了兴中会、华兴会、科学补习所、光复会、自强会、科学会等革命组织,以推翻清政府统治作为奋斗目标。邹容的《革命军》提出,革命的目的是为了"扫除数千年种种之专制政体,脱去数千年种种之奴隶性质",要建立人人平等自由,有政治法律观念,"一国之政治机关,一国之人共司之"的"中华共和国"。邹容激烈地批评了旧的财政政策:"以某官括某地之皮,以某官吸某民之血,若昭信票、摊赔款,其尤著者也。是故一纳赋也,加以火耗,加以钱价,加以库平,一两之税,非五六两不能完,务使之鬻妻典子而后已。而犹美其名曰薄赋,曰轻税,曰皇仁。吾不解薄赋之谓何,轻税之谓何?若皇仁之谓,则是盗贼之用心,杀人而曰救人也。"他反对当时财政对商人的盘剥:"抑吾又闻之,外国之富商大贾,皆为议员,执政权,而中国则贬之曰末务,卑之曰市井,贱之曰市侩,不得与士大夫伍。乃一旦偿兵费,赔教案,甚至供玩好、养国蠹者,皆莫不取之于商人,若者有捐,若者有税,若者加以洋关而又抽以厘金,若者抽以厘金而又加以洋关。震之以报效国家之名,诱之以虚衔封典之荣,公其词则曰派,美其名则曰劝,实则敲吾同胞之肤,吸吾同胞之髓,以供其养家奴之费,修颐和园之用而已。"他还激烈抨击当时清政府有钱修颐和园,却无钱兴办教育等民生事业。他高呼"革命者,天演之公例也;革命者,世界之公理也"。

孙中山在革命实践中,逐渐建构起"三民主义"的理论体系。孙中山最早提出"三民主义"是在1905年的《同盟会宣言》(即《民报》发刊词)里,而"三民主义"最终成型是在1924年。他就"三民主义"作了16次系统讲演。孙中山的财政思想主要体现在其民生主义里。孙中山指出："民生就是人民的生活,社会的生存,国民的生计,群众的生命……民生主义就是社会主义,又名共产主义,即是大同主义。"与当时大多数主张照搬西方资本主义制度的主张不同,孙中山财政思想中有更多传统情怀,他使用中国传统的"养民"来解释"民生主义",认为:"民生主义是以养民为目的。"孙中山重视将西方先进经验与中国实际相结合,而对西方经验也注意博采众长。由于有着在资本主义国家长期居住的经验,孙中山对资本主义制度造成贫富不均,劳资矛盾及代议制度易被资本家操纵有着清醒的认识,在理论建构中也一直试图避免出现类似状况。孙中山的革命理想,是想建设一个财富分配公平,没有垄断压迫、没有失业和贫困的社会。他的民生主义包括平均地权和节制资本两个方面,就是想通过解决土地和资本两个问题,使中国经济获得迅速、全面的发展。而无论平均地权,还是节制资本,财政政策都是最重要的手段。在孙中山的实业计划中,包括了大实业国有化和举借外债等思想。在孙中山的财政思想中,已经有了国家资本主义的初步设想,计划经济的框架也已经初现端倪。孙中山虽然没有财政思想方面的专门著作,但他的相关思想对近代财政思想的演进有着重要影响,是近代财政思想演进中一个重要的关节点。

1911年10月10日,辛亥革命首先在武汉取得成功,并迅速得到各地响应。1912年1月1日,中华民国临时政府在南京成立,孙中山就任临时大总统。临时政府财政总长陈锦涛是美国耶鲁大学博士,归国后曾担任清政府度支部预算司司长。南京临时政府从成立之日起,就面临着严重的财政困难。在收入方面,缺乏财源。临时政府成立之初宣布废除了前清的各项苛捐杂税;海关及部分常关、盐厘的税收被外国势力把持,拒绝交付临时政府;各地田赋和其他税收也多被地方截留,不上缴中央。在支出方面,军费浩繁,各地民军"嗷嗷待哺,日有哗溃之虞";各项政府行政和社会事业,无不需要金钱运转。陈锦涛所能做的就是借款,向外国银行、商业团体、海外侨胞借款。《泰晤士报》著名记者莫理循在1月5日评论道:"财政部总长陈锦涛,是现代中国人中最有财政知识的人。据我所知,他在柏林会议上结识的外国银行家……对他的印象都极好。"但在此时,任何经济学知识都帮不上忙,"巧妇难为无米之炊"。作为欧文·费雪的弟子,陈锦涛的理财思想中更多看重金融的作用。

1912年2月,南北达成协议。袁世凯劝服清室退位,临时参议院选举袁世凯继任临时大总统。3月10日,袁世凯在北京上任,提名唐绍仪出任国务总理组成新政府,其中财政总长由熊希龄担任。唐绍仪极看重熊希龄的理财能力,虽经熊希龄5次力辞,他还是极力敦请。唐绍仪曾说:"熊君对于财政学问上研究本深,当其在东三省时,监理财政,成绩为各省之最,他人鲜出其右。况此时财政总长必须通晓西国财政状况,熊君考察外国情形,颇有心得,实适民国此时之用。"①虽然袁政府的财政状况要略好于南京政府,但是遇到的问题大同小异。中央政府财政被地方截留,库空如洗,地方财政也为庞大军费所累,普遍入不敷出。财政唯有依靠出让国家主权来换取外国借款维持,当时人们普遍渴望的清理财政、整顿币制、投资建设、裁撤厘金等都无从入手。但熊希龄曾提出八项主张:一是节减军费,以求收支平衡;二是建立国家银行,筹划币制办法,以期金融复活;三是改革币制,实行废两改元;四是改良税制,改革田赋,开征契税、酒税、印花税、个人所得税等新税,并通过设立营业税,为裁撤厘金作准备;五是筹划对盐、烟实行专卖,以增大宗收入;六是划分税目,以先中央后地方的原则区分中央和地方权限,以保证中央财政收入;七是制定会计法,以规范各部、各省收支;八是整理国债,以保国信,并设想了一套奖励担保的国内公债发放办法。熊希龄对此八条措施充满信心,认为只需要5年时间,就能"造成亚东第一富强之国"②。

在熊希龄之后接任财政的是周学熙。他是我国近代实业巨子,在理财方面也颇显才华。日本外务省编的《中国名人鉴》称周学熙"历司财权,实为中华第一流理财家"。南京国民政府也称赞其是"以民生主义为建国基础的躬行实践最早的一人"。他7月接任财长,9月就向国会报告财政方针,提出《财政政见书》,11月撰写《财政方针说明书》,12月发布《财政计划说帖》。③ 这三个文件集中反映了其财政思想,提出一个"盖欲谋国库之充裕,必先谋民富之增加"的指导原则。他主张把整理财政与发展经济、"国富"与"民富"同时并举,"使之收相辅而行之效,直接而经济受其益,间接而财政见其功,乃足为整顿财政之后盾"。他提出整顿田赋等旧税;引进印花税、所得税、遗产税等新税;遵循租税普及、负担公平的税收原则;建构分税制财政体制;以量入为出作为制定国家预算的基本原则;筹划公债,以有信用的新公债化解财政危机;建立中央银行,健全银行系统,使之能调剂全国金融,以纾国家财力等主张。

梁启超于1917年出任财政总长。作为曾经的维新派领袖,梁启超的思想是不断发展的,他总是在不断学习新的知识,接受新生事物,更新自己的学说,与时俱

---

① 上海《时报》,1912年4月4日要闻版。
② 《熊希龄集》(上册),湖南出版社1996年版,第304页。
③ 三个文件皆见周小鹃编《周学熙传记汇编》,甘肃文化出版社1997年版。

进。梁启超对中国财政思想现代化转型贡献巨大,他不仅积极发掘中国古典财政思想的现代意义,而且积极学习和传播西方财政思想,并努力与中国财政实践相结合提出自己的主张。梁启超曾言他著有《财政原论》一书,积稿百余万字,可惜今已不存。梁启超与财经相关的论述,保存至今并收录在《梁启超全集》里的,就达60余篇,不仅数量很大,而且涉及面广,对税收、税源、公债、预算管理、财政支出等都有专门论述。他优美、犀利、通俗、理性的文笔,对现代财政思想的传播起到了积极作用。在财政与经济的关系方面,梁启超认为应该将经济发展放在首位;赋税方面提出了轻税、平税、便民的思想,反对与民争利的"固民所急而税"的传统思想,认为所得税、遗产税、地价差增税为"最良之税则""足以均贫富之负荷";在公债方面,他认为公债也是一种赋税,所不同的是"租税直接以赋之于现在,而公债则间接及赋之于将来""不过将吾辈今日应负之义务,而析一部分以遗诸子孙云尔"。他肯定了公债对发展国民经济的作用,强调公债不仅以财政用途为限,而且有促进社会经济发展的作用;在支出方面,主张节用,反对浪费;在预算方面,认为"预算编制为理财第一要义"。梁启超颇有志改造中国财政,早在1913年熊希龄主阁时,梁启超就有意出任财长,但袁世凯认为梁"仅能提笔作文,不能胜任国家重任"。1917年张勋复辟,梁启超支持段祺瑞马厂誓师讨伐张勋。反复辟胜利后,段祺瑞入京主政,梁启超得以出任财政总长。梁启超上任伊始就致电各省督军、省长:"启超奉令管领财政,业于七月十九日就任视事,自顾轻才,惭膺艰巨,国基再奠,筹济攸资,伏盼中外一心,共支危厦,尽言匡诲,时赉良规,俾启超得以罄智效忠,借纾国计。"梁启超拟定了一个庞大的改革方案,雄心勃勃地希望全面整顿财政和彻底改革币制。但各省军阀截留中央税收,段祺瑞武力统一计划支出浩繁,梁启超不仅无力推动财政改革,连起码的中央财政收支平衡都无法维持。梁启超勉强在财长位置上支撑了4个多月,最后只有辞职收场。他在辞呈里写道:"复任以来,竭志尽力……虽规划略具,而实行维艰。"

1919年的"五四"运动是中华民国史上一个划时代的事件。中国共产党将此后的历史称为新民主主义时期,将此前的历史称为旧民主主义时期。"五四"前后财政思想的演变,表现为来源和趋向的更多元。

首先,西方公共财政思想有了更深入的发展,不仅有大量译著的出版,还出现了大量中国人自己写的新财政学著作,并且逐步和中国实践相结合。陈启修的《财政学总论》(商务印书馆1924年)一般被认为是中国人自己写的第一部公共财政学著作,此前虽有胡子清等人的《财政学》,但多是在西方或日本人相关著作基础上编译的。此后,中国人自著的《财政学》教材越来越多,其中以李权时的《财政学原理》(商务印书馆1931年)、何廉、李锐合著的《财政学》(国立编译馆1935年)和尹文敬的《财政学》(商务印书馆1935年)影响最大。如今,陈启修的《财政学总论》已经收入《陈豹隐全集》第一卷,由西南财经大学出版社出版;何廉、李锐合著的《财政学》也已由商务印书馆重印出版,使更多的人可以研读到民国时期的公共财政著作。

其次,西方的马克思主义财政思想开始传入中国,并有了初步发展。但这样的分化,至少在财政思想方面并不是那么泾渭分明的,如最早写出自著型公共财政学教科书的陈启修同时也是中国最早的《资本论》的译者。毛泽东在《论人民民主专政》中,谈到鸦片战争以来"先进的中国人"得到一个共识,那就是:"要救国,只有维新,要维新,只有学外国。"所以当时"求进步的中国人,只要是西方的新道理,什么书都看"。社会主义思潮在当时受到广泛的关注。孙中山就多次将其民生主义解释为社会主义,他认为当时资本主义社会劳资冲突,贫富极端分化,不符合他心目中真正平等的原则,不是最佳的选择。孙中山将社会主义分为四类,他认为,共产社会主义"各尽所能,各取所需",还不符合当时中国国情,主张实行"集产社会主义",也就是"凡生利各事业,若土地、铁路、邮政、电气、矿产、森林皆为国有"。[①] 梁启超、朱执信等人也先后对社会主义学说和马克思主义进行了介绍。1917年,俄罗斯十月革命的胜利,开始了社会主义的实践,也给一直在"向西方国家寻求真理"的知识分子打开了一扇新的门,指出了一条新的路。毛泽东说,"先生老是侵略学生""打破了中国人学西方的迷梦",使俄国成为新的学习对象。近代以来,中国长期积贫积弱,特别是帝国主义的侵略和压迫,使中国几近陷入灭国灭文化的境地,这也使改变贫弱,富国强兵,再次崛起成为当时知识分子的共同理想。马克思主义通过计划方式迅速发展经济的设想,吸引了一大批中国知识分子,被认为是推动中国迅速发展的可行方案。而苏联革命的成功,使社会主义从理想变成了现实,也很快推动了苏联的经济发展。与此同时,资本主义危机不断,特别是1929年爆发的经济危机使整个资本主义世界陷入了严重的困境,它们也开始寻找新的出路,出现了希特勒法西斯主义、罗斯福新政等。傅斯年曾说"俄之兼并世界,将不在土地国权,而在思想",马克思的社会主义思想在中国二三十年代,形成一个巨大的潮流,也深深影响了当时财政思想的趋向。陈启修、尹文敬等公共财政思想的代表人物,明显带有社会主义的倾向。一些经济学家、财政学家也试图在马克思主义和西方

[①] 孙中山:《在上海中国社会党的演讲》,载于《孙中山全集》(第2卷),中华书局1982年版,第508页。

自由主义思想之间进行调和。张素民等学者发明了"统制经济"的概念:"受节制的资本主义,前面说过,即是'一切经济事业受政府的节制或限制,甚或由政府自办'。换句话说,即是统制经济(controlled economy)。不过统制经济一名词,在英美不多见,而他们的事实,确是如此。他们只爱用'统制'一个字,或'节制'(regulation)一个字。虽统制较节制为重,实则节制多一点,即是统制……我以为中国现代化的方式,即是用政府的力量,行大规模的工业化,并对于私人企业随时节制。我们称之为受节制的资本主义固可,称之为国家社会主义亦可,即称之为统制经济或民主主义,或社会民主主义,亦无不可。"①曾留学美国的著名财政学家马寅初在20世纪30年代也开始转向统制经济学说,他在《中国经济改造》(商务印书馆1935年)里指出自由主义经济学说有三个弊端:一是公利和私利并非一定并行不悖;二是自由竞争学说并不可靠;三是政府对若干事业有干涉之必要。在此书中,他试图通过建构全体主义的理论,来为在中国实施统制经济政策建立理论基础。

统制经济从学界兴起,很快得到国民党政府要员的呼应。曾先后担任国民政府财政部长的宋子文、孔祥熙都对统制经济的思想表示了支持,宋子文认为统制经济为世界共同趋势,中国非实行统制经济不可。孔祥熙也提出政府应该干涉经济发展,并提出积极财政政策思想。任职于国民政府实业部的罗敦伟出版了《中国统制经济论》(新生命书局1934年),是第一部统制经济专著。丁文江曾感叹:"现在流行的口号要算是'统制经济'了!左倾的也好,右倾的也好,大家都承认放任经济的末日到了;统制经济是人类走向极乐世界的大路。"②到抗日战争时期,由于战时的需要,统制经济就更显必要。

近代以来,中国战乱不止,导致军费浩繁,战费筹措也成为当时财政最重要的工作任务。特别是抗日战争以来,军费急剧上涨,1937年,军费支出就占到总支出的66.4%,到1945年竟达到当年支出的87.3%。这也引起了财政研究者和实务工作者的共同关注,催生了战时财政研究,如卫挺生的《战时财政》(世界书局1933年),关吉玉的《战时财政》(精华印书馆1933年),崔敬伯的《战时财政与中国》(国立北平研究院经济研究会1936年),尹文敬的《非常时期之财政》(商务印书馆1936年),马存坤的《非常时期之地方财政》(中华书局1937年),闵天培的《中国战时财政论》(正中书局1937年),唐孝刚的《非常时期之财政》(中华书局1937年),贾士毅的《抗战与财政金融》(独立出版社1938年),陈启修的《战时财政新论》(战地图

---

① 张素民:《中国现代化之前提与方式》,载于《申报月刊》第2卷第7号,1933年7月。
② 丁文江:《实行统制经济的条件》,载于《大公报》,1933年7月1日。

书出版社1941年），栗显运的《战时公债》（国民图书出版社1941年），尹文敬的《中国战时公债》（财政评论社1943年），杨兴勤的《中国战时盐务问题》（国民出版社1943年），等等。除此之外，这一时期还翻译了大量外国相关著作，如阿部贤一的《日本军事公债论》（张百衣译，日本评论社1933年），客老斯的《德英法战时税收》（王光祈译，中华书局1934年），高木寿一的《战后各国财政》（徐文波译，民智书局1934年），波加特的《战时捐税》（吴克刚编译，文化生活出版社1936年），赛利格曼的《战费论》（吴克刚译，文化生活出版社1936年），柏登的《战争与财政》（杨树人译，商务印书馆1937年），凯恩斯的《如何筹措战费》（殷锡琪、曾鲁译，中国农民银行研究处1941年），等等。中国学者也展开了对外国战时财政的研究，如孔志澄的《日本之公债消化力》（商务印书馆1938年），苏芗雨的《日本战时财政经济的危机》（文化供应社1940年），许性初的《英国战时财政金融》（中华书局1940年），蔡次薛的《各国战时财政政策》（中央日报湖南分社1941年），张友渔的《日本国力的再估计》（远方书店，1942年），龚德柏的《一九四二年日本国力》（商务印书馆1943年），张白衣的《英国战时财政论》（商务印书馆1945年），等等。

抗日战争开始后，统制经济不再只是时髦的思想，而是确切的现实。国民政府也正式成立了"国家总动员设计委员会"，对粮食、资源、交通、金融、财政等实行统制，这成为各种战时财政思想的主流。

1937年，国民党五届三中全会通过了蒋介石提出的《中国经济建设方案》，此后国民党又制定了《战后工业建设纲领》（1943）、《第一期经济建设原则》（1944）、《工业建设纲领实施原则》（1945）和一系列对市场和物价全面管控的政策措施，以便从中央到地方全面推行计划经济。1943年，蒋介石也在助手的帮助下，写作发表了《中国之命运》《中国经济学说》等著作，提出了国民党的建国蓝图。在书中，蒋介石既反自由主义，又反共产主义，并从国家主义思想出发，强调国家对经济干预和把控，主张国家主导经济，表达了中国应该建立计划经济体制这样一个信念。蒋介石写道："经济以计划为必要。经济以人性为本，故一面必须'养人之欲，给人之求'；一面又须发挥理性与思虑的作用，对人民的欲求，予以分限。所以经济建设必有计划，而计划必有其根本的精神……中国的经济的道理，不取放任自由，不取阶级斗争，而要以计划经济，使'资本国家化，享受大众化'，实现'民享'的理想，达到富强康乐的境域。"

1940年，毛泽东提出了新民主主义思想。其基本内容是社会主义国营经济、半社会主义性质的合作社经济、私人资本主义经济、个体经济和国家资本同私人资本合作的国家资本主义经济五种经济成分统筹兼顾，分工合作，以促进新民主主义经济的发展。面对战后建设，国共两党提出了不同的主张，勾画出了两幅蓝图。用毛泽东的话说就是有"两条路""两种命运"摆在了中国人民面前，到了两个中国之命运选择和决战的时刻。

抗日战争胜利后，国民政府通过接收大批敌伪工矿企业，进一步加大了其统制经济的发展，建立了大量全国性和地方性的垄断企业。国营工业在全部新式工矿业资本总额中所占的比重，1935年为24%强，至1944年提高到50.5%，1946年更提高到70%～80%。与此同时，国共两党内战又起。军费开支呈大幅度增长趋势，在整个支出中所占比重，1948年上半年就已达68.5%，超过了抗战时期。在这种情况下，国民政府只能不断加税、毫无节制地发行公债和纸币，造成企业凋敝、政府信用破产、恶性通货膨胀和天文数字的财政赤字，丧失人心。1949年4月23日，中国人民解放军占领国民政府的统治中心南京。当年10月1日在北京正式宣布中华人民共和国中央人民政府成立，结束了中华民国的统治。

第二节　中国近代财政思想的特点

一、断裂中的传承

近代以来，西方公共财政思想传入中国，从最初的零星片段，到后来系统全面输入，逐步成为主流，而中国传统财政思想开始渐次边缘化，甚至退出人们的视野。但是，还有很多学者致力于传统财政思想的现代转型，其中尤以陈奂章的《孔门理财学》最为突出。康有为等维新派，孙中山、章炳麟等革命派，也具有浓厚的传统情结，无不以传统的大同思想为理想而延伸至一系列传统命题。即使以西方公共财政思想为指导写成的新财政学著作，很多也注意传统财政思想的发掘，如李权时的《财政学ABC》（世界书局1929年），就由古代"理财正辞"等文引出财政概念，不仅对古代财政思想和政策进行解说，还分析了古代财政的学与术。钱亦石的《财政学纲要》（中华书局1935年），在绪论中也是以传统的"国计""家计"之分引出财政概念，在财政思想发展史一节中，专门论述中国传统的财政思想，并将之与德国官房学派的财政思想进行对比。何廉、李锐合著的《财政学》（国立编译馆1935年）专节论述了中国古代传统财政思想，特别是对先秦时期诸家财政思想做了详细介绍。王延超的《财政学概要》（立信会计图书用品社1947年），在第五章财政学的发展史中专用一节讲述中国古代传统财政思想的演变。刘不同的《财政学概要》(昌明书屋1948年),论述了中国从传说时代至清朝财政政策和思想的演变,在具体论述中,也时时进行中西对比。在这些著作中,传统财政思想中的税源思想、轻税思想、节用思想,受到比较广泛的重视,而对传统财政思想的一些不足之处也多有论及。

二、财政思想走向专门化

中国传统学术缺乏明显的分科意识,大多数思想家涉及面极广,几乎无所不包,但专门化却有着明显不足。近代以来,随着财政弊端百出,财政危机频发,一些学者已经有了专研财政问题的自觉,如包世臣等,就被公认为"善经济之学"。戊戌变法前后,各地先后建立起了大量新式学堂,中央也建立起了京师大学堂,仿西方的学科分类开始普及。在各类学校中,财政学开始成为专门之学。清政府1904年颁布了《奏定学堂章程》,将财政学归入政治学门,列明必修《全国人民财用学》《国家财政学》《各国理财史》等课程,还规定法律门学生要学习《全国人民财用学》《国家财政学》;农学门学生要学习《理财学》和《国家财政学》。此外,《奏定学堂章程》还规定,中学堂第四年应开设法制和理财课程,讲授"法制及理财所关之事宜,教以国民生活所必须之知识,据现在之法律制度讲明其大概,及国家财政、民间财用之要略"。1909年,清政府还开办了财政学堂,以培养财政学专门人才。新式学校教育不仅为专门研究财政的学者提供了专心研究安身立命的平台,也为社会培养出大量财政人才。中华民国时期,无论北洋政府,还是国民党政府,其财政主管多是由财政学科培养的专门人才出任,很多都在财政思想上作出了贡献。

三、新时代的百家争鸣

近代以来,随着以儒家为主体的传统财政思想的式微,出现了新时代的百家争鸣。在传统财政思想方面,墨子、管子的财政思想被重新发掘,如梁启超等学者在这方面做了很多工作。在引进西学方面,英美和德国各家财政思想都有引进。英国亚当·斯密,法国布丹,美国的亚当斯,德国瓦格纳、埃厄贝格,日本的阿部贤一等人的财政学名著,当时都有中译本问世。那一时期的中国财政学名家也多师从西方各家,如陈焕章为美国哥伦比亚大学博士;胡子清曾留学日本,毕业于日本早稻田大学;何廉为美国耶鲁大学经济学博士;尹文敬为法国巴黎大学法学博士;傅英伟曾留学德国;陈启修毕业于日本东京帝国大学;李锐毕业于英国伦敦大学;姚庆三毕业于法国巴黎大学最高政治经济系;马寅初毕业于美国哥伦比亚大学;陈岱孙毕业于美国哈佛大学;李权时毕业于美国哥伦比亚大学。当时的财政思想,不仅广采西方各家之长,还紧追世界财政思想的最前沿。凯恩斯的《就业、利息与货币通论》刚出版,中国就有了大量介绍。马寅初在批判凯恩斯《通论》的基础上写作了新的财政学教材——《财政学与中国财政》。早在"五·四"运动前,马克思主义就已经传入中国,并对中国的财政思想产生了深远的影响。

第二章

近代财政思想的两大趋向

第一节 传统财政思想的现代性转型

晚清洋务派首领李鸿章将当时面临的局势称之为"三千年未有之大变局"。鸦片战争之后的中国,是一个不得不变革的时代。鸦片战争失败以后,中国又在对外战争中一再失败,大量领土被割占,巨额赔款成了财政噩梦,可以说极尽屈辱。在此背景下,文化思想自信也受到巨大冲击,各种西学开始替代传统学术成为社会主流。一代史学大师陈寅恪曾说:"凡一种文化值衰落之时,为此文化所化之人必感苦痛,其表现此文化之程量愈宏,则其所受之苦痛亦愈甚。""盖今日之赤县神州值数千年未有之巨劫奇变,劫尽变穷,则此文化精神所凝聚之人安得不与之共命而同尽。"正是这种文化情怀,使一批学者在引进西学的同时,也在积极发掘传统财政思想的现代意义,试图完成传统财政思想的现代转型。康有为提出:"数千年之文教,不能以数十年之贫弱屈也。"

一、从"师夷长技以制夷"到"中体西用"

在鸦片战争之前,中国社会、政治、经济实已出现全面衰退迹象。不少学者已经开始对传统财政思想进行全面检讨,如龚自珍提出"千万载治乱兴亡之数",取决于社会财富的分配状况。他激烈地抨击当时财富分配不均的情况,直指"开捐例、加赋、加盐价"是"割臀以肥脑,自啖自肉",并指出上古时期已经"贫富之不齐",并非儒家所宣称的理想社会。他认为理想社会应是"有天下者,莫高于平之之尚也"。早在1823年,龚自珍就提出要提防西方列强的侵略威胁,主张"更法""改图"来应对变局。

著名历史学家范文澜在其所著的《中国近代史》中称林则徐为中国"开眼看世界第一人"。林则徐(1785—1850年),字元抚,又字少穆,福建省侯官(今福州市区)人,曾任湖广总督、陕甘总督和云贵总督,两次受命钦差大臣。作为禁烟派的代表,林则徐非常重视搜集和整理西方的情况。他组织翻译编辑的《华事夷言》《四洲志》,是中国近代向国人介绍西方社会经济状况和思想的开端。林则徐虽力主禁烟,但并不反对对外交往和贸易,并提出了"师敌之长技以制敌"①的思想。鸦片战争失败后,林则徐被流放新疆,临行前将其主编的《四洲志》一书托付给魏源,希望魏源能继续研究,以更广泛、更深入地了解西方情势。魏源在《四洲志》的基础上编成《海国图志》,此书成为当时人们了解西方的重要信息来源。当然囿于当时条件,林则徐对西方的理解还是较为粗浅、简单化的,但是却已经开始对传统财政思想进行反思,提出了重本但不抑末的主张,认为工商业的兴旺繁荣能够增加国家的税源,增强国力和安定社会秩序。可以说,林则徐是中国近代财政思想的先引者。

魏源(1794—1857年),字默深,湖南邵阳人。他年轻时曾醉心《公羊春秋》,致力于经世致用之学。鸦片战争爆发后,魏源入两江总督裕谦幕府,直接参与抗英战争,并在前线亲自审讯俘虏、了解敌情。鸦片战争失败后,魏源愤而辞归,立志著述,完成《圣武记》,他在文中提出"今夫财用不足国非贫,人材不竞之谓贫;令不行于海外国非羸,令不行于境内之谓羸。故先王不患财用,而惟亟人材;不忧不逞志于四夷,而忧不逞志于四境。官不材,则国祯富;境无废令,则国柄强"。魏源在《四洲志》的基础上编成《海国图志》,为梁启超所推崇,"中国士大夫之稍有世界地理知识,实自此始。其论实支配百年来之人心,直至今日,犹未脱离净尽"。魏源在《海国图志》中提出的"师夷长技以制夷"成为当时最激动人心的口号。他说:"善师四夷者,能制四夷;不善师外夷者,外夷制之。"他也在这个基础上提出他的财政思想,即要通过学习西方,发展军用和民用的新式产业,广泛地发展机器制造,鼓励私人经营,以培植和保护新的税源,达到富国强兵"以制夷"的目标。魏源成为中国近代财政思想史上承前启后的重要思想家。

为了达成其"师夷长技以制夷"的主张,魏源对传统财政思想中的"重本抑末""黜奢崇俭""奇技淫巧"等思想进行了清理,提出了新的主张,以使传统财政思想能适应新的历史时期的需要。

魏源的财政思想,仍站在中国传统财政思想的立场强调以农为本,他高度赞扬

---

① 魏源:《道光洋艘征抚记》卷上所载林则徐奏言,载于《魏源集》,中华书局1976年版,第177页。

秦代的"耕战"政策,并以美国为例来说明农本立场。但他认为这是在正常时期说的,在遇到鸦片战争这种非常之变,当以非常之法,即要"缓本急标"。标本之说本来是中医的理论,"标"为表象,"本"为实质,如病情缓则可治其本,若病急则需先治其标。魏源用此来表示在面对帝国主义侵略的特定历史条件下,必需先行治标之策,以富国强兵为主,也就是要大力发展商品经济,通过屯垦、采金(银矿)和更币来兴利。魏源还特别重视发展民营商业活动,倡导改革政府对商业活动的垄断,如漕运,他认为官运漕粮已势不可行,主张雇商海运。对盐专卖政策,他主张废除纲商专卖制度,由散商凭票自由运销,打破纲商的垄断,以切断官吏胥役的勒索与中饱私囊,从而降低食盐的运销成本和销售价格。这样不仅能保证国家财政收入,商人的利益也能实现。他从传统的"富民"与"富国"之辩出发,力主通过利民来实现利国,强调社会富裕是国家富裕的基础,百姓富裕是政府富裕的前提。在《治篇十四》中,魏源提出税收不能伤害民众创造财富的基础条件和积极性。

对于传统的"黜奢崇俭"论,魏源认为俭朴是美德,但这应是针对统治者而言的。统治者如果太奢侈,就会力求增加赋税和徭役,加重人民负担。而民众生活稍微奢侈一些,花更多的钱进行消费,有助于促进"通工易事",推动工商业的发展。他对儒家基于礼制的等级消费观提出批评,在《默觚下·治篇十四》中,他提出:"俭,美德也;禁奢崇俭,美政也;然可以励上,不可以律下,可以训贫,不可以规富。"

对于传统的"奇技淫巧"说,魏源指出西方的机器生产是先进的"有用之物,即奇技而非淫巧",进而提出引进和发展现代工业生产,将工业作为国家实现富强的重要产业基础。魏源提出建立的新式工业不应当仅仅局限于国防军事领域的军火生产制造,还应当在民用大众产品领域大力发展现代制造业,并引进相应的生产组织形式——现代企业制度。

对于传统经典,魏源认为不能盲目信从比附,而应该通过调查访问了解实际情况,他在《默觚下·治篇一》指出:"以匡居之虚理验诸实事,其效者十不三四,以一己之意见质诸人人,其合者十不五六。古今异宜,南北异俗,自非设身处地,乌能随盂水为方圆也?自非众议参同,乌能闭户造车出门合辙也?……夫士而欲任天下之重,必自勤访问始。"为了对漕运、水利、盐政等财政改革提出具有针对性的方案,魏源曾多次进行实地考察。

魏源不仅重视学习西方的技术,也提出变法的主张,赞扬过美国的联邦共和制。他在《筹鹾篇》指出:"天下无数百年不弊之法,无穷极不变之法,无不除弊而能兴利之法,无不易简而能变之法。"他希望通过变法而"风气日开,智慧日出。方见东海之民犹西海之民"。

龚自珍、林则徐和魏源虽然都对中国传统思想提出反思,但主要还是力求从传统思想中寻求使思想更新的资源,这也是当时很多学者的共同倾向,如孙怡让的《周礼政要》是以《周礼》为依据提出建立预算制度等改革主张。洋务派的曾国藩、左宗棠、李鸿章诸人在继承魏源"师夷长技以制夷"的同时,也提出坚守中华文化本位的主张,张之洞将之归为"中学为体,西学为用",即在维持中国伦理道德的基础上,"开风气"学习西方技艺。康有为以儒家等传统思想资源杂糅一些西方思想,建立起维新变法的理论基础。虽然在对传统文化反思和批判方面,曾国藩、左宗棠、李鸿章、张之洞等洋务派不如龚自珍、魏源深刻,在思想制度更新方面,比康有为要保守,但其"中学为体,西学为用"的核心取向,还是要向西方学习。

二、严复与《原富》

严复(1854—1921 年),字几道,又字又陵,福建侯官(今福州市)人。1871 年,严复在福州船政学堂毕业后,先后在建威、杨武舰上实习。1877 年,他到英国留学,学习海军知识。1879 年,回国任福州船政学堂教习。严复曾担任过京师大学堂译局总办、上海复旦公学校长、安庆高等师范学堂校长,清朝学部名辞馆总编辑等。严复的学术贡献长期以来备受重视,其著述不断被印刷。仅 2014 年就有两部《严复全集》出版,福建教育出版社版《严复全集》有 22 卷,天津教育出版社版《严复全集》有 23 卷,500 余万字。

严复被选派赴英留学,接受了西方思想文化的系统教育和训练,使他得以大量翻译西方名著,将包括西方财政思想在内的各种西方学说介绍到中国,成为晚清时期西方财政思想主要推动者。在此之前,中国人对西方财政思想的了解多是片段的、间接的,而严复对西方名著的翻译,使更多的中国人能够全面、系统地认识西方财政思想。1902 年,严复翻译的亚当·斯密《国民财富的性质和原因的研究》(即《国富论》)的出版,无疑是中国近代财政思想演进中的一件大事,严复译本定名为《原富》。

严复的财政思想主要体现在他为《原富》所写的按语中。与现今通行译本不同,严复译《原富》是边译边议,随文附大量按语以托译言志,针对文中观点进行论述,或赞或批,并联系中国具体情况展开评说。严复受亚当·斯密自由主义思想影响较深,强烈反对财政上的干涉政策。他不仅批评了当时中国的干涉政策,也对当时其他国家干预经济的理论和做法进行了批驳。但严复也承认在有些领域,国家干预不能完全取消,如邮政、电报应专之于国家,将"有大益于赋税"。严复认为国家对发明创造,应实行专利保护制度。虽然专利保护也是一种辜榷垄断,妨碍自由竞争,但"不专利则无以奖劝激励,人莫之为,而国家所失滋多,故宁许之"。在税收理论方面,严复利用斯密的理论对传统的轻税思想作了辨析。他指出"治人者"向"治于人之人"征课赋税是出于实现"公利"的需要,故缴纳赋税是"国民之公职"。他认为衡量赋税的标准,不在赋税本身的"厚薄",而在于国家能否做到"非为私",而在于"取之于民者还为其民"。他还提出国家理财不应消极地适应人民现有的负担能力,而应积极地去"为民开利源,而使之胜重赋"。严复提出对于"养民之财"的资本、"教民之财"的劳动技术培训投资不应征税。对于亚当·斯密反对工资课税之论,严复认为如果工资在扣除生活、学习和"资其羸病衰老"的"有余",也是可以征税的。

严复虽然积极介绍西方财税思想,但亦重视中国传统财政思想的改造。在"译事例言"里,严复论及中国古代财政思想:"夫财赋不为专学,其散见于各家之著述者无论已。中国自三代以还,若《大学》、若《周官》,若《管子》《孟子》,若《史记》之《平准书》《货殖列传》、《汉书》之《食货志》,桓宽之《盐铁论》,降至唐之杜佑,宋之王安石,虽未立本干,循条发叶,不得谓于理财之义无所发明。"在宣扬自由主义思想时,严复也多以中国传统的思想和案例进行说明。如他提出:"民之生计,只宜听民自谋,上惟无扰,为神已多。而一切上之所应享,下之所宜贡者,则定之以公约。如此,则上下相安以富。史迁、申、老之言曰,善者因之,其次利导之,其次教诲之,其次整齐之,最下与之争。又曰,此岂有政教发征期会哉!各劝其业,乐其事,若水之趋下,日夜无休时,不召而自来,不求而民出之。岂非道之所符,而自然之验耶?其丁宁反复之意,可谓至明切矣!"在这里,严复很自然地引入《史记》中的语句,将中西财政思想进行了勾连。在翻译废除政府垄断利国利民,鼓吹自由竞争一节时,严复在按语中激动地说:"此段乃《论语》'百姓足,君孰不足'之真注解。宋以来此题经义,无如此之精辟详确者。"他还将斯密的"natural price"(自然价格)译成"经价"或"平价",并举中国古代的"均输""平准""常平""市平"等为证。他将斯密的"地租"译作"租",将"工资"译作"庸",将"利润"译作"赢",使之与中国古代的租庸调联系起来。当然,严复也用斯密的思想对一些传统财政思想进行了批评和修正,并使之生发新意,如传统的义利论、自由论、本末论、贫富论、奢俭论等。对传统的荒政思想,严复也认为中国传统的常平、社仓是不必要的,提出只要由各地商人移贵就贱,"谷价自平"。当然他也引《周礼》十二荒政中的"舍禁(取消山泽的禁令)"和"去几(停收关市之税)"来说明,但无疑是受到斯密自由放任思想的影响。严复在翻译公共设施建设一节时,还感叹中国传统思想在这方面的不足,但也认为公共设施建设对国家的长远效益不仅限于斯密所说的"公共建设之社会效益",还可以增加国家财政收入。

严复在翻译中,借用中国传统思想的一些词汇来翻译《国富论》等西方学术著作,如前面提到的将"工资"译作"庸",将"利润"译作"赢",还有用传统算学中的"小还例"来翻译"law of diminishing return"(收益递减规律),用"大还限"来翻译"point of maximum return"(最大报酬点),将重商主义译成"商宗计学",将重农主义译成"农宗计学"。严译版中这些带有中国古典味道的专业术语、文言译文及对传统相关思想的发掘,在当时的历史背景下传播西方思想更能影响到深受传统财政思想教育的士大夫阶层。但这样的翻译也不能完全表达原作者的意思,甚至会歪曲原作者的意思。王国维就曾对严译提出批评:"今日以创造学语名者也。严氏造语之工者固多,而其不当者亦复不少。"①王国维就认为严复以"天演"译 evolution 不如日本人译成"进化",对严复将 space(空间)译为宇、time(时间)译为宙也不以为然。这样的翻译也为当时一些学者所习用,如章炳麟也常将西方财经思想或问题罩上一些中国传统的经济术语。

一般认为,严译对当时社会大众影响甚微,只是影响到一小部分的知识分子。严复的《原富》一出版,梁启超就在《新民丛报》1902 年第 1 期作了推介。梁启超还特别指出:"严氏于翻译之外,常自加案语甚多,大率以最新之学理,补正斯密所不逮也。启发学者之思想力、别择力,所益实非浅显。至审定各种名词,按诸古义,达诸今理,往往精当不易。"梁启超也指出其"文笔太务渊雅,刻意摹仿先秦文体,非多读古书之人,一翻殆难索解"。

三、梁启超的中国财政学

梁启超(1873—1929 年),字卓如,号任公,又号饮冰室主人等,广东新会(今广东省江门市新会区)人。1889 年,梁启超在广东乡试中举,次年赴京会试失败后受学于康有为。1895 年,他赴京应考,同康有为一起发动"公车上书",参与组织强学会,倡导变法维新。这一时期,梁启超撰写了大量脍炙人口的政论文章,声名大噪。1898 年,他参与戊戌变法,受到光绪帝召见,被授予六品衔,受命办理译书局事务。

---

① 王国维:《论新学语之输入》,载于《静庵文集》,辽宁教育出版社 1997 年版,第 117 页。

戊戌变法失败后,梁启超流亡海外,继续宣传维新变法,一度曾和孙中山的革命派有所接触。在流亡期间,梁启超广泛学习西方社会科学知识,并写了大量文章进行介绍,在当时的知识分子中产生了很大影响。中华民国成立后,梁启超一度出任财政总长兼盐务总署督办,后退出政坛到清华大学任教。梁启超留下的著述十分丰富,中华书局1936年出版的《饮冰室合集》共有40册,149卷。近年来又有多部《梁启超全集》出版。

康有为、梁启超都自幼受正统儒家思想教育和熏陶,又身处较为开放的广东,对西方思想有一定的认知。他们对中国传统思想的危机有更深切了解,知道变法是中国图强的唯一路径,希望通过重新阐释经典来纳入西方思想,重新建构新的道统。康有为高呼:"数千年之文教,不能以数十年之贫弱屈也。"他指出能有"五千年光大宏巨、长久而无恙"者,世界古国中"唯我中国而已"。他提出国人应该深思中国"何以能为万里一统之大国""何以能为四万万人同居之大族""何以能保五千年之文明"。康有为在财政方面,虽然在技术性层面提出了编制预算、决算,按月公开收支情况等主张,但其理想还是建立一个传统所推崇的大同世界。在1887年完成的《人类公理》一书中,康有为设想恢复井田制,全球土地公有,什一而税;除什一税外不再征其他赋税,但是私人遗产须一半归公;由政府兴办各种企业来弥补政府收入不足;里面虽也包含了一些西方财税思想,但根基还是传统的财政思想。康有为在逃往海外多年后,虽接触到更多西方财政思想,但在其1902年完成的《大同书》中还是没有多少改变,而且更进一步提出全世界建成一个统一的无税的"公"政府。

梁启超曾协助康有为写作《新学伪经考》和《孔子改制考》,希望以孔子的权威来推动改革,称孔子为天下万世"立宪"。他们借用《春秋》公羊三世说将历史发展分为"据乱世""升平世"和"太平世"三阶段,并称此前的中国是"据乱世",君主立宪是"升平世",民主共和政体是"太平世",而这个"太平世"就是孔子的最高理想境界;提出变法之道,无需外求,西洋古今国家之政治,实际与孔学相契合。梁启超流亡日本后,受西方财政思想影响很深,并在预算、税收、国债、金融、财政政策等多个领域都有专门研究和著述,但他此后访问欧洲,目睹当时欧洲各国贫富悬殊、物欲横流等社会问题,又开始向传统财政思想回归,认为应该依靠中国传统思想来矫治西方文明的缺失。

梁启超很早就构想写一部中国财政学著作,曾言:"自二十年来,所谓新学新政者,流衍入中国。然而他人所资为兴国之具,在我受之,几无不为亡国之媒。"他对于当时财政学发展状况很是不满,认为"自有清以迄今,兹理财之书,汗牛充栋。求一包罗宏富,能坐言而起行者,为之多觏。至若分门别类,就系统条理而为精密之研究,更由大纲缕析若剥茧抽丝、经纬交错,又如众星拱北,缠度分明,为晚近著作界开一线之光明者,尤戛戛乎其难之。盖此类著述不独坊肆小册多语焉不详,即学校讲义亦东鳞西爪,全貌莫窥"。为了写出适合中国国情的财政学著作,梁启超对中西财政思想进行整理,在西方财政思想方面,写作了《生计学学说沿革小史》(1902年),在中国传统财政思想方面,先后写作了《〈史记·货殖列传〉今义》(1897年)、《墨子学说》(1904年)、《王荆公》(1908年)、《管子传》(1909年)等。据《梁任公先生年谱长编初稿》记载,梁启超在1909年3月完成《管子传》一书后,于4月开始写作《财政原论》。1909年5月,他写信给弟弟,说自己正在撰写《财政原论》:"近为《财政学》(1909年4月,著《财政原论》)一书,可得百万言,洵疗国之秘方。恐未必见用耳。"可惜该书没有完成,手稿也未能留下。一般认为,梁启超1915年在《大中华》杂志发表的《论中国财政学不发达之因及古代财政学说之一斑》即为其未刊的《财政原论》的一部分。在这篇文章里,梁启超对传统财政思想进行了系统的综述,并指出传统财政思想不发达的六点原因。

与严复着力用传统术语来解读西方财政思想不同,梁启超善于用西方财政术语和概念来解读和分析中国传统财政思想。在批评严复《原富》译文过于古奥时,梁启超指出"非以流畅锐达之笔行之,安能使学僮受益乎?"为"播文明思想于国民",梁启超文笔通俗,说理明白晓畅,而且感情丰沛,有极强感染力,无论是对西方财政思想的传播,还是对传统财政思想的发掘,都贡献甚大。

四、孙中山的民生思想

近代以来,随着西方帝国主义的军事侵略和经济掠夺,中国人民的苦难不断加深,而传统的土地兼并问题、贫富分化等问题也进一步加深。这是当时的政治家、思想家和革命者都必须面对的首要问题。而在传统财政思想中,对于土地兼并、贫富分化问题有着丰富的思想积淀和理想主义情怀,这些都深刻地影响着当时的中国人。或者说,经过2000多年的浸润,儒家的天下为公等财政思想早已内化在中国人的思想意识中,支配着其思想活动。纵使曾激烈抨击孔子和儒家思想的洪秀全,提出的解决土地问题的方案——《天朝田亩制度》,依然是在儒家的思想框架里勾画出一个绝对平均主义的理想图景。主张进行资本主义改革的康有为提出的土地解决方案,也还是以儒家的井田制和什一税为理想。相较而言,孙中山对西方财政思想有着更多了解,但他由于在西方国家有长期生活的经历,对西方国家贫富悬殊等社会矛盾也有着更深切的体会，所以在孙中山的思想中有更多社会主义的倾向，也有着向中国传统思想回归的趋向，他的民生主义思想正是这些因素的结合，其核心就是平均地权和节制资本。

孙中山（1866—1925年）名文，字德明，号逸仙，广东香山（今中山市）人。孙中山13岁就随母移居檀香山，受到较系统的西方近代教育。1895年，他创办兴中会，致力于推翻清政权。孙中山曾详细考察欧美各国的经济、政治状况，研究了多种流派的政治思想，逐步形成了三民主义思想。中华民国建立后，孙中山出任首任临时大总统。中华书局整理出版了《孙中山全集》11卷。

孙中山曾多次谈到其思想来源，都强调了中国古代传统思想对他的影响："余之谋中国革命，其所持主义，有因袭吾国固有之思想者，有规抚欧洲之学说事迹者，有吾所独见而创获者。"①"我辈之三民主义首渊源于孟子，更基于程伊川之说。孟子实为我等民主主义之鼻祖。社会改造本导于程伊川，乃民生主义之先觉。其说民主、尊民生之议论，见之于二程语丝。仅民族主义，我辈于孟子得一暗示，复鉴于近世之世界情势而提倡之也。要之，三民主义非列宁之糟粕，不过演绎中华三千年来汉民族所保有之治国平天下之理想而成者也……况如共产主义，不过中国古代所留之小理想者哉。"②戴季陶称，1925年孙中山在北京卧病之时，戴季陶守候在病榻前向孙中山讲述自己认为三民主义思想源于古代正统思想，得到孙中山首肯。他问孙中山能否将这个见解写成文字，"国父嘉其认识正确，许以尽情倾吐。"③戴季陶后来发表了一系列的文章，全面论述了孙中山三民主义与传统思想的关联，将三民主义的哲学基础归于孔孟的伦理思想。

孙中山思想中蕴含的传统成分，后来被蒋介石进一步发展，深化了三民主义的儒家化倾向。1943年，蒋介石发表《中国经济学说》。其中，蒋介石高度评价了中国古代经济学说，认为近百年来，随着西方经济学的传入，自由经济学说和马克思经济学说为最盛，而"中国自己的经济的原理反而没有人讲求"。他将孙中山批评自由主义经济学说与马克思经济学说的言论进一步发挥，强调发展中国自己的传统经济学说。蒋介石还将"三民主义"所要达到的最后理想定位为实现《礼记·礼运》中所说的"大同"社会。

蒋介石将中国经济学下定义为："从人与物的关系来说，中国称经济学为'经世

---

① 孙中山：《中国革命史》，载于《孙中山全集》（第7卷），中华书局1986年版，第60页。
② 孙中山：《与日人某君的谈话》，载于《孙中山全集》（第9卷），中华书局1986年版，第532页。
③ 陈天锡：《戴季陶先生的生平》，台湾商务印书馆1981年版，第33页。

济物之学'。从个体与全体的关系来说,中国称经济学为'国计民生之学'。我们可以说,经济的原理,就是经世济物的道理,亦就是国计民生的原理。简言之,经济学即致国家于富强之学,亦就是建设国家臻于富强康乐的境域。"他进而提出政府的本务是"养民"和"保民",推崇积极的财政政策。后来蒋介石将养民的财政政策分为"养育人民的欲求"和"节制人民的欲求"两类。"养育人民的欲求"的财政政策有为田制、水利、仓储、交通、气象与土壤等;"节制人民的欲求"的财政政策有均产、均赋、均输、专卖、农贷等。蒋介石还提出了孙中山的民生主义财政思想的三原则,即经济以养民为本位、经济以计划为必要、民生与国防之合一。蒋介石在书中提出"大同世界的经济,全依照最圆满的计划而进行。生产者为全民生活而生产,分配者依各人需要而分配。过了工作年龄的人,不及工作年龄的人,以及一切不能自养的人,公众有义务,也有能力来扶养他。这样就是所谓'老有所终,幼有所长,矜寡孤独废疾者皆有所养'"。

五、陈焕章与《孔门理财学》

陈焕章(1880—1933 年),字重远,广东高要(今肇庆市)人,15 岁入广州万木草堂,师从康有为。光绪二十九年(1903 年),他乡试中举。光绪三十年(1904 年),他恩科联捷进士。光绪三十一年(1905 年),他奉派赴美留学,宣统三年(1911 年),他获得哥伦比亚大学博士学位。其博士论文就是《The Economic Principles of Confucius and his School(陈焕章自译中文名为"孔门理财学")》,当年即被收入哥伦比亚大学的"历史、经济和公共法律研究丛书"出版。该书在西方社会引起强烈反响,受到凯恩斯等著名经济学家好评。陈焕章 1912 年归国后,在上海创"孔教会",任总干事,致力于宣传孔子学说。

陈焕章自幼接受中国传统的儒家教育,为康有为授业弟子,晚清举人,赐进士出身,又以翰林身份留学美国哥伦比亚大学,获经济学博士学位。他是当时难得的不仅兼通中西,而且学养深厚的人才,是沟通中西财政思想的极佳人选,他的《孔门理财学》也正是这样一部沟通中西财政思想的著作。《孔门理财学》直译为"孔子及其学派的经济理论",陈焕章在 1912 年的一次讲演中说这本书可以名为《中国理财学史》。该书按照西方经济学原理,分别讨论了孔子及儒家学派包括财政思想在内的各项经济思想。这也是第一次用西方经济学理论对中国传统财政思想进行梳理和解读,使传统财政思想融入西方财政思想的基本框架之中,并赋予了传统财政思想以新的内容。

《孔门理财学》在第九篇以四章的内容论述了中国财政思想,讨论了传统财政思想对财政的定义、公共财政的必要性、公共支出的一般原则、传统支出的分类和特点、赋税的来源、税收的原则、轻税理论等问题,并用西方直接税和间接税的理论对中国传统税收分项进行了梳理和解读。在第八篇以六章的篇幅对中国传统财政政策进行了讨论,他肯定了儒家自由放任、反对垄断的思想,但也强调儒家并不是对所有事物完全不予调控,而是"因民之所利而利之",进行适当的调控,书中对常平仓等政策进行了讨论。陈焕章还用该书的观点对当时的财政制度进行了批评,认为采取了"糟糕的政策组合",指出"财政体制发展的根本障碍是政府形式。只要政府是君主制的,君主有控制国库的最高权力,中国人就不会喜欢增加国库收入。只要没有建立真正的立宪政府,财政体制永远不可能得到充分发展"。书中提出"对于整个财政体系,中国必须进行大刀阔斧的改革,使之符合现代财政原则,同时有所变通,以适应中国人民的习俗、理想和经济需要"。

陈焕章在该书中还指出孔子并不反对言利,而且对工商业非常重视,并批评宋儒"不能完整地理解孔子的学说,认为他甚至不同意言利""宋儒没有将公益与私利相区别"。陈焕章认为,中国传统的财政政策带有社会主义性质,过早地"扼杀了资本主义的存在",以致"中国就没有存在过大生产""如果政府真的采取放任政策,让人们自由发展,结果比今天看到的要好"。

陈焕章的《孔门理财学》出版后,受到了西方经济学家的关注,使他们第一次较全面了解到中国传统的经济思想和财政思想,产生了深远的影响。《美国历史评论》称之为"破天荒的成绩",各种英文报刊对其倍加颂扬。《孔门理财学》出版的第二年,权威的《美国经济评论》(The American Historical Review)上出现了一篇由威斯康星大学的学者罗斯(E. Ross)撰写的书评。该文认为陈焕章打通了中西经济传统,为西方的政治经济学接上了孔子以降的中国伦理学和社会学资源,相互补充,使《孔门理财学》在浩如烟海的西方政治经济学文献中占据了一个独特的位置。[①] 著名经济学家凯恩斯也专门为该书写了书评,发表在1912年12月的《经济学杂志》(The Economic Journal)上,他认为这本书"基本内容一部分属于中国经济史;一部分是世代相传的诗篇和格言,其所涉话题只与最广义理解的'经济'有关。其章节标题虽为'生产要素''分配''公共财政'等,但装入这一牵强框架的是大量讨人喜欢的教诲性内容"。[②] 熊彼特在《经济分析史》中强调《孔门理财学》的重要

---

① 胡寄窗:《中国近代思想史大纲》,中国社会科学出版社1984年版,第476页。
② 本文所引《孔门理财学》及凯恩斯书评的译文皆采自中央编译出版社2009年出版的翟玉忠译本。

性,马克斯·韦伯在《儒教与道教》中将《孔门理财学》列为重要参考文献。1930年、1973年、1974年、2002年、2003年,多家英美出版社重印《孔门理财学》。

但遗憾的是,《孔门理财学》长期以来没有中国版本出版。陈焕章回国后,主要致力于孔子学说的宣传,没有再从事经济学研究。陈焕章仅翻译发表了该书的目录和第32章财用部分,并在1912年的一次演讲中略述了该书的大致内容。直到2005年,才有岳麓书社出版的该书英文版。2009年,中央编译出版社出版了翟玉忠译本,中国发展出版社出版了宋明礼译本。2010年,中华书局出版了韩华译本。

第二节 公共财政思想的传播

西方公共财政学思想从19世纪80年代初就开始传入中国。在冯桂芬、王韬、薛福成、郑观应、马建忠、黄遵宪、陈炽、张謇等人的著述里都有一些关于西方财政学知识零星的、枝节的介绍。其中,黄遵宪的《日本国志(1895)》最为突出,介绍了西方预算制度和日本明治维新后的税制改革情况。

严复翻译的《国富论》,是对西方公共财政思想全面系统引进的开始。此后又有胡子清、黄可权、张锡之、晏才杰等人编译了多部日本财政学著作,不仅包括财政学原理,还包括了西方财政史、西方财政思想史、比较财政学方面的内容。随着大量留学生留学欧美,一些欧美财政学专著也陆续被引进,特别是随着高等教育事业的发展,西方公共财政思想也有所普及。中国人自编的结合中国实际财政运行情况的公共财政学教材不断涌现,西方公共财政思想逐步占据主流位置。

一、胡子清的《财政学》

胡子清(1868—1946),字少潜,号绠汲斋主人,湘乡县泉塘乡人。1902年,他以《理财论》策论高中乡试第三名举人。1904年年初,他以绩学之士由湖南官费派送日本留学。他进入早稻田大学法政科,专心研读财政学课程。1905年,胡子清在冈实先生财政学课堂笔记的基础上,兼采《明治财政史》《法规大全》,下村宏《财政学》等书,编译成《财政学》,作为"法政萃编"丛书的一本在东京出版。1906年回国后,他主持湖南仕学馆和湖南法政学堂,负责新式官员培训,并亲自主讲财政学课程。1912年,他到北京任中华民国财政部赋税司佥事,主持全国田赋的管理工作。1930年,他担任湖南省政府审计委员会主任委员等职。

胡子清的《财政学》在日本出版印刷后,在国内发行销售。当时正值清政府颁布新《奏定学堂章程》,将财政学归入政治学门的必修课,急需相关教材,所以迅速风靡全国。至今,首都图书馆等多家图书馆都藏有该书。此前虽已有钱恂的《财政四纲叙》、作新社翻译的《(最新)财政学》等书,但影响都不及胡子清的《财政学》。钱恂的《财政四纲叙》,分别就租税、货币、银行和公债"四纲"进行论述,还没有将财政学完全独立出来,而且论述也很简单。

胡子清的《财政学》共分为五个部分,即总论、经费论、收入论、收支适合论和地方财政。这也是以后各种新财政学教材的基本框架模式。胡子清在总论中特别强调了财政的公共性,指出经济学和财政学的区别:"经济学为个人谋利益,财政学则为国家谋利益",并提出财政的公经济与私经济的四点区别:一是政团之收入极广泛,私人则不能;二是政团之行为不得如私人之积资财者——计较利益(如国防);三是凡其所为以不求私人——酬报为原则(如警察);四是政团有时为营利事业等而得禁私人为之(如专卖)。胡子清不仅就财政学的各项内容进行了介绍,还对财政与政治运行的相互关系进行了论述,指出财政经费必须经议会之认可(立法监督)、岁出之执行必经财政部长之认可(行政监督)、决算必经会计检查院之检查(司法监督)。他提出"预算决算者,昭信用谋公益之母。监督机关,又预算决算之母"。

二、陈启修的《财政学总论》

陈启修(1886—1960年),后改名陈豹隐,字惺农,四川中江人。他1907年自费赴日留学,1913年就读东京帝国大学法科学院的政治学科,就学期间,翻译了日本小林丑三郎著的《财政学提要》。1917年,他毕业后经同乡吴玉章介绍,被北京大学聘请为法科教授,讲授财政学,不久又兼任政治门研究所主任。受李大钊影响,陈启修开始接触马克思主义的书籍,并于1923年赴苏联考察,进入莫斯科东方大学学习。1924年,他将在北京大学授课的财政学讲义整理为《财政学总论》《地方财政学》出版。1925年,他加入中国共产党。1926年,他到广州中山大学、黄埔军校和农民运动讲习所任教,曾讲授中国财政经济状况、经济常识、苏俄状况等课程。大革命失败后他流亡日本,1927年重回北京大学任教。1930年,陈启修译《资本论》中译本第一卷,由上海昆仑书店出版,这是我国第一个《资本论》译本。新中国成立后,他先后任教于重庆大学、四川财经学院(今西南财经大学),1956年被评为经济学一级教授,是当时全国仅有的两名经济学一级教授之一。

陈启修的《财政学总论》,包括绪论、公共经费论、公共收入论、收支适合论、地方财政论5篇,共28章。其与此前的财政学著作不同之处:一是注重财政史的梳理,如绪论第三章分阶段讲述财政思想史的演进过程,在公共收入篇中,也介绍了租税的发展沿革。二是注重财政学与财政实践的结合,他在自序中指出当时英文和德文的教材能将财政原理与财政实践相结合并不多见,中国更是"尚属绝无"。他在框架设计上体现了原理与实践相结合的追求,当时一般都以公共经费开始论述,而陈启修则以财务行政秩序论为第一篇,先讲述作为财政工作基础的会计法规、会计年度及会计机关等知识,然后再叙述实际工作中预算的编制和执行及决算情况,最后讲述财政法知识,让读者对当时的财政运行状况有个由浅入深、由操作环节至全局框架的了解。三是增加了地方财政论。陈启修不仅以公共财政的原理论述了地方财政的基本理论,并对地方财政的收支及地方公债进行理论分析,同时对各国地方财政的收支情况及当时中国地方财政运行状况作了介绍。四是在书后增加了10篇附表,详列各国财政统计资料,让读者可以直观比较各国财政发展状况。

陈启修在该书中使用了公共财政的概念,将财政定义为"财政者公共团体之经济或经济经理也,易词言之,即国家及其他强制团体当其欲满足共同需要时关于所需经济的财货之取得管理及使用等各种行为之总称也"。他将"公共团体"定义为:"公共团体者团体之组织最为强大,不但其团体意思对于团体员意思,行使强制的权力,且对于团体员之加入及脱离,亦施以强制者也。例如,国家、地方团体及其他具有绝对的强制权之团体是也。"陈启修特别强调"公共财政存在一日,则公共经费亦不能不存在一日"。这一时期的财政学教材,基本都是以公共财政的分析框架展开,重视公、私经济的比较分析,也有细分为国民经济、团体经济和个体经济的,也有将财政与公经济再作区别的。对于 public finance,有译作公共财政、有译作公财政,有译作公家财政,也有认为译作财政即可。可以说,这一时期公共财政思想已经取代传统财政思想,成为财政学的主流。但同时,社会主义财政学思想也已传入中国,已经有财政学教材在讲述公共财政思想的同时,也顺带介绍社会主义财政学,如赵祖柞的《现代财政学》专门就资本主义财政学与社会主义财政学进行了对比,并对社会主义财政学的内容作了推测。

三、何廉、李锐的《财政学》

何廉(1895—1975年),字淬廉,湖南邵阳人,1919年赴美国留学,1926年获耶鲁大学博士学位,博士论文为《对于国家行政机构和所得税征收过程的一个比较研究》。1926年,他回国任南开大学商科财政系和统计学教授。翌年,他以"研究社会经济以促进本国学术的进步"为宗旨,成立南开大学社会经济研究委员会,后改名南开大学经济研究所。何廉在领导南开大学经济研究所期间提出"学术研究植根中国并服务中国"的理念,以"探讨和评价中国的社会、经济和工业存在的实际问题"为主要研究任务。1936年后,何廉先后担任经济部常务次长、资源委员会代理主任、国民党中央设计局副秘书长等职,参与政府经济发展规划。1948年,他代理南开大学校长,1949年举家赴美,担任哥伦比亚大学教授。何廉虽参与制定了一系列国民政府经济计划方案,但其内心还是更倾向自由经济学说,他在回忆录里写道:"而在这个体制中,我尽力设法将政府的控制减少到最小限度。在心底里,我是反对流行的赞成完全由政府控制的主张的。"

何廉在南开大学任教时,就积极推进经济学教学"中国化",提出"学术中国化",主张"教学与研究相辅而行"。他强调经济学科的教学"尤宜注意于中国化……不仅在知经济学上之原则与理论,并须熟稔中国之经济情形、工商实况,始能措施得宜……若仅承舶来之学,而昧实地之事实,特胶柱鼓瑟耳,又何足以言改善?"①1935年出版的他和助教李锐合写的《财政学》,就是其"学术中国化"的一个重要成果。他在引言中说:"社会科学之教本,欲期详明,贵能撮述理论之概要,而以实际事实印证之。第实际事实,各国不同,故教本之编著,亦贵能相体裁衣,具有国别。"该书强调公共财政原理与当时中国财政实践相结合,重视对中国传统财政思想的梳理,并和西方财政思想相比较。该书一出版就"洛阳纸贵",为全国各高等院校财经科系广泛使用,成为当时的畅销教材之一,在两三年间就行销了9版②。即使到了今天,虽然财政学有了很大发展,但该书的很多论述仍不过时,具有学习、借鉴的价值。商务印书馆先后将其收入"中华现代学术名著"丛书和"中国文库丛书"再版,湖南教育出版社也出了新版本。

该书分6部分35章,主要内容包括:绪论、支出、租税、公债、财务行政与立法。首先,该书打破了当时一般财政学教材脱胎于日本财政学教材的基本框架和术语,不再使用日本财政教材的经费论、收支合适论等概念。其次,将租税单列一篇,详述当时中国税制情况,既从理论上分析,也注意各项税收的沿革,指出其利弊及改善方向。在论述统税时,将其追溯到厘金,详述了厘金对近代中国财政的影响,及演变到统税的过程。再次,虽然体系完备,涉及领域广泛,但行文简洁明快,说理直接透彻,线索清晰。

---

① 何廉:《中国今日之经济根本问题》,载于《大公报·经济研究周刊》1930年3月10日。
② 胡寄窗:《中国近代经济思想史大纲》,中国社会科学出版社1984年版,第451页。

该书还有一个特点,就是非常重视国家与财政的关系,极力突出财政独立和监督的重要性。何廉说:"虑各机关长官之虚造捏报也,则有直隶国民政府处于超然地位之主计处,直接控制各院部会及其所属机关主办岁计会计统计事务之人员。虑主计处直辖人员之将徇情渎职也,则有监察院审计部派驻各机关之办理审计人员及稽察事务人员,为之就地监督。聚办理事务之人及负责监督之人于同一机关,而各保持其独立性,各向其上级机关负责,此不仅在监督上可望周密;即办事手续上,亦可期其敏捷而有效。"他还强调:"仅注意于制度,而不顾及用人问题,则立一法,不久即将弊生;弊生又立一救弊之法以防之,辗转加增,日趋繁缛,结果法制愈密,防闲愈周,而舞弊之伎俩,愈将层出而不穷。所谓用人问题,即应注意用人之标准与任用之条件二点。前者宜以才能功绩为标准;后者则指各种任用之条件宜优裕,必如是,始能期其尽职而具勤劳任事之精神。"[①]

四、马寅初的《财政学与中国财政》

马寅初(1882—1982年),浙江省嵊县浦口镇人,出生于传统农村一个工商业家庭。1901年,他考入天津北洋大学选学矿冶专业。1906年,他赴美国留学,先后获得耶鲁大学经济学硕士学位和哥伦比亚大学经济学博士学位。其在美期间,专攻财政学,硕士论文是《中国的公共收入》,博士论文是《纽约市的财政》。1915年,他回国后任职于北洋政府财政部,受聘在北京大学担任经济学教授。1927年,南京国民政府成立后,他担任立法委员,先后出任财政委员会委员长、经济委员会委员长,并在南京中央大学、陆军大学、上海交通大学和重庆大学等高校兼任教授。新中国成立后,他先后出任中华人民共和国中央人民政府委员、中央财经委员会副主任、华东军政委员会副主任,并先后兼任浙江大学、北京大学校长。

马寅初在学术研究中,始终重视与实际相结合,关注现实,注重研究实际问题,并担任政府要职,直接参与实际经济领导工作。他强调:"学术思想不宜离开环境甚远,但须站在前线,以为社会一切举动之准则。"这一特点也反映在其学术著作中。马寅初1948年出版的《财政学与中国财政——理论与现实》就鲜明地反映了其治学特点,既直追西方财政学最前沿理论,又紧贴中国财政实践。马寅初在该书自序里指出自然科学可直接选用西文课本,但社会科学"如经济一门,参考书不妨中西书籍互用,教本则必须用国文原本(并不指译本而言)。盖外国教本皆根据外

[①] 何廉、李锐:《财政学》,国立编译局1935年版,第495页。

国的实际情形,社会环境,以及历史背景写成的,以之用于中国的大学,非特不易使学生领悟,且要发生极大流弊"。

1936年,凯恩斯的名著《就业、利息和货币通论》出版,使此前以亚当·斯密的新古典学派为基础的财政学理论体系受到很大冲击,马寅初的《财政学与中国财政——理论与现实》正是对这一次理论冲击的回应。该书在自序中首先介绍了凯恩斯一书的基本轮廓及其主张,并结合中国实际对其理论是否适合中国进行了讨论。指出凯恩斯主义"是完全根据极端资本主义,高度工业化的英美两国的情形而写成的,以之介绍于中国人民,不啻纸上谈兵,不切实际"。他认为中国的财政学应该立足于中国是一个落后的农业大国,当时的主要问题是资本不足的实际展开研究。

该书正文共8篇33章。在整体框架设计中,与一般财政学著作不同的是将超然主计与联综组织放在第一篇,从具有中国特色超然主计与联综组织的角度,探讨了预决算的编制、核定与审议,以及公库制、审计监督等问题;第二篇是中国税制与赋税体系,对中央税与地方税之间的关系进行了探讨,并用三种分类方式介绍了中国赋税体系;第三篇是赋税各论,对当时的各种税收都作了较全面分析,指出其存在的问题和改进的措施;第四篇是征实与专卖,这是基于当时中国仍是落后的农业国这样一个现实,论述了田赋的征购和专卖的利弊;第五篇是公债,介绍平时公债、战时公债和国外公债的情况之后,重点分析战时公债,肯定了公债对经济发展的意义;第六篇是地方财政,对地方财政面临的诸多问题进行了讨论,重点讨论县财政;第七篇是其他问题,对税务机构和征税中的弊端进行揭露和分析;第八篇为结论,对中国财政制度历史背景与社会环境进行分析。该书每一篇中都直接批评了当时制度的弊端,提出了自己的对策。

马寅初对财政学理论的新的构建,既借鉴西方公共财政思想,又与中国实际紧密结合,基本体现了当时中国学界财政学的最高水平。新中国成立后,此书也多次再版。

第三章

近代财政收入思想的演变

第一节　近代税收思想

一、培植税源思想

近代以来,不仅对外防御战争和镇压农民起义运动所支付的军费、战争失败后所承担的巨额赔款等费用不断上涨,而且其他经常性支出和建设支出也持续上涨,如何扩大财源就成了最为重要的问题。一般习惯将晚清思想家分为守旧派、洋务派、维新派、革命派,除了守旧派,其他无论洋务派、维新派,还是革命派,都顺应时代变化,改变财源结构,由以农为主向以工商立国转变。

早在鸦片战争之前,魏源就提出了"开源兴利"的思想。他提出应该适应经济发展的形势,通过发展工商业来增加财政收入。他不仅支持国内工商业的发展,而且也积极提倡发展正常的国际贸易来增加收入。同时,他反对重税,主张通过轻税来培植税源,支持经济发展。他说:"善赋民者,譬植柳乎,薪其枝叶而培其本根。不善赋民者,譬则剪韭乎,日剪一畦,不罄不止。"[①]他认为"有减课之名而有溢课之实"[②],指出"绌课必由于重税"。魏源提出"士无富民则国贫,士无中户则国危,至下户流亡而国非其国矣",认为国家税收政策应该维护富人的权益,以支持工商业的发展,为国家财政开辟税源,并培育中等收入阶层和防止低收入阶层破产流亡。

王韬提出"藉商力以佐国计"的思想,主张发展新式工业以"兴大利"。王韬(1828—1897年),字兰瀛,江苏苏州人。早年他曾在上海从事西学著作的翻译出

---

① 魏源:《默觚下·治篇十四》,载于《魏源集》上册,中华书局1976年版,第72页。
② 魏源:《筹鹾篇》,载于《魏源集》下册,中华书局1976年版,第433页。

版工作,曾参与《圣经》《重学浅说》《光学图说》《西国天学源流》等书的翻译出版。太平天国运动期间,他曾化名上书太平天国,为之出谋划策,得到"长毛状元"的外号。后被清廷知晓遭通缉,他被迫出逃,得以游学欧洲诸国,对西学有了更深刻认识。回国后,他投身报业,发表了大量政论文章,鼓吹变法,主张兴办铁路、造船、纺织等工业以自强,有《弢园尺牍》《弢园文录外编》等著作传世。王韬批评传统的理财观,"徒知丈田征赋、催科取租,纵悍吏以殃民,为农之虎狼也"。在他看来,只有国家富强才是理财的根本,"天下何由治? 盖富强即治之本也"。他认为开矿是国家富强的首途,"利之最先者曰开矿"①。

郑观应提出了"振兴商务为开辟利源之要端"的思想。郑观应(1842—1921年),字正翔,号陶斋,广东香山县(今中山市)人。他早年应童子试未中,弃学从商,曾在一些外国洋行担任买办,后投身洋务运动,参与兴办了许多重要的官督商办企业。郑观应一生从事工商业,在近代早期财政思想家中具有鲜明的个性,其所著《盛世危言》对近代思想界以及财政思想影响很大。郑观应在《盛世危言》里说:"我中国自军兴而后,厘金、洋税收数溢于地丁,中外度支仰给于此。夫用出于税而税出于商,苟无商何有税? 然中外司会计之臣苟不留心商务,设法维持,他日必致税商交困而后已。四海困穷,民贫财尽,斯历代之所由衰乱也。"他更突破传统重农抑商的教条,直接提出"国以商为本",中国必须"振工商以求富"。他指出古代以农为富国之本,是因当时交通不发达,"一方不稔,则有告籴之劳,比岁不登,则有大饥之患",所以"民无农不足以为养"。但现在有"轮舟火车""电报邮传""商之势力大者,往往足以把持市价,震动同业""商务所趋,给民之食者十之一,给民之用者十之九",特别是"海禁大开,中外互市,创千古未有之局,集万国来同之盛",时移世易,现在富国富民,必须以商为纲②。

陈炽提出"无商是无税也……商之于国也,国之于商也,固已共戚同休,迥非昔比矣"③。他指出,要扩大税源就必须大力发展生产:"若生财之道,则必地上无是物,人间本无是财,而今忽有之,农也、矿也、工也、商也。为华民广一分生计,即为薄海塞一分漏卮;为间阎开一分利源,即为国家多一分赋税;为中国增一分物业,即为外国减一分利权,此伊古圣王生众食寡、为疾用舒之大道也。"④

---

① 王韬:《弢园文录外编》卷二《兴利》,辽宁人民出版社1994年版,第65~66页。
② 郑观应:《盛世危言》,华夏出版社2002年版,第313~350页。
③ 陈炽:《续富国策》卷四《商书·创立商部说》,中华书局1997年版,第233页。
④ 陈炽:《续富国策》自叙,中华书局1997年版,第149页。

太平天国早期虽然有着很强烈的平均思想和无税思想，并在一定程度上直接体现在具体财政政策上，至建都南京后，各项税收制度基本建立起来，但相对较轻，而且注重手工业和商业的发展，对工商业采取了轻税政策，以便商便民为原则，并保护正常的商业贸易。到太平天国晚期，洪仁玕在《资政新篇》里提出"兴市镇公司,立官严正,以司工商水陆关税"。

其他，如李鸿章提出"欲自强必先裕饷,欲浚饷源莫如振兴商务"[①]，主张对民族工业品免征厘金，以支持民族工业的发展，使他们能参与国际竞争。冯桂芬提出"以与为取,以损为益者,方将借减赋之名,为足赋之实"[②]，主张发展近代工业以裕国用。薛福成提出发展工商业以广税源的思想，主张要"因时适度"进行改革，指出西方国家富强的原因就是"以工商立国,大较恃工为体,恃商为用,则工实尚居商之先"[③]。康有为在公车上书中提出"以商立国"，此后又提出要将中国"定为工国"作为"国是"[④]。在税收领域，他指出改革的总体原则是"蠲厘金之害以慰民心,减出口之税以扩商务"[⑤]。但这些思想也受到保守派的攻击，如刘锡鸿等人坚持传统的"重本抑末"思想，认为兴办工商业是"言利"，是奢靡。

中华民国建立后，改变税源结构和培植税源基本上是财政思想的主流。北洋时期的财政总长周学熙就认为培养税源是理财的第一义，他说："今日理财须以培养税源为第一义,而培养税源须以保护产业为第一义。保护之道,首在恢复,次言发达,此为助长主义必经之次第也。"[⑥]他强调的"恢复"，就是要保护生产机关使其恢复向来之纳税力。如田赋，"直接负担者农民也"，故"当先恢复农民之纳税力"；而盐、茶、酒、当、牙等税虽经转嫁后由一般人民负担之，但其为第一次纳税者非工即商，"必工与商先有能堪纳税之力,而后税源可裕,产业亦有渐次发达之期"。周学熙认为恢复措施尚属"治标之计"，还需要利用公债、输入外资，统一币制，银行提供"低息"贷款，以及减免与裁并厘金等"恶税"或"重复之课税"，改良税制等措施，进一步促进产业发达。

曾任国民政府财政部长的孔祥熙也强调培养税源的重要。他指出："理财之道,不外开源节流。惟开应开之源,节应节之流。"这里的"开源"，是指开拓税源，增

---

① 李鸿章:《议复梅启照条陈折》,载于《李鸿章全集·奏议九》,安徽教育出版社2007年版,第260页。
② 冯桂芬:《请减苏松太浮粮疏（代）》,载于《显志堂稿》,台湾文海出版社1981年版,第897页。
③ 薛福成:《振百工说》,载于《薛福成选集》,上海人民出版社1987年版,第482页。
④ 康有为:《请励工艺奖创新折》,载于《康有为政论集》,中华书局1981年版,第290页。
⑤ 康有为:《上清帝第二书》,载于《康有为政论集》,中华书局1981年版,第129页。
⑥ 《中华民国工商税收史料选编》第1辑上册,南京大学出版社1996年版,第121页。

加税收。他强调:"理财要顾全民力,不可竭泽而渔。""一方面要替国家收取合理的收入,同时要扶植民力,不仅收税,更要培养税源。"他多次提出:"就财政计划而言,总以不因征敛而伤民为重。举办新税收,必须注意轻微而普遍……使能生息孳乳,方能培养税源。"①"对于开源,则着重于培养民力,增加生产,谋金融的流通。"②孔祥熙还从财政和经济的关系角度进一步强调税源建设的重要,他说:"一个国家财政之好坏,端视其国民经济之荣枯,所以善于理财的人,必先设法培养税源,税源畅旺,财政情形自然就会好。所以兄弟就任财政部长之初,就决定以开源节流为施政方针。"③虽然明白此理,但在现实施政中,他却不得不以保证收入为第一任务。他曾公开明言:"财政上所谓开源者,简单说起来就是增加税收。"他还多次表示:"我国人民租税负担本轻""故租税方面尚留有极大伸缩余地""仍可渐次增加"。这也使当时实际生活中不可避免地滋长横征暴敛之风,虽制定了若干培养税源的措施,但很难真正推行。

二、从轻税思想到现代税收原则

近代以来,轻税思想仍然是税收思想的主流,但已经不再停留在传统的仁政爱民思想,而是更多地结合近代经济变化的特点,如从发展民族工商业的角度反对厘金的滥征,亦反对关税过轻,还从主权的角度反对外国人控制海关。随着西方公共财政思想的传入,亚当·斯密和瓦格纳等西方学者的征税原则思想开始成为新的税收思想的基础,不再简单地局限于税轻税重。但传统的轻税思想,特别是大同理想和儒家"百姓足,君孰与不足"的藏富于民的财政思想还是有很大影响,并不断被赋予新的内涵。

近代早期的许多学者,虽然没有接受过西方财政学的系统训练,但在对西方财政思想已经有了一鳞半爪的了解,并从直观上对当时的财政问题有所观察后,在轻税和征税原则方面有了更清醒的认识。王韬在上给李鸿章的"治吴善后之策"中提出"减赋损捐""商不重征""贾不再榷"④。他认为当时厘金的滥征、多征加重了商人负担,是税制的积弊,"抽税加厘,无微不至""使怨归于上,利归于下"。郑观应认为,遇卡抽厘是中国商务不得振兴的重要原因,外商不仅无厘金负担,而且关税极

---

① 郭荣生:《民国孔庸之先生祥熙年谱》,台北商务印书馆股份有限公司1981年版,第84页。
② 孔祥熙:《全国财务人员训练所开学典礼训词》,载于《孔庸之先生讲演集》,台北文海出版社1972年版,第354页。
③ 孔祥熙:《敌我财政现状之比较》,载于《孔庸之先生讲演集》,台北文海出版社1972年版,第181页。
④ 王韬:《代上苏抚李宫保书》,载于《弢园尺牍》,台北文海出版社1983年版,第280页。

轻,内外商税负不一致,严重限制了本国工商业的发展。郑观应提出裁撤厘卡,土货与洋货一样一次征税,并加征关税①。李鸿章提出减免纺织等商品的厘金,以减低其成本,增强其竞争力②。张之洞提出免税特区的主张,针对反对意见,他指出:"论者云,将营口为自由口岸,不征国税,于政府有损,是未通大局之言,而不知列国商民来往此地,所入内地租税偿关税而有余也。"③

黄遵宪提出"以天下财,治天下事"的思想。黄遵宪(1848—1905年),字公度,别号人境庐主人,曾担任清政府驻日参赞、旧金山总领事、驻英参赞、新加坡总领事等职,戊戌变法期间署湖南按察使,协助巡抚陈宝箴推行新政。其所著《日本国志》对当时国人了解日本和西方财政制度、财政思想,起到了很大作用。黄遵宪认为如果"竭天下以奉一人,国其不可",但是如果能取之于民用之于民,即使施行重税,悉征于民,"非惟无害,而损富以益贫,调盈以剂虚,盖又利存焉"。他指出"能以民之财,治民之事,以大公之心,行一切之政,则上下交利,而用无不足"。他还批评了那些主张薄赋税、减漕、裁厘的主张,认为对赋税的认识不在于取民之多寡,而在于赋税使用是否合理。他指出轻税会造成政府财用不足,官吏低薪,使他们上下其手,百端侵渔于民,提出应仿照西法,公布预决算,让人民知晓赋税去向,使人不生疑虑,自愿纳税。④

谭嗣同的税收思想接近黄遵宪,不拘泥于轻税重税,而重视税收用途。谭嗣同说:"君也者,为民办事者也。臣也者,助办民事者也。赋税之取于民,所以为办民事之资也。……事不办而易其人,亦天下之通义也。"⑤他指出,不仅臣民有纳税的义务,国家和君主也有为民办事的义务。他还对孟子讲的"劳心者治人,劳力者治于人,治于人者食人,治人者食于人,天下之通义也"的思想提出批评,认为赋税征纳双方是平等的,无论劳心者,还是劳力者都承担着相应的义务,两者相互约束。谭嗣同还提出了裁厘,代以印花税,保护商人利益以促进工商业发展等主张。

梁启超提出应仿英国的"平税"思想,施行便民利民的税收政策,才能实现国家富强。他批评了古代"因民所急而税之"的思想,认为这样于民不利不便,应代之以轻税平税政策,而后民便国利。他说:"西人于民生日用必需之物,必豁免其税以便

---

① 郑观应:《盛世危言》,华夏出版社2002年版,第244页。
② 李鸿章:《试办织布局折》,载于《李鸿章全集·奏议十》,安徽教育出版社2007年版,第63页。
③ 张之洞:《俄约要盟贻害请将东三省开门通商折》附《近卫笃麿筹办东三省开门通商条议》,载于《张之洞全集》第二册,河北人民出版社1998年版,第1461页。
④ 黄遵宪:《日本国志》,天津人民出版社2005年版,第443~467页。
⑤ 谭嗣同:《仁学》,载于《谭嗣同全集》下册,中华书局1981年版,第327页。

民。中国则乘民之急而重征之,如盐政之类是也。亦有西人良法美意,为便民而起,而中国恃为助帑之计,行之而骚扰滋甚者,如今日之邮政之类是也。"①

孙中山早年在《上李鸿章书》里也曾指出西洋各国富强的原因之一就是"货之为民生日用所不急者重其税,货之为民生日用所必需者轻其敛。入口抽税之外,则全国运行,无所阻滞,无再纳之征,无再过之卡",而中国却是"过省有关,越境有卡,海口完纳,又有补抽,处处敛征,节节阻滞",后来他在《实业计划中》称厘金是"自杀的税制",提出"废绝厘金"和"严定田赋地税之法定额,禁止一切额外征收"等主张。在论及轻税思想时,孙中山也曾引用传统财政思想中的"百姓足,君孰与不足? 百姓不足,君孰与足"来强调轻税的重要性。②

后来孔祥熙论轻税思想,也是将古代传统轻税思想与孙中山的轻税思想并提。他说:"我国古圣先贤,关于理财之要义,指示甚为剀切。孔子有言:'生财有大道,生之者众,食之者寡,为之者疾,用之者舒,则财恒足矣';又曰:'百姓足,君孰与不足'。推其用意,理财之法,应注意培养富源,力避苛征重敛,不徒以增进收入为目的。总理民生主义所昭示吾人者,如'人尽其才,地尽其利,物尽其用,货畅其流'数语,即是以发展经济为理财最高之原则。"③孔祥熙认为民生主义的根本目的就在于实现社会公平,所以在税收方面,"一方面要谨慎执行我们收税的职务,同时还要体恤民众的痛苦,视民力强弱为征税的标准,务使负担公允,民无怨言"。他还指出:"我们的民生政策,是要使人民富有,集民富以成国富,所以我们对人民要爱护、要体念,不要让他们困扰。现代的征税必须做到有钱出钱、有力出力的公平原则。"

近代以来,西方财政思想中的税收原则逐渐在中国普及。严复翻译《国富论》,最早向国人介绍了亚当·斯密的税收四原则,他在《原富》里简明扼要地译成"平、信、便、核",并在按语中结合国情对税收原则作了讨论。严复提出国家征收赋税不是"为私",而是要"取之于民者,还为其民"④,并从社会分工的角度对赋税存在的意义进行了分析。他说:"民生而有群,徒群不足以相保,于是乎有国家君吏之设。国家君吏者,所以治此群也。治人者势不能以自养,于是乎养于治于人之人。而凡一群所资之公利⋯⋯皆毕待财力而后举。故曰:赋税贡助者,国民之公职也"⑤。

---

① 梁启超:《〈史记·货殖列传〉今义》,载于《梁启超全集》第1卷,北京出版社1999年版,第117页。
② 孙中山:《上李鸿章书》,载于《孙中山选集》上集,人民出版社1956年版,第13页。
③ 孔祥熙:《对党训练班讲词》,载于《孔庸之先生讲演集》,台北文海出版社1972年版,第219页。
④ 亚当·斯密:《原富》,严复译,商务印书馆1930年版,第893页。
⑤ 亚当·斯密:《原富》,严复译,商务印书馆1930年版,第845页。

此前严复还对韩愈的纳税是臣民义务的思想进行过批判,认为征税方与纳税方之间应是平等的,各自都承担着相应的义务,臣民尽纳税的义务,君主也应尽为民服务的义务。① 严复还提出"赋在有余"的原则,反对斯密关于不对工资征税的提法。严复说:"国家责赋于民,必有道矣。国中富民少而食力者多,必其一岁之入,有以资口体,供事畜而有余,而后有以应国课"②。他认为百姓在满足"养民之财""教民之财"和"赡疾病待赢老之资"之外的收入就是"有余",征收后"于民生无伤""于国财为不耗"③。对于税收之轻重,严复提出"赋无厚薄惟其宜"的思想,认为没有绝对的标准。如果"薄而力所不胜,虽薄犹重也"。"就令不征一钱,而徒任国事之废弛,庶绩之堕颓,民亦安用此俭国乎?"他提出国家应"为其民开利源,而使之胜重赋"④,将财政收入的增加建立在经济发展的基础上。

外国财政学著作被介绍到中国的过程中,最初主要是翻译日本学者的著作以了解西方财政思想,如小川乡太郎、小林丑三郎等人的财政学著作。此后有了更多直接译自英、法、德、意、美等国的财政学名著出版,如英国庇古(Arthur Cecil Pigou)的《财政学研究》、法国布丹(Jean Bodin)的《共和国六讲》、德国埃厄贝格(Karl Th. Von Eheberg)的《财政学》、意大利费里(Veni)的《财政学》、美国亚当斯(J. Stacy Adams)的《财政学大纲》。德国财政学家瓦格纳(Adolf H. G. Wagner)10卷本的巨著《财政学》也被提纲挈领编译成上、下两册出版。这些来自世界各国不同学术流派的财政学著作的引进和传播,推动了税收原则的研究。从陈启修的《财政学总论》开始,就积极介绍亚当·斯密等西方学者的税收原则,并以瓦格纳的财政原则和中国实践,构架起一个税收原则体系,即财政原则、经济原则、伦理原则、行政原则四个组成部分。财政原则,也有称为课税目的原则或财政政策原则、租税原则等,包括收入充分、富有弹性等;经济原则,也有称为国民经济原则或税本利用原则,包括选择适当税源、选择租税种类,也有概括成不侵及本国原有产业、不阻碍幼稚产业和发明创造等;伦理原则,也有称公平原则或社会原则、正义原则、租税分配原则等,包括普及和平等的准则等;行政原则,也被称作税务行政原则或课税技术原则,包括确实、便利、最少征收费用等。李权时的《财政学 ABC》将亚当·斯密的税收四原则也纳入这一体系,认为公平属于伦理原则,确实、便利、最少征收费属于

---

① 严复:《辟韩》,载于《严复文选》,百花文艺出版社 2006 年版,第 49~56 页。
② 亚当·斯密:《原富》,严复译,商务印书馆 1930 年版,第 332 页。
③ 亚当·斯密:《原富》,严复译,商务印书馆 1930 年版,第 848 页。
④ 亚当·斯密:《原富》,严复译,商务印书馆 1930 年版,第 893 页。

行政原则。李权时还将这四个原则分为两个层次,认为伦理原则为首要原则,其他财政原则、经济原则、行政原则都属于次要原则①。王延超的《财政学概要》还补充了守法、效率等原则②。马寅初的《财政学与中国财政》以四原则检讨当时税制,认为其偏重于财政原则而忽略了经济原则与社会原则。马寅初还认为四大原则与中国古代传统财政思想有吻合之处,如儒家"不患寡而患不均""与其有聚敛之臣,宁有盗臣",皆主负担均而分配平,与社会原则相合。儒家的"百姓足,君孰与不足,百姓不足,君孰与足",是藏富于民之意,亦是培养税源之意,其思想与经济原则如出一辙。儒家以"省刑罚,薄赋敛"为治国急务,此中隐隐然受财政原则支配③。

三、更新税制思想

魏源最早提出赋税制度应"因时而变"的思想,主张顺应历史发展趋势进行改革,他说:"天下事,人情所不便者变可复,人情所群便者变则不可复。江河百源,一趋于海,反江河之水而复归之山,得乎?履不必同,期于适足;治不必同,期于利民。"④魏源将"利民"作为税制改革的目标,并将利国寓于利民中。他说:"专主于便民者,民便而国亦利;专主于利国者,民不便而利归中饱,国乃愈贫。"⑤魏源提出改革传统赋税,开辟新的财源的主张。在改革传统赋税方面,魏源提出了整顿田赋、改革盐政、南漕海运等主张,在开辟新财源方面,他提出了发展新式工商业以增加财政收入的目标。冯桂芬继承了魏源的思想,在整顿旧税方面,进一步提出均田赋、折南漕、改土贡、撤关入厘等主张。在开辟新财源方面,提出了推广机器生产、大兴采矿业等主张。此后洋务派的财税思想主要基于此,主要是开矿兴利、振商裕国、免厘助商、裁厘加税等,虽指出发展工商业以开辟新税源的方向,但在具体新税方面着力不多。

维新运动期间,康有为提出变法主张,他指出:"窃以为今之为治,当以开创之势治天下,不当以守成之势治天下;当以列国并立之势治天下,不当以一统垂裳之势治天下。盖开创则更新百度,守成则率由旧章;列国并立,则争雄角智。一统垂

---

① 李权时:《财政学 ABC》,世界书局 1929 年版,第 108~117 页。
② 王延超:《财政学概要》,立信会计图书用品社 1947 年版,第 130~136 页。
③ 马寅初:《财政学与中国财政》上册,商务印书馆 2001 年版,第 235 页。
④ 魏源:《默觚下·治篇五》,载于《魏源集》上册,中华书局 1976 年版,第 48 页。
⑤ 魏源:《元史新编·食货·盐法》,载于《魏源全集》第 11 册,岳麓书社 2004 年版,第 2350 页。

裳,则拱手无为。"①康有为直接提出"若决欲变法,势必全变"的主张。在改革旧税方面,康有为提出裁厘废漕等主张。在增加新税方面,康有为提出了开征印花税等新税的主张,并提出借鉴印度田税之法对田赋进行改革。此后,梁启超又提出整顿田赋,改革盐税,废除茶税、常关税、赌博税等杂税,开征印花税、产品税、登录税、通行税、房屋税、营业税、所得税等新税。

1907年,驻日公使李家驹受命考察日本宪政。他基于长期考察,于宣统元年编成《日本租税制度考》10册、《日本会计制度考》4册进呈,并提交整顿和改革财税制度的方案。在整理旧税方面,他提出归并地丁、租课、漕粮、漕折粮折、羡耗等旧税,废去厘金、统捐、常关、茶税等杂税,扩充酒税、烟税、印花税,通行全国。在增加新税方面,开征营业税、财产税、家屋税等收益税,特别税、所得税、通常所得税、兵役税等所得税,饮料税、物品税、使用税等消费税,承继税、所引税、运输税等行为税②。

这一时期,革命党人也提出了改革税制的主张。孙中山的三民主义明确提出了平均地权和节制资本的主张,并将税收制度作为实现这一主张的主要手段。在平均地权方面,孙中山提出土地价格由地主自行申报,政府按地主自报的土地价格征收1‰的地价税,并有权随时按照地主自报地价收买其土地。孙中山还提出"溢价归公"的思想,即因社会经济发展而上涨的那部分地价全部归于国家,为国民共享。为了实现耕者有其田,孙中山还提出对地主加重征收土地税,如果地主不纳税则将其田充公,交原佃户耕种。如果地主愿意缴纳重税,就采用和平方式设法解决,让农民可以得利,而地主也不遭受损失。在节制资本方面,孙中山提出采用累进税率,多征资本家的所得税和遗产税。同为革命党的章炳麟反对孙中山土地溢价归公的思想,认为"夺富者之田以与贫民,则大悖乎理;照时价而悉由国家买收,则又无此款,故绝对难行"。这样就从反对征收地价税和国家收买涨价土地两个方面,整体否定了平均地权纲领。但他对孙中山征收遗产税和施行累进税率等主张表示赞同,认为这样可以大大增加国家财政收入。章炳麟还提出政府改革税制,增加税收,必须"先令地方官各询其民,民可则行之,否则止之,不以少数制多数也"。

中华民国成立后,首任财政总长熊希龄提出改正税制的主张,提出增加田赋、关税,征收契税、所得税、遗产税、通行税、兑换券发行税、登录税等。周学熙

---

① 康有为:《上清帝第二书》,载于《康有为政论集》,中华书局1981年版,第122页。
② 《宣统政纪》卷四七,中国书店2001年版,第8~12页。

续任后,提出按照西方财政思想更新税制,主张将租税征课由原来专征"生产机关"或"消费物品",如田赋、契税、牙税、当税、关税及厘金之类,扩大到征课"一般之收入",增设印花税、遗产税和所得税。他认为"专对生产事业以事征收,土地有税,家屋有税,营业有税,惟无财产而但有收入者,则可免国费之负担。以致全国国民一部分负重大之税额,一部分独免纳税之义务",违背了"普及公平之原则"。而印花税和遗产税是"对于行为而征收,即为中国向来未有之税目,而又无重复之可虞";而开征所得税符合西方最新的财政学说,且累进征课,又符合普及公平的原则。在周学熙之后,继任财政总长的梁士诒基本继承了周学熙的税改思想,认为应按西方财政学最新的税收思想来整顿旧税、开征新税以更新税制。他说:"值此国基未固需用浩繁之际,若照旧时之收入,万不足以供各项政务之用,故增加新税实为今日切不可缓之事。"①,他提出增收印花税、所得税、契税、验契税、烟酒税、牙税等。

广州国民政府时期,廖仲恺为首任财政部长。廖仲恺(1877—1925年),广东省惠阳县人,出生于美国旧金山。他一直追随孙中山革命,是孙中山在财政方面的主要助手,积极为革命筹措军费。他曾担任同盟会总部会计长、中华革命党财政部长、中国国民党财政部长、广东省革命政府财政部长、军需总监等职务。1925年,廖仲恺被刺后,国民党曾将其著述汇集,编成《廖仲恺集》于1926年出版。1963年,中华书局出版了重新整理的《廖仲恺集》。廖仲恺对孙中山征收土地税的主张进行了深入论述。他认为课征土地税是实现"平均地权"的必经之途,指出"土地为生产之要素,而又有限之物,工业商务发达之区,人口增殖,欲望增进,需用土地以为生产日益多,求过于供,则地价自然腾贵,无待人工之改良,是以土地增价,实为社会之产品"。即地租随着社会工商业发展带来的地价增长,使地主不劳而获,"坐收增益",而推进工商业发展的商贾劳工"反博得负担之增加",这是很不公平的。重课土地税,是"重课其不劳而获之收益",因土地税是"不能转嫁之负担",必须从土地溢价收益中扣除而来,从而实现"使用土地之权得以平均"。廖仲恺还从"国家理财"方面讨论了"土地为适宜课税之物"的理由:一是土地为有形不动之物,按物征收,无可逃避;二是地价易于核定,土地买卖价格及土地本身的估价,无过高或过低之弊;三是因土地不能伸缩且地价涨落比较别物为有常,故税额可以预定;四是田地有税而城市宅地无税是不公平的,税收的重要原则就是要普及,而且宅地的纳

---

① 梁士诒:《救济目前财政办法及告国民书》,载于《北洋政府国务总理梁士诒史料集》,中国文史出版社1991年版,第233页。

税能力远胜于田亩;五是国用浩大而杂税繁兴,如果开征土地税使国家有了大项收入,就能有利于整理税收制度,有能力废除不良的税收。①

廖仲恺还就征收土地税作了若干准备工作。在廖仲恺之后,古应芬和邓泽如分别续任财政部长,但两人任职时间都很短,加起来不到1个月,此后是宋子文续任。宋子文在任内提出整理赋税的设想:"税课之整理首当积极进行。陆续蠲除烦苛及不正当之收入,以臻于平均租税之原则。"②他提出税收是人民负担,不宜加重;直接税虽然最公平,但间接税征收简便、管理容易、人民很少能知道有此负担,所以应尽力推广间接税;为保本国实业发展,外国货物的税率应较本国货物为重;废除一切扰商害民之苛捐杂税,代之以少数基本之税项,如农税、商业税、工业税、手工作业税等;废除厘金、代以一种不同税率之货物捐;废除商人承买饷税制度;除法定之税项外,各地方之人员无增加税项及附加税之权;在华之中外人民,均应缴纳同一之法定税收。

宋子文在担任南京国民政府财政部长后,主张借鉴西方税收制度,构建中国税收体系。他指出当时"国内苛捐杂税未除,局所林立,章制混乱,固无所谓制度也。就上海一隅而论,在民国十七年间,计有中央与地方税征收机关百三十余所"。③在新税制整顿期间,宋子文的思想发生了一些变化,如对直接税和间接税,他提出当前应注意限制间接税的发展,同时要重视培植直接税。宋子文还提出税收政策应能调节收入,改善民生。在对已有税清理方面:一是本是良税,但应在征收环节适当地进行改良,如田赋、印花税、宅地税等;二是对于恶税,如厘金,并不是简单废除,而是另订良好税制;三是对烟酒等对人民有坏处的商品,可以保持较高税率,寓防范瘠害于税。宋子文还提出税收政策应内外一致,同样平等,"并图推行于租界,该纳税以平均负担为原则,华洋各商均须一致,力昭公允。若整理收入而专注于国内,既为本党政策所不许,亦非吾人整理之本旨"④。

宋子文任内实现撤厘改统在当时是一个创举。厘金自开征以来,争议不断。晚清以来,就不断有废除厘金的呼声。宋子文提出设置统税,即对大宗具有普遍消费性质的货物实行全国统一征税,一次课征之后,行销全国,不再重征,故称统

---

① 廖仲恺:《广东都市土地税条例草案》,载于《廖仲恺集》,中华书局1963年版,第145~146页。
② 宋子文:《宋子文关于整理税课呈》,载于《中华民国工商税收史料选编》第一辑(上册),南京大学出版社1996年版,第619页。
③ 《中华民国18年会计年度财政报告》,载于《财政公报》第44期,1931年4月1日,第79页。
④ 宋子文:《宋子文关于整理部务呈》,载于《中华民国史档案资料汇编》第5辑(第1编),江苏古籍出版社1996年版,第521页。

税。这是为弥补撤销厘金后政府财政收入的损失而设置的。宋子文认为直接废除、无需纳税之类的主张,"非惟社会之败类,亦即党国之罪人"。统税的设计,无论是课税对象、计税依据,还是纳税环节,都符合现代间接税要求,是近代中国税收走向现代化的重要阶段性标志,对消除厘金弊端,促进统一市场的培育,扫除民族工商业发展障碍,起到了积极的制度建设作用。

鸦片战争以后,海关行政管理权被外国人控制,实行片面的协议关税,中国关税权益流失。长期以来,关税自主、增加关税、保护本国产业的呼声一直很高。关税自主的目标也在这一时期完成。

这一时期,财政学家关于完善中国税制的设想还有很多,不少财政学者还直接加入政府管理,参与具体的税制设计工作,这里就不一一详述了。

第二节 近代公债思想

一、外债及利用外资思想

马建忠在近代较早提出举借外债,利用外资建设铁路、兴办实业的主张。马建忠(1845—1900年),别名乾,字眉叔,江苏丹徒(今属镇江)人。因受英法联军焚烧圆明园的刺激,他"决然舍其所学,而学所谓洋务者"。他受派留学法国,获巴黎政治学院博士学位。在此期间,他不仅系统学习西方财政学、政治学、经济学课程,还曾周游英、法、德、奥、瑞、比、意诸国,考察众多工厂、学校、军营,访问了许多法国的家庭、学者、政要,悉心研究中、西文化的异同。归国后,他长期在李鸿章幕府,参与洋务运动,有《适可斋记言》等著作传世。马建忠认为,借债发展本国经济是西方国家的成功经验,他说:"泰西各国,无一非欠数千兆,而英、法、德、俄之称雄如故也",认为只要取信有本,告贷有方,偿付有期,所借资金用于生产,且以生产收益作为偿债保障,就不必担心能否借到外债以及偿还问题。马建忠指出借债也有不利的一面,他说:"借债之事,所系重大,用之善则国受其利,不善则反受其害。"所以他提出借债主要用于生产,而不是用于军事目的,他说:"至于借债以治道途,以辟山泽,以浚海口,以兴铁道,凡所以为民谋生之具,即所以为国开财之源,与借债以行军,其情事迥不相同。故人人争输,云集雾合,不召自来,恃其款之可抵,有息之可偿故也。"他还提出应向外国商民告贷,如向外国政府告贷,"势必受其要挟"。而且,借外债兴办实业,特别是兴建铁路,不能让洋商入股,他说:"中国创行铁道,绵亘腹地,岂可令洋商入股,鼾睡卧榻之旁。"①

洋务运动期间,李鸿章、张之洞等洋务派重臣都提出了举借外债以筹集洋务资金的主张。李鸿章在强调借外债建铁路的必要性的同时,也强调借债筑路要坚持自主原则,提出要坚守"由我自主,借债之人毋得过问""不得将铁路抵交洋人""不准洋人附股"等原则②。张之洞提出外债为"自强之机",是"中国安身立命之端",只要中国富强了,就"不患无还债之法"③。张之洞还提出多向各国借外债,已达成"互均势力""以夷制夷"的主张。他的这一思想得到了徐世昌、胡惟德、端良、盛宣怀等人的呼应。徐世昌、胡惟德都鼓吹向英、美、法、日诸国押借巨款,以打破沙俄独霸东北的局势,徐世昌更认为非如此,"几无保全之希望"④。盛宣怀说:"匡时救国,在此一著。"⑤张之洞虽提出"权自我操,利不外溢"的思想,但却开创了"芦汉模式"。即西方列强基于债权不仅取得了中国国家财政和全线产业的双重担保,并拥有了铁路的修筑权、经营管理权和利润分配权。此后更以保护铁路为名,享有了派兵保护以及设巡捕队的权利,从此拉开了西方列强通过外债攫取中国铁路、矿产的利权,瓜分势力范围的高潮。

洋务派"借债筑路"的思想,受到了刘锡鸿等人的反对。刘锡鸿是既反借债,又反筑路,认为如果借外债修路,洋人必索铁路为质,控制全局,而且"以一分重息筹借,所办之事获利仅及四厘",亏绌无以为补。他甚至说:"烟土之来犹多以货相易,兴此工作则辇出无非实银,难望有珠还之一日。"⑥其反对修铁路的理由是,中西国情不同。虽然刘锡鸿反对修铁路的理由实不足论,但其对借外债引发不利后果的顾虑还是有一定道理的,芦汉模式的出现可算是其不幸而言中,此后,由中国民间发起的保路运动也可谓中国近代史上的悲壮一幕。梁启超称芦汉模式是路权丧失,列强的"无形瓜分"。1901年,他愤而写作了《灭国新法论》,里面提到:"昔之灭国者如虎狼,今之灭国者如狐狸,或以通商灭之,或以放债灭之。"他认为西方列强利用外债对中国进行瓜分,坚决反对和否定利用外债。在流亡日本后,梁启超亲眼

---

① 马建忠:《借债以开铁道说》,载于《采西学议——冯桂芬马建忠集》,辽宁人民出版社1994年版,第144~152页。
② 李鸿章:《妥议铁路事宜折》,载于《李鸿章全集·奏议九》,安徽教育出版社2007年版,第256页。
③ 张之洞:《吁请修备储才折》,载于《张之洞全集》第二册,河北人民出版社1998年版,第1001页。
④ 中国社科院近代史所近代史资料编辑部:《近代史资料》69号,中国社会科学出版社1988年版,第37页。
⑤ 盛宣怀:《寄北京姚道福同译呈洵邸》,载于《愚斋存稿》第76卷,台北文海出版社1975年版,第1617页。
⑥ 刘锡鸿:《仿造西洋火车无利多害折》,载于《刘光禄(锡鸿)遗稿》第1卷,台湾文海出版社1988年版,第88页。

看到日本受益于公债甚大,其公债思想有所转变,从全面反对转为主张有条件地利用外债。梁启超在研究外债方面用功甚勤,不仅对西方各国的外债史作了详细梳理,分析各自利弊得失,还对清末外债的各项数据作了大量的搜集整理和统计工作。梁启超共写了 10 余篇关于外债的著作和文章,其中最有代表性的是《外债平议》和《中国国债史》。《外债平议》阐述外债一般原理,《中国国债史》则是陈述晚清外债基本史实及各项统计数据,其中用表格形式显示旧债从 1899 年至 1943 年,逐年应摊还的本息,一目了然且触目惊心。

梁启超指出外债有两重性,"外债之本性,无善无恶,而其结果则有善有恶"。他举法国、意大利、俄国、美国和日本等国的外债成功经验为例,指出借债适当,可促进社会经济发展;又以埃及、波斯、土耳其、委内瑞拉、哥伦比亚和阿根廷诸国为例,说明借债不当,不仅易被债权国控制,还会造成财政紊乱、助长国内挥霍腐败、带来通货膨胀、影响社会经济发展,甚至导致亡国。他提出当时中国"天然之富源无限,而国民之总殖,不足以开发之,其势固非借重外资不可,此理之最浅而易见也",而当时各国资本过剩,急需出路,"惟有别趋一土地广人民众而母财涸竭之地,以为第二之尾闾,而全球中最适此例者,莫中国若"①。梁启超提出应理性看待外资:"外资之来,非特投资者享其利也,而主国亦食其赐。此实不刊之公例也。故不审实情,而徒畏外资如虎,憎外资如蝎者,未可谓为完全之理论也。"他指出"外资可怖之问题"不在于外资的"来源"与"受纳法",而在于外资的"用途"与"管理法"。他提出外资应"用于生产的往往食外资之利,而用于不生产的势必蒙外资之害"。外资输入后应"能全盘布局,分期偿还,则虽多而或不为病;反是则末路之悲惨,则不可思议"。梁启超提出举借外债不应提供担保抵押,更不能用放债国人员来经营管理。对于举外债的对象,梁启超早期曾主张"由政府出面借外债或借外资",后来则主张"对外国之个人而负债,勿对外国之国家而负债",并建议由大清银行与外国资本家直接交涉,不由外国政府做中间人。更好的办法是向外国人发售国债券,其发行方式是由我国各银行与欧美资本家共结成辛迪加代向外国市场抛售,并主张平价发行,不采取"折扣发行法"。平价发行方式只有由政府在国内直接发行时才有可能,如果经由中外银行组成辛迪加代为发行,平价发行是不可能有人愿为代劳的。在公债偿还问题上,梁启超认为国家所举公债绝不必要还清。他说:"夫欧、美、日本诸国之公债,实生计界交易流通之一物品也……苟政府一旦将所有公债扫

---

① 梁启超:《外资输入问题》,载于《梁启超全集》,北京出版社 1999 年版,第 1326,1318 页。

数还清之,则全社会之机关且立滞。故民之购买公债者,其目的非待政府之还本也,始收薄息而利用此物以为商业上种种便利计耳。若不需之时,则适市而受之,不患无人承受,而现银可以立得,彼国之所以薄息而能募多数之债者皆此之由。"

中华民国建立之初,面对财政困难和经济凋敝,孙中山等革命派对举借外债都有很高期待。1911年12月,孙中山在回国途经新加坡时曾表示:"此次直返上海,解释借洋债之有万利,而无一害。中国今日非五万万不能建设裕如。"①在就任临时大总统后,孙中山为解决当时南京政府财政枯竭问题,也积极筹借外债,他说:"胜负之机,操于借款。"②孙中山批判视借外债为蛇蝎的思想。他说:"惟借债修路一事,在前清之时已成弊政。国民鉴于前者之覆辙,多不敢积极主张。殊不知满清借债修路,其弊政在条约之不善,并非外资即不可借。"他认为新兴国家在缺乏资本而又不能不大兴近代工业的条件下,非借外债不可,指出"美洲之发达,南美阿根廷、日本等国之勃兴皆得外债之力"。他提出"使借债之条约,不碍主权,借债亦复何妨",强调"操之在我则存,操之在人则亡",认为只要能坚决维护国家主权,利用外国的资本和人才之权绝不受制外人,就不至于发生弊害。孙中山一再强调中国利用外债,必须建立在完全平等主权的基础上,"外国不允借债中国则已,苟信任中国,而借之以债,则不应过问中国作何用途。假使中国将款投弃于海,亦系自由权"③。

孙中山在《实业计划》中提出"必待外资之吸集,外人之熟练而有组织才具者之雇佣,宏大计划之建设,然后能举"④。对于举借外债,孙中山提出借债须分别向几个国家进行,不能集中于一国;可按借债合同雇用外籍技术人员,此等人员必须照合同规定履行义务,合同期满时留用与否由我国决定,不得苛求勒索;必选有利之图以吸外资,以免不利于偿还;从事经办借债人员必须具备有关的知识,才不致受外国资本家蒙骗,这也是利用外资能否成功和有利的关键。孙中山强调外债应以发展实业为核心,以开发生产力为目的的原则。孙中山还强调利用外资,应采取"纯粹商业性质之办法",即与外国资本家或公司商借,不要通过外国政府商借,以"杜绝外来之干涉"。

黄兴也认为不能因为晚清举借外债,丧失大量国权民利,而拒绝外债,也不能

---

① 邓泽如:《中国国民党二十年史迹》,上海正中书局1948年版,第83页。
② 孙中山:《致伍廷芳等电》,载于《孙中山全集》第2卷,中华书局1982年版,第42页。
③ 孙中山:《在上海与〈大陆报〉记者的谈话》,《孙中山全集》第2卷,中华书局1982年版,第385页。
④ 孙中山:《实业计划》,载于《孙中山全集》第6卷,中华书局1982年版,第243页。

贪外债之利而不顾国家主权。他说:"贸贸然徒言拒债者,因噎废食之见也;斷斷然佟言借债者,贪饵吞钩之为也;两者均未见其可。"①黄兴对于举借外债持非常谨慎态度,认为举借外债是当时情势所必需,但对帝国主义的野心也忧心忡忡,他说:"列强之亡人国,除用武力占据土地外,又有一种经济政策,即借款与其国,债重无还,监督其财政,吞灭其国土,所谓借债亡国,如埃及是也。"②章炳麟赞成举借外债,但坚决反对外人干预。他说:"欲救目前之急犹非借债不能,但当以借款之大小及其条件之得失,分利害之途耳。"他尤其反对以抵押方式举借外债,对当时孙中山向日本贷款时以汉冶萍公司由"中日合办"作为条件,发表《布告反对汉冶萍抵押之真相》,指出:"大冶之铁,萍乡之煤,为中国第一矿产,坐付他人,何以立国?"孙中山、黄兴当时迫于临时政府的财政压力,一度想通过汉冶萍公司担保向日本贷款,最终还是放弃。

宋教仁提出外债均势思想。他指出,外债是帝国主义的一种变相侵略,但他认为也不能因噎废食,当时中国的状况是资本缺乏,产业幼稚,国民经济衰败已达极致。如果中国能善加管理使用,做好相应的财政准备,未尝不可利用以促进经济发展。他说:"吾人非反对借外债也,且极主张借外债者也,惟以管理债款之方法,使用债款之目的,与夫选定债权国之政策,皆非审慎周详,以研究其真正利害,而后逐绪行之不可。"宋教仁提出利用列强之间的矛盾,使其相互牵制,谋求对外举债的均衡,为中国发展经济、谋求自强争取时间。他说:"彼等之争先恐后而来投资或贷款者,既非一国,而其间又往往有互相疑忌争夺之事,则苟有一国垄断其利,而破坏各国均势之局者,其他各国必不能默尔而息,此亦势之所不得不然者。有此连鸡之势,互相牵制,此正吾国善有以自处之一机会也;不特有以自处而已,更宜进而为牵制各国之动力,使各国不得不成连鸡之势,以长久维持均势之局,此尤为吾国今日外交之要诀,而借债亦当如是者也。"③

清末民初,西方财政思想在中国有了较多的传播,这也直接影响到对外债的认识。新编的各种财政学教材都专列公债一篇,最初多仿日本称收支适合论,取公债为收支不能适合(平衡)时用以弥补之意。一般多从概述、意义、种类、发行条件、用途、偿还等几个方面详述西方财政学理论,并大体介绍西方国家经验。对中国当时公债的困局也多有议论,分析公债之利弊,揭示帝国主义利用外债控制我国的企

---

① 黄兴:《致袁世凯等电》,载于《黄兴集》,中华书局1981年版,第171页。
② 黄兴:《在屋仑华侨欢迎会上的演讲》,载于《黄兴集》,中华书局1981年版,第380页。
③ 宋教仁:《政府借日本债款十兆元论》,载于《宋教仁集》上册,中华书局1981年版,第202~204页。

图,提出若干建议。但在当时情况下,要在举借外债时,维持国家主权实属不易。熊希龄、周学熙、梁士诒等都因在丧失主权的情况下举借大笔外债以"救财政之穷"而备受争议。熊希龄辞职后,还在袁世凯的逼迫下完成"五厘金镑借款",周学熙因"善后大借款"而被迫辞职。

由于外债剧增,出现信用危机,当时有称"债务紊乱,信用全失",从政府到民间都提出整理外债,恢复信用的主张。马寅初提出反对,认为军阀专横,政府信用丧失殆尽,无法向外国借债,藉此正可避免增加人民的外债负担,若一旦整理就绪,信用恢复,军阀政府势必大借外债,助长内战,致使国无宁日。他说:"借债与政府者,固罪不容于死,而整理者亦未能辞其咎。"[①]激烈语言的背后也反映了当时对外债依赖与排拒的无奈。到国民政府时期,宋子文、孔祥熙等主持财政者的外债思想主要还是整理外债以维持信用,在维护主权的前提下继续举借外债。他们都主张续借外债,宋子文在1929年度的财政报告里提到:"借助外资进行建设,乃先总理之遗训。今统一完成,修明百政之时,如币制之改革也,债务之整理也,公共事业之兴办也,多有赖于外资。"孔祥熙曾说:"现在最重要的财政措施是保持中国经济形势的稳定和制止通货膨胀。为了达到这两个目的,从国外取得现金借款是绝对必要的。"他指出,在抗战中,"借友邦之协助,利用外资发展经济,增强抗战力量,于战事前途,关系至巨"。[②]他们都强调举借外债不能伤及主权。宋子文提出举借外债,应该遵循"不损主权,有益于国家财政,有利于建设事业"的原则[③]。1942年,英国提出借款给中国5 000万英镑支持中国继续抗战,但要求以中国战后的关税收入作为借款的担保,被孔祥熙一口回绝,认为伤害中国主权,指责英方要殖民主义态度。当时在宋子文、孔祥熙的主持下,和英美的各项借款合同,中方均未以国税收入作担保。特别是中美5亿美元借款,经过宋子文的力争,中方获得了不计利息、不用任何担保、不规定期限的借款。

二、举办内债思想

在传统财政思想中,并无公债思想。近代以来,随着财政入不敷出的加剧,仿

[①] 马寅初:《无确实抵押品之内外债问题》,载于《马寅初演讲集》第2辑,商务印书馆1925年版,第290页。
[②] 中国第二历史档案馆:《中华民国史档案资料汇编》第5辑第2编,江苏古籍出版社1997年版,第378页。
[③] 宋子文:《在全国经济委员会第一次全会上的报告》,载于《国闻周报》第十一卷,第13期,1934年4月2日。

效西方诸国发行公债筹款的思想才逐渐出现,并得以付诸实施。

1880年,郑观应发表《易言·论借款》,说到周赧王筑台避债,"至今传为笑柄。故中华以为殷鉴,向无国债之名"。而西洋各国"凡兴建大役,军务重情,国内不敷,可向民间告贷,动辄千万。或每年仅取子金,或分数年连本交还,隐寓藏富于民之义"①。此后,郑观应在《盛世危言》里进一步说道:"泰西各国无不有国债。凡由议院公议准借者,其国虽为别人所得,仍须照还。故各国兴大役,出大军,国用不敷,即向民间告贷,动辄数千百万。或每年给息,或按年拔本。君民上下,缓急相济,有无相通,隐寓藏富于民之义,而实不欲授利权于别国也……苟能施以大公,持以大信,试借民债以给度支,诚一时济变之良规,即以保万世无疆之盛业,较前日之开捐例以鬻爵,借洋债以捐国,设重卡以病民,其利弊得失之相去,有不可以道里计。"②

钟天纬提出由收入固定的海关办理内债,以取信于民。钟天纬(1840—1900年),字鹤笙,江苏松江人。他虽一生未获功名和官职,但一直追随盛宣怀、张之洞等人,参与洋务运动,从事译书、办学、办外交、办工业,著述丰富,是我国较早进行中西文化比较研究者,对传统文化中的弊端多有批评。钟天纬提出"若自借本国之国债,每年偿利若干,由各海关经理,刊给饷票,以抵现银,而即由海关付息。庶商民取信尽出其藏镪,以牟十一之利,则市面流通,经商易于获利"。他称"国债之法创自欧洲,实开千古未有之局。不敢谓永无弊端,而总觉有大利,而无大弊"③。

因为借外债不得不丧失诸多利权,清廷上下也都有以内债代替外债的设想,认为国人手中闲散资金很多,如"不能自用,乃以资人",不仅通商口岸的华民和海外华侨向洋人"买票借款",就是许多官绅也都将私财"寄顿于外国银行,或托名洋商营运",此外国内银号钱庄都存有大量资金未能利用④。清政府从1894年开始筹发内债,首先是"息借商款",但虽有近代公债之名,但操作上更多还是以前捐税摊派之法,规定借款达1万两以上者,"给以虚衔封典,以示鼓励",举借过程中更多勒索商绅。主事的户部亦承认"吏胥之婪索……捐借不分……借捐并举,悉索何堪……不独刻薄商民,亦恐琐屑失体"。此后发行的"昭信股票""爱国公债",效果都不太好,不仅民怨沸腾,所得也有限。

梁启超提倡政府发行内债,用以筹措改革资金,并可作为偿还外债的基金。但

---

① 郑观应:《易言·论借款》,载于《郑观应集》上册,上海人民出版社1982年版,第160页。
② 郑观应:《盛世危言》,华夏出版社2002年版,第294页。
③ 钟天纬:《扩充商务十条》,载于《刖足集》,台中文听阁图书有限公司2011年版,第149~151页。
④ 朱寿朋:《光绪朝东华录》,第四册,中华书局1958年版,第4031页。

鉴于清末民初几次发行内债的不良经验,梁启超提出"非国家财政上之信用见孚于民则公债不能发生"。他说:"夫惟财政之基础稳固,予天下以共见,人民知国家万无破产之患,而贷母取子,其可恃莫过于国家,则不待劝而共趋矣。东西各国,所以各募债一次,而应者恒数倍乃至十数倍,凡以此也。而不然者,财政紊乱之状已暴着于天下,此如此式微之家,其子弟饮博无赖,而欲称贷于人,虽有抵押品而自爱者绝不肯与之交涉明矣。"①梁启超还提出:"公债之用,匪独在财政也,抑国民生计之滋长,实有待之……民之持有现钱者,贷诸国家而取其息,则此现钱为母财而能殖子者一矣。国家获此现钱还以兴业,则其母财而能殖子者二矣。民以现钱易得债券,脱有不时之需,还可质债券以得现钱,券息未亏而现钱复资以治产,则其为母财而能殖子者三矣。如是展转相引,可以以一现钱而并时为百数十人所利用。"②

中华民国建立后,财政总长周学熙强调要重视国民没有购买公债的习惯,且对公债缺乏信任,提出举办内债须具备三个条件:一是"扩充流通公债之机关",以银行及股份懋迁公司作为发行公债的媒介;二是"广求公债之用途",允许以公债"充银行发行钞票之准备及其他公务上之保证,且许民间随意买卖抵押";三是"确实公债之担保",主要以契税及印花税作为担保的"确实可靠的财源"。具备以上三条后,再"拟定募集总额及募集并利率额数",以此取得国民的信用③。

梁士诒认为,举借公债会受制于人,而且"外债决非经常之收入。到以外债充行政之常,尤为财政原则所大忌",故反对外债,在其任内力主通过发行内债来弥补财政之入不敷出。他提出募集内债是"补助财政之良规""理财之道,经权不同,缓则以增加租税为常规,急则以募集公债为通例"。他认为以前内债发行失败的原因:一是民风未开,人民还不了解公债之利;二是政府信用未立;三是经营不得法;四是定额过高,还本时间过长,发行不易。梁士诒强调公债"能否畅行,纯以信用为断,而信用所系,尤在经理得宜"。他利用当时国人迷信洋人的心理,提出选任外国人为公债局董事,"以昭信用",并提出将以往发行的公债、到期的债票、利息与本金,照章偿付,以实际行动来取信于民。在具体方法上,梁士诒提出了包卖制方案,给予银行优厚佣金;实行奖励政策,提高人们购买的积极性。梁士诒还特别强调宣传的重要,主张积极宣传购买公债利国利民的观点,促使人民积极购买公债。④

---

① 梁启超:《公债政策之先决问题》,载于《梁启超全集》,北京出版社1999年版,第1928页。
② 梁启超:《外债平议》,载于《梁启超全集》,北京出版社1999年版,第2002页。
③ 周学熙:《财政方针说明书》,载于《周学熙传记汇编》,甘肃文化出版社1997年版,第167~168页。
④ 岑学吕:《三水梁燕孙先生年谱》,商务印书馆1939年版,第197~248页。

南京国民政府成立以后,财政部长宋子文提出整理公债,并主张内外债同时整理,"各项内外债,将来归入一方案内,同时整理,无分轩轾,以昭公允"。他的设想是从债务的期限入手,通过发行长期公债来收回短期公债,从总体上延长了积欠债款的清偿期,减少了每年的偿债支出,从而减轻财政负担。宋子文提出"减息展期"来减少每年在偿付积欠内债方面的支出,以缓解财政困境①。宋子文还提出了集中举债权的思想,就是限制地方举借新债的权利,使之受制于中央政府;而中央各职能部门的举债权,则统一归于财政部。在内债的发行上,宋子文也有利用政权力量强行摊派的思想。他还提出,对于踊跃认募或劝募巨额公债库券并交款迅速者,授以金、银质奖章及匾额。

孔祥熙主持财政工作时,鉴于当时内债利息较高,提出举借外债整理内债的主张。孔祥熙说:"中国准备接收外国低息之借款以改变其高利之内债。现时(国际)金融及资本市场之现状,显然有如此进行之机会。中国现有之内债共约20亿元,名义上为6厘利息,实则约合8厘。如外国借款可以4厘借得,则中国自愿改换,因每年可省去之利息达8 000万元,即可用于发展实业之需矣。"②他在访问美国时对记者说:"中国愿得外资,以偿还内债,盖各项利息高达8厘,似宜加以整理。""国此际不特需要资金,且亦需要科学知识及专门技术,以完成经济建设及工业发展之5年计划。"③

---

① 千家驹:《旧中国公债史资料》,中华书局1984年版,第214~216页。
② 《银行周报》,1937年第21卷第24期。
③ 《国闻周报》,1937年第14卷第26期。

第四章

近代财政支出思想的演变

第一节 近代支出思想

一、节用思想与洋务运动

节用思想是传统财政支出思想的主要理念。近代以来,"理财之道节用为先""节用储财""崇俭黜奢""禁奢崇俭"也一直被奉为重要的理财原则。曾国藩力主节欲禁奢说,并身体力行。薛福成则称:"理财之政,不必开其源也,惟在节其流而已。""方今不涸之源,则尤赖朝廷崇尚节俭,以风天下,天下尽趋于节俭,而财用无不足之虞。"①梁启超称:"贵搏节而戒浪费,此天下公理,无中外一也。"②孔祥熙强调"开源节流本是财政上不易的原则",认为"节流,则重于合理支配,调剂缓急,搏节不必要的开支,用以促进建设事业,充实国防设备"。③

在近代洋务运动期间,保守派以强调节用为由,百般诘难,认为"一船之价,倾中人万家之产,一炮之费,损士卒百口之粮。器则日新,财则日匮",于是传统节用思想成了他们反对洋务运动的主要武器。当时反对洋务运动的代表人物刘锡鸿就大谈节用,强调"财力未裕",就应该"苟安之",而不应将有限的财政资金用于投资设厂等"不急之务"。刘锡鸿认为当时"财源已无可开,能节财流,即是富国第一善策",他说:"盖欲开财源,则必为增税款加赋额之计,事事足以扰民而涣散其心,当

---

① 薛福成:《应诏陈言疏》,载于《薛福成选集》,上海人民出版社1987年版,第75页。
② 梁启超:《治标财政策》,载于《梁启超全集》,北京出版社1999年版,第2537页。
③ 孔祥熙:《全国财务人员训练所开学典礼训词》。载于《孔庸之先生讲演集》,台北文海出版社1972年版,第354页。

此时世民心不堪再涣矣……非然者取之盈勺而注之漏卮,一旦事变或生,又别谋所以裕饷,剥民财于无可剥削之后,即必携民心于早已携贰之余,其祸尚堪设想乎?"他提出:"今日之事,于振作人才,整饬纪纲而外,固当以充实帑藏为第一要义,然求帑藏之充实,亦只宜节用以储财,万不可于财源设想。"①他说:"欲理财而财益浮销矣,欲造船而船未必能坚,欲制器而器未必能利矣。就令设法防维,派员稽察,然一法难除百弊,一齐难敌修咻,尤恐其人孤立自疑,渐且俯仰以随众。迩来帑藏竭于上,民财殚于下,惟各省局卡官吏顿成豪富者甚多,则诸所作为无益实用可想。"②刘锡鸿还提出购买或仿制西洋枪炮,投资甚巨,但效果有限,一是"我购其现在船炮,而船炮之愈出愈巧者倏又驾乎我今所购之上,将何以处之?"如若仿造,"若效洋人制船以与洋人样水战,则是效彼所长之万一,返以攻击其所长矣;夫学者之不能骤及其师,岂但轮船机器为然哉!"他甚至说:"就令火炮轮船我果校而胜,一往莫御矣,然剿破彼国后岂能越重海而郡县之,图令遗育衔仇日图报复,贻海内无穷之患耳。"③刘锡鸿还从当时官场的腐败现实出发,认为在这种风气下进行洋务运动,会给官吏更多腐败机会,他说:"开局自制则万不可以,官中陋习太深,工料银吞蚀过半,船必不坚,徒费公家财也。"他指出:"此时士习不端,经管支销银数最难得人,外洋工料尤易浮冒,报价每至四五倍之多。粤东仿制三火小洋枪,民间购买每杆洋银二圆半,而官中报价则每杆银六两,前十数年盖如此,各省恐亦不免,故人谓机器局管事一年,终身享用不尽,虽言之太过,实属有因。"他认为在这种情况下,质量也很难保证:"我以独力制船,必不能如其多,以陋习既深之人力制船,必不能如其坚,不坚不多犹欲与坚且多者校战以求必胜"根本不可能。此外,刘锡鸿还提出政府投资新式军事工业生产,可能"未受其利,先受其害"。他说:"抑尤有虑者,私铸枪炮,私藏火器,例禁綦严,杜渐防微义固应尔。若开局自制,则工匠必将私卖以图利,私卖价廉不同洋贩价贵,故人人得而买之,害已不浅,况又广募人学习机器,辗转相教,机器必满天下,其以此与官军对垒者,恐不待滋事之洋匪也。"他认为:"粤东佛山军火局开设未几而盗匪抢劫,遂皆携有洋枪。今京东马贼亦辄用洋枪拒官,想未必系从外洋购获,未受其利,先受其害。"刘锡鸿提出:"人之虑在外寇,鸿之虑独在内患",而防止内患的关键在于"仁义忠信遍令人习之,机巧军械万不可多令人习之也"。④

清流派代表人物翰林院编修丁立钧也以节用之名极力反对洋务运动的开支,

---

① 刘锡鸿:《读郭廉使论时事书偶笔》,载于《刘光禄遗稿》,台北文海出版社1988年版,第160~165页。
② 刘锡鸿:《复李伯相书》,载于《刘光禄遗稿》,台北文海出版社1988年版,第114~115页。
③④ 刘锡鸿:《读郭廉使论时事书偶笔》,载于《刘光禄遗稿》,台北文海出版社1988年版,第174~218页。

称洋务派的机器局,既无成效,又耗资巨大,"广购外洋船炮,创设机器、船政各局,岁糜数百万帑金"。他提出"理财之道,节用为先。保富犹然,矧当匮乏?"他说:"但杜一项漏卮之弊,即抒一分不足之忧","与其繁费无已,致仰助于他人,何如斟酌重轻,先节省夫在我?"他希望:"特旨即行裁撤。此外各局,凡仿效外洋名目无关经制者,并请饬下疆臣,或裁或并。如此则岁费所省为数甚巨。"丁立钧认为中西国情不同,中国应该重农,而不应学习外国重商,外国地旷人少,"惟地旷,则一国所出不止供一国之用,且其人心思巧幻,能竭地力,故国产有余,得旁渔他国之利以致富。惟人少,则国用无所出,故必助成富商大贾之势,使权一资厚,而一切军国经费皆于此取赢"。中国"户口繁盛,而地产所出止足以养欲给求,故古来圣君贤相讲富强之道者,率皆重农抑商,不务尽山泽之利"。因此,"中国立国之本在安民,外国立国之本在利商,彼以利商安其民也"。正因为"立国之本不同",故铁路、轮船等行于外国,"不得谓非经国之善政也。然行于外国则可,而行于中国则断断不可者",他请求朝廷"特降谕旨,将中国开行铁路一节,永远禁止,明著为令,庶以利民生而遏乱萌"。他也提出当时官吏腐败,洋务费用耗费,很容易"以供千百委员中饱之用"。丁立钧认为:"今欲整军经武,则祖宗成法一一具在,果今日疆臣实事求是,次第修复,何遽不足以资捍卫而固藩篱?""岂有必效敌人长技始能备御敌人之理?"①

除了"节用",传统财政思想中的"重义轻利""重农抑商""重本抑末""还利于民""国以民为本""礼义立国""不务尽山泽之利""奇技淫巧"等,都被用来作为反对洋务运动的工具。对此,左宗棠针锋相对地进行了回击:"至非常之举,谤议易兴,始则忧其无成,继则议其多费,或更讥其失体,皆意中必有之事……如虑糜费之多,则自道光十九年以来,所靡之费已难数计,昔因无轮船,致所费不可得而节矣。今仿造轮船,正所以预节异时之费,而尚容靳乎。"②左宗棠也在算账,他算的是大账,认为今天花钱造船,是为了节约未来的开支。他说:"窃谓海疆非此,兵不能强,民不能富,雇募仅济一时之需,自造实无穷之利也。于是则虽难有所不避,虽费有所不辞。"在《拟购机器雇洋匠试造轮船先陈大概情形折》里,左宗棠提出"凡制造枪炮、炸弹、铸钱、治水,有适民生日用者,均可次第为之",获利可以"相衍于无穷"。他充满信心地说:"轮船成则漕政兴,军政举,商民之困纾,海关之税旺。"左宗棠去

---

① 中国史学会:《洋务运动》(一),上海人民出版社 1961 年版,第 252~255 页。
② 左宗棠:《拟购机器雇洋匠试造轮船先陈大概情形折》,载于《左宗棠全集·奏稿三》,岳麓书社 1996 年版,第 55 页。

世前,在口授遗摺中说道:"凡铁路、矿务、船炮各政及早举行,以策富强之效。""上下一心,实事求是,则臣虽死之日,犹生之年。"这些话表达了其炙热的爱国之情和对洋务富国的信心。

对于铁路等投资,洋务派也着眼于长远的、多方面的获利。刘铭传指出:"自强之道,练兵造器固宜次第举行,然其机括则在于急造铁路。铁路之利于漕务、赈务、商务、矿务、厘捐、行旅者不可殚述,而于用兵一道,尤为急不可缓之图。"①李鸿章也上折,从用兵、收厘金、拱卫京师、赈务、漕运、通讯、交通等九个方面,论证建铁路的种种优点。李鸿章认为,"西洋方千里数百里之国,岁入财赋动以数万万计,无非取资于煤铁五金之矿、铁路、电报、信局、丁口等税"②,提出中国也必须通过财政投入,"振兴商务",实现富强。李鸿章说:"欲自强必先裕饷,欲浚饷源莫如振兴商务。"③

梁启超较早地运用西方财政思想来论述节用问题。他说:"故各国财政学者欲求浪费非浪费之区别,常立四义以绳之:(甲)有劳费而无效果者则为浪费……(乙)可以无须尔许劳费而能得同样之效果或更良之效果者,则其额外所用皆为浪费……(丙)将以求大效果之劳费而用以易小效果,则为浪费……(丁)当用此劳费时预计可以得若干之效果,而后此乃反其所期,或绝无效果,或虽有而不逮预计远甚者,则其所用皆为浪费……"④他提出了节省政费的三条标准:一是以国家职务最狭之范围为标准;二是以各种职务必要及有益之程度为标准;三是以办理此种职务所需最少之劳费为标准。他列举了国家职务最狭之范围包括:国家根本组织所必需者;为国家自身利益及国民全体利益所必要者;凡事业之性质,不能委诸个人者当以国费支办之,如军备、司法、警察、刑罚、查封、征税诸务;凡事业为公益起见,不宜委诸个人者,当以国费支办之,如铸币、邮政、电报、铁路、电车、小民贮金、小民保险等事业;凡国人所不欲办之公益事业,当以国家经费支办之,如军用铁路、大学校、天文台、图书馆、博物馆、农事试验场等。尽管梁启超关于财政支出的见解在当时难以实施,其理论意义却是不可忽视的。

谭嗣同认为,理财重在开源,对传统的黜奢崇俭论进行了辨析,他认为:"本无所谓奢俭,而妄生分别以为之名,又为之教曰黜奢崇俭……以其尚储九千于无用之

---

① 朱寿朋:《光绪朝东华录》,中华书局1958年版,第1000页。
② 李鸿章:《复丁稚璜宫保》,载于《李鸿章全集·信函(三)》,安徽教育出版社2007年版,第490页。
③ 李鸿章:《议覆梅启照条陈折》,载于《李鸿章全集·奏议九》,安徽教育出版社2007年版,第260页。
④ 梁启超:《节省政费问题》,载于《梁启超全集》,北京出版社1999年版,第1999页。

地也。俗以日用百钱为俭,使入不逮百钱,则不名之俭而各之奢。"这就是说,不能以抽象的标准来定奢俭,而应从收与支的对立去判断。他指出"愈俭则愈陋,民智不兴,物产凋瘵",奢虽然也有害,但却能带动消费刺激财富生产。他说:"然害止于一身家,而利十百矣,锦绣、珠玉、栋宇、车马、歌舞、宴会之所集,是固农工商从而取赢,而转移执事者所奔走而趋附也。"谭嗣同提出,就国家理财而言,关键是发展经济多创造财富,人尽其才,物尽其用:"央治平至于人人皆可奢,则人性尽,物物可奢,财物性尽。""故私天下者尚俭,其财偏以壅,壅故乱。公天下者尚奢,其财均以流,流故平。"①

民国时期,孔祥熙虽也强调古代节用理念,但他一再强调节流并非收缩一切开支,认为对有关国家生产建设方面的支出,不仅不应节减,反而还应逐渐增加。1939年5月,在全国生产会议上,他还具体陈述了其鼓励生产的计划,包括:"生产机关组织之改进""生产经费之筹措与支配""生产方法之改良"以及"生产人才之训练"等。他提出在抗战的关键时刻,"生产建设,尤为后方最重要之工作"。

二、民生支出思想

近代以来,传统的民生富民思想又有了新的发展。陈炽在《续国富策》里强调国家应将"利而公之于天下"。严复在《原富》译本中提出"盖国之财赋必供诸民"。王韬在《重民》中提出"其利皆公之于民""夫能与民同其利者,民必与上同其害;与民共其乐者,民必与上共其忧"。郭嵩焘指出:"国于天地,必有与立,亦岂有百姓困穷,而国家自求富强之理?今言富强者,一视为国家本计,与百姓无与,抑不知西洋之富,专在民不在国家也。"薛福成指出西方国家税收重于中国,而民不觉得重,是因为"取之于民,用之于民"。康有为说:"民为邦本,治民事,即所以强国也。"他说西方"凡有所举动糜费,无非为民兴利降弊而设""凡度支之多寡,人员之进退,事务之兴废,民之耳闻而目见之,皆如其一家之事,故家国一体,上下一心,而民无不服也"②。在《公车上书》中,康有为提出了"养民"四法:一曰务农,二曰劝工,三曰惠商,四曰富穷。梁启超在《湖南时务学堂课艺批》中提出:"凡赋税于民者,苟为民,作事虽多不怨。""苟不为民,作事虽轻,亦怨矣。"谭嗣同在《治事理财篇》里说:"则言理财,悉以养民为主义。"

---

① 谭嗣同:《仁学》,载于《谭嗣同全集》,中华书局1981年版,第322~327页。
② 康有为:《日本变政考》,载于《康有为全集》第四集,中国人民大学出版社2007年版,第229页。

这些主张思想,虽然已经或多或少受到西方财政思想的影响,但仍不脱传统民生富民理念,如张謇既指出"慈善与国家社会之说之通于政,近世欧美人之言也",又努力从传统财政思想中寻找资源,将之称为古代"王政"的标准。他提出"盖人必有老,使天下之人,皆得自养其老,是则养老之大者,王政是也"①,并认为这是儒者应尽的本分。他说:"儒家有一句扼要而不可动摇的名言:天地之大德曰生。这句话的解释,就是说一切政治及学问,最低的期望要使大多数的老百姓,都能得到最低水平线上的生活……换句话说,没有饭吃的人,要他有饭吃;生活困苦的,使他能够逐渐提高。这就是号称儒者应尽的本分。"②

中华民国以后,随着西方财政思想传播的深入和普及,特别是大量新型财政学教材的出版,开始在西方财政理论的基础上构架财政支出的原则和民生支出的理论体系,如陈启修的《财政学总论》提出支出的四条原则:一是政治的原则,"当顾念国家存在理由,注意国家之社会效用,以定公共职分之范围,而斟酌公共经费之用途,而不可或失于广而阻碍国民身心之发展,或失于狭而不足以诱掖国民身心之发展";二是财政的原则,"当努力于公共经费之经济的使用,而不可浪费";三是为国民经济的原则,"当涵养及奖励国民经济力而不可阻碍其发达";四是社会的原则,"当注意经费支销后所归之处,使其结果能公平地分配于社会,而不可有所偏颇,使发生或增长各种社会问题"。尹文敬的《财政学》指出,近代国家权力日益扩张,支出之当否与国民经济有绝大关系,如文化、教育、交通及一切经济建设上的支出多,则其国家的工商各业必日趋繁荣,而国家税收必日趋畅旺,民由此富,国以此强。何廉、李锐的《财政学》提出,财政支出应更多地发挥改善财富分配不公平的作用,指出税收"应以力求牺牲最少为原则",支出"应以给予利益最大为原则"。他们将财政支出分为两类:一类是保障社会生活之安全与秩序,另一类是改良社会生活之本质。他们强调支出应"以取诸富区之税收,供补助贫区之用,显为减低财富分配之不平""以取诸一般人民之税收,接济少数特殊之人或阶级,如失业金、养老金、保险金、孀妇恤金之类,亦显示减少不平分配之意"。他们指出:"近数十年来,各国政府率设立义务学校,课本书籍,文具用品,均由政府供给,使贫苦之子弟,得以求学。不第学校,医院亦然,政府设立公共医院,诊视贫苦人民,率不取值。此种补助之方,虽对直接享受者,未易估计其货币价值,然其增加享受者之经济福利及生产力,实远超过于同数货币之给与也。"

---

① 张謇:《张謇全集》第4卷,江苏古籍出版社1994年版,第341页。
② 刘厚生:《张謇传记》,上海书店1985年版,第251~252页。

就具体实践而言,传统社会保障思想,特别是传统的仓储保障体制在近代还发挥着一定作用,如鸦片战争前后,晚清重臣陶澍、林则徐就提议重建义仓,以弥补当时常平仓制的不足,完善社会救助体系。陶澍指出:"常平之制善矣,然待惠者无穷,至社仓春借秋还,初意未始不美,而历久弊生,官民俱累。"①陶澍与林则徐联名奏请在江宁、苏州等地举办丰备义仓②。丰备义仓在发展中也经历了近代化转型的过程,在管理体制上逐步从官治演变为官绅共治,而且地方士绅在后来起着主导作用。丰备义仓在救济功能方面也有了很大扩展,从救济灾民逐步扩大到大规模救济失业机户、兴办基础教育保障失学儿童的就学、创办贫民习艺所对无业贫民进行就业培训等。曾参与丰备义仓建设的晚清思想家冯桂芬撰写《收贫民议》,专门介绍了西方国家养教贫民的经验:"荷兰国有养贫教贫二局,途有乞人,官若绅辄收之,老幼残疾入养局廪之而已,少壮入教局。""瑞颠(典)国设小书院无数,不入院者,官必强之,有不入书院之刑,有父兄纵子弟不入书院之刑,是以国无不识字之民。"③传统义仓在救助贫民中"教养并重"的发展,正是传统理念与西方近代思想传入结合的产物。谭嗣同亦提出"鳏寡孤独废疾有养,则益使习为工艺,自食其力"。④ 康有为提出,政府在收养"鳏寡孤独,疲癃残疾,盲聋喑哑,断者侏儒,民之无告"者之外,还应在"州县设立警惰院,选善堂绅董司之。凡无业游民,皆入其中,择其所能,教以艺业",使"穷民得食"。康有为还提出了"移民垦荒"的主张,即将游散贫民迁至边境等土旷人稀之处,给予其谋生之路⑤。

中华民国以后,政府开始参照西方社会保障制度构建近代社会保障体系,社会保障体系由社会救济主导型模式向社会保险主导型模式转变。1922年5月,刚成立不久的中国共产党制定了《劳动法案大纲》,提出"劳动者应参加一切保险,其保险费用应完全由雇主或国家负担"⑥。1927年,国民政府建立后,先后发布了《劳动法典草案》《强制劳工保险法草案》《社会保险法原则草案》《健康保险法草案》《伤害保险法草案》《社会保险方案草案》等文件,尝试进行中国社会保障制度的现代转型。但在当时的政府支出结构中,军费支出始终居高不下,政府于民生支出着力有

---

① 陶澍:《劝设丰备义仓折子》,载于《陶澍全集》第1卷,岳麓书社2010年版,第242页。
② 陶澍:《筹设江宁省城丰备义仓折子(会苏抚(林则徐)衔)》,载于《陶澍全集》第4卷,岳麓书社2010年版,第45页。
③ 冯桂芬:《收贫民议》,载于《显志堂稿》,台北文海出版社1981年版,第1019页。
④ 谭嗣同:《壮飞楼治事十篇》之《财用篇》,载于《谭嗣同全集》,中华书局1981年版,第442页。
⑤ 康有为:《上清帝第二书》,载于《康有为政论集》,中华书局1981年版,第129～130页。
⑥ 中国总工会职工运动史研究室编:《中国工会历史文献(1921.7—1927.2)》,工人出版社1958年版,第15页。

限。1949年2月,被迫下野隐居溪口的蒋介石在日记中不无沉痛地写道:"为政二十年,对于社会改造与民众福利着手太少,而党政军事教育人员,更未注意三民主义之实行,今后对于一切教育,皆应以民生为基础,亡羊补牢未始已晚也。"

三、科教支出思想

兴办新式教育是近代"师夷长技"的重要措施,无论是洋务派,还是维新派都主张大力投入新式教育。冯桂芬提出废除八股、引入西式教育的主张,认为当时的新世界完全异于古代,中国必须学习西方进行教育改革。郭嵩焘建议李鸿章学习日本,派学生赴英国学习法律和经济学,并进行教育体制改革。郭嵩焘特别强调派遣学生不应仅仅学习军事,还应学习西方的法学和经济学。郭嵩焘认为只有掌握这些知识,而不是军事,才是建立良好政府和繁荣国家的基础。严复指出富强的本质在于"利民""然政欲利民,必自民各能自利始。民各能自利,又必自皆得自由始。欲听其皆得自由,尤必自其各能自治始"。他提出当时首先要做到"一曰鼓民力,二曰开民智,三曰新民德"①,政府必须加大教育财政的投入力度,培养力、智、德兼备的"新民"。

郑观应还特别强调应兴办科技专门学校,以传授科技知识,促进国家工业化。他指出"泰西诸国富强之基,根于工艺,而工艺之学不能不赖于读书,否则终身习之而莫能尽其巧,不先通算法,即格致诸学,亦苦其深远而难穷",因此国家"亟宜筹款,广开艺院,教育人材,以格致为基,以制造为用,庶制造日精,器物日备"②。康有为也提出,各州县设置商业学校,"宜译外国商学之书,选人学习,遍教直省"以"惠商";设立农业学校,编译和传授有关农业、林业和渔业的西学知识③。在谈到开矿时,康有为也提出应先了解有关矿学的知识,即欲开"地中之矿",必先开"心中之矿""眼中之矿"。这里的"心中之矿""眼中之矿",就是指有关矿学的知识。

郑观应等还主张政府应加强科技投入,促进科技发展。郑观应主张设立农部,并在各地组织农会、设立农业展览馆,传授农人西方农学知识,帮助他们改良品质和增加产量。康有为主张设立商部,各地组织商会、发行商报,建商学比较场,来传播西方近代商业知识。薛福成提出"夫泰西百工之开物成务,所以可富可强,可大

---

① 严复:《原强》,载于《严复文选》,远东出版社1996年版,第29页。
② 郑观应:《盛世危言》,华夏出版社2002年版,第508,512页。
③ 康有为:《上清帝第二书》,载于《康有为政论集》,中华书局1981年版,第127页。

可久者,以朝野上下敬之慕之,扶之翼之,有以激厉之之故也"①。王韬提出政府应对科学家和技师的重大发明给予嘉奖与认可。何启和胡礼垣认为"其有独出心裁,制成一物,利便于人,为人赏鉴者,国家则给以功牌,畀以专权,独制独卖,使世其业,他人不得假冒。如此则庶物繁昌,民财必阜,而国库亦因之而裕矣"②。严复在《原富》按语里提出:"不专利则无以奖劝激励,人莫之为,而国家所失滋多,故宁许之。"

中华民国以后,随着近代学校体系的建立,筹集教育经费始终是各级政府财政的大事。1914年2月,教育部颁布"维持大学校令",强调"须知贫弱尚不足忧,惟教育不良,乃真无富强之希望,尽管国家财力困难,也要竭力维持公私立学校",并明令要保障教育经费的筹措与发展。1931年5月,国民政府行政院颁布《地方教育经费保障办法》,要求"各省市及各县市政府对于现有的教育经费总额,应切实保障,不得任其减少",并提出新增教育地方捐税、整理地方现有教育财产、在统征捐税中保证教育经费的提成等筹款措施。

中华民国以来,虽然从基础义务教育到大学教育及各类职业技术学校相继建立,国家近代教育体系趋于完善,但教育经费始终飘荡于政治军事的旋涡中,风雨飘摇,艰难维持。在中华民国建立之初,教育界就广泛兴起教育独立运动。1912年4月,中华民国首任教育总长蔡元培在与部员谈话时强调:"国家无论如何支绌,义务教育费万难减少。"蔡元培在向参议院宣布政见时提出专门安排义务教育经费,"取给与国家税,或以国有财产为基本金";普通教育经费,"取给于地方税,或以地方公有财产为基本金"。1920年10月,全国教育会联合会第六届年会通过《教育经费独立案》,提出教育经费独立主张。1922年2月,蔡元培发表《教育独立议》,"主张实行不受党派和教会控制的'超然'教育,强烈要求义务教育经费独立,由政府划出某项固定收入专作教育经费,不得挪移他用"③。与此同时,教育和教育经费独立思想也得到社会各界的响应,章太炎就曾提出:"学校者,使人知识精明,道行坚厉,不当隶政府,惟小学校与海陆军学校属之,其他学校皆独立。"④李石岑、胡适、庄泽宣、傅斯年等人也都提出了相关主张。

---

① 薛福成:《振百工说》,载于《薛福成选集》,上海人民出版社1987年版,第483页。
② 何启、胡礼垣:《新政真诠》,辽宁人民出版社1994年版,第411页。
③ 蔡元培:《教育独立议》,载于《蔡元培全集》第2卷,浙江教育出版社1997年版,第164页。
④ 章太炎:《代议然否论》,载于《章太炎全集》第4卷,上海人民出版社1985年版,第306页。

第二节　近代战时财政思想

一、近代战时财政的研究

近代以来,战争不断,军费支出浩繁,财政十分困难。清末,李鸿章因"苦于经费不充",提出模仿东西洋开征印花税。刘坤一和张之洞联名上折,请求引进印花税、遗产税等来补充当时军费支出的不足。曾国荃上奏《遵旨筹议海防折》,提出通过举借外债,充实水师军费的主张。郑观应提出遇到军务重情,国用不敷时,可举办内债向民间告贷。郑观应还提出建立预算制度,如若军务急需,可由议院集议另筹。可以说近代财政的转型,很大程度上是巨额战费的压力催生的。

中华民国以后,特别是抗日战争前夕,更多学者运用西方财政理论开展了战时财政研究。这些研究不仅立足西方经济学和财政学原理,而且详细分析了西方战时财政的实践,尤其是第一次世界大战时期各国在筹措战费方面的探索。还有不少人对传统的战时财政思想作了研究和分析,出版了不少著作。

在战费筹措方面,卫挺生的《财政改造》提出"筹备军费发行公债"的主张。他比较了筹集战费的各种方式,认为最佳方案首先是发行战债,其次是增税,发钞是最不可取的。在此后,他又出版了《战时财政》,提出加税、募债与战时经济统制并重。黄豪的《中国战时财政问题》认为,战费的筹措主要有发行纸币、加税、募债等,其认为发行纸币危害巨大。尹以瑄的《战费之资源及其调达》认为,战费的筹措有"非常时准备金""战时增税"和"战时公债政策"三种办法,提出开征战时获利税、所得累计税、一般财产税、遗产税、消费税、物产税、关税和过分盈余税等。马寅初在《非常时期之物价问题与纸币政策》提出:"非常时期之国家财政,应以开办所得税为主要收入之一,必要时,再作有限制之通货膨胀,并发少数公债以补助之。"尹文敬的《财政学》指出,现代社会筹集战费的方法主要有非常时期准备金、战时公债、通货膨胀和增课临时税四种。其中,发行公债和通货膨胀最容易、最有效,但是会促使物价高涨,使国家财政陷入紊乱,因此他主张开征战时临时财产税。在此后出版的《战时财政论》中,尹文敬通过对各税种分析,提出战时应多征财产税、所得税和战时利润税。鲁佩璋的《专卖与增税》以古代专卖制度为参照,提出实行专卖制度的主张。董修甲的《非常时期之理财方案》提出,在税收不足时,可以考虑恢复厘金办法。栽竹轩主人的《战争经济学》反对发行战债,主张进行直接税改革。虽然大多数学者对通货膨胀持反对态度,但在抗战中,面对巨额军费支出与财政赤字,政府最后还是被迫走上了日益严重的滥发纸币、通货膨胀之路。

这些研究者不仅注重战费的筹措,还对相关经济影响进行分析,并对战后的财政整理提出建议。尹文敬还对敌我战时财政进行比较,认为日本作为工业国,战时财政的优点是筹集战费比较容易,缺点是战争的持久力脆弱;中国作为农业国,虽然筹款困难,但易于持久;所以敌人要"速战速决",而我国能持久作战;另外敌方"劳师远略""劳逸之势既不同,耗费之款亦迥异",敌方"所耗之数""已四倍于我"。通过对敌我双方的财政分析,尹文敬对战争的胜利充满自信:"成败利钝,已可逆睹。"

关于战时财政,社会各界也提出了不少主张。1934年4月,由中国共产党提出,经宋庆龄、何香凝、李杜等1 779人签名的《中国人民对日作战的基本纲领》提出"筹集战争经费"的五种办法:一是没收日本在华一切财产;二是没收一切卖国贼的财产;三是国库一切收入,都用作对日作战的经费;四是实行征收财产累进所得税;五是进行广大的募捐运动。1937年8月,毛泽东在《为动员一切力量争取抗战胜利而斗争》一文中提出战时财政经济政策:"财政政策以有钱出钱及没收汉奸财产作抗日经费为原则。"1940年,马寅初发表《对发国难财者征收临时财产税为我国财政与金融唯一的出路》《我们要发国难财的人拿出钱来收回膨胀的纸币》等文,提出应对孔宋豪门征收临时财产税。

二、近代战时财政支出思想

在战时支出思想方面,主要是节用。中华民国建立之初,首任财长熊希龄在1912年5月第一次向参议院报告其理财思想时提出了8条主张,第一条就是节减军费。1921年1月,全国商会联合会向财政部提出施行所得税的前提条件:"政府裁撤陆军,节省政费。"在战时财政研究方面,主要集中在如何筹集战争经费,对战时支出研究不多,但也有不少研究者提出要竭力缩小支出范围,要使军费与行政费维持在适当比例。也有人从经济学角度进行分析,如裁竹轩主人的《战争经济学》提出战费支出是取得胜利必须付出的,但应通过布置国民生产,尽量利用客观财富,为战后取得更大的民族生存权;强调增加生产,节省消费,减少非战投资,限制普通投资等支出政策。

孔祥熙提出国防与民生要兼顾的思想。他认为国家的目的:一方面在于为民谋福利,故财政政策应以保障民生为首要工作;另一方面国家又为人民所托命,故又需谋国家之安全。所以，即使战时财政，也应贯彻国防民生兼顾的原则："一方须供给战费，充实军费，以加强抗战力量；一方须对后方建设事业宽筹经费，完成既定计划，以求自给自足，奠定建国基础"。孔祥熙指出："工业建设，应斟酌国防与民生之需要，兼筹并顾，确立久远计划，积极进行。"他认为，中国过去在工业发展政策上不重视这一原则，"我国过去工业建设，多就一时一地之需要，为局部的经营，故发达每呈畸形，不能收良好之效果。以前提倡机器制造业者，仅着眼于军事上之需要，对民生日用品之制造，未加注意"。1944年5月，孔祥熙在中国国民党五届十二中全会上作的《财政部口头报告》中，强调"财政方面，既须筹供巨额之支出，又不能不顾及一般民力"，因此，筹集费用的办法，必须"在国计民生兼筹并顾三原则下，妥慎筹维，期度难关"。他提出在调整进出口税时，既要鼓励输入国防物资，也要对"人民生活上所切需物品"，减征三分之一进口税率①；在实施专卖政策时，要采取扶助商运货物，使民营商业得以在战时状况下生存下来。

在抗战教育财政方面，蒋介石提出"平时要当战时看，战时要当平时看"的思想，既提出"战时要力求设备方面的节约，起居方面的简单和刻苦"，也提出不能因战争忽视教育。他指出在战时"也需要各门各类深造的技术人才，需要有专精研究的学者"。他强调在战时更应重视"各种基本的教育"，不仅要看到战时的需要，还要考虑战后建设现代化国家的需要。在1939年的第三次全国教育会议上，蒋介石讲道："现代国家的生命力，由教育、经济、武力三个要素所构成，教育是一切事业的基本，亦可以说教育是经济与武力相联系的总枢纽，所以必须以发达经济增强武力为我们的教育方针。"②

为了维持战时教育体系，国民政府在战费浩繁的困境中还拨出大量款项保障战争期间学校和各科研单位的经费。仅各大高校的内迁，就涉及数万名师生员工和家属及为数众多的图书资料、仪器设备的大搬迁。除了学校搬迁和教学经费，教育部还提出要设立贷金制度，因为时处战争，很多青年流离失所，读书十分困难，政府对这些学生不但要教，还要养。据当时的统计，战时由中学至大学毕业，全部靠贷金或公费完成学业的，大约有128万人。南开大学南迁时校长张伯苓说："被毁者为南开之物质，而南开之精神，将因此挫折而愈奋励。"著名经济学家陈岱孙后来在为《国立西南联合大学史》作序时引语"楚虽三户，亡秦必楚"，反映了战时卧薪尝胆，坚持国民教育的决心。

---

① 《孔祥熙在国民党五届十二中全会财政部口头报告》，《民国档案》1990年第1期。
② 《第二次中国教育年鉴》，商务印书馆1948年版，第53～54页。

1937年8月,毛泽东在《为动员一切力量争取抗战胜利而斗争》一文中提出:战时也要注意经济的发展。他提出要实行整顿和扩大国防生产,发展农村经济,保证战时生产品的自给;提倡国货,改良土产;禁绝日货,取缔奸商,反对投机操纵的经济政策;要努力改良人民生活,改良工人、职员、教员和抗日军人的待遇,优待抗日军人的家属;废除苛捐杂税,减租减息,救济失业,调节粮食,赈济灾荒。

第五章

近代财政管理思想的演变

第一节 近代预算管理思想

一、编制政府预算思想

近代,最早向国人介绍西方预算思想的,一般认为是黄遵宪。黄遵宪1887年写作的《日本国志》,指出"泰西理财之制,有预算决算之法",称"日本近仿泰西治国之法,每岁出入,书之于表,表示于众"。① 黄遵宪也第一次借用日文译法将英文budget一词直接译为"预算"。《日本国志》1895年才正式出版,之前1893年出版的郑观应的《盛世危言》,还是借用中国传统的说法,称为"度支清账",当时还有称为"度支""豫算"的。

郑观应认为,中国应"仿泰西国例",改进财政预算制度:先确定一年财政支出之数,"先举其大纲,次列其条目,畴为必需,畴为可省,畴属无益,畴尚缺乏。滥者节之,乏者增之,必需者补之,无益者削之"。然后再确定财政收入之数:"核查行省二十一部,每岁田赋所入者几何,地丁所入者几何,洋关税所入者几何,常关税所入者几何,厘捐所入者几何,盐政所入者几何,沙田捐、房屋捐、海防捐、筹防台炮捐所入者几何,油捐、茶税、丝税及一切行帖、典帖、契尾杂款所入者几何,每省立一分册,核定入款,详列其条目,刊布天下。"最后编制平衡表:"凡一出一入,编立清册,综核比较,为赋财出入表。出有逾则节之,不可任其渐亏也;入有余则储之,不可供其虚耗也。"郑观应认为,这就是"合国内各省通盘理财之法"。郑观应认为,施行政

---

① 黄遵宪:《日本国志》,天津人民出版社2005年版,第443~467页。

府预算制度,可以保证财政收支平衡,杜绝滥收滥支,"胥吏不得上下其手,官司不得中饱其囊",可以使"商民不相加纳",减少官场的腐败和人民的负担。①

薛福成也提出了建立财政预算的思想,即"按年豫计国用之大者",一岁中国家的用度和额外开支,都要事先衡定数额,相应组织收入,调度使用。在财政收入与支出的关系上,他主张要有收有支,能聚能散,反对但知聚敛并死藏于府库,以收入保证支出,以支出促进收入,"旋出旋入"使财富周流不息,由此促进经济发展,带来人民富裕和国家财政的良性循环。②

在戊戌变法中,康有为等人也提出建立政府预算制度的思想。谭嗣同主张加强预决算约束。他说:"岁始预算,岁终决算,丝毫皆用之于民,而不私于府库,以明会计之无欺。"

在清末立宪运动中,建立政府预算是其重要内容。给事中刘彭年曾奏称:"查各国赋税重于中国,然多取而民不怨者,以地方之财政办地方之事,涓滴归公,毫无中饱故也。"他建议:"颁预算、决算程式,岁入岁出,咸令闻知。此财政之亟宜预备者一也。"③曾赴奥地利考察宪政的李经迈说:"当此百废具举,筹款惟艰之日,财政一事,尤为当务之急,第非将全国财政赋税出入细为调查,必且无从措手。"④当时新闻媒体的兴起,也为预算制度的传播提供了新的平台。1904年11月29日,《时报》发表了该报记者撰写的《论今日宜整顿财政》,介绍西方预算思想,指出:"今日京外各官之所汲汲皇皇者,莫不曰财政、武备、教育、实业,而四者中,尤以财政为最要",而"财政之最要者,莫如预算",且"国家愈文明,则其岁出岁入之费愈多,则其预算之法亦愈精密。"1906年11月6日,《南方报》刊载《论中国于实行立宪之前宜速行预算法》,称:"所谓预算者,国家预定收入、支出之大计划也。盖国用之收入,收入于民也。收入自民,故不能不求民之允诺,不能不示以信用。预算者,示民以信用之契据也。国用之支出,亦以为民也,支出为民,故不得不邀民之许可,欲民许可,不得不受其监督。预算者,授民以监督之凭证也。"

在时论的呼吁下,清政府于光绪三十四年(1908年)颁布《清理财政章程》,要求各省设清理财政局,对各省财政事项进行清理,编造报告册,编定详细财政说明

---

① 郑观应:《盛世危言》,华夏出版社2002年版,第298~299页。
② 薛福成:《西洋诸国为民理财说》,载于《薛福成选集》,上海人民出版社1987年版,第416~417页。
③ 刘彭年:《奏立宪宜教育财政法律三者并举折》,载于《清末筹备立宪档案史料》上册,中华书局1979年版,第163页。
④ 李经迈:《奏兴学宜重普及教育理财宜由调查入手折》,载于《清末筹备立宪档案史料》上册,中华书局1979年版,第201页。

书,为编制政府预算作准备。宣统二年(1910年),清政府开始试办预算,由度支部编制了宣统三年岁入、岁出总预算。这个预算案经内阁会议政务处集议,交资政院审议,在1911年年初经资政院复核修正后决议通过。这是中国财政史上第一个西方模式的政府预算。梁启超对宣统三年预算案中的收支不适合问题进行猛烈抨击,谓:"预算非他,实一国行政之鹄也。无论何种政务,行之必需政费。而立宪国之所以有预算者,则除预算表岁入项下遵依法律所收诸税则外,行政官不得滥有所征索,除预算表岁出项下所列诸款目外,行政官不得滥有所支销,此立宪国之通义也。故无论采量入为出主义,采量出为入主义,要之其第一著必期于收支适合。而编制预算案之所以其难其慎,非大政治家莫克胜任者,则正以此调合收支之手段,非通筹全局确立计划不能为功,而全国人欲观政府施政方针者,皆于预算案焉觇之。"① 次年,梁启超又发表了《为筹制宣统四年预算案事敬告部臣及疆吏》,提出了预算五原则,即收支宜必求均衡;编制之事宜由行政官担任;编制权宜集中于度支部;编制宜以春间著手;体例格式宜厘定。"②

中华民国成立后,开始在宣统预算案的基础上编制预算,但是由于当时军阀混战,编制工作时举时辍,编制方案屡屡变动。国民政府成立后,于1932年参照欧美法制,颁布了预算法,使预算编制工作有法可循,但由于军费支出和财政赤字压力巨大,编制的政府预算往往不能反映政府财政收支的真实情况。

随着西方财政思想的传入,对预算的研究也日益受到注重。编译或著述的各种财政学著作大都详细介绍西方预算的各种理论,并对欧美及日本各国预算实践进行了研究。1911年,吴琼出版了中国历史上第一部预算学专著《比较预算制度》。

二、从量入为出到量出为入

在传统财政思想中,"量入为出"一直被奉为最重要的理财原则。唐代杨炎曾提出"量出为入"的原则,长期受到儒家知识分子的批评。近代以来,由于内外战乱不断,财政陷入严重危机,早已入不敷出,但理念上还始终坚持"量入为出"的原则。从道光到光绪,清朝几代皇帝的上谕都反复强调"量入为出",如道光二十一年(1841年),道光帝谕令户部:"国家经费有常,自应量入为出。"光绪元年(1875年)

---

① 梁启超:《亘古未闻之预算案》,载于《梁启超全集》第8卷,北京出版社1999年版,第2295页。
② 梁启超:《为筹制宣统四年预算案事敬告部臣及疆吏》,载于《梁启超全集》第8卷,北京出版社1999年版,第2361~2362页。

上谕称:"国家财赋岁有常经,见在各省军务虽平,而饷需尚虞缺乏,库款支绌时形,尤宜量入为出,全局通筹。"光绪二十四年(1898年)上谕称:"朕维古者冢宰制国用,量入为出,以审岁计之盈虚……然于国家出入之大计,以期节用丰财。"在大小臣工的奏章里,也反复强调"量入为出"的原则。

虽然中国传统财政思想中也有量出为入的思想,但近代量出为入思想主要是从西方引入。薛福成在《西洋诸国为民理财说》里说:"古者中国制用之经,每量入为出;今之外国,则按年豫计国用之大者,而量出以为入。"①这种将量入为出和量出为入分别作为中西不同理财传统的认识,成为当时大多数人的认识。1898年,户部的奏折也称:"近时泰西各国每年由该国度支大臣预将来岁用款开示议政院,以为赋税准则。说者谓其量入为出,颇得周官王制遗意,而实则泰西之法量出以为入,与中国古先圣王所谓量入为出者相似仍属相反,中西政体不能强同,颇如是也。"

当时之人也多将量出为入作为西方先进的理财原则,希望中国能加以借鉴,改善当时财政困境。王韬介绍英国财政制度时,称英国"所征田赋之外,商税为重。其所抽虽若繁琐,而每岁量出以为入,一切善堂经费以及桥梁道路,悉皆拨自官库,借以养民而便民,故取诸民而民不怨,奉诸君而君无私焉"。② 宣统二年(1910年)浙江巡抚增韫上疏,从财政学原理和社会现实需要等方面提出了建立量出为入的理财原则的必要性。他说:"部臣纾筹于内,疆臣勉应于外,于各项行政费一再裁减,而不敷仍巨,于是就款办事之议起焉。夫国家财政与个人经济不同,值此宪政进行,若不统筹全局,本财政原理量出以制入,必至财源涸竭,百举俱废,匪惟贻笑各国,且无以并立于二十世纪,可断言也。臣愚以为处竞争时代,当用急进主义规画财政办法,然后可纾现实之困而策宪政之行。"③徐世昌也提出:"古之制国用者,量入以为出;今之制国用者,量出以为入。盖以财限事则庶政坐困,因事理财则百废兴举。"④郑孝胥将量入为出称为"闭塞改革政策",将量出为入称作"开通改革政策"。奕劻认为量入为出的政策常偏于保守,而量出为入的政策常较为积极。⑤ 近代也有不少人从学理上将量入为出视为家庭理财原则,将量出为入视作国家理财原则。

---

① 薛福成:《薛福成选集》,上海人民出版社1987年版,第416页。
② 王韬:《纪英国政治》,载于《弢园文录外编》,中州古籍出版社1988年版,第178页。
③ 中国第一历史档案馆:《录副档》,宣统二年十一月初九增韫折。
④ 徐世昌:《东三省政略》第七卷,文海出版社1965年版,第4415页。
⑤ 中国第一历史档案馆:《录副档》,宣统二年九月二十日奕劻等奏。

随着晚清财政的日益拮据,事实上从中央到地方,已经在以支出规模来想方设法地筹集资金,但囿于"量入为出,古有明训",还是多称量入为出为基本原则。薛福成虽称"西国通例,量出为入",但还是强调量入为出为"古今不易之通义"。有不少人以"开源节流"为辞,行量出为入之实,其财政工作重心已从"节流"转向了"开源"。乾隆时御史柴潮生就提出:"理财者使所入足供所出而已……然就今日计之,则所入仅供所出,就异日计之,则所入殆不足供所出。以皇上之仁明,国家之休暇,而不筹以开源节流之法,为万世无弊之方,是为失时。"①

中华民国以后,财政总长周学熙曾称"本部按照新定税项及国家行政范围,编制岁出入总预算,采量出为入主义"。一般认为,周学熙是中国近代第一次运用"量出为入"原则编制国家预算的财政大员。② 梁士诒认为,国家理财原则应该是量出为入。他在1925年的一次演说中对此进行了申论:"现在经济学理论及实用,皆不外于《大学》中所谓'生之者众,食之者寡,为之者疾,用之者舒'十六字。敝人现在专言'用之者舒',以发挥经济运用之意。从前朱晦庵注此语时,目光太狭,专就预算言之,谓为'量入为出,则财恒足'。不知此语就个人言犹可,若就国家社会而言,则万万不可。如一国之内,人民穷困,如何能百废具举?欲使人民不穷,则又岂量入为出者所能办到?反观外国国家及地方预算,无不量出为入,出者即百废俱举,有益于人民者,即行举办;入者舍赋税外,无他途也。"③

三、预算公开思想

当时在引入西方现代预算思想时,都特别强调预算公开的重要。黄遵宪说:"余考泰西理财之法,预计一岁之入,某物课税若干,某事课税若干,一一普告于众,名曰预算。及其支用已毕,又计一岁之出,某项费若干,某款费若干,亦一一普告于众,名曰决算。其征敛有制,其出纳有程,其支销各有实数,于预计之数无所增,于实用之数不能滥,取之于民,布之于民,既公且明,上下孚信。"黄遵宪认为政府不愿意"举国用之数,公布于民之为愈也"的管理办法,是因为"举所用以普示之民,则不便君上之行私故也",官吏不愿意改革是因为"阴便其额之无定,得以推诿敷衍,无所事事"。④

---

① 柴潮生:《理财三策疏》,载于《皇朝经世文编》第26卷,台北文海出版社1972年版,第946页。
② 胡寄窗、谈敏:《中国财政思想史》,中国财政经济出版社1989年版,第731页。
③ 梁士诒:《演讲游欧美之感想》,载于《北洋政府国务总理梁士诒史料集》,中国文史出版社1991年版,第324~325页。
④ 黄遵宪:《日本国志》,天津人民出版社2005年版,第443~467页。

孙怡让也在其所著《周礼政要》中比较了中西财政制度,提出预算制度必是"豫计明年一岁用出之数""普告于众""其出纳有常程。其支销有实数。贪吏猾胥无所行其隐匿侵蚀而官成国计"①。

郑观应对西方财政预算公开的制度十分推崇,他认为预决算情况"刊列清账,布告天下",就保证了国家财政收支的平衡。由于国家财政支出公之于众,即使取民稍重,而"百姓不怨";相反,"中国向无度支清账,颁示国中",结果使财政常常入不敷出,官吏营私舞弊,百姓常受横征暴敛之苦。

陈炽在《庸书·议院》篇中强调了人民参与编制审核预算的必要,他指出西方各国"岁需之款,概决于民",设议院就可"合亿万人为一心""夫民心即天心也,下协民情即上符天道。防民之口甚于防川,导之而使言,进之而使通,联之而使合,变通尽利,知几其神,此天之所以为天,而圣之所以为圣也"。他称"泰西议院之法……合君民一体,通上下为一心,即孟子所称,庶人在官","国用有例支有公积。例支以给岁费,公积以备不虞,必君民上下询谋金同,始能动用,公积不足则各出私财以佐之,此所以举无过言,行无废事,如身使臂,如臂使指,一心一德,合众志以成城也"。1901年,张謇亦提出:"仿西法,作会计豫算表……事前豫算,揭告于众,事后决算,揭告于众。增入之法,议会筹之,要使聚之官,散之民,与天下共见共闻而已。"②这种思想在当时的历史条件下,是非常可贵的。

第二节　近代财政管理体制思想

一、地方财政分权思想的兴起

自1840年鸦片战争以后,内外战争始终不断,原有的高度集权的财政管理体制已无法正常运转。特别是太平军兴以后,为了有效镇压太平天国运动,清政府不得不准许地方自行募军和筹粮,军政权和财权也渐次下放地方督抚。地方督抚乘机不断扩大其财政权,晚清重臣曾国藩称:"户部之权日轻,疆臣之权日重。"地方不仅在正赋之外加征名目繁多的附加税,开征厘金和各种杂税,还通过多种形式和渠道截留侵蚀中央财政收入,并自行举借外债。中央多次试图重建中央集权体制,但都遭到地方督抚的反对。他们认为:"户部综核度支,循名责实,亦唯以地方之繁简

---

① 孙诒让:《周礼政要》,瑞安普通学堂1902年版,第27页。
② 张謇:《张季子九录·政治类》第2卷,中华书局1931年版,第8~9页。

不同,物产之丰啬互异,饬以就地筹款,并不强以所难。"

在晚清立宪运动中,地方督抚也是积极参与者,他们力图通过立宪运动将地方财政分权合法化、制度化、扩大化和固定化。主政东三省的锡良称:"朝廷分寄事权于督抚,犹督抚分寄事权于州县,无州县即督抚不能治一省。如必欲以数部臣之心思才力,统治二十二行省,则疆吏咸为赘旒,风气所趋,军民解体。设有缓急,中央既耳目不及,外省则呼应不灵,为患实大。"直隶总督陈夔龙认为要根治地方与中央"情形壅隔"之病,"必使督抚预闻乎阁议",并提出"地方行政事务,则由督抚监督下级官厅执行,凡在范围以内之事,皆得自为规划,直行具奏,各部不得侵越"。① 两广总督岑春煊称:"督抚之权似已稍重,然进止机宜,悉秉庙谟,大难戡平,幸赖有此。中国政体早含有中央集权之习惯,天下更安有无四方而成中央者哉? 恭绎列朝圣训,于治臣御侮皆注重疆臣,以矫宋明重内轻外之弊。"②而江苏巡抚程德全称:"费笔墨之事业可以提前,费钱之事业不能提前,形式上之修改可以赶办,实际上之修改不能赶办",以"经费不足"为由拒不执行中央财政改革政策。③ 上海道台袁树勋称:"各省关系国家行政经费,如海陆军各项,无一非责之各省督抚","并九年筹备种种新政各经费,无一非责之督抚","是中央集权而四方负责任也,天下事安有权不之属,而能负责任者乎?"当时的《东方杂志》描述各地督抚相互联合,互通声息,对抗中央。中华民国成立后,各省仍处于独立状态。陈炯明、胡汉民、李烈钧等人多主张地方自治。胡汉民提出"分权各省"的主张,认为"此时不能采取集权制,一则视察难周,易启奸人之心;一则易使人狃于故常,不能唤起其爱国之念;最大之忌,则在使全国易返专制,稍不幸则全盘皆翻。且其国内治既未完全,与其赖中央数人之力以整顿,不若分权各省,自为整理,成功较易"。李烈钧称地方分权为"民权根基"。

西方的地方自治思想在这一时期大量传入中国,与当时地方分治的现实相互呼应。在西方地方自治思潮的影响下,康有为、梁启超、谭嗣同、严复、张謇、孙中山、梁漱溟都极力主张效法西方实行地方自治。康有为称"以地方自治为立国之本,可谓深通政术之大原,而最切中国当今之急务也"。孙中山认为"地方自治者,国之础石也。础不坚,则国不固",④ "发展地方自治,将以练国民之能力,养共和之

---

① 故宫博物院明清档案馆:《清末筹备立宪档案史料》上册,中华书局1979年版,第546页。
② 故宫博物院明清档案馆:《清末筹备立宪档案史料》上册,中华书局1979年版,第500页。
③ 中国第一历史档案馆:《清末筹备立宪档案史料补遗》,载于《历史档案》1993年第3期。
④ 孙中山:《在沪举办茶话会上的演说》,载于《孙中山全集》第3卷,中华书局1984年版,第327页。

基础"。①

二、划分国地税思想的演变

面对地方独立和半独立状态,为了有效地整理财政,在西方思想影响下,从晚清开始,就有不少人提出划分国税和地税的思想。

光绪三十一年(1905年),奉旨赴欧美日考察宪政的端方等五大臣回国后,提出仿效西方,确定中央与地方权限。戴鸿慈、端方的《请改定全国官制以为立宪预备折》指出:"各国行政,大概可分为中央集权、地方分权二种。中央集权,例如日本,所有地方行政长官皆属于内务大臣监督之下,一切政策悉须禀承。地方分权,例如美国,中央政府仅掌军事、外交、交通、关税荦荦诸大政,其余大小诸务悉归各省巡抚自行办理。二者各有所长,不容轩轾,要皆各有其职守,而不能越出于范围……治泱泱之中国,万不能不假督抚以重权,而各部为全国政令所出,亦不能置之不理,视为具文。诚宜明定职权,划分限制。"②

光绪三十四年(1908年),御史赵炳麟提出统一财政,将一切租税分为国税和地税两类,以国税专备中央政府之用,以地税划为地方财政。同年8月,资政院和宪政编查馆合奏《进呈宪法、议院选举各纲要,暨议院未开以前逐年应行筹备事宜》,提出了划分国家税和地方税的主张。他们建议:1910年厘定地方税章程;1911年颁布地方税章程,厘定国家税章程;1912年颁布国家税章程。光绪三十六年(1910年),度支部进呈的《清理财政章程》,提出两税名义虽分,征权则一,应同时厘定;两税划分后,一切经费应分别支配等主张,并要求各省对国家税和地方税的划分提出建议,要分别性质,酌拟办法,编定详细说明书。

在国税和地方税的划分上,江苏省编订的《财政说明书》,提出了国家税和地方税划分标准。一是关于国家税方面:普及性税种应归中央;税源广大的税种归中央;国有资产及关税归中央;有关受国家法律之制裁或保护的行为而产生的税收归中央;维护人民公益而产生的税收归中央;因税率提高或税目增加而导致的税收归中央。关于地方税亦是中央税附加,"地方税附加定率,惟自治公益捐,已奉宪政编查馆规定为原有捐税十分之一,地方上级税尚无规定明文。"二是地方独立税,"地方独立税法应分二义:一曰一般税,二曰目的税。一般税当与国税不相抵触,目的税则有限定之用途者也"。1910年,御史王履康还提出先定国税的主张:"今值国

---

① 孙中山:《致参议员电》,载于《孙中山全集》第3卷,中华书局1984年版,第399页。
② 故宫博物院明清档案馆:《清末筹备立宪档案史料》上册,中华书局1979年版,第369~370页。

税未定之时,断不能先从地方税为入手办法。何也？国税未定,倘或仓猝从事,非独地方税不能成立,臣恐种种胶葛,缘是而起。盖以国税为地方税之先导则可,以地方税为国税之张本则不可；以地方税避国税之重复则可,以国税避地方税之矛盾则不可。故国税不定,即欲分配,其道无由。又况租税有一定之统系,权其缓急,始利推行,地方税之若何遵循,断无不渊源于国税。故必俟国税既定后,再将地方税章程赓续厘定,似于国计民生两有裨益。"①

孙中山也在国地税划分方面提出了设想,认为可规定土地税、地价增益、公地生产、山林川泽之息、矿产水力之利等收入,都归地方政府所有,用于经营地方事业及育幼、养老、济贫、救灾、卫生等各种公共需要；地方缺乏资力而由国家协助开发或兴办天然富源及大规模工商企业,其所获纯利由国家与地方均分；地方政府须将年收入的10%～50%上缴国家财政；对外则要求取消外国人管理关税权等。

中华民国成立以后,财政总长周学熙提出划分国地收支,并将之付诸实施,分税制终于从纸上谈兵走向了具体实践。周学熙就职之初,向国会报告的《财政方针说明书》中提出"前清旧制,财务之统系不明。中央拥考核之虚名,各省操征权之实柄。中央需费,则取求于各省,于是有解部之款,有京饷之款。各省不足,又仰给于中央,于是有拨部之款,有受协之款。前后之丰啬不同,始而认解,继则截留者有之矣。案牍胶葛,款项纠缠,但期弥补、挪移,苟且敷衍。其时固无所谓国家经费与地方经费之分；亦无所谓国家收入与地方收入之别也。此其紊乱之原因一也"。周学熙期望在统一财政的基础上划分国地税收支,他参照英、法、德诸国实践,并结合中国国情提出了自己的构想："壹、税源普及于全国,或有国际之关系,而性质确实可靠,能得巨款之收入者,为国家税。贰、税源多囿于一定之区域,不含有国际之关系,其性质虽已确实,而收入额比较的稍少者,为地方税",并明确财政改革的首要目的就是"在欲使国家财政与地方财政立明晰之界限。国家收入,不与地方收入混淆,国家支出,不与地方支出糅杂"。1913年颁布的《划分国家税地方税法草案》,就是他这一思想的具体体现。根据这一法案,田赋等17项税收被划归国家税,由中央管理；田赋附加税及其他之杂税杂捐共20项划归地方税,由地方管理。在划分收入的同时,还划定了国家政费与地方政费的范围,确定了中央和地方的事权。但这次尝试,只维持了半年时间。

1927年,国民政府成立后,于次年召开第一次全国财政会议。宋子文等人再

---

① 南开大学历史系：《清实录经济资料辑要》,中华书局1959年版,第327页。

次提出建立分税制财政管理体制的主张。该会议通过了划分国地收支的原则:一是明确税种划分标准,"凡事务有全国一致性质者划归中央,有因地制宜之性质者划归地方。土地之岁收、地价之增益、公地之生产、山林川泽之息、矿产水力之利,皆为地方政府之所有,以经营地方人民之事业及育幼养老、救贫医病","种种公共之需用,是划分国地收支,即应以此为标准"。二是提出了独立税制的思想,"国家税地方税划分后各自整顿,不得添设附加税,惟所得税得征附加税,但不得超过20%"。宋子文在开幕式上提出划分宗旨是"中央集权与地方分权并重"。

1928年的分税制方案确定后,有不少人就省以下分税问题提出意见,认为应以县为自治单位,要保证县财政的充实。国民政府编撰的《财政年鉴》评价此次分税"地方财政之规模因以具备",但"所谓地方财政系以省级为主体,县则附庸于省,殊无独立地位可言"。在实行过程中,县级财力不足的问题也很快显露出来。有鉴于此,在1934年的第二次全国财政会议上重点讨论了省、县财政收支划分的问题。会议确定了划分省县收支的五项原则,国家财政收支系统采用中央、省(市)、县(市)三级制,国家税包括关税、所得税、遗产税等税,省税包括营业税等税,县税包括土地税、房产税等税。抗日战争爆发后,沿海工业和财富较集中的地区相继沦陷敌手,税源枯竭,国家财政面临严重困难。为了增加国家财力,以适应战时物质筹集和调配的需要,1940年,第三次全国财政会议讨论并通过《改订财政收支系统实施纲要》,把全国财政分为国家财政和自治财政两大系统。将省级财政并入国家财政,便于中央统筹分配。自治财政以县级财政为单位。经过这次调整,原来的三级财政变成国家和县两级财政。国家税收包括土地税、营业税、所得税、遗产税等税,自治税收则包括土地改良物税、屠宰税、牌照税、行为取缔税等税。马寅初称"由于省级财政之归并于中央财政系统,原属地方之田赋与营业税,及契税收入列为中央收入之大宗,有助于抗战者至巨,确实收到相当成效"。[①]

抗日战争胜利后,国民政府于1946年召开第四次全国财政会议,讨论战后财政体制改革问题。蒋介石提出了重建省级财政的主张,他在大会上指出:"我国幅员辽阔,县市单位数以千计,承上启下,现行省制实居重要地位。省级财政宜即恢复,以收提纲挈领、臂指相使之效。此次改订财政收支系统,仍分三级,并将主要收入划归地方,以期地方建设事业得以充分发展。"此次大会通过了《财政收支系统法》,规定中央税包括关税、货物税、所得税、遗产税等税,省税包括营业税、土地税

---

① 马寅初:《财政学与中国财政》上册,商务印书馆2001年版,第187页。

等税,县税包括土地改良物税、屠宰税、牌照税、筵席及娱乐税等税,并确定了国、省(院辖市)、县(市)三级事权和支出责任的划分。1948年后,又提出了重新划分三级财政的设想方案,但由于内战形势急剧演变为蒋介石政府迅速失去大陆,此议胎死腹中。

第三节　近代其他财政管理思想

一、近代统一财政思想

晚清政府一直试图恢复中央集权的财政。在后期的立宪运动中,地方督抚企图借立宪之机,将已有的财政权固定化、扩大化,而中央政府则企图借立宪重整财政机构,实现财政统一。光绪三十二年(1906年)七月十三日,清廷发布上谕:"时处今日,唯有及时详晰甄核,仿行宪政。大权统于朝廷,庶政公诸舆论,以立国家万年有道之基。"清廷希望的还是"大权统于朝廷"的中央集权体制。军机大臣铁良称:"立宪非中央集权不可,实行中央集权非剥夺督抚兵权财权,收揽于中央政府则又不可。"清政府虽也想通过实行分税制来调整原来高度集权的财政体制,来适应现实的需要,在兼顾地方利益的基础上实现财政统一,最后虽然没有成功,但却提出了积极的探索方向。

1912年1月1日,孙中山在南京就任临时大总统,宣告中华民国成立。在《临时大总统就职宣言书》里,孙中山说:"满清时代藉立宪之名,行敛财之实,杂捐苛细,民不聊生。此后国家经费取给于民,必期合于理财学理,而尤在改良社会经济组织,使人民知有生之乐。是曰财政之统一。"此后北洋政府几届政府都在尝试整理财政,希望实现财政统一,但收效甚微。

国民党政府从广州时期就开始主张财政统一。宋子文在任广州国民政府财政部长时,旗帜鲜明地提出财政统一取向。他谈到:"国民政府成立之始,即遵依总理之遗嘱建立良好之财政,以为改造中国之基础。政府财政之难以统一,皆因军政及民政之未统一,而帝国主义者及军阀,实为统一财政之大障碍。"在国民党第二次全国代表大会上,宋子文进一步阐述了实现财政统一的必要性和可能性,并指出统一财政与统一政治、统一军事是相辅相成的。他强调财政对于全国人民之经济的影响,实至巨且大也。要从事于种种建设中国之计划,非先使国家之财政及经济有坚固之基础不可。他提出:"统一国家财政,实为发展国家之唯一基础。国民党应以坚决之态度,将所有之各种收入集中于政府之财政部,其他一切国家及军事之费用,均由国库支出。"①1927年,南京国民政府成立后,宋子文又多次申说财政统一的重要性,指出"关于财政之统一,尤为图治之本原"②"如财政无统一办法,凡事均不易进行""自以统一财政为(训政)第一要义""如财政不能统一,则其他庶政,更无统一可期"③。宋子文认为财政能否统一,实质上可视作政治是否真正统一、中央政权是否团结且具威信之标志。在他任财政部长期间,确立了"打破地方主义,实现财政统一"的原则并从财政规章、财政行政、财政用人和财政收支等方面,系统提出了财政统一的具体措施。

孔祥熙也一再强调统一财政。他指出"中央与地方原属一体,休戚相关,原无畛域之分","财政为国家命脉,正如血液之于人身,必须全部流通,始有健全的体力。倘一段一节,各存为谋,势必偏枯,而至僵朴。"孔祥熙的财政统一思想不仅包括税收整理、划分财政收支系统等具体内容,还强调要"建立制度化原则"。他指出"岁令月要,国有常经",制度不能确立,"财政上决无轨辙可寻"。

二、近代统制经济思想

近代以来,中国备受帝国主义侵凌,经济萧条,民生凋敝,财政频现危机,朝野上下都想改变这种积贫积弱的状况,实现富国强兵。鸦片战争的失败,使国人认识到落后,提出了"师夷长技以制夷"的思想,主张学习西方通商制器以图富强成了当时思想界的主流。在这种背景下,出现了两股思潮:一是魏源等人提出自由放任思想,主张采取利商便商的财政政策,减少税收和经济干预,以培养税源;二是洋务派为代表所主张的国家以财政政策推动经济快速发展,早日实现富国强兵。

魏源等人很早就提出减轻工商业赋税,促其发展的思想。魏源强调富民的重要性,他说"士无富民则国贫,士无中户则国危,至下户流亡而国非其国矣"。郑观应提出"振工商以求富"的思想,他认为"商贾虽为四民之殿,实握四民之纲。上有商则行其所学而学益精,农有商则通其所植而植益盛,工有商则售其所作而作益勤。富足以富国,岂可视为末务!"郑观应提出,商是国家财政收入的主要来源,所以"振兴商务为开辟利源之要端",他提出"非富不能图强"④。陈炽在《续富国策》

---

① 《广州民国日报》,1926年1月4日。
② 《国闻周报》第5卷第24期,1928年6月24日。
③ 《申报》,1928年7月2日。
④ 郑观应:《盛世危言》,华夏出版社2002年版,第344页。

里提出通过生产创造财富才是富国之源,反对加税求财。他说:"若生财之道,则必地上本无物,人间本无财,而今忽有之。"马建忠提出民富是国富的中心和出发点,又是国强的基础和标准,所以要改变中国落后的状况,必须努力做到富国先富民。即"治国以富强为本,求强以致富为先"①。康有为在《上清帝第三书》里指出"通商乃公司之权,非政府之力""若既立艺学,募制机器,纵民为之"。

洋务运动对推动近代工商业发展发挥了积极作用,但洋务派官员更多强调用政府的力量来投资兴办官办企业。李鸿章说:"料数十年后,中国富农大贾必有仿造洋机器制作以自求利益者,官法无从为之区处。"李鸿章等洋务派官僚对民间设厂还是很有戒心的,只是后来清政府财政日益艰难,只能采用官督商办的形式,李鸿章提出"赖商为承办,赖官为维持"作为官督商办的理论基础。郑观应说:"全恃官力,则巨资难筹;兼集商资,则众擎易举。然全归商办,则土棍或至阻扰;兼倚官威,则吏役又多需索。必官督商办,各有责成。商招股以兴工,不得有心隐漏;官稽查以征税,亦不得分外诛求;则上下相维,二弊俱去。"②

康有为在《大同书》里提出实行分析农、工、商各业公有的思想,他认为"农不行大同则不能均产而有饥民""工不行大同则工党业主相争,将成国乱""商不行大同则人种生诈性而多余货以珍物"。③ 为了防止"大同"社会中因没有竞争影响人民的生产积极性,康有为又提出奖智、奖仁的预防办法,奖智是奖励创新,奖仁是奖励行慈惠之事。

孙中山在《实业计划》里描绘了中国工业化的美好愿景,但强调要把"发达国家资本""节制私人资本"作为工业化的指导原则。北洋政府时期,周学熙提出"采国家社会主义",等政府财政收入增加后,即将私人难以创办的公司或事业"均由国家直接经营之",以此为"富国""强国"之基。国民政府成立以后,宋子文等人积极主张实行统制经济,学界也兴起了一股统制经济思潮。

1931年,在宋子文的提议下,国民政府设立全国经济委员会,统筹全国经济发展。1933年10月,宋子文借助全国经济委员会的《为统制棉业告国人书》,强调统制棉业直接关系到"对内复兴农村,对外抵御经济侵略"④。1933年,赴美访问的宋子文看到美国罗斯福新政的成效,更坚定了采取国家干预经济政策的决心。他说:

---

① 马建忠:《适可斋记言》,中华书局1960年版,第1页。
② 郑观应:《盛世危言》,华夏出版社2002年版,第558页。
③ 康有为:《大同书》,华夏出版社2002年版,第273、第275、第276页。
④ 《国闻周报》第10卷第40期,1933年10月9日。

"厉行统制经济,近世经济趋势均有此倾向。我国现时经济疲敝,都市虽似繁荣,农村则日有破产之虞,欲图复兴,务使各生产部门均能作有计划之生产,非统制不足收合作之效。"①时任实业部部长的陈公博也极力主张"采取统制经济政策"②,他还提出实行统制经济必须具备"政府和人民合作"和"要有强有力的政府,而强有力政府背后要有强有力的党两个条件"③。翁文灏等经济官员也多支持统制经济,翁文灏认为英美、苏联和德日代表的三种经济制度,各有优缺点,但共性的东西,如"整齐"作用、"短期"效应"与中国需要略较相近",在中国实行"管制甚为必要",只不过因社会组织、交通等问题,统制经济"成功则为效较迟",所以更需要"由政府机关施以合理统制"④。

与此同时,学界也兴起了对统制经济的讨论。如果翻开当时的《经济学季刊》《独立评论》《东方杂志》《申报月刊》《时事月报》《新中华》《银行周报》《国际贸易导报》《行健月刊》《前途》《复兴月刊》《民族月刊》等刊物,都可以看到有大量版面,连篇累牍地讨论统制经济。一般认为最早使用"统制经济"概念的是张素民,他将统制经济定义为"受节制的资本主义",即"一切经济事业受政府的节制或限制,甚或由政府自办"。他提出"中国现代化的方式,即是用政府的力量,行大规模的工业化,并对于私人企业随时节制"。他说:"我们称之为受节制的资本主义固可,称之为国家社会主义亦可,即称之为统制经济或民主主义,或社会民主主义,亦无不可。"⑤马寅初等很多财经学者也大力提倡统制经济思想。马寅初在《中国经济改造》里指出,自由主义经济学说有三个弊端:一是公利和私利并非一定并行不悖;二是自由竞争学说并不可靠;三是政府对若干事业有干涉之必要。在此书中,他试图通过建构全体主义的理论,来为在中国实施统制经济政策建立理论基础。著名财政学家李权时于1934年在世界书局出版了《统制经济研究》。该书不仅引用了西方最新流行的凯恩斯主义,而且还追溯中外历史上干涉经济的实例,以及当时苏联、意大利、德国、美国、英国、法国、日本等国实行统制经济政策的情况,全面讨论了统制经济。

在讨论中,也有很多人提出统制经济和社会主义计划经济的区别。一般认为,资本主义国家的经济干涉为统制经济,而社会主义国家的经济干涉为计划经济。

---

① 李菊时:《统制经济之理论与实际》,新中国建设学会1934年版,第596页。
② 陈公博:《为实业计划告国人》,载于《民族杂志》1933年12月。
③ 陈公博:《统制经济与组织》,载于《民族杂志》1933年11月。
④ 翁文灏:《经建方向与共同责任》,载于《新经济》第6卷第7期,1942年1月。
⑤ 张素民:《中国现代化之前提与方式》,载于《申报月刊》第2卷第7号,1933年7月。

宋则行强调计划经济是政府通过整体经济领域的国营制度控制全部生产；商品价格由政府决定，价格机制不受供求关系的支配，不能左右生产；通过对外贸易国营和统制，实行对外经济关系的"封闭制度"，这种计划经济只有在苏联社会主义经济机制下才能实现①。而统制经济只是对自由经济制度的一种修正和强制的干涉政策，其本身依然是以自由经济和"私有、私营及利润目的"为基础的。② 汪精卫指出，在中国作为"整个国家的经济政策"，要涉及"统制公的经济"与"发达私的经济"，而统制经济的关键在于"统制调剂"，从"全民族的利益着想"，既为"解除国难"，又为"充实民力"，至于后者，"要保护农民工人""也要保护工商业者"③。吴鼎昌认为，中国要实行统制经济，与苏联和英、法、美、日比较，"我们统治权弱点，在统制事业上有区别，程度上有斟酌"，应当"拟定整个计划，以可能的统治权，逐步的谨慎施行"，不能"定出一种不可实行的计划，而滥用官权来尝试尝试"。④

孔祥熙提出了"积极的财政政策"思想，就是"以财政力量推动金融发展，更以金融力量扶助经济建设，使人民生计，得以逐年改善，同时政府财源，亦得因经济建设之推进而逐年开拓"。⑤ 孔祥熙认为，因采用这种财政政策，中国"不仅把财政金融经济打成一片"，而且使其"相互扶助，彼此构成一个国防力量的连环"。虽然中国还是"一个经济比较落后的国家"，但因采用积极的财政政策，"与金融资本主义高度发展的暴日作战"，反而"在经济上能够越战越强"。⑥ 1941年，孔祥熙开始把这一"理财方针"命名为"积极的财政政策"。马寅初在1948年出版的《财政学与中国财政》对此进行了批评，他说，"近十余年来"，中国实行的是积极的财政政策，就是"积极的干涉主义"，"所谓以财政力量推动金融，即系委托银行代理国库，俾银行自由运用。所谓以金融力量扶助经济事业，就是以三项主要业务的方式（存款、放款与汇款）来充分供给生产事业以资金"。而"资金的来源"，应当是通过发行公债等有价证券"吸收社会游资"，不应是依靠"印刷机之转动"发行钞票。但由于"中国老百姓穷，经济力量微薄，买不起公债"，"所以政府发行的公债，只能做到'发'的地步，不能达到'销'的目的"，导致"生产事业放款""只能仰仗于"发行钞票，结果"造成赤字财政""徒使金融益加紊乱，通货益加膨胀"，进而"使经济转形萎缩"。这是

---

① 宋则行：《经济机构与计划经济》，载于《新经济》第2卷第6期，1939年9月16日。
② 宋则行：《经济建设的远景与近路》，载于《新经济》第7卷第10期，1942年8月16日。
③ 林伯生编：《汪精卫先生最近言论集》，中华日报社1937年，第93页。
④ 吴鼎昌：《统制经济问题》，载于《国闻周报》，第10卷第39期，1933年1月2日。
⑤ 孔祥熙：《敌我财政现状之比较》，载于《孔庸之先生讲演集》，台北文海出版社1972年版，第185页。
⑥ 孔祥熙：《八中全会的财经设施》，载于《孔庸之先生讲演集》，台北文海出版社1972年版，第301页。

不顾本国经济实况"原封不动地"把"凯恩斯学派的学识移植于我国"所致。①

三、运用货币政策解决财政危机的思想

咸丰年间,由于镇压太平天国的战事使国家财政陷入绝境,清政府铸造大钱和发行纸钞以应急。户部右侍郎兼管钱法堂事务的王茂荫(1798—1865年),于咸丰元年(1851年)上《条议钞法折》,建议发行可兑现银钞,以解决财政危机,并提出发行量"以一千万两为限"。希望通过控制货币数量来防止通货膨胀,以便"无累于民"而"有益于国"。咸丰三年(1853年),针对肃顺等请添铸"当百、当五百、当千"大钱的建议,王茂荫上《论行大钱折》进行了批驳:"官能定钱之值,而不能限物之值。钱当千,民不敢以为百;物值百,民不能以为千。"同年,他又上《再议钞法折》,力主将不兑现纸币变为兑换纸币,遭到咸丰帝"严行申饬",被调离户部。马克思在《资本论》第1卷第1篇注83中介绍了此事,并对王茂荫的货币思想给予称赞。王茂荫是马克思在《资本论》中唯一提到的中国人。孙鼎臣也反对铸造当五十、当百的大钱,认为铸钱必须名实相应。他说:"名实不相应,变其自然之分而紊之,以寡为多,以轻为重,欲以愚天下之民,是不信也……以轻省之工收不訾之利,徒出而不入,上贱而独欲下贵之,是不恕也。不恕,故民不从;不信,故民不服。"②

在西学东渐的过程中,不少人主张效法西方兴办银行。陈炽、郑观应等对银行的职能、作用、地位及中国建立银行的必要性和特殊意义作了全面的介绍和探讨,并对使用西洋货币的危害进行了阐述。李鸿章等洋务派大臣也力主开办银行,他们认为开辟财源必须发展实业,而发展实业,必须发展银行。汪康年说:"振兴之要,又在阜财用。阜财用则必兴商务……立公司,铸银币,设银行……。""银行不设,税则不减,假贷之法不定,则资本不能轻。"③盛宣怀在《条陈自强大计疏》里说:"西人聚举国之财,为通商惠工之本,综其枢纽,皆知银行。中国亟宜仿办,毋任洋人银行专我大利。"御史张仲炘在《请设专官开立银行折》里说:"窃惟国家之疲敝,至今日为已极矣。岁入岁出之款,无省不绌,捐例之开,无裨毫末,洋债之借,徒快目前。加以教案迭闻,时有赔款,和倭重费,无可筹还。需用之事甚多,节省之资有限……岁用已属不支,洋债如此其巨,何以自给?何以偿人?又况通商以来,货价

---

① 马寅初:《财政学与中国财政》上册,商务印书馆2001年版,第18~21页,第69~73页。
② 孙鼎臣:《论币二》,载于盛康辑《皇朝经世文续编》,台北文海出版社1972年版,第6812~6813页。
③ 汪康年:《论中国求富强宜筹易行之法》,载于《强学——戊戌时论选》,辽宁人民出版社1994年版,第167页。

之溢出外洋者,每年以二三千万计,犹复岁有所增。国计已亏,民生亦蹙……夫大利之原,莫急于商务,商务莫先于银行。臣常为此言,人或震而惊之,以为事重而难举,款多而难筹。窃以为皆无难也。但恐行之之计不决,与任之之权不专耳。果决且专矣,不一年而银行可成,不三年而商业毕举。货亏之数可减三四成,入官之款岁可增1 000万。十年之久,进出必能相抵,而国家可岁溢万万。"光绪二十二年(1896年),光绪帝在上谕里说:"理财一事,户部实任其准。厘金既未能遽停,印花税亦骤难仿办,加税之说迄今各国尚无成议,惟有开设银行,或亦收回利权之一法。"次年三月的上谕又说:"银行之设,固属富强要途……中国不自行举办,一任外国在内地开设,攘我利权,亦非长策。"当时,也有不少人仅仅将银行看作发行钞票的地方,以为只要发行纸钞就能渡财政难关。

梁启超在货币政策方面用功甚勤,中华民国建立后曾担任币制局总裁,此后在担任财政总长期间,也曾推动金融改革。梁启超十分重视货币政策对财政的影响。他说:"中国救亡图强之第一义,莫先于整理货币、流通金融,谓财政枢机,于兹焉丽,国民经济命脉于兹焉托。"①他反对扩大铸币以增加财政收入。他说:"国家之铸币也,万不能视之为筹款之具。无论财政若何支绌,只能向他处设法筹补,而断不容求诸铸币局。盖国家之铸主币,只有耗费而无赢利。其铸辅币所得赢利,适足以弥补铸主币所耗费一部分,若弥补耗费之外而仍有赢余,则亦偶然之事,而国家铸币之本意固绝非在欲得此区区也。若视铸币为筹款之具,则惟有滥铸辅币之一法,而滥铸辅币,则其流毒视征恶税,剥夺民财,且将十倍也。"②梁启超并不反对政府利用币制来筹款,他所强调的前提是必须维持币值稳定。他认为有准备金10亿元,可发30亿元以上,并认为发行不换纸币"为道诚险,然苟善利用之,往往足以济国家之急"。梁启超不仅受西方财政金融理论的影响,而且对古今货币政策的演变都有深入研究,他在货币政策方面议论很多,有时候前后有所不同,未必都正确,但很多思想在当时具有进步意义。

1927年,国民政府成立后,推动了一系列货币金融体制改革,成立中央银行、统一国家币制、统一全国金库、实现"废两改元"和法币改革,取得一系列成就。但1937年抗日战争全面爆发后,货币发行开始不断增加,法币的外汇本位和信用受到破坏。在抗战之初,各界都主张以借债或直接税改革等来筹集战争费用。在抗战开始两年,还能维持法币发行指数和物价指数大体同步增长,但抗战后期还是采

---

① 梁启超:《余之币制金融政策》,载于《梁启超全集》第9卷,北京出版社1999年版,第2731页。
② 梁启超:《各省滥铸铜元小史》,载于《梁启超全集》第7卷,北京出版社1999年版,第1914页。

用了以增发钞票为核心的战时财政政策。1939年,孔祥熙向国民党五届五中全会提议:合理增加法币的发行量,以便"使用多量法币"来"供应军费,收买物资"。①此后,法币的发行量直线上升,虽然为国民政府坚持抗战提供了大量军费,但也造成了恶性通货膨胀,使经济在抗战末期濒于崩溃。正如宋子文所言:"在抗战期内,后方区域缩小,收入自为减少,支出却是日增,政府倚赖发行增加,加以弥补。因此,发行愈多,物价愈涨,政府支出愈增,因而又不得不增加发行,以致演出循环的因果。等到战事结束,沦陷各地一一收复,收入之增添尚未实现,而复员之支出甚为浩大,又须多加发行,物价之刺激,因之尤为深刻。"宋子文提出政府当时最迫切的问题就是要整顿财政、稳定金融,他认为:"金融不先稳定,一切生产事业即不敢放胆前进,劳工问题无从得到一个长期的解决,高利息不能跌落,生产即难活泼。所以政府要先从安定金融入手,扶助人民经济。"②宋子文提出,运用黄金控制金融、外汇开放、调整汇率、多渠道增加财政收入、发放生产事业贷款等措施来控制通货膨胀。

抗战结束不久,内战再次爆发,而且规模越打越大,不断扩大的财政赤字只能通过发行货币来弥补。1937年6月法币的发行额约14亿元,1945年6月发行总额达到4 000亿元,8年抗战膨胀了286倍。战后发行膨胀速度更快,1945年1月就增加到10 000亿元,1946年6月达到21 000亿元,1947年6月发行额突破100 000亿元,1947年12月达到344 000亿元,1948年8月达到6 000 000亿元。通货膨胀已经达到法币贬值到连本身纸张价值都不如的地步。

1948年,王云五提出货币改革方案,力主发行新币,也就是后来的金圆券,取代日益贬值的法币,认为"改变货币本位是可以恢复经济稳定的"③。王云五(1888—1979年),是现代出版家、商务印书馆总经理,曾发明四角号码检字法,编辑出版了《万有文库》《中国文化史丛书》《大学丛书》等大型丛书,在当时有很大的社会影响力。1948年5月,王云五出任行政院政务委员兼财政部部长。他幻想通过币制改革解决当时的财政难题,称自己本"无意出任财政部长"④,但是"唯一的诱惑使我勉允担任此席,就是对于改革币制之憧憬"。⑤ 在设计金圆券改革案公布

---

① 《国民党历届历次中全会重要决议案汇编》(二),国民党中央委员会党史史料编委会1979年版,第441页。
② 《中华民国工商税收史料选编》第1辑上册,南京大学出版社1996年版,第342~343页。
③ 张公权:《中国通货膨胀史》,文史资料出版社1986年版,第57页。
④ 《王云五昨履新》,载于《大公报》,1948年6月6日。
⑤ 王云五:《岫庐八十自述》,商务印书馆1985年版,第495页。

时，王云五特别强调两点：一是只有废除法币，才能恢复人们的信心。他强调"由于通货膨胀渐达恶性最后期，原有法币之贬值愈演愈烈，物价随而愈涨愈速，于是人民对于原有法币之信心愈益薄弱，而对于新的交易媒介需求愈殷"。既然"人民之信心既失，与其强就原有法币恢复其信用，事倍而功半，何如根本改革"。二是只有改革币制，才能增加收入，不能坐等时机。他认为，由于国家收入之实值"不能随物价飞涨而大增"，赤字"因此而益巨，且有加速恶化之征象"，如果"坐待收支完全平衡，然后改革币制，则币值愈落，物价愈高，收入愈减，支出愈增，将来纵拟改革，而不可得"。① 但在当时政治腐败、生产萎缩、经济恶化、战争失利的背景下，国民党政权的任何货币改革都是注定不可能成功的。1949年，随着其战场形势的不断恶化，财政收入日益减少。为了弥补巨额财政赤字，国民党政府只能加速发行货币，最后连国民党军队也拒收国民党政府发行的货币，导致全国经济崩溃。

---

① 《中国国民党历史教学参考资料》第4册，中国人民大学中共党史系1988年，第515页和第517页。

当代卷

第一章

中国当代财政思想概貌

当代财政思想的断限,通常是以1949年中华人民共和国的建立为界,但是由于思想的延续性,当代中国财政思想的发展离不开19世纪20年代以来马克思主义财政思想的传播,也离不开1927年以来中国共产党在根据地的财政实践。因这两条财政思想线索的融合,形成了新中国成立初期社会主义财政思想探索的基础。所以当代卷虽以1949年新中国成立断代,但也追溯了中国共产党成立以来对马克思主义财政学的探索和实践,将本应放在近代卷的马克思主义思想的传入和根据地财政思想的发展,放在了当代卷,使在马克思主义指导下有中国特色的财政思想演进,成为一个首尾相连、源流明晰的体系。

第一节 当代财政思想变迁

一、马克思主义财政思想在中国的传播和发展

近代以来,中国备受帝国主义侵凌,国家濒临灭亡,民生凋敝,哀鸿遍野。为求取民族解放,民生幸福,自1840年后,中国人民进行了近80年不屈不挠的斗争,如戊戌变法、太平天国运动、辛亥革命,还出现过"工读主义""新村主义""教育救国""实业救国"等主张。但是,很长时期内,国家积贫积弱,民众仍在苦难中挣扎。毛泽东同志指出:"由于帝国主义和封建主义的双重压迫……中国的广大人民,尤其是农民,日益贫困化以至大批地破产,他们过着饥寒交迫的和毫无政治权利的生活。中国人民的贫困和不自由的程度,是世界所少见的。"①

1917年,俄国十月革命的胜利,给中国人民送来了马克思主义,指出了奋斗的

---

① 毛泽东:《中国革命与中国共产党》,载于《毛泽东选集》第2卷,人民出版社1991年版,第631页。

方向。一批先进的中国人开始团结在这面旗帜之下,组建中国共产党。其后,也有一批财政学家开始积极探索社会主义财政学,并向国人传播。最早编撰中国自著型公共财政学教科书的陈启修,同时也是中国最早的《资本论》的译者,他还在北京大学开设了《马克思主义经济学概论》课程。大革命失败后,陈启修被迫流亡日本,更名陈豹隐,并继续从事马克思主义经济学和财政学的翻译和研究(新中国成立后,他任四川财经学院院长、一级教授)。在当时还有一些财政学教材在讲述公共财政思想的同时,也介绍社会主义财政的内容,如萨孟武的《最新财政思想与财政政策》,专章介绍了"苏俄的财政政策",苏维埃共和国的本质及其一般财政原则。他首先指出了苏联作为社会主义国家与一般资本主义国家的区别,"在无产者国家之下,财政是用以管理无产阶级的共同事务,并压迫有产阶级",进而说明苏联的财政政策,"乃以剥削有产阶级并造成种种必要条件,使财富的生产和分配能够平等为目的。要达成这样的目的,乃把一切资源置在苏维埃权力和机关的支配之下"。① 还有赵祖柞的《现代财政学》也专门就资本主义财政与社会主义财政进行了对比,并对社会主义财政的内容进行了描述。还有不少财政学著作,虽没有设专章,但也在讨论具体问题时,介绍了马克思主义和社会主义者的主张。

1927年8月1日,中国共产党在南昌发动武装起义,此后,先后在300多个县举行了武装起义,并创建若干农村革命根据地。在这些根据地的建设中,中国共产党开始把自己的财政理念和目标赋予实施。1934年,中华苏维埃共和国中央政府主席毛泽东在"第二次全国苏维埃代表大会"上提出一个问题:苏维埃政府都处在全国比较落后的地方,但实行着便利于广大民众的税收政策,而财政却做得很好。而国民党政府占据着全国广大的区域,大量地搜刮民脂民膏,为什么反而弄到破产?正是因为苏维埃的财政政策与财政的使用与国民党有根本的不同。毛泽东指出,领导农民的土地斗争,分土地给农民,提高农民的劳动热情,增加农业生产;保障工人的利益,建立合作社;发展对外贸易;解决群众的穿衣问题,吃饭问题,住房问题,柴米油盐问题,疾病卫生问题,婚姻问题。关心群众的一切实际生活问题,满足了群众的需要,便得到了群众热烈的拥护。长冈乡的群众说:"共产党真正好,什么事情都替我们想到了。"② 毛泽东明确指出了共产党的财政政策就是全心全意为

---

① 萨孟武:《最新财政思想与财政政策》,新生命书局1930年版,第41~42页。
② 毛泽东:《关心群众生活,注意工作方法》,载于《毛泽东选集》第1卷,人民出版社1991年版,第139页。

人民服务①,关注民生。

但这一时期,最重要的还是如何取得中国革命的胜利。在这一时期毛泽东提出了革命根据地财政以保证革命战争的供给为目的,发展经济,保障供给,以发展国民经济来增加财政收入,努力增产,厉行节约,反对浪费等财政思想。

在根据地的财政实践中,诞生了一大批理财能手,如毛泽民、邓子恢、林伯渠、董必武等。他们在具体财政实践中,将马克思主义财政思想与根据地财政工作的实践相结合,进行了很多理论思考。陈云在抗战时期已经开始在财经领域崭露头角,初步形成了其独具特色的财政思想,这集中体现在他当时所作的《陕甘宁边区的财经问题》和《怎样做好财政工作》等文中。陈云提出"收入第一,支出第二"的方针。在支出的顺序上,根据当时的实际情况提出了"保证需要,是军队第一,学校第二,机关第三";在具体支出项目上,他提出了按照先生活后建设的原则:"伙食、草料最重要,衣服次之""其次是治病,办公,文化娱乐",然后才是投资"协助公私生产"。陈云还提出了"力量集中,不要分散"的财政管理体制思想。他强调:"要长期打算,把力量集中起来,并且要留有后备,以备救急。"这一时期,陈云已经开始关注财政、金融与贸易的关系,并初步提出:"基本上是金融、贸易为财政,这是大政方针。但有时财政要服从金融贸易。"

抗战后期,毛泽东提出了新民主主义思想。其中的新民主主义财政思想是新民主主义的重要组成部分。1940年1月,毛泽东在《新民主主义论》中,第一次系统论述了新民主主义理论,指出要建设新民主主义的经济,"并不没收其他资本主义的私有财产,并不禁止'不能操纵国民生计'的资本主义生产的发展"。在中国共产党七届二中全会上,毛泽东讲到:"在革命胜利以后一个相当长的时期内,还需要尽可能地利用城乡资本主义的积极性,以利于国民经济的向前发展。在这个时期内,一切不是于国民经济有害而是于国民经济有利的城乡资本主义成分,都应当允许其存在和发展。""国内的自由竞争和自由贸易,不但是不可避免的,而且是经济上必要的。但是在中国……自由竞争和自由贸易的存在和发展,不是如同资本主义国家那样不受限制、任其泛滥的,也不是如同东欧各新民主主义国家那样被限制和缩小的非常大,而是中国型的。"他强调"国民经济的组织性与计划性必须严格地限制在可能的与必要的限度以内"。这些思想对新中国成立前后一个阶段中财政思想的发展产生了很大影响。

---

① 毛泽东:《论联合政府》,载于《毛泽东文选》第3卷,人民出版社1991年版,第1094页。

二、改革开放前财政思想的演变

新中国成立后的财政思想演变,我们以改革开放为界将其划分为两个阶段。新中国成立之后到改革开放前的一段,是对社会主义财政的探索阶段,主要目标是要建构相对独立的社会主义财政思想体系。

这一时期财政思想的来源主要有三个:一是马克思主义财政思想,新中国成立后组织力量对马列著作进行了全面的翻译和更加深入的研究,使我们对马克思主义财政思想有了更加全面、更加深刻、更加准确的了解;二是根据地财政思想,新中国财政体系是直接从根据地财政承袭过来的,从领袖到普通的财政工作者,都是过去根据地财政的直接参与者,根据地时期积累的理财思想是我国财政建设的最宝贵的财富;三是苏联财政思想,新中国成立后,苏联曾派出大量专家帮助我国社会主义建设。苏联财政专家系统介绍了苏联财政思想,并对我国社会主义财政建设从各方面提出了建议。

在社会主义建设时期,毛泽东提出要调动一切积极因素,在分配上要兼顾国家利益和个人利益。毛泽东在如何分配国家财力进行经济建设问题上,主张从我国是一个人口众多的大国出发,要统筹兼顾,适当安排;主张经济发展要以农业为基础,工业为主导。要正确处理重工业同农业、轻工业的关系,根据生产资料优先增长规律,要重点发展重工业,但是,绝不可忽视农业和轻工业的发展;要正确处理中央和地方的财政关系,要充分调动中央和地方两个积极性;在财政管理上主张实行统一领导、分级管理、增产节约、多留后备的原则。陈云等提出了财政、信贷、物资三大平衡,即国家自觉保持财政支出和信贷投放所形成的购买力与物资供应之间的相互平衡。此后,又发展成为财政、信贷、外汇和物资平衡,简称"四大平衡"或"四平"。新中国财政工作者又在财政实践中摸索出国民收入分配的二三四比例等一些带有一定规律性的理论。如根据我国政治经济情况和当时财政体制计算,在今后若干年内,积累部分在国民收入中的比重,以不低于20%,或略高一点为妥;预算收入在国民收入中的比重,以不低于30%,或略高一点为妥。后来简称其为国民收入分配的二三四比例。这一比例从不同方面概括地反映了积累在国民收入分配中的比例,对于国家有计划地安排国民经济中积累与消费的关系,控制国家建设的规模,处理国民收入分配中的各种关系具有重大意义。

新中国成立后,在财政学界很快掀起了以马克思主义为指导,推进新中国财政理论建设的高潮。1949年10月,千家驹率先出版了在马列主义思想指导下完成的《新财政学大纲》①,第一次提出国家分配论的雏形,指出财政是国家的经济,是为维持这个统治工具的存在和发挥这个统治工具的职务而必须有的经济。其后伍丹等人出版的新式财政学,也都支持了他的看法。

同一时期,我国学者也开始大量翻译苏联财政学著作,并以苏联财政学理论体系为框架,推进中国的社会主义财政学的探索。如焦敏之编著的《苏联财政》(棠棣出版社1949年)、吴清友翻译的《苏联财政制度》(天下图书公司1949年)、何南翻译的《新经济政策时期的苏联财政》(十月出版社1951年)、财政部编译的《苏联财政监察工作》(1953年)、邓子基翻译的《苏联国家预算》(中国财政经济出版社1954年)、苗为振等翻译的《苏联财政与信用》(中国人民大学出版社1955年)。

苏联的财政货币本质论也在这一时期引进,产生了很大影响和争鸣,带动了中国财政学界颇具特色的财政本质研究。财政货币本质论认为财政本质是一种货币关系,提出"在我国各种货币关系中,凡是与国家存在及其活动有关,为国家有计划地建立起来,并为国家有意识地利用的货币关系,就构成我国财政体系的组成部分"。②"在社会主义制度下,财政是一种货币关系,通过它有计划地集聚、分配和使用货币资金,以便保证满足社会主义扩大再生产和其他社会上的需要"。③

1957年,许廷星的《关于财政学的对象问题》出版,该书中用大量篇幅系统剖析了财政本质问题。他指出,财政学的对象是国家关于社会产品或国民收入分配与再分配过程中的分配关系,也就是人类社会各个发展阶段中国家对社会的物质资料的分配关系。同时,他认为财政与国家职能的关系密不可分,财政作为分配关系具有其一般性和特殊性。这也标志着其后几十年中在财政本质讨论中始终占主导地位的国家分配论的基本成形。④ 这一时期,还有把财政本质归纳为价值分配论⑤、国家意志论⑥和国家的资金运动⑦等的,这些理论也都从不同层面强调了国家的分配主体地位。

1964年和1965年,财政部财政科学研究所组织召开了两次全国性的财政理论讨论会,对社会主义财政理论建设中的一些重大理论问题展开了深入讨论。后

---

① 千家驹:《新财政学大纲》,三联书店1949年版。
② 谭本源:《我国过渡时期财政的本质和职能》,载于《财经科学》,1958年第1期。
③ 曹国卿:《社会主义财政本质和作用》,湖北人民出版社1957年版。
④ 许廷星:《关于财政学研究对象》,重庆人民出版社1957年版。
⑤ 王亘坚:《财政科学中各门学科的对象》,载于《教学与研究》1957年第5期。
⑥ 赵春新:《论财政的本质与范围》,载于《财政学问题讨论集》上册,中国财政经济出版社1965年版。
⑦ 李成瑞:《从实践中的若干体会来谈社会主义财政的实质和范围问题》,载于《财政学问题讨论集》上册,中国财政经济出版社1965年版。

来活跃在财政理论战线的著名财政经济学家如许毅、许廷星、邓子基、陈共、王传纶、王绍飞、陈宝森、戴园晨、苏挺、黄菊波、叶振鹏、何盛明、王亘坚、刘明远等,已经开始在这两次讨论会中脱颖而出了。虽然这样的财政思想盛会被随后爆发的"文化大革命"所中断,但是思想的火花终在"文革"结束后爆发,经过"文革"磨难,前30年实践的经验和教训在这些财政学者的思考中升华,终于带来了改革开放初期财政思想的大发展。

三、改革开放后财政思想的演变

改革开放后的财政思想也可以1998年为界分成两个阶段。1998年以前的阶段是此前社会主义财政学探索的进一步深入。1992年,邓小平南方谈话,中共十四次全国代表大会确立了建立社会主义市场经济体制的改革目标,探索适应社会主义市场经济的财政体系开始逐渐成为财政学研究的主流。1998年12月15日,在全国财政工作会议上,中央明确提出要建立公共财政基本框架,围绕公共财政形成了众多讨论。西方公共财政思想开始大量传入,但在实践中也遇到了很多现实问题。中国财政学者开始更多地思考如何汲取各种思想成分,形成与中国财政实践相融合的财政思想。

1978年改革开放后,财政学研究焕发出勃勃生机,延续此前社会主义财政学的探索。一方面,是对此前的研究成果进行整理和发展,出现了大规模的结集,如许毅主编的《财政学》的出版,是以国家分配论为代表的社会主义财政学的集大成之作。另一方面,又有了更多新的认识和发展。随着国家经济体制的调整,顺应新的形势,除了国家分配论有了新的发展,又兴起了社会共同需要论[1]、剩余产品决定论[2]、再生产前提论[3]、政府理财论[4]等论点。其中,以国家分配论和社会共同需要论影响最为深刻。1998年,贾康在综合研究各派理论后,提出社会集中分配论[5]。社会集中分配论把分配主体由国家延伸到前国家形态和后国家形态,包含了人类文明可能出现的各个社会形态,并认为财政的本质是由当时的社会生产力和社会主导的生产关系所决定的一种带有集中性特征、以社会总产品(主要是其中的剩余产品)为对象的分配关系,是该时代的广义生产关系的一个组成部分,最终

---

[1] 何振一:《理论财政学》,中国财政经济出版社1987年版。
[2] 王绍飞:《财政学新论》,中国财政经济出版社1984年版。
[3] 陈共:《财政理论与财政改革》,东北财经大学出版社1995年版。
[4] 马国贤:《政府经济学》,中国财政经济出版社1995年版。
[5] 贾康:《财政本质与财政调控》,经济科学出版社1998年版。

落脚到分配关系上。其既坚持了国家分配论的基本内核,又充分吸收了其他流派的合理部分,是马列主义思想指导下的财政学家在公共财政理论和马列主义财政理论碰撞后的理论结晶,也是马列主义财政本质观在新的历史条件下的进一步发展。

这一时期,西方财政思想开始大量传入,如邓子基翻译出版了《美国财政理论与实践》。财政部财政科学研究所1980年10月翻译了《日本财政》,该书不仅全面介绍了日本财政状况,还概要介绍了美国财政、联邦德国财政、法国财政和英国财政状况。王传伦编著了《资本主义财政》,系统介绍了资本主义国家财政学理论的基本框架。不少高校开始开设了"西方财政学说"等课程。1983年,张愚山翻译了美国阿图·埃克斯坦的《公共财政学》,把public finance译成公共财政,从而掀开了公共财政研究热潮的序幕。中国人开始以西方财政学为参考编撰相关教材,如陈共的《财政学》。1998年后,在公共财政研究方面形成高潮,很多经济学家开始思考传统的社会主义财政思想和公共财政思想的融合问题。此前,叶振鹏、张馨已提出了双元结构财政理论,在对国家分配论继承的基础上,将"公共财政"理念嵌入中国财政改革实践,作为改革的一个方向,并有机地和我国财政实际相结合。1993年,许毅进一步提出"广义财政学",形成了集直接分配与间接分配于一体的社会主义过渡时期的财政学框架。邓子基提出了一体两翼、一体五翼等概念,试图将国家分配论的本质论与公共财政论的运行论密切结合起来,以求达到"坚持+借鉴=整合+发展"的目的,用公共财政思想进一步丰富国家分配论。

中共十八届三中全会《中共中央关于全面深化改革若干重大问题的决定》提出"财政是国家治理的基础和重要支柱",这是一个站在历史和理论的高度提出的论断,对当前财政思想的发展具有十分重要的长期指导意义。随着中国经济的迅猛发展,各种社会问题也日益显现,越来越多的财政学者意识到财政学不再仅仅是一个经济学问题,开始思考如何能让财政学更符合财政实践的需要。财政学界普遍有了财政学何处去的进一步思考,也召开了若干理论讨论会,许多专著酝酿出版,贾康等提出"财政全域国家治理"理论框架以支持构建现代财政制度,一个由时代演进与社会问题引发的财政思想新的百家争鸣时期已经可以预见。

第二节　当代财政思想的特点

一、社会主义财政学的探索

新中国成立以来,财政学界的一个重要任务是建构社会主义的财政学体系。

首先是要明确社会主义财政和资本主义财政的区别所在,展开对社会主义财政本质的探索。在计划经济体制初步建立后,计划经济体制下一些特殊的财政问题,往往被认为是社会主义财政的主要特征,展开了关于国家和企业之间的财务关系的探索,对财政和价格在国民收入分配中的作用与相互关系的探索等。在改革开放后,随着对社会主义认识的深入,财政学界对社会主义财政学的发展有了新的认识,对社会主义财政学理论体系的探索始终是财政思想发展过程中的主要线索。不论是在传统体制之下,还是在改革开放新时期,对于财政本质问题的研讨,始终是中国财政学界非常重视的重大课题,并形成了颇有份量的研究成果。

二、中国特色财政思想的探索

中国共产党人在发展的经验和教训的总结中,深刻认识到马克思主义不是教条,必须要和中国的具体情况相结合才能取得革命和建设的胜利。中国革命1949年所标志的胜利,正是马克思主义普遍真理与中国革命具体实践相结合的产物。所以新中国成立之初,在财政思想上就特别重视要同中国具体理财实践相结合。综合平衡理论、"二三四比例"等,都是在具体财政实践中发现和提炼出来的。改革开放后,中国财政思想界更出现了百家争鸣的局面,不仅传统理论有新的发展,西方各种学说和理论也大量引入,与中国理财实践不断碰撞融合,形成了许多新的理论认识,也进一步推动了财政改革的深入与财政管理的优化。随着中国经济步入新常态,新一轮的理论探索高潮也方兴未艾。

三、中国财政制度现代化转型的探索

无论是革命根据地财政建设,还是新中国成立后不同经济体制下的财政建设,都是中国财政制度现代化转型的重要实践。中国的现代化转型是近代以来无数仁人志士所追求的"中国梦",也是中国各个政治团体面临的重要任务。财政制度的现代化,是中国现代化转型的重要组成部分,并有很多学者认为财政制度现代化是中国现代化转型的突破口,财政现代化的实现能倒逼中国政治体制、社会体制的现代化推进。其实早在20世纪30年代,不少学者就从现代化目标出发提出了建构计划经济体制下的财政制度的思想。现代化转型一直是贯穿中国当代财政思想发展的重要视角。带领中华民族实现现代化,是中国共产党的历史使命。中国共产党执政60多年来,很多意愿中的经济社会指标已经或正在实现,但作为现代化的重要指标之一——政府财政制度的现代化程度,仍面临考验。中共十八届三中全会提出了"财政是国家治理的基础和重要支柱"的理念,提出了加快建立现代财政制度的目标,也对学界提出了加快现代财政思想建设的要求。

第二章

马克思主义财政思想的传入和根据地时期财政思想的探索

马克思主义财政思想的传入和发展,特别是各革命根据地建设中的财政实践和思想提炼,实际上已经为新中国成立后社会主义财政理论建设形成了丰富的思想积累。这一时期的铺垫和新中国成立以后对社会主义财政理论的探索,一起构成了马克思主义财政思想在中国产生、发展和演变的历史。

第一节 马克思主义财政思想的传入

马克思主义政治经济学和财政思想是中国当代财政思想的灵魂指引,要想理清中国当代财政思想的脉络,必然要回顾和梳理马克思主义经济学和财政思想的传播、研究和运用的过程。

一、马克思主义及其经济思想的传入

19世纪末20世纪初,随着世界无产阶级革命运动中心由西方向东方的转移,马克思和恩格斯的著作也超越欧洲范围,开始在东方国家传播,各种版本的马克思和恩格斯著作中译本的问世,使马克思主义学说在中国这样一个古老的东方大国传播,赢得了广大的信奉者,并且指导这个国家的无产阶级政党——中国共产党取得了民族民主革命的胜利,在中国建立起社会主义制度。马克思主义使中国发生了翻天覆地的变化,推动了中国社会的进步和发展。马克思主义也成为新中国执政党的指导思想、国家意识形态的核心。

马克思主义经济学著作及其介绍,从20世纪初就开始传入中国,并得到了迅速的、广泛的传播。从马克思主义经济学著作和学说中研究提炼出的马克思主义

■ 第二章 马克思主义财政思想的传入和根据地时期财政思想的探索 ■

财政思想,指导着中国共产党和中华人民共和国的财政工作,并在不断发展的过程中融合了中国古代的财政思想、苏联财政思想以及西方的财政理论和思想,逐步形成了当今指导我国财政工作的、中国化的马克思主义财政理论和思想。

早在1899年2月,上海基督教广学会主办的《万国公报》就曾刊登过一篇题为《大同学》的文章,节选介绍马克思主义经济学理论。文中写道:"马克思之言曰:'纠股办事之人,其权笼罩五洲,突过于君相之范围一国。'"这几句话来自《共产党宣言》一书,现在的译文是:"资产阶级,由于开拓了世界市场,使一切国家的生产和消费都成为世界性的了。"在中国最早全面介绍马克思主义经济学著作的,是1903年赵必振译日本福井准造著的《近世社会主义》。该书第2编第1章中,介绍了马克思的生平、马克思与恩格斯的友谊以及他们的几篇代表作:《共产主义宣言》《资本论》《经济学之评论》《自哲理上所见之贫困》《英国社会劳动之状态》等。该书还介绍了以《资本论》为主要内容的马克思主义政治经济学原理,如劳动价值、劳动力价格、剩余价值、资本的来源等,并以生产力与生产关系之间的矛盾运动,论证资本主义生产方式的存在、发展和必然灭亡的规律性。1905年11月,朱执信在《民报》发表了《德意志社会革命家小传》,文中节译了《共产党宣言》,并着重介绍了资本的实质及利润的来源、无产阶级贫困化等问题,得出"资本基于掠夺"的结论。

"五·四"运动以后,马克思主义经济学说得到了进一步的传播。1919年5月,李大钊在《新青年》上发表《我的马克思主义观》,介绍了唯物史观、科学社会主义和《资本论》的主要内容,阐述了剩余价值理论,剖析了资本剥削的实质,阐明无产阶级是资本主义的掘墓人。北京《晨报》开辟了《马克思研究》专栏,并在1919年5～6月的专栏中发表了从日文转译的《劳动与资本》(即《雇佣劳动与资本》),这是中国第一次发表马克思重要经济著作的译文,其后又发表了《马氏资本论释义》(即K·考茨基的《马克思的经济学说》)。1920年8月,上海社会主义研究社出版了陈望道译的《共产党宣言》。1920年9月,上海新文化书社出版了李汉俊译马尔西的《马克思资本论入门》。1920年10月,北京《民国》杂志发表了费觉天译的《马克思底资本论自叙》(即《资本论》第1版序言)。1920年《新青年》发表了震瀛译列宁的《过渡时代的经济》(即《无产阶级专政时代的经济和政治》)。在这段时间中,这些著作已向国人初步介绍了马克思主义的主要经济思想。

中国共产党成立以后,马克思主义在中国的传播,从群众的自发行动,开始变为在共产党领导下有计划、有组织的政治活动。1921年9月,中共中央委派李达在上海成立人民出版社,计划出版"马克思全书""列宁全书""康民尼斯特(共产主义)丛书"等著作。虽然由于白色恐怖和物质条件不足而没完成计划,但仍有一批著作问世。有关经济学的著作有:袁湘译《工钱劳动与资本》(即马克思的《雇佣劳动与资本》),李漱石译《资本论入门》,李立译《劳农会之建设》(即列宁的《苏维埃政权的当前任务》)等。1922年5月5日是马克思诞生104周年,在中共中央领导下,各地共产党、共青团组织和进步团体纷纷开展纪念活动。上海专门编辑出版了《马克思纪念册》,载有马克思传记和学说。1922年,李季译《价值、价格及利润》(即《工资、价格和利润》);1926年,新青年出版社出版斯大林的《列宁主义概论》(即《论列宁主义基础》);1927年3月,陈寿僧译R·卢森堡的《新经济学》。

1927年,蒋介石发动"四·一二"反革命政变以后,革命处于低潮。但在这一时期,马克思主义经济学说在中国的传播还是有新的进展。在翻译原著方面:1929年,杜竹君译《哲学之贫困》;1930年,吴黎平译《反杜林论》。《资本论》第1卷有多种译本:一是陈启修译第1分册(1~3章);二是潘冬舟译第2、第3分册;三是王慎明和侯外庐译,分上下册;四是吴半农译第1卷第1分册(第1、第2章)。刘垫平译《资本主义最后阶段帝国主义论》,彭苇秋等译《俄国资本主义的发展》,画室译《科学的社会主义之梗概》(即《卡尔·马克思》)等。

这一时期,马克思主义经济学在革命根据地也得到传播。由于国民党军队的"围剿",根据地的纸张和印刷条件非常困难,但仍用油印机、石印、木板来印刷或用毛笔手抄马克思主义著作。如手抄本《马克思主义浅说》,通俗地解释了什么是资本、商品、价值、使用价值。中共兴国县委曾翻印过另一版本的《马克思主义浅说》,闽西根据地出版过《社会主义浅说》等。

抗日战争时期,延安成为出版发行马克思主义著作的重要阵地,出版了《马克思恩格斯丛书》《列宁选集》《斯大林选集》等。其中,包括《政治经济学论丛》《〈资本论〉提纲》《哥达纲领批判》等。此外,在解放区的抗日军政大学、陕北公学等学校还开设有政治经济学和现实经济的课程。

在上海、武汉、重庆等国民党统治区,马克思主义经济学著作的出版工作也进入了一个新阶段。一方面重印延安解放社的书籍,以及重译和再版一些已有的经济学著作;另一方面又出版了一批新的译著,1938年郭大力、王亚南译《资本论》全书,由上海读书生活出版社首次出版;1939年又出版了郭大力译《资本论通信集》;章汉夫和许涤新译《恩格斯论〈资本论〉》。

1949年5月,上海实践出版社出版了郭大力译《剩余价值学说史》。到此为止,马克思的代表性经济著作几乎都有了中译本。这一时期,在解放区继续出版发行马克思主义经济学著作。1949年2月,中共七届二中全会审定的"干部必读"书目,其中有一半是与经济学有关的著作:《政治经济学》《帝国主义论》《国家与革命》《列宁主义基础》《列宁斯大林论社会主义建设》(上、下)《列宁斯大林论中国》等。马克思主义经济学著作在中国产生了巨大影响,马克思主义经济学说和中国实际相结合,有力地指导了中国革命与建设。

二、马克思主义财政理论的传入及研究

马克思主义财政理论在中国的传播主要有两条路径:一是随着马克思主义及其经济理论一起传入;二是作为西方财政思想的一部分一起传入,如早期编译的西方《财政学》和《比较财政学》等著作,很多都专门介绍了马克思主义财政思想。中国第一位自著型《财政学》的作者陈启修就是一位马克思主义者,他不仅是第一位翻译马克思《资本论》全本为中文的译者,更是一位马克思主义财政思想的研究者。陈启修1886年生于四川省中江县,少年时就读于法国人在广州开办的丕崇书院,熟练掌握了法语。1907年,他到日本自费留学。留学期间,他又学习了英语、德语,很好地掌握了语言工具,这为他翻译和研究马克思主义财政学创造了很有利的条件。1913年,陈启修就读东京帝国大学期间,翻译了日本小林丑三郎著的《财政学提要》,由国内的上海科学会编辑出版发行。该书第一次向国人简单介绍了马克思主义财政思想。这也是陈启修第一次系统地学习西方财政思想,初步认识了马克思财政学说。此后,他又向河上肇教授系统地学习了马克思主义经济学说,这对他一生的治学立言产生了重要影响。1916年,在李大钊热情指引下,陈启修开始学习马克思主义书籍,并成为李大钊与杜国庠等人组织的"丙辰学社"的执行部理事。1917年,俄国十月革命成功,对陈启修的思想产生了深刻影响。1918年,陈启修从日本东京帝大毕业回国,经吴玉章推荐,受聘到北京大学法学院任教授兼政治系主任,讲授财政学。期间,他编著了《财政学总论》《地方财政学》等财政学著作,由商务印书馆出版。在此之前,国内出版的财政学著作基本都是翻译的,而陈著是第一次由中国学者自己写的财政学专著,而且在一定程度上受到了马克思主义财政学说的影响。陈启修还用马克思主义观点,在北京大学开设了《马克思主义经济学概论》,成立了《资本论》研究组。1923年,陈启修到苏联莫斯科东方大学学习。列宁逝世后,陈启修作为中国留苏学生代表团团长为列宁守灵。1925年春,他由朱德介绍参加了中国共产党。1925年秋,他回国在北大执教,也在北京其他几所高等院校讲授马克思主义课程,对早期的马克思主义经济学说和财政思想的研究

和传播作出了较大贡献。新中国成立后,他担任四川财经学院(今西南财经大学)院长,为一级教授。

新中国成立前,中共的三位主要财政工作领导人——邓子恢、林伯渠和董必武都是早期的马克思主义积极学习者和传播者,并在财经工作实践中积极运用马克思主义经济原理。

"五·四"运动后,邓子恢逐渐接受马克思主义。1921年春,邓子恢与进步青年在龙岩白土桐冈书院组织奇山书社,创办《岩声》月刊,传播马克思主义的革命理论。他运用马克思主义基本经济原理推动土地革命。

早在第一次国内战争时期,林伯渠就阐述了关于农民土地问题的理论。他针对反动派对农民运动的攻击和诬蔑,深刻论述了农民土地问题的意义。这同当时毛泽东的《湖南农民运动考察报告》的基本精神是一致的。1928年,林伯渠在苏联中国劳动者共产主义大学(原名莫斯科中山大学)学习。同年12月,他和吴玉章一起写了《太平革命以前中国经济、社会、政治的分析》一文,用马克思主义的立场、观点、方法,剖析旧中国社会的经济结构、经济制度,批判了原莫斯科中山大学校长卡尔·拉狄克关于中国社会性质的错误观点。这表明,林伯渠这时已经具有较深的马克思主义理论造诣,特别是他的马克思主义经济思想已经奠定。

马克思主义在中国的传播历经了重重障碍,凝聚了早期无产阶级革命家的无数心血。如董必武建立武汉中学,组建武汉党组织,领导黄安革命,把传播对象由传统的知识分子引向青年学生,把传播区域由城市扩展到农村,并与工人运动、学生运动、农民运动相结合,为早期马克思主义在中国的传播立下了卓越功绩,同时也积累了深厚的马克思主义理论功底,为他解放战争时期领导财经工作,建立中国人民银行,以及新中国成立后领导法制工作,创造了有利条件。

三、苏联财政思想影响

俄国十月革命的成功,对中国当时很多有志之士产生了重大影响,纷纷前往俄国留学。了解苏联对马克思主义的研究和发展,也成为中国人学习和发展马克思主义财政思想的重要途径。陈启修就曾以北京大学教授身份赴苏联留学,学习马克思主义及其财政学说。

中国共产党成立后,一方面派人去苏联留学,另一方面组织翻译或者编译苏联著作,包括大量的经济学和财政学著作。1948年8月,中央财政经济部组织编写了《苏联的金融和财政》。新中国成立后,政府更是邀请大批苏联专家来华,直接介绍他们的经验。1949—1960年,财政部先后共聘请过10位苏联专家,具体情况如表2-1所示。

表2-1　　　　　1949—1960年财政部苏联专家情况表

序号	姓名(中译名)	专业	职务	何时来华
1	库图佐夫·格·阿	财政预算	俄罗斯加盟共和国财政部副部长,回国后升任联盟财政部副部长,第一阶段专家组组长	第一阶段(1949—1952年)
2	维纽阔夫·伊·库	企业财务及会计		第一阶段(1949—1952年)
3	拉乌洛夫·瓦·瓦	税务		第一阶段(1949—1952年)
4	沃辽克民斯基·斯·米	税务	联盟财政部国家收入局副局长,第二阶段专家组组长	第二阶段(1952—1955年)
5	雅吉莫夫·瓦·阿	预算及预算会计		第一阶段(1949—1952年)
6	塔塔连科·弗·阿	预算会计		第二阶段(1952—1955年)
7	维纳格拉多夫·伊·尼	基建财务和信贷		第二阶段(1952—1955年)
8	奥保连斯基·尼·格	预算	联盟财政部预算司副司长,第三阶段专家组组长,第四阶段兼任中国人民银行专家	第三阶段(1955—1958年) 第四阶段(1959—1960年)
9	刘明·谢·米	企业财务及会计	联盟财政部财政科研所副所长	第三阶段(1955—1958年)
10	李习勤·尼·瓦	税务		第三阶段(1955—1958年)

苏联专家在财政部工作期间很受中方重视,他们了解实际情况,阅读资料,提出意见,介绍苏联的业务制度和做法,也经常到各地出差。多位党和国家重要领导人都接见过财政部的苏联专家,当时主管经济工作的陈云同志和时任财政部长邓小平、李先念都曾征询过他们的意见。1951年1月,库图佐夫在向周恩来总理汇报工作时提出,财政部当时的业务范围太大了,粮食和盐务工作应该另有部门管理,以便集中力量管好国家财政。此外,他们还在以下方面提出过建议。

1. 财政和预算方面

(1) 苏联专家曾系统地介绍过苏联的"预算收支分类",也就是我们所说的"预算收支科目"。苏联专家认为,统一的国民经济计划需要有统一的、科学的、详尽的预算收支分类，有了这样的科学分类才能有统一的预算和决算，才能实现财政监督。当时苏联的预算科目分两套：一套是苏联预算和加盟共和国预算的预算科目，一套是地方预算的预算科目。预算科目共分四级，即类、款、项、目。收入按种类分类，按交款部门分款、项；支出按费别分类，按部门及其所属机构分款、项，按统一规定的开支设目。我国曾参考他们的预算分类，设计了适合自己情况的一套预算科目。

（2）他们系统介绍了苏联国家银行执行预算出纳业务的体制。我国由于和苏联的情况不同，条件不一样，并未采纳。

（3）他们还介绍了苏联联盟预算支出和加盟共和国预算支出的核准经费制度。我国对中央预算支出管理有自己严格控制的方法，并未采用他们那种繁琐的手续和做法。

（4）库图佐夫曾建议年度预算收支应以当年的实际收支数字为准，不宜包括其他年度数字。

2. 税收方面

（1）拉乌洛夫和沃辽克民斯基都介绍过在十月革命后合并、简化和改革税制的情况。

（2）他们比较系统地介绍了苏联实行周转税的发展过程。我国试行商品流通税曾吸收其中一些合理内容。

3. 企业财务方面

（1）维纽阔夫和刘明、库图佐夫都曾大讲企业经营管理的经济核算制，作过多次报告和系统讲解，形成一种舆论，强调经济核算是列宁主张的社会主义企业经营管理方式，是可取的。

（2）他们详细介绍了苏联的"企业财务收支计划"，即"企业收支平衡表"制度，将成套的表式翻译成中文，并发动各工业部门财务人员学习研究。

（3）他们详细介绍了苏联企业流动资金的管理体制，把流动资金分为定额和超定额，分别由财政和银行两家分管。我国曾在一个较长时期采用过这种管理体制。

4. 基建投资财务与信贷方面

（1）苏联专家详细介绍了苏联国家建设银行的发展过程，并将工业投资银行的章程和工作细则全部介绍过来，强调基建投资资金必须有专门的银行机构统一管理，这对我们组建统一的建设银行起过重要作用。

(2) 在基建资金的管理上,他们曾提出基建拨款限额管理制。

5. 国家信贷方面

苏联专家曾多次介绍他们发行国家公债的情况,并详细介绍了如何发行和计算有奖公债的情况。

6. 保险业务方面

苏联专家根据他们国家保险事业的管理体制,一再强调保险是属于国家财政收入的范畴,应该由财政部主管,并开展保险事业。我国财政部还派人到苏联考察过保险工作。

7. 会计制度方面

几个苏联专家都系统介绍过苏联企业会计和预算会计的业务,将这两类会计的账户计划原原本本地介绍过来,一再强调会计核算不单纯是技术问题,而是管理和监督不可缺少的有力工具。这对我们制定各种会计制度产生过积极影响。

8. 财政监督方面

苏联专家一再强调财政监督的重要性,他们根据苏联的财政监督体制,主张财政监督是财政机关的职能,各级财政机关都必须有财政监察机构,从上到下一统到底,财政监察员应拥有较大的权限。他们认为这符合列宁的原则,因为列宁曾一再强调"核算和监督"在建设社会主义中的重要作用。

苏联专家的不少意见,确实对我国的工作起过重要的帮助作用。1954 年,国务院还对苏联专家建议的采纳情况进行了一次比较彻底的检查。表 2-2 是 1949—1960 年财政部苏联专家建议、谈话、文稿情况。

表 2-2　　1949—1960 年财政部苏联专家建议、谈话、文稿情况表　　单位:份

序号		建议	谈话记录	报告、著述	发言提纲	合计
1	财政、预算	59	44	19		122
	财政	13				
	预算	46				
2	税务	28	40	23	9	100
3	企业财务管理	32	10	20		62
4	基建拨款	14		18		32
5	行政文教卫生事业拨款	2	6	1		9

(续表)

序号		建议	谈话记录	报告、著述	发言提纲	合计
6	政府和企业会计制度	38	5	1		44
	政府会计制度	22	5	1		
	企业会计制度	16				
7	财政监察	4	1	4		9
	其他	33	24	6		63
	组织机构	11	7	1		
8	组织工作、奖惩、人事工作、统计工作	8	10	1		
	金融、信贷、保险、公债、专卖、价格、外汇、物资储备、援外、价值规律、法令章程	14	7	4		
9	出差地方	4	10			14
10	总计	214	140	92	9	455

社会主义财政理论是以马克思主义的经济学说和国家学说作为基础的。马克思主义政治经济学所阐述的关于生产和分配关系的原理、社会再生产的原理、积累和消费关系的原理、信贷的作用和原理,以及马克思主义国家学说关于国家是阶级矛盾的产物和阶级压迫工具的原理、关于维持国家权力的捐税、公债诸财政范畴的起源的论述等理论,成为探讨社会主义财政理论的指导思想。但马克思和恩格斯并没有给我们留下系统阐述财政性质以及财政对国民经济作用的专门著作。因此,先于我国实践马克思主义理论的苏联财政理论,就成为新中国成立初期指导财政工作的主要借鉴对象。

我国除了翻译苏联的《苏联财政》《苏联国民收入和财政问题》等著作外,也有不少研究苏联财政的专著和论文发表。苏联的财政理论和思想,对我国财政理论和思想的影响深远,综合平衡理论和国家分配论都在苏联财政思想那里有深刻的渊源。新中国成立后,我国历任财经工作领导人也都深受其影响。

第二节 根据地时期财政实践和理财思想

诞生于瑞金的中华苏维埃共和国临时中央政府,第一任财政人民委员是邓子恢,但他没有参加长征。长征时期的财政人民委员是林伯渠,长征后林伯渠进入陕甘宁革命根据地,任中华苏维埃临时中央政府国民经济部部长,后来又任财政部部长。党中央总部1945年移至西柏坡后,则由董必武出任中央财经部兼华北财经委主任,总管当时的财经工作。本节将以这三位领导人的财政思想为脉络,介绍革命根据地时期的理财思想。

一、邓子恢的财政思想

邓子恢(1896—1972年)是党和国家的卓越领导者,福建龙岩人,曾留学日本,1926年加入中国共产党。他1931年11月当选为中华苏维埃共和国临时中央政府财政人民委员部部长兼土地部部长;1933年2月,兼任国民经济部部长,1933年8月改任中央财政部副部长。中央主力红军长征后,邓子恢留在中央苏区坚持游击战争。

邓子恢的财政思想可简要归纳如下:

一是提出了统一财政的思想。为了克服当时各个根据地各自为政的状况,邓子恢亲自主持制定和颁布了一系列中央苏区财政税收的政策和法令,对统一中央苏区财政、保障中央的财政实力、巩固土地革命胜利成果等作出了重要贡献。邓子恢在《目前各级财政部门的中心工作》里提出了八项财政中心工作:统一财政收支、建立财政系统;建立和整顿税收制度;积极进行打土豪筹款工作;领导群众进行节省运动;建立和发展合作社组织;正确执行国家经济政策;健全各级财政组织;培养干部和财政人才。这一系列工作,实际上是构建农村革命根据地财政经济体系的完整规划,反映了邓子恢在这一时期财经管理思想的基本思路。在这一思路指导下,中央苏区建立和健全财政部组织机构,加强培训和交流;实行了统一的国库制度与预算决算制度;统一了会计制度;完善了税制,发行了公债;厉行节约,严格了审查制度。

二是运用马克思主义基本经济原理推动土地革命。在中央苏区时期,邓子恢运用马克思主义基本原理,写下了《恐怖的生活》等经济著作。他考察了资本所有者剥削雇佣工人的经济关系,认为与资产阶级财富的积累同时并进的,是无产阶级贫困的积累,贫富差距加大,在遇到经济危机、生产停滞和战争时期,无产阶级经济生活状况还会更加恶化。他凭借深厚的经济理论素养,运用马克思主义经济学理论来说明、解决现实的经济问题,通过对剥削制度的分析,唤起贫苦工农的阶级觉悟。针对土地革命中废除地租、平分土地等政策,邓子恢向农民解释说:财主的钱是靠收租、放债、做投机买卖、做官贪污、敲诈勒索得来的,他们不劳动,这些钱财和土地都是劳动人民创造和开垦出来的,所以不交租,不还债,平分土地是正确的事。当时在场的大多穷苦农民茅塞顿开,欣然投入土地革命洪流中。

三是在土地革命中总结出"抽多补少、抽肥补瘦"的分田原则。在领导闽西革命根据地的土地革命斗争中,邓子恢的财政经济思想趋于成熟,并在实践中取得显著成效。他详细调查了闽西土地的占有状况,了解到闽西土地80%在收租阶级手里,田租各地最低60%、最高80%,农民迫切要求获得土地。邓子恢和同志们一起制定了分配土地的政策和具体办法,这些政策和办法集中体现在《中共闽西一大土地问题决议案》中,这一决议案与《兴国土地法》一起号称中央苏区创立过程中两大经典土地法案。这些土地政策的主要内容是没收地主土地为农民所有,以乡为单位,按乡村人口数量,抽多补少、平均分配。其后,邓子恢经过调查研究后,又将其归纳成八个字"抽多补少,抽肥补瘦",深受农民欢迎。这一重要原则,后来成为党的土地路线的一项重要内容,被推广运用到整个苏区,在中国土地革命运动和土地改革中发挥了重要作用。

四是大力发展农业,创办农业合作社,处理"剪刀差"问题。在苏区经济发展中,邓子恢提出发展粮食合作社,以制止粮价暴跌,保障农民收入,缩小"剪刀差",增加政府税款收入,同时保障军需。邓子恢还提出成立信用合作社,通过对农民发放低息贷款,加大对农业的投资,稳定粮食价格,促进了苏区农业的发展。邓子恢也强调了要保护中小商业,发展金融和对外贸易。

二、林伯渠的财政思想

林伯渠(1886—1960年),湖南省安福(今临澧县)人,他在长期经济工作中积累了丰富经验,被誉为"红色的理财家"。他早年留学日本,研读过经济学、财政学、统计学等专业知识。国民革命时期,他曾任湖南省财政厅长,1927年参加南昌起义,任革命委员会委员兼财政委员会主席。1933年3月,林伯渠由苏联学习回国后,进入江西中央苏区,先后任中华苏维埃共和国国民经济部部长、财政人民委员部部长。1934年10月,林伯渠参加长征,任总没收委员会主任,负责为中国工农红军筹集军饷,后又担任红军总供给部部长。1935年,中央红军长征到达陕北之后,又被任命为中华苏维埃共和国临时中央政府财政部长、西北办事处财政部长和国家人民银行西北分行行长。1937年9月,林伯渠正式出任陕甘宁边区主席,1941年和1946年连选连任该职,直到1948年12月为止,期间仍一直兼任中共中央财政经济部部长和中央财政经济委员会主席。

林伯渠的财经思想着重反映在以下几个方面：

一是财经工作为革命战争和革命军队服务，兼顾改善民生。林伯渠根据中共中央总的战略部署，把为革命战争服务作为财政工作的首要任务。他制定边区财政经济政策的指导思想是："一切为了抗战胜利，服从军事第一的原则"，并同时尽可能地改善人民群众的生活。林伯渠指出："边区的财政是取之于民，用之于民，取之有道，用之得当。既要开源，也要节流，量入为出，也量出为入。人民的政府不能不依靠人民，人民的金钱不能有丝毫的浪费。"

二是对财政经济实行统一管理。中央红军长征到达陕北至边区政府成立之初，由于缺乏必要的财务制度，财政、财务工作中存在着严重的自收自支现象。林伯渠提出对财经工作要加强统一管理，健全财经制度，并提出建立地方财政的主张，认为有建立地方财政制度的必要，但财政方针与收支概算，须经中央财政部批准，收入状况需定期报告，概算范围内入不敷出，中央可予以协助，收入有余，中央将指令缴解。这些主张为克服边区财政上的不良分散现象、统一和建立边区财政体系奠定了基础。

三是自力更生，发展经济。皖南事变以后，边区进入了极为艰难的时期，毛泽东提出了"发展经济，保障供给"的财政工作总方针。林伯渠积极贯彻党中央号召，提出了"以发展经济来解决财政需要"的指导思想，即大力发展生产，增加各种生产品，同时加强对外贸易（使进出口平衡），这些成为经济建设中的重要方针。他建议将资本引导至有利可图的私营或合营企业，争取外来资本，并给以法律保障；在技术方面主张自创和引入相结合。他的这些建议相当有远见和具有开放意识。

四是厉行节约，减轻人民负担，保证财政收支平衡。林伯渠在理财中十分注意勤俭节约，杜绝浪费、贪污等不良现象的发生，强调公私费用必须"严格分开"，一切私人费用"均不能出公家账"，禁止"办高价酒席"等。针对大生产运动后出现的一些浪费现象，林伯渠提出了"厉行节约，备战备荒"的思想。

三、董必武的财政思想

董必武(1886—1975年)，湖北黄安（今红安）人，是中国共产党的创始人之一。1947年4月至1949年7月，董必武在华北领导中共中央财经工作，为新中国的成立作了许多开创性的重要工作。

董必武在土地改革、财经工作、绿化造林诸多方面的制度建设和实践活动过程中，逐步形成了内涵相当丰富的财经管理思想。董必武的理财思想和实践主要有以下几个方面：

一是认识到经济发展是财政的根本保证,应努力恢复和发展农业和工商业。在董必武的领导下,华北人民政府采取分类措施,促进农业生产的恢复和发展。在基本完成土地改革的地区,及时处理和妥善解决了土地改革中的遗留问题,如补发土地证、确定地权、废除农业统一累进税、实行按土地常年应产量计算的比例负担制;在尚未完成土地改革的地区,适当调剂土地余缺,使所有农民可以获得大体相当的土地,但又力戒绝对平均主义;在边沿区、游击区和新解放区,则坚持党的农村工作的策略原则,立足实际,采取减租减息和合理负担的政策;全面贯彻"发展生产,繁荣经济,公私兼顾,劳资两利"的方针,努力恢复、发展工商业。董必武还从实际出发,提出了主要恢复轻工业,同时注重重工业的策略。

二是认识到统一的货币是财政运行的基础,积极推进并组建中国人民银行。针对当时各解放区币制不统一、比价不固定的情况,董必武致电中共中央,建议筹建"中国人民银行"。此后,他又提出统一发行票币的五个步骤。在董必武的直接筹划下,中国人民银行成立,实现了货币统一。这不仅有利于新中国货币金融的长期稳定和发展,也为新中国财政事业的顺利发展奠定了坚实基础。

三是倡导加强财经干部队伍建设,依法理财、反腐倡廉的思想。董必武在担任华北财经办事处主任后,注意把监察工作、审计工作与群众监督结合起来,以预防和减少贪腐。董必武同志还一直注意运用法律武器打击和惩治贪污现象,主持制定、颁布实施了大量反腐败的法律、法规和条例。在当选华北人民政府主席后,他带领相关同志先后制定和颁布了200多项法令、训令、条例、规章、通则、细则等,内容涉及政治、经济、文化、教育、军事、金融、贸易、土地、税收等各个方面,不仅促进了新政权的依法施政,而且为新中国的法制建设积累了宝贵经验,为新政权预防和反对腐败发挥了重要作用。

四是节约型绩效财经管理思想。针对战争时期的巨大消耗和解放区有限的生产、供给能力,董必武辩证地对待人力、物力、财力以及时间资源,逐步形成以绩效、民生为本的系列节约财经管理原则。具体来讲,主要是注重对厉行节约的重大意义的宣传,主张群众性的普遍节约运动,强调绩效型节约,在推行节约时把民生放在首位。

除了上述三位中国共产党战争时期的财政部长外,还有李富春、毛泽民等多位同志在战争时期做了大量的财经工作,立下汗马功劳,作出重大贡献,并形成了许多宝贵的财经思想。

第三章

马克思主义财政思想在中国的发展

以毛泽东为代表的中国老一辈革命家在领导中国革命和社会主义建设过程中,根据马克思主义基本原理与我国具体财政实践,提出和阐述了关于财政问题的一系列主张,丰富和发展了马克思主义的财政思想。

第一节　毛泽东的财政思想

毛泽东同志的财政理论,是马克思主义普遍真理同中国财政实践相结合的产物。在长期革命斗争中,毛泽东同志从中国的历史和社会现状出发,对我国各个革命时期的财政问题,从理论到实践,作了较系统的论述,发展了马克思主义财政经济学说。主要体现在以下几个方面。

一、关于财政与政治的关系

毛泽东同志强调"政治工作是一切工作的生命线"。根据马克思主义的历史唯物论与国家学说,财政是维护和巩固国家机器的经济基础,是国家实现其职能的重要工具。毛泽东同志进一步将政治工作与民生问题联系起来,指出如果我们不能"首先使工人生活有所改善,并使一般人民的生活有所改善,那我们就不能维持政权,我们就会站不住脚,我们就会要失败"①。他提出"我们是革命战争的领导者、组织者,我们又是群众生活的领导者、组织者。组织革命战争,改良群众生活,这是我们的两大任务"②。1934年1月,毛泽东同志在"第二次苏维埃代表大会"上提

---

① 毛泽东:《在中国共产党第七届中央委员会第二次全体会议上的报告》,载于《毛泽东选集(第四卷)》,人民出版社1991年版,第1428页。
② 毛泽东:《关心群众,注意工作方法》,载于《毛泽东选集(第一卷)》,人民出版社1991年版,第139页。

出:"苏维埃财政政策的目的在于保证革命战争的给养与供给,保证苏维埃一切革命费用的支出。""苏维埃的财政政策,建筑于阶级的与革命的原则之上。"①他进而拿苏区和国统区进行对比:苏维埃政府都处在全国比较落后的地方,而财政却做得很好;而国民党政府占据着全国广大的区域,为什么反而弄到破产的地步? 其原因在于苏维埃的财政政策同国民党有根本的不同。毛泽东指出,领导农民的土地斗争,分土地给农民,提高农民的劳动热情,增加农业生产;保障工人的利益,建立合作社;发展对外贸易;并且关心解决了群众的一切实际生活问题,满足了群众的需要,得到了群众热烈的拥护。在财政工作方法上,毛泽东强调要相信群众,依靠群众,走群众路线,他指出:"把群众力量组织起来,这是一种方针……不依靠群众,不组织群众,不注意把农村、部队、机关、学校、工厂的广大群众组织起来,而只注意组织财政机关、供给机关、贸易机关的一小部分人,不把经济工作看作是一个广大的运动,一个广大的战线,而只看作是一个用以补救财政不足的临时手段。这就是另外一种方针,这就是错误的方针。"②

二、关于财政与经济的关系

财政与经济的关系,是毛泽东财政论述中一个极为重大的要点。早在1934年,他就提出"从发展国民经济来增加我们财政的收入,是我们财政政策的基本方针。"③抗战期间,他提出了"发展经济,保障供给,是我们的经济工作和财政工作的总方针……财政政策的好坏固然足以影响经济,但是决定财政的却是经济。未有经济无基础而可以解决财政困难的,未有经济不发展而可以使财政充裕的。"④毛泽东非常明确地强调了决定财政的因素在于经济,财政状况的改善归根结蒂要依靠经济的发展,同时也明确承认财政政策对经济又具有"足以影响"的反作用。

三、关于财政收入的"自力更生"

为革命和建设筹集资金,是财政工作的一项根本任务。组织财政收入必须走

---

① 《中华苏维埃共和国中央执行委员会与人民委员会对第二次全国苏维埃代表大会的报告》(1934年1月24日),江西省档案馆、中共江西省委党校党史教研室:《中央革命根据地史料选编》(下),江西人民出版社1981年版,第322~323页。
② 毛泽东:《组织起来》,载于《毛泽东选集(第三卷)》,人民出版社1991年版,第930页。
③ 毛泽东:《我们的政策》,载于《毛泽东选集(第一卷)》,人民出版社1991年版,第134页。
④ 毛泽东:《抗日时期的经济问题和财政问题》,载于《毛泽东选集(第三卷)》,人民出版社1991年版,第891页。

自力更生的道路,是毛泽东一贯强调的思想原则。早在1938年,他就指出:"中国无论何时也应以自力更生为基本立脚点。"①1942年12月,他又指出:"我们是确信我们能够解决经济困难的,我们对于在这方面的一切问题的回答就是'自己动手'四个字。"②1945年8月,毛泽东同志再次指出:"我们的方针要放在什么基点上?放在自己力量的基点上,叫做自力更生。"③新中国成立以后,"一五"期间,全国经济建设和文化教育的总支出高达766.4亿元,这么巨额的资金都依靠自己的力量筹积的,毛泽东将之概括为:"自力更生为主,争取外援为辅……这就是我们的路线。"④第一个五年计划的胜利完成,国家财政在自力更生基础上交出了一份党和国家满意的答卷。

四、关于财政支出的厉行节约

早在1934年,毛泽东在苏区建设中就提出"财政的支出,应该根据节省的方针。应该使一切政府工作人员明白,贪污和浪费是极大的犯罪。"⑤1942年,毛泽东同志提出"精兵简政"的政策,指出:"精简之后,减少了消费性的支出,增加了生产的收入,不但直接给予财政以好的影响,而且可以减少人民的负担,影响人民的经济。"⑥1943年,陕甘宁边区财政支出中,行政费用从1938年的20.9%降到了1%。1945年抗日战争胜利后,毛泽东同志再次提出:"生产和节约并重等项原则,仍是解决财经问题的适当的方针。"⑦

新中国成立后,毛泽东同志曾多次要求全党同志和领导干部要坚持艰苦奋斗。他提出"要使我国富强起来,需要几十年艰苦奋斗的时间,其中包括执行厉行节约反对浪费这样一个勤俭建国的方针"⑧。

---

① 毛泽东:《论新阶段抗日民族战争与抗日民族统一战线发展的新阶段》,载于《毛泽东外交文选》,中央文献出版社、世界知识出版社1994年版,第16页。
② 毛泽东:《经济问题与财政问题》,载于中共晋冀鲁豫中央局1948年编印《毛泽东选集》,第805页。
③ 毛泽东:《抗日战争胜利后的时局和我们的方针》,载于《毛泽东选集(第四卷)》,人民出版社1991年版,第1132页。
④ 毛泽东:《独立自主地搞建设》,载于《毛泽东文集》(第7卷),人民出版社1999年版,第380页。
⑤ 毛泽东:《我们的经济政策》,载于《毛泽东选集(第1卷)》,人民出版社1991年版,第134页。
⑥ 毛泽东:《抗日时期的经济问题和财政问题》,载于《毛泽东选集(第3卷)》,人民出版社1991年版,第895页。
⑦ 毛泽东:《1946年解放区工作的方针》,载于《毛泽东选集(第4卷)》,人民出版社1991年版,第1176页。
⑧ 毛泽东:《关于正确处理人民内部矛盾的问题》,载于《毛泽东文集(第7卷)》,人民出版社1999年版,第240页。

五、关于中央和地方关系

毛泽东在青年时代就非常关心财政问题,以天下为己任。1919年10月23日,他在《北京大学日刊》上发表《问题研究会章程》一文中就提出京省财权划分问题。1926年,毛泽东参与起草的《全国联合会之政纲》就提出了"统一全国财政"的主张。在此后的革命战争中,毛泽东也一再强调要统一财政的思想。新中国成立后毛泽东对中央地方政府间财政关系有了更深刻的思考,他指出:"中国是一个大国……应该统一的,必须统一,决不许各自为政;但是统一和因地制宜必须互相结合。"①他在《论十大关系》中进一步论述:"处理好中央和地方的关系,这对于我们这样的大国大党是一个十分重要的问题……为了建设一个强大的社会主义国家,必须有中央的强有力的统一领导……破坏这样必要的统一,是不允许的。同时,又必须充分发挥地方的积极性。""中央和地方的关系也是一个矛盾。解决这个矛盾,目前要注意的是,应当在巩固中央统一领导的前提下,扩大一点地方的权力,给地方更多的独立性,让地方办更多的事情。这对我们建设强大的社会主义国家比较有利。我们的国家这样大,人口这样多,情况这样复杂,有中央和地方两个积极性,比只有一个积极性好得多。我们不能像苏联那样,把什么都集中到中央,把地方卡得死死的,一点机动权也没有。"②

六、关于预算的重要性

在1949年审议新中国第一个预算时,毛泽东就指出:"国家的预算是一个重大的问题,里面反映着整个国家的政策,因为它规定政府活动的范围和方向"③。早在革命根据地建设初期,毛泽东就非常重视预算工作。1931年,中华苏维埃共和国临时中央政府在江西瑞金成立,毛泽东担任主席。在毛泽东领导下,临时中央政府在建立之初就开展统一财政,建立预决算制度的工作。根据地建设时期的预算实践和探索也为新中国预算建设积累了宝贵的经验,所以新中国一建立,在战争还没有结束、社会经济状况异常复杂的情况下,就能马上编出全国性的财政预算报告,并能将党的政策充分反映进去。在1956年,毛泽东指示"每年国家预算要三榜

---

① 《毛泽东年谱》(1949—1976)第1卷,中央文献出版社2013年版,第54~55页。
② 毛泽东:《论十大关系》,载于《毛泽东文集(第7卷)》,人民出版社1991年版,第24页。
③ 毛泽东:《一九五○年度全国财政收支概算和关于发行人民胜利折实公债的指示》(1949年12月2日),载于《中央财经政策法令汇编》第一辑,1950年8月版,第87页。

定案",要求中央委员会要开三次会,充分了解预算内容后再定案。他形象地说,"他们(指经手编制预算的同志)好比是戏台上的演员,会唱,我们好比是观众,不会唱。但是,如果我们看戏看久了,哪个长,哪个短,就可以作出比较正确的判断。戏唱得好坏,还是归观众评定的。要改正演员的错误,还是靠看戏的人。观众的高明处就在这个地方。一个戏,人们经常喜欢看,就可以继续演下去。有些戏,人们不大高兴看,就必须改变。所以,我们中央委员会内部又有专家同非专家的矛盾。专家有专家的长处,非专家有非专家的长处。非专家可以鉴别正确和错误。"毛泽东还建议将国家预算报告中的"稳妥可靠"改为"充分可靠",要注意安排好预算中的项目。①

第二节 邓小平的财政思想

邓小平同志是中国共产党第二代领导集体的核心,被称为中国社会主义改革开放和现代化建设的总设计师。邓小平从 1929 年创建广西根据地时起,就十分重视财政工作。1943 年任中共中央北方局太行分局书记期间,他发表了《太行区的经济建设》一文。1949 年年底,邓小平担任西南局第一书记,兼西南地区的财政经济委员会主任。1952 年 8 月,邓小平被调派北京,担任国务院(当时称为政务院)副总理,9 月 18 日起邓小平担任了近 1 年的财政部长。改革开放后,他更是在领导全面经济建设工作的百忙之中,一直指导财政工作。邓小平同志有着近 70 年的理财实践,其理财思想是邓小平理论的重要组成部分,也是我们从事财政工作重要的指导思想。

一、理财以富民为先

邓小平理财思想的首要内容是致力于"富民"。"富民"思想在中国财政思想史上有着悠久的传统,早在中华民族形成伊始,就已经形成了朴素的"富民"思想,认识到"政在养民""善为国者,必先富民,然后治之"。几千年间,古代仁人志士不断提出抑兼并、限田、均田、薄赋、轻税等富民主张,对中华民族的发展和延续发挥了重要影响,但都没有真正缓解贫富分化不断加剧的趋势,底层人民在压迫下一次次揭竿而起,通过暴烈的戈矛博弈来改变自己的命运。近代以来,中国备受帝国主义

---

① 毛泽东:《在中国共产党第八届中央委员会第二次全体会议上的讲话》(1956 年 11 月 15 日),载于《毛泽东选集(第 5 卷)》,人民出版社 1977 年版,第 315~316 页。

侵凌,国家濒临灭亡,民生凋敝。一批先进的知识分子在"研考民生凋敝之原"①的过程中找到了马克思主义,组建了中国共产党。邓小平也是在这样的背景下,为寻求富民强国之梦,而远赴法国勤工俭学,并在法国接受了共产主义思想,加入了中国共产党。

1927年,邓小平回国,其"富民"思想也在其革命实践中得到升华。1930年,邓小平创立广西右江根据地,第一次主政一方,他在工作中明确指出:"一切工作向着群众。"②他主动帮助群众发展,并利用税收手段调节收入差距。1932年7月,邓小平出任中共会昌中心县委书记,工作中强调把群众摆在第一位。虽然当时处于战争时期,财政十分困难,但邓小平还是积极组织群众春耕,发展手工业,帮助群众发展经济,通过取消苛捐杂税减轻人民负担,通过实行累进税调节收入差距。③ 抗战时期,邓小平在担任中共中央北方局太行分局书记、主持晋冀鲁豫地区党政军工作期间,鲜明地提出要实行"贫的变富、富的更富"的政策:"首先一个就是扶助贫农、中农上升;第二,是奖励富农经济;第三是削弱封建。"④邓小平反复强调,"凡是于人民有利的事情,无不尽力提倡与实行。"⑤他说:"我们是人民的军队,就应该特别关心民间疾苦,厉行精兵简政,减轻人民负担,人民才能更好地支援我们打败日本侵略者,"⑥与"富民"政策相对应的财政措施就是通过减税和累进税等减轻人民负担,大力精兵简政,节省行政开支。毛泽东曾表扬邓小平在太行山区"做出了精兵简政的模范例子"⑦。邓小平认为,基层财政直接影响人民的生活,应大力整顿基层财政,他指出:"历史上最大的病政之一是村款的浩大"⑧,他制定相关制度,厉行节约和监督。通过一系列简政节费措施,为政府帮助群众致富腾挪出了更多空间,将更多资金用于支持人民发展生产、抵抗自然灾害。到抗战结束时,太行根据地经济发展已经取得了相当成就,市场繁荣,人民的收入普遍提高,农民人均收入从1942年的2石2斗1升增至3石3斗7升。而同期物价却在下降。邓小平指出:

---

① 郁嶷:《送李龟年游学日本序》("龟年"为李大钊曾用名),载于《言治》1913年第4期。
② 毛毛:《我的父亲邓小平》(上卷),中央文献出版社1993年版,第224页。
③ 毛毛:《我的父亲邓小平》(上卷),中央文献出版社1993年版,第303页。
④ 晋冀鲁豫边区财政经济史编辑组:《抗日战争时期晋冀鲁豫边区财政经济史资料选编》第2辑,中国财政经济出版社1990年版,第35页。
⑤ 邓小平:《太行区的经济建设》,载于《邓小平文选》(第1卷),人民出版社1994年版,第80页。
⑥ 毛毛:《我的父亲邓小平》(上卷),中央文献出版社1993年版,第467页。
⑦ 毛泽东:《一个极其重要的政策》,载于《毛泽东选集》(第3卷),人民出版社1991年版,第880页。
⑧ 邓小平:《太行区的经济建设》,载于《邓小平文选》(第1卷),人民出版社1994年版,第83页。

"物价之低,在很长一个时期为他区所不及。"①政府虽然降低税收,但由于经济发展,人民纳税积极性增加,政府的收入反而增长了。邓小平总结经验,认为制定正确的政策,必须以人民福利为出发点;发展经济必须激励广大人民自愿地积极地参加②。

经过新中国成立后30年对社会主义建设道路的探索,邓小平对"富民"的认识更深刻了。在1978年12月召开的中共中央工作会议上,邓小平提出:"在经济政策上,我认为要允许一部分地区、一部分企业、一部分工人农民,由于辛勤努力成绩大而收入先多一些,生活先好起来。一部分人生活先好起来,就必然产生极大的示范力量,影响左邻右舍,带动其他地区、其他单位的人们向他们学习。这样,就会使整个国民经济不断地波浪式地向前发展,使全国各族人民都能比较快地富裕起来。"③"让一部分先富起来"在当时语境下堪称振聋发聩,突破了绝对平均主义的局限,激发了亿万人民追求美好生活的热情。

邓小平更把"富民"提升到社会主义目的层面上来,指出"社会主义的目的就是要全国人民共同富裕"。④ "这是体现社会主义本质的一个东西"。⑤ 邓小平提出:"不坚持社会主义,不改革开放,不发展经济,不改善人民生活,只能是死路一条。"⑥在邓小平的理财实践中,始终把"富民"作为财政政策的出发点和落脚点。1978年之后,邓小平主持改革,以财政体制改革为宏观层面分权改革的突破口,并在财政改革中采取一系列"富民"措施。在城市,提高城镇职工的工资水平,从1978年到1984年,共提高了60.6%。在农村,通过大幅度提高农副产品的收购价格来提高农民收入水平(农副产品的价格平均提高了24.8%)。1979年仅增加工资、补贴价格几项,国家财政就拿出140亿元,占当年国家财政支出1 200亿元左右的12%,配合农村的联产承包责任制及国企改革,对调动人民的积极性促进经济发展起了很大的作用。与此同时,国家财政拿出大量补贴来稳定物价。即农副产

---

① 邓小平:《太行区的经济建设》,载于《邓小平文选》(第1卷),人民出版社1994年版,第83页。
② 邓小平:《太行区的经济建设》,载于《邓小平文选》(第1卷),人民出版社1994年版,第85页。
③ 邓小平:《解放思想,实事求是,团结一致向前看》,载于《邓小平文选》(第2卷),人民出版社1994年版,第152页。
④ 邓小平:《一靠理想二靠纪律才能团结起来》,载于《邓小平文选》(第3卷),人民出版社1994年版,第111页。
⑤ 邓小平:《善于利用时机解决发展问题》,载于《邓小平文选》(第3卷),人民出版社1994年版,第364页。
⑥ 邓小平:《在武昌、深圳、珠海、上海等地的谈话要点》,载于《邓小平文选》(第3卷),人民出版社1994年版,第370页。

品收购价格上涨了,但它的销售价格不能涨。不是让人民来消化价格上涨的结果,而是由财政补贴来消解,让人民切实感受到工资上涨的好处。再有,通过企业留成、减税,即通过国家让利来分担工资福利上涨给企业带来的压力。

邓小平在1992年南巡讲话中,进一步深刻地指出:"社会主义的本质,是解放生产力,发展生产力,消灭剥削,消除两极分化,最终达到共同富裕。"[①]他将"是否有利于提高人民的生活水平"作为判断社会主义的标准之一。他告诫全党,群众利益是党的路线、方针、政策的基础和目标,只有符合并不断满足人民群众的利益需求,我们的事业才不会被人民所抛弃。

二、理财以经济发展为基础

中国共产党在长期的根据地财政实践中,逐步认识到发展经济和财政工作的关系,提出了"发展经济,保障供给"的财政总方针。邓小平无论是在早期广西根据地建设中,还是在以后担任会昌县委书记时,都十分重视通过财政和经济的相互促进来发展经济和振兴财政。他特别重视保护小商人,多方面促进与其他区域的贸易交往,通过市场激活经济。这样不仅发展了经济,也极大地改善了财政收入,使政府有更多财力投资工厂、兴办教育和剧社等文化事业。

抗战期间,邓小平在太行根据地建设中明确提出了"发展生产"的目标。通过减轻工商业赋税等措施,刺激工商业发展,这不仅实现了自给自足,而且还能大量外销。邓小平指出:"我们的工商业政策,给了发展农业和手工业以很大的便利,政府规定的工业负担是最轻的,因而手工业,特别是家庭纺织业,近年来有了相当的发展。"[②]根据地不仅能生产和外销布匹、毛巾,还能生产纸张、香烟等。经济的发展也带来了财政收入的增加,富裕了人民,改善了战士的生活,保障了对敌战争的需要。毛泽东在1947年的华北财经会议上特别表扬了邓小平在经济方面的工作,批评了一些根据地重财政轻经济的现象[③]。

1949年,新中国成立后,邓小平出任中共中央西南局第一书记,主政西南,并兼任西南军政委员会财政经济委员会主任。邓小平在入川之初就指出:"初入西南,财经工作将是一切工作的中心,这一工作做不好,其他一切工作要陷入被

[①] 邓小平:《在武昌、深圳、珠海、上海等地的谈话要点》,载于《邓小平文选》(第3卷),人民出版社1994年版,第373页。
[②] 邓小平:《太行区的经济建设》,载于《邓小平文选》(第1卷),人民出版社1994年版,第80页。
[③] 戎子和:《晋冀鲁豫边区财政简史》,中国财政经济出版社1987年版,第9页。

动。"①由于在西南工作的突出成就,邓小平1952年上调北京,出任政务院副总理,兼任财政经济委员会副主任,1953年他直接兼任财政部长,主持全国财政工作。在1954年的全国财政厅局长会议上,邓小平提出"要把国家财政放在经常的、稳固的、可靠的基础上"②。

1978年,在邓小平主导下,全党的工作重心转移到经济建设上来,以放权让利和"分灶吃饭"的财政体制为突破口,开启经济体制改革。方方面面的、大规模持续的放权让利,打破了长期以来实行的高度集中体制,使长期以来财政集中过多、统得过死的局面得到根本转变,各地方、部门、单位、企业和个人都有了看得见的物质利益,建立在对自身利益关心基础上的动力机制逐渐形成,中国经济发展的动力渐被激活,国民经济焕发出新的活力和生机,由此引发中国持续30多年的经济高速增长,创造了"中国奇迹"。财政也在此期间深化改革推进自身的转型,逐步由生产型财政向公共财政转变。随着经济的发展,财政收入有稳步的提高,更多地用于民生福利的提高。

1992年,邓小平南方谈话,再次论述了发展经济与改善人民生活的重要性,他总结道:"在这短短的十几年内,我们国家发展得这么快,使人民高兴,世界瞩目,这就足以证明三中全会以来的路线、方针、政策的正确性,谁想变也变不了。"③在邓小平南方谈话的鼓舞与指引下,中国确立了社会主义市场经济的发展目标,并建构了与市场经济相匹配的分税制财政体制,为今后的可持续发展奠定了基础。

三、综合平衡的全局观

邓小平1954年在全国财政厅局长会议上讲到,财政工作要"照顾全局,从实际出发,这两个观点缺一不可"。他指出:"我们的一切工作都会涉及全局与局部的关系、中央与地方的关系、集中统一与因地制宜的关系。大道理与小道理必须弄清楚。全体和局部缺一不可,全体是由局部组成的,如果只有全体,没有局部,则全体也就不成其为全体了。"④财政是国家治理的基础和重要支柱,邓小平在理财实践

---

① 杨世宁:《邓小平主政西南时期的财政金融思想与实践》,载于《西南民族大学学报》(人文社科版)2004年第7期。
② 邓小平:《财政工作的六条方针》,载于《邓小平文选》(第1卷),人民出版社1994年版,第195页。
③ 邓小平:《在武昌、深圳、珠海、上海等地的谈话要点》,载于《邓小平文选》(第3卷),人民出版社1994年版,第371页。
④ 邓小平:《地方财政工作要有全局观念》,载于《邓小平文选》(第1卷),人民出版社1994年版,第198~199页。

中,始终从国家治理的全局考虑问题,照顾方方面面的利益,把握好各方面的平衡。

邓小平在太行根据地时期,就非常重视从全局去把握财政政策,注意处理好经济建设、人民福利、政府消费、财税负担、战争需要、币值稳定等多方面的关系,提出了"增加生产、改善生活、准备反攻"①的口号。即使在特大自然灾害时期,他也强调救灾和发展生产并重,从财政拿出大批款项,贷给灾民,帮助其恢复生产。在主政西南期间,他始终把完成税收任务、发展经济贸易、稳定物价、地方建设、支援战争联系起来,努力实现财政收支平衡和稳定金融秩序。改革开放之初,邓小平也多次强调要尊重客观规律,按比例协调发展经济,财政各口花钱要适度,要搞好财政、信贷、物资、外汇的平衡。

理财工作中,邓小平始终坚持实事求是,一切从实际出发。1953年,邓小平兼任财政部长,面对遇到的各种矛盾,他提出"归口""包干"等六条方针,迅速稳定了局面。他指出:"实行六条方针有这样一些作用,至少在今天看来是正确的。当然,将来可能有变化,但这是将来的事,今天必须这样做。"②他始终主张渐进的方式,根据各个时期的问题,逐步实现目标。在改革开放之初,根据当时的实际情况,他制定了放权让利的财政政策,为激励地方、企业和个人,不仅降低了财政收入的增速,而且中央财政收入占全国财政收入的比重也逐年降低,极大地调动了各方的积极性,促进了经济的发展。

邓小平理财的全局观还体现在对财政绩效的追求上。1978年9月,邓小平听取财政部门汇报时,指出:"全国财政情况都不错,但这不能反映我们的本质,如果自己满足就危险了。它一不能反映我们的技术水平提高多少,二不能反映我们的管理水平提高多少。"③邓小平在谈到军费问题时,曾指出:"军队要考虑的,不是增加军费预算在国家财政开支中的比重的问题,而是在这个已经定的比例范围内,怎么用好这个钱,用得更好,用得更合理,真正用在加强战斗力上。一句话,就是国家预算里边的军费比例现在不能增加了,军队本身的任务就是把钱花得好。怎么花是个学问,要好好研究,精打细算,方针要对头,办法要对头。"④邓小平还十分重视财政监察工作,强调这是"财政工作的关键",提出要杜绝财政浪费,并引用毛泽东的话说:"有些项目节约百分之十,数字就了不起了。"⑤

---

① 邓小平:《太行区的经济建设》,载于《邓小平文选》(第1卷),人民出版社1994年版,第80页。
② 邓小平:《财政工作的六条方针》,载于《邓小平文选》(第1卷),人民出版社1994年版,第197页。
③ 中共中央文献研究室编:《邓小平年谱(1975—1997)》(上册),中央文献出版社2004年版,第949页。
④ 中共中央文献研究室编:《邓小平年谱(1975—1997)》(上册),中央文献出版社2004年版,第682页。
⑤ 邓小平:《财政工作的六条方针》,载于《邓小平文选》(第1卷),人民出版社1994年版,第195页。

邓小平在理财实践中,充分展示高超的理财艺术,在财政十分困难的情况下,平衡各方利益,调动各方积极性,取得了显著成绩。而这一切的关键,又在于他始终坚持实事求是,一切从实际出发。

四、分级财政体制观

1950年,新中国成立不久,百废待兴,百业待举,为了尽快恢复经济,改变收支脱节的状况,政务院先后发布了《关于统一国家财政经济工作的决定》《关于统一管理1950年度财政收支的决定》,建立起了高度集中统一管理的财政管理体制,这对当时恢复经济、平衡财政收支、稳定市场物价、稳定人民生活起了积极作用。1951年为调动地方积极性,适当进行了调整,实施"划分收支、分级管理"的财政管理体制。但是财政资金绝大部分仍集中在中央,地方的财力和财权仍然很小。1953年,财经会议对财政工作中统得过多过死等问题进行了批评。1954年,邓小平出任财政部部长后,总结前几年财政工作正反两方面的教训,于1954年1月13日财政部召开的全国财政厅局长会议上,提出了财政工作六条方针,一是归口;二是包干;三是自留预备费,结余留用不上缴;四是精简行政人员,严格控制人员编制;五是动用总预备费须经中央批准;六是加强财政监察。邓小平提出的财政工作的方针,不是就财政论财政,而是从全局观察财政,从财政观察全局,从战略高度,高屋建瓴,辩证地提出了财政管理体制的基本构架。六条方针有紧有松,有严有宽,既照顾局部、地方和因地制宜,又以全体、中央、集中统一为主导。财政管理体制也相应作了调整,基本建构起分级财政的基本框架,在中央与地方关系上,有开创性意义。对此后财政管理体制,特别是改革开放的财政管理体制改革产生了深远影响。

第三节 陈云的综合平衡和国力论思想

陈云同志最早领导财经工作可追溯到1944年3月,时任西北财经办事处副主任。1948年6月后,陈云兼任东北财政经济委员会主任,主持东北解放区的财政经济工作。1949年7月,中央财政经济委员会(简称中财委)成立,陈云任主任。新中国成立后,陈云被任命为政务院副总理兼财政经济委员会主任。1954年中央财政经济委员会结束后,陈云职务几经变换,但一直主管全国财政经济工作。1962年,他暂别财经工作。1972年,他回到北京,协助指导外贸工作。在1978年中共十一届三中全会上,陈云重新当选为中央政治局委员、常委,中央副主席,再次担起了主持中央财经工作的重任。1979年7月,国务院财政经济委员会正式设立,陈云任主任。1980年3月,中央财政经济领导小组成立,组长由国务院总理担任,国务院财经委员会同时撤销,他退居幕后,但仍指导并支持中央财经领导小组的工作,研究财经工作中的问题,并以丰富的经验提出许多影响深远的重要思想。

一、综合平衡和国力论产生的背景

在国民经济恢复时期,新中国面临财政经济的严重困难。基于此,陈云同志把财政、信贷、物资的平衡看作克服各种困难的关键,并于1950年在《关于统一国家财政经济工作的决定》中,提出全国财政经济工作必须统一,并制定相关系列措施。1953年,由于缺乏经验,政府把上年财政结余的20多亿元资金几乎全部用于基本建设支出,一度出现了财政收支紧张。1956年,由于财政和信贷不平衡、投资与消费增长过快,社会购买力旺盛,生产资料和生活资料供不应求,结果导致财政赤字,市场紧张。在这种情况下,1957年,陈云发表了《建设规模要和国力相适应》的重要讲话,提出了实现国民经济的综合平衡需要着重解决两个问题,即建设规模要和国力相适应的问题、国民经济比例关系的问题。经济理论工作者常说的"三大平衡"(财政平衡、物资平衡、信贷平衡)理论就出现在这一著名讲话之中。以后,随着对外经济交往的不断扩大,他又在"三平"理论的基础上加上外汇收支平衡而形成"四大平衡"理论。

二、综合平衡和国力论的主要内容

在陈云的综合平衡理论体系中,"三大平衡"是实现国内经济平衡的基本条件,即实现了"三大平衡",就有可能实现或基本实现国民经济的一系列平衡关系。他认为,财政收支和银行信贷都必须平衡,而且略有节余。只要财政收支和信贷是平衡的,社会购买力和物资供应之间,就全部来说也会是平衡的。

(一)财政收支平衡

在财政平衡、物资平衡和信贷平衡中,财政平衡是经济平衡发展的关键。他明确地指出:"从全局看,在几大平衡中,最基本的是财政平衡。要扭转当前混乱的经济局面,首先要靠财政平衡,特别是中央财政平衡。"而保持财政平衡进而解决财经问题的根本出路在于增产节约,在收入方面搞活经济,增加税收;在支出方面量力而行,留有余地。

（二）物资供求平衡

关于物资供求平衡，主要是当时全国重要物资的统一收购、调拨和储存。陈云发现，中国经济建设过程的相当一段时间将是一种相当紧张的平衡，尤其是在物资的分配上。因此，他认为物资平衡是"三大平衡"中的基础。由于物资和原材料供应所限，陈云确定了分配和使用的顺序，即先保证必需的生产和消费，然后再进行必需的建设。这一顺序是符合社会扩大再生产客观规律要求的。

（三）信贷平衡

在计划经济体制下，财政与信贷是国家有计划地筹集和供应资金的两条渠道，共同承担着满足国家经济建设资金需要的任务。因而，在银行信贷方面，陈云也进行了缜密的思考，形成了系统的理论。他一方面注重银根松紧；另一方面及时冻结存款和现金，削减货币投放。1956年，他又明确提出必须实现财政收支和信贷收支平衡。他认为，实现财政、信贷统一平衡的关键，就是要合理处理既影响财政收支，又影响信贷收支的接合部，因此，需要两者在以下问题共同考虑解决：如何共同承担供应企业再生产资金的需要；如何正确处理财政结余；如何正常处理税前还贷；如何有计划地互相弥补收支差额；如何避免财政"虚收实支"和银行"虚存实贷"。

总之，在三大平衡中，财政收支平衡是国民经济平衡的中心环节。只有实现财政平衡和信贷平衡，才能取得资金和物资的总体平衡；而物资平衡则是强调必须使国民经济的各部类得到有效的补偿。因此，陈云指出，要做到全国总体的平衡，必须树立"全国一盘棋"的思想。

此外，在需求大于供应的短缺经济状况下，陈云强调国家的各种经济力量要均衡运行，特别是建设规模一定要和国力相适应。1957年，他系统地阐述：计划安排应首先保证民生，其次保证简单再生产的需要，再次才保证基本建设。同时，人民购买力的提高要有限度，要和消费资料的增长相适应。经济建设规模要以农业发展水平为基础。基本建设规模要和财力、物力相平衡，要前后衔接，避免陡升陡降。财政收支、银行信贷收支要平衡，且略有结余。后来的学者把陈云的上述观点概括为"国力论"。在经受了"大跃进"运动、3年调整和"文化大革命"的考验与检验后，陈云的"国力论"在新时期又有了进一步的发展：一要吃饭、二要建设是国家经济力量使用的大原则；农业是国力的基础，"无农不稳""无粮则乱"；基本建设要避免赤字投资；增强中央财政，保持外汇储备，掌握货币发行；经济发展要和环境资源协调一致，不要片面追求高速度；建设规模要和国力相适应，并且要留有余地。

陈云的综合平衡和国力论是在长期的经济实践中提炼出来的,是马克思主义基本原理与中国实践相结合的产物,并在实践中不断发展完善。薄一波在中共"八大"上提出了著名的"二三四"理论,认为"在今后若干年内,在通常的情况下,我国国民收入中积累部分的比重,不低于20%,或略高一点;我国国民收入中,国家预算收入的比重,不低于30%,或略高一点;国家预算支出中基本建设支出的比重,在若干年内,不低于40%,或略高一点。"这样比例关系的探索得到了陈云的赞赏,认为提出的比例数字可能略有出入,但寻找这些比例关系是完全必要的。陈云指出综合平衡的实质就是国民经济有计划按比例发展,他说:"所谓综合平衡,就是按比例;按比例,就平衡了……按比例是客观规律,不按比例就一定搞不好。搞经济不讲综合平衡,就寸步难行。"[1]强调"如果不认真研究国民经济的比例关系,必然造成不平衡的混乱状态。"[2]陈云认为一个国家,应根据自己当时的经济状况来规定计划中应有的比例。各生产部门之间的具体比例关系,在各个国家,甚至一个国家的各个时期都不会是相同的,没有什么固定的模式。研究和探索这种具体的、合理的比例关系,决不能依靠书本,生搬硬套。

第四节 李先念的综合平衡财政思想

1954年6月至1975年1月,李先念出任新中国第三任财政部长。李先念担任财政部长是陈云同志推荐的,因为此前李先念在稳定中南地区各省的财经工作中曾作出过突出贡献。在长达21年的财政部长生涯中,他大力筹集经济建设所需资金,在服务经济建设的前提下积极实现国家财政预算的平衡,为中国社会主义经济建设事业立下了不朽功绩。

中国第一个五年计划执行后期,在全国财政经济形势明显好转,工业化进展顺利,社会主义改造取得决定性胜利的情况下,急于求成,不考虑国家财力、物力的承受能力而盲目冒进的思想在经济工作中开始抬头,制定的国民经济计划指标增幅过高。为保证实现经济目标所需的财力,1956年政府编制了新中国成立以来的第一个赤字预算,赤字额达18.31亿元,结果造成了国民经济各方面紧张的局面。在这种情况下,中央及时采取果断措施,纠正冒进倾向,调低了国民经济指标。在财

---

[1] 陈云:《在中央财经小组会议上的讲话》,载于《陈云文选》(第三卷),人民出版社1995年版,第211页。

[2] 陈云:《建设规模要和国力相适应》,载于《陈云文选》(第三卷),人民出版社1995年版,第56页。

政工作中,李先念同志积极贯彻中央精神,指出:"我们做财政经济工作,应当'看菜吃饭,量体裁衣'。我们只有这么多的钱和物资,就只能办这么多的事情。'巧妇难为无米之炊',这是一条无法更易的规律。"他按照财政、信贷、物资综合平衡的原则,领导了 1957 年财政预算的编制。执行的结果,年末的预算收支都超额完成了计划,实现结余 5.98 亿元,扭转了 1956 年经济建设支出、社会文教支出和行政管理支出等主要项目都超过预算的局面,从而缓和了国民经济的紧张状况,促进了国民经济第一个五年计划的完成。1957 年成为新中国成立以来财政工作效果最好的年份之一。李先念从财政角度总结经验:财政工作必须坚持综合平衡,处理好需要与可能的关系。

1957 年 6 月 29 日,李先念在第一届全国人民代表大会第四次会议上所作《关于 1956 年国家决算和 1957 年国家预算草案的报告》中指出:"财政支出和银行发放的贷款都是要购买物资的。财政收支发生赤字和银行存款放款发生差额,就会引起若干商品供应的紧张和国家商品物资库存的减少。"①他认为应当坚持这样的原则:追加支出,必须考虑有无资金来源;追减收入,必须考虑相应地减少支出。国家预算收支的平衡,必须同银行的收支平衡结合起来,统一安排。"我们国家的资金,是通过国家预算和银行信贷两种方式来进行分配的。国家预算不仅要保证经济建设和各方面事业开支的需要,同时还要保证银行发放必要的工商业贷款、农业贷款和其他各种贷款的需要。如果只考虑国家预算收支的平衡,不考虑银行增加资金的需要,那么,尽管预算收支平衡了,但从国家整个资金的收支来看,仍然会是不平衡的。"②"预算的支出和信贷投放,是要用来购买物资的,如果财政收支发生赤字,信贷收支发生差额,最后都要用物资来抵付。因此,财政支出和信贷投放的多少,要根据物资供应的可能情况来决定。如果财政支出和信贷投放过少,就会影响经济的正常周转,影响建设事业的正常发展。如果财政支出和信贷投放过多,就会使社会购买力超过物资供应的可能,造成物资供应的紧张情况,甚至影响市场物价的稳定。所以说财政收支和信贷收支的平衡,必须考虑物资供求的平衡"。③

李先念强调指出:"财政、信贷、物资三者必须平衡,编制计划和预算必须瞻前顾后,这都是客观规律的要求。我们应该努力掌握和适应这些规律。当然,现实生活是错综复杂的,我们所说的平衡只能是相对的平衡。客观情况是不断变化的,农

---

① 《李先念论财政金融贸易(上卷)》,中国财政经济出版社 2010 年版,第 232 页。
② 《李先念论财政金融贸易(上卷)》,中国财政经济出版社 2010 年版,第 234~235 页。
③ 《李先念论财政金融贸易(上卷)》,中国财政经济出版社 2010 年版,第 236 页。

业的丰歉和其他预计不到的情况,都会在经济生活中引起新的问题,我们的工作也不可能没有缺点。因此,计划平衡了,在执行过程中还会出现不平衡。旧的不平衡克服了,还会出现新的不平衡。"[①]信贷计划和财政预算是国家分配资金的两个不同形式,考虑财政平衡时,同时也要考虑信贷和现金的平衡,两者必须互相衔接,密切结合。使用上年结余,就需要有数目相等的信贷资金或流动资金来弥补,实际上还是等于增加本年的开支。财政预算是国家整个经济活动和各方面计划的集中反映。财政收支预算打得积极了,把收入打足,把支出打紧,各方面互相促进,才能实现国家建设的总方针。国民经济计划和国家预算的编制,除了注意当年的预算收支、信贷收支和物资供求的平衡以外,还应当瞻前顾后,注重年度之间的相互衔接。他说,我们面临着争取财政经济情况好转的艰巨任务,中央规定的方针是"当年平衡,略有回笼",在一个时期内不再发票子,并争取有所回笼,这是全党的一项重大任务,也是财政、银行的一项重大任务。各地的同志如果都想既要少收,又要多用,还要物价平稳,这怎么可能办到呢?支出大部由中央负责,公粮和税收大多尚由地方管理,这种收和支脱节的现象,如不加以克服,结果必然是失败。靠多发钞票根本不是办法,票子发得太多了,引起通货膨胀,最后也必然是失败。

针对一些人对经济发展,财政支出增加过多,会加大财政收支平衡压力的担心,他认为,必须从发展经济的观点出发,力争多收多支,收支平衡,略有结余,而不是从片面的财政观点出发,用不适当的紧缩支出的办法,少收少支或者多收少支,结余过多。原则应是既要有高速度,又要保持收支平衡;既要鼓足干劲,又要留有余地。而且,"事情正是这样:从发展经济中开辟财源,增加收入;收入增加了,回过头来又推动经济的发展。经济决定财政,财政影响经济,这样互相促进,互相影响,既取得促进国民经济的高速度发展,又保持财政收支的平衡,这就是我们财政工作的基本公式"[②]。

第五节　新中国成立后对马克思主义财政思想的研究

新中国成立后,随着马克思主义著作的大量编译,马克思主义财政经济理论的研究也进入新时期。1960年,金融出版社出版了湖北省财政金融干部学校编写的

[①] 《李先念论财政金融贸易(上卷)》,中国财政经济出版社2010年版,第239页。
[②] 《李先念论财政金融贸易(上卷)》,中国财政经济出版社2010年版,第391页。

《马克思恩格斯列宁斯大林论货币信用与银行》;1962年,科学出版社出版了中国人民大学政治经济学教研室等单位集体合编的《马克思恩格斯列宁斯大林有关财政贸易的理论》。文化大革命结束后,1978年,中国财政经济出版社出版了国务院财贸小组理论组编写的《马克思恩格斯列宁斯大林有关社会主义制度下商品生产的部分论述》;1981年,又出版了李春明编著的《关于马克思再生产理论的通俗讲话》。1988年3月,东北财经大学出版社出版了中央财政金融学院财经研究所编写的《马克思恩格斯列宁斯大林毛泽东关于财政与财务的论述》,该书分为财政一般、资本主义财政、社会主义财政和企业财务四个部分。

1998年,中国财政经济出版社出版了骆耕漠编著的《马克思论三种社会经济关系的演变》;2001年,出版了周骏编著的《马克思的货币金融理论》,该书分为货币的本质与职能、资本的流通过程与货币流通和借贷资本的运动三篇。2001年,还出版了李秉濬主编的《马克思经济学》,该书包括马克思经济学的对象与方法、商品和货币、资本和剩余价值、资本积累、社会总资本的再生产和经济危机、商业资本和商业利润、资本主义地租等内容。2002年,出版了侯文铿编著的《〈资本论〉选读:马克思会计学说研究》,该书对马克思经济学说进行了研究,介绍了会计的产生和发展、生产费用核算的原理、三个必要分类核算的原理、产品成本计算的原理、商品会计核算的原理等马克思会计学的基本理论;2002年,还出版了谷清水编著的《马克思经济学著作研究》,该书包括10章内容,从政治经济学的研究对象、研究方法和基本经济理论等方面对马克思的经济学说进行了系统阐述;2002年,上海财经大学出版社出版了程恩富、胡乐明主编的《经济学方法论:马克思、西方主流与多学科视角》,该书分为上篇马克思经济学方法论、中篇西方经济学理性主义批判和下篇经济学方法论的横向借鉴与变革。该书的主要内容包括:马克思经济学方法论的灵魂:唯物史观和辩证法;作为分析方法和论述方法的马克思经济学方法论等。2004年,中国财政经济出版社出版了杨文进编著的《论马克思的宏观经济学:马克思经济理论新解读》,该书把马克思的价值、分配理论应用于国民收入核算的统计变量,从而阐述资本主义经济中的有效需求和经济波动问题。2006年,经济科学出版社出版了《中国特色社会主义财政理论问题研究》丛书之一、许毅等编著的《读马克思主义过渡期理论的思考》,该书内容包括学习马克思主义原理,正确认识社会主义转型期的历史使命、谈马克思主义有关"过渡阶段"任务的界定与实现方式、资本与信用制度在实现生产方式过渡中的作用等。

在所有研究马克思主义财政理论和思想的学者中,厦门大学的邓子基教授是最为专注和成果最为丰富的研究者之一。他出版了四部研究马克思主义财政理论的专著,分别为1988年5月厦门大学出版社出版的《马克思恩格斯论财政》;1990年1月中国财政经济出版社出版的《马克思恩格斯财政思想研究》;1995年厦门大学出版社出版的《马克思分配理论与财政》;1996年厦门大学出版社出版的《马克思再生产理论与财政》。

这些著作的出版,记录和反映了马克思主义经济和财政理论研究的过程,丰富了马克思主义经济和财政理论与思想的研究成果。

第四章

财政本质大讨论与国家分配论

社会主义财政学的本质论,是建构社会主义财政学体系的核心问题。由于对马克思主义经典作家有关财政问题的一系列论述和对理财实践在理解上的差异,形成了关于财政本质的不同认识,中国学者对此曾展开了大规模的讨论。这些讨论有力地推动了当代财政思想的发展。

第一节 财政本质问题大讨论和国家分配论的形成

一、新中国成立初期财政本质问题的提出

20世纪20年代,我国学者开始编译财政学,但新中国成立前,几乎没有"什么是财政"的争论。新中国成立之初,我国财政界以马克思主义为指导构建新财政学。1949年10月,千家驹的《新财政学大纲》指出财政是国家的经济,是为维持这个统治工具的存在和发挥这个统治工具的职能而必须有的经济。这是我国学者从阶级国家的角度分析财政问题的尝试,而财政学界持续至20世纪90年代的财政本质争论也由此开始。

20世纪50年代初,我国财政学界以苏联的财政本质理论"货币关系论"为主导。1951年,辽宁大学丁方、罗毅两位教授出版的《新财政学教程》一书将财政归纳为是国家为满足其需要而进行的社会财富的分配与再分配的经济行为,从而提出了"国家"和"分配"这两个属于财政本质的重要概念。1953年,经济学家尹文敬在他撰写的《国家财政学》一书中明确提出了财政的阶级性问题,认为财政的存在是为了实现国家职能,是为统治阶级服务的,因此国家的本质决定了财政的本质。该书强调财政的阶级性,批判了财政的公共性,将"公共性"和"阶级性"对立起来。

在其后的财政理论论战中,对社会共同需要论和公共产品论、双元财政论等进行的批评,所涉及的基本论据可说发源于此书。该书就财政的本质分析道:在"原始共产社会……生产力薄弱,不可能有剩余生产物以供别人剥削……没有剥削,没有阶级,既无国家,自然也没有国家财政……后来生产进步……产生了必要劳动和剩余劳动";这就产生了"剥削阶级和被剥削阶级"以及国家;最后得出的结论是:"国家为了实现它的各种职能,必须有生活资料和劳动力的消耗。它既不能自为生产,便不得不对被统治阶级作劳力、实物或货币的征收,财政便随着国家这种物质需要而产生……财政是为国家物质需要而服务,以便利国家职能的实现,保证物质资源的供给,基本上它又是通过国家的强制权力而行使的,所以国家的本质,决定了财政的本质。"

二、20世纪60年代财政本质大争论

到20世纪50年代末,对货币关系论的否定日益强劲。1953年前后,叶振鹏指出,财政本质是货币关系的提法是有局限的,财政本质应是一种分配关系。因为社会再生产的各个环节都存在着货币关系,但按照马克思的非生产性的国家观,财政活动只能存在于分配环节之中,因而财政体现着一种分配关系。否则,人们就无法将财政与各种非分配的货币活动区分开来。分配关系论第一次对准了货币关系论的要害。

许廷星1957年在《关于财政学的对象问题》一书中,提出了自己较为系统的国家分配论观点:"财政学的对象是国家关于社会产品或国民收入分配与再分配过程中的分配关系,也就是人类社会各个发展阶段中国家对社会的物质资料的分配关系。……自从人类社会出现了阶级和国家,也就出现了财政。阶级和国家不存在,财政也就随而不存在。"这就明确地使用了"国家"和"分配关系"去界定财政概念。此外,该书还在财政与国家职能的关系、财政作为分配关系的特殊性与一般性等问题上,对国家分配论作了较为深刻的阐述,并使用了"以国家为主体"一词。这些分析,对于其后国家分配论的最终形成和发展都具有根本性的影响,因此在国家分配论发展史上具有重要意义,许廷星也成为国家分配论的主要代表人物之一。

1962年,邓子基也提出:"财政本质——是人类社会各个不同社会形态国家为实现其职能并以其为主体无偿地参与一部分社会产品或国民收入的分配所形成的一种分配关系,简称为财政分配关系。"这一关于财政本质的定义,为以后几十年我国财政学教科书所常常引用。

1964年，时任财政部财政科学研究所所长许毅认为，如果对社会主义国家财政本质、财政职能等重大问题缺乏认识，将不利于科学地制定财政工作的指导方针和政策，因此很有必要召开专门的讨论会来探讨中国社会主义经济建设的规律，研究国家财政在其中的地位和作用。这个意见被财政部领导所采纳。1964年8月，财政部在辽宁旅大市（现大连市）召开了财政学讨论会，即著名的"大连讨论会"。这是我国财政学界关于财政本质及其相关理论的第一次大讨论，也是我国财政学界最终摆脱前苏联财政理论的束缚，开始独立地构建自己财政学的标志，也是国家分配论最终确立其主流地位的标志。这次会议上大致有四种观点：一是认为社会主义财政是无产阶级专政的国家为实现其职能而分配社会产品的关系，可简称为"国家分配论"；二是认为社会主义财政是以价值形式进行的社会产品和国民收入的分配关系，可简称为"价值分配论"；三是认为社会主义财政是社会主义国家资金运动所形成的经济关系，可简称为"国家资金运动论"；四是认为社会主义财政是剩余产品价值的生产、分配、使用，即剩余产品价值的运动过程，可简称为"剩余产品价值运动论"。这次会议实际奠定了"国家分配论"在财政学界的主流学派地位，在讨论会后出版的论文集中，以国家分配论观点为主导。

1965年8月，时任财政部副部长陈如龙主持召开了第二次全国财政理论讨论会，重点讨论了"国家和企业之间的财务关系""财政和价格在国民收入分配中的作用与相互关系"两个问题，提出了大核算与小核算即国民经济范围核算与企业单位经济核算关系，财政分配、信用分配与价格分配的关系问题，以及企业财务体制的改革即集权与分权的问题。大家认为，国家和国营企业之间的财务关系是全民所有制内部生产关系的一个重要方面，它是从分配方面处理国家与企业、整体与局部之间的集权与分权关系，国家计划与企业相对独立经营的关系。同时，财政与价格之间存在密切的联系，价格的变动会影响财政分配，改变国民收入在国家、职工和农民间的分配比例。价格在处理交换关系和分配关系时会产生矛盾，解决这种矛盾，要在发展经济、保障供给的总方针下，把价格手段和财政手段更好地结合起来。这次讨论会使"国家分配论"有所深化和发展。两次讨论会后不久，"史无前例"的"文化大革命"发生了，财政学术界关于国家分配论的讨论也暂停了。

三、20世纪80年代财政本质讨论的继续

粉碎"四人帮"后，政治环境的宽松使财政学界的旧话重提，在20世纪70年代末80年代初开始了又一轮财政本质的大论战。1980年1月，中国财政学会第三次

全国财政理论会着重讨论了社会主义财政在国民经济中的地位和作用、财政分配结构对经济结构的能动作用、财政在国民经济综合平衡中的地位和作用、财政如何运用国民经济核算方法达到提高经济效果的目的、国家与国有企业的财务关系、国家与集体经济之间的分配关系等问题。1982年11月,由中国社会科学院财贸研究所发起的全国财政基础理论讨论会在厦门大学召开,集中研讨了财政的本质问题。通过这两次会议的讨论,"国家分配论"的理论体系和主要观点基本定型,财政学主流学派的地位也得到了巩固。以后,1998年出版的贾康的专著《财政本质与财政调控》对国家分配论和财政本质的研究作了系统的总结,从中外财政思想的历史回顾、财政本质的探讨,到财政职能、作用的剖析,进而讨论财政调控的一系列重大现实问题,形成"社会集中分配论"。

20世纪80年代中后期之后,由于财政本质问题具有的抽象性和纯理论色彩,相比较于其他重大的现实财政改革与发展问题,"财政本质"的热议趋向于降温,但财政本质问题并未从我国财政理论讨论中消失。总体看,在论战中,国家分配论形成了相对完整的理论体系并呈现为一个较长时期的主流之后,20世纪80年代在改革开放新时代背景下的财政本质问题大辩论,是颇具启发性的。市场经济下财政具有两大根本性质,即"政府性"和"公共性",争论双方各执其一。在经历了半个世纪的关于是"国家"还是"公共"的争论之后,人们才发现双方都有正确的一面,但又不全面。这样,从新中国成立前的公共财政观,到计划经济时期的国家财政观,再到社会主义市场经济下的公共财政观,我国财政理论界经历了一个否定之否定的过程,并在"螺旋式上升"的认识过程中求索以"社会集中分配论"对其集大成,继续深化了对于"财政"这一客观事物的认识。

第二节 国家分配论的主要内容

一、国家分配论的主要内容

20世纪50年代到60年代,"国家分配论"者大多从国家和财政有无本质联系入手,从浩瀚的历史海洋中寻找素材,探求财政演变的足迹与规律性。论者认为,财政随国家的产生而产生,随国家的消亡而消亡,没有国家就没有财政;同时,财政又是国家赖以存在和发展的物质基础;在财政分配中,在很长的历史发展阶段,财政采取实物分配的形式,只是随着商品经济的日益发展,财政分配才越来越采取货币分配的形式。这样,"国家分配论"者就在消化、吸收苏联理论界"货币关系论"的基础上,完成了对"货币关系体系论"的扬弃,树立了国家与财政有着本质联系的论点。这一点对"国家分配论"的形成十分关键,是否承认这一点,是区分是不是"国家分配论"者最起码的标志。

　　粉碎"四人帮"之后,随着中共十一届三中全会的召开,理论探讨之风再次吹拂中华大地,财政科学也和其他科学一样迎来了繁荣发展的局面。这一时期"国家分配论"的发展主要体现在两个方面:一是深入挖掘了马克思、恩格斯等经典作家的财政思想,并运用马克思主义再生产原理去分析财政分配在社会再生产中的地位和作用,着重研究了分配结构对形成合理的国民经济结构的作用,将毛泽东的经济决定财政、财政影响经济的辩证关系作了科学的分析与发展。二是从生产资料所有制这一社会经济结构的主要标志出发,深入研究财政分配与社会经济结构的关系,特别是财政分配对形成新的经济形式的作用,从而使生产关系如何适应生产力的发展这一规律更加明确。这样"国家分配论"就把分配置于马克思再生产原理四个环节的中介地位,把财政置于生产力与生产关系、上层建筑与经济基础的矛盾运动中。在这个基础上建立的财政学,突破了过去那种收、支、平、管的旧体系,形成了一个财政与经济相互交织,分配关系与生产力相互制约,上层建筑与经济基础相互作用的财政学体系。

　　总的来说,"国家分配论"的主要贡献在于确立"国家主体"前提下,把分配、交换这两个不同的社会再生产中介环节加以区别,表明了财政分配与社会再生产过程四环节之间相辅相成的辩证关系,从而搞清楚财政分配对象是社会总产品和国民收入的分配和再分配,避免了用货币关系归纳财政本质所造成的局限性和模糊性。特别是辩证地将经济基础与上层建筑联系起来,指出分配关系属于经济基础,分配活动和方式则是国家以预算收支,税收、财政补贴等直接调控手段和政策手段(即间接调节的杠杆手段)并与价格、工资、信贷、利率、汇率等杠杆协调呼应参与分配的政务活动,是上层建筑处理分配关系的能动方式;同时,提示财政分配方式在不同的生产方式下具有的特殊性,社会主义生产方式决定了社会主义财政分配本质上是对社会产品和国民收入进行"取之于民、用之于民"的社会扣除,不具有剥削性。其主要观点可衍生出如下四个方面的认识:

　　(1)主体论。财政分配的主体是国家。因此,"国家分配论"认为,要通过以国家为主体的财政分配,调整生产关系,使生产关系与生产力相适应,促进生产力的发展。因此,以国家为主体的财政的职能,一是要通过财政调控手段,调整好生产关系;二是要利用财政政策,调节生产力结构,以促进社会再生产的顺利进行。

(2) 制导论。制导论的一层意义是:以国家为主体的财政的两方面的职能,决定了分配的目的是制导生产力的发展和生产关系的调整,而不是简单地对预算收入的再分配,更不是简单地制造公共产品,限于公共消费。因此,财政学研究的内容,应该包括如何通过分配和再分配,来制导生产、消费和交换,使社会再生产得以顺利、有序、高效地运行,使市场配置资源基础性作用得以实现。制导论的另一层意义是:国家对经济的制导是在认识客观规律的基础上发挥其主观能动性,而不是瞎指挥。财政制导论必须是科学的、发挥主观能动性的制导。财政是社会经济发展中各种矛盾的集中反映点,尽管这种反映有一定的滞后性,但由于经济和社会发展的历史相关性,其发展都有一定的规律。因此,为确保财政在制导经济中的主动性,财政学必须研究社会经济发展中的各方面问题,充分掌握各方面发展的规律,研究社会经济发展与财政的关系,提高财政工作的能见度,加强可控度,使财政真正按战略目标有步骤、分阶段地有效制导社会主义市场经济的发展。

(3) 结构论。社会主义生产的目的是为了最大限度地满足人民生产和生活的各方面需要。而要满足这种需要,就必须充分发展生产力。因此,财政制导经济的目的是发展生产力,调整生产关系,使生产力结构、生产关系结构、产业结构、产品结构、技术结构、组织结构等建立在先进的科学基础之上,使生产力不断地向现代化发展,使生产关系结构也随着生产力结构的变化而不断发展。由于社会再生产的四个环节是密切相关的,每个环节对其他三个环节都会产生很大的影响。因此,结构论的研究对象,就是要从再生产四个环节入手,研究财政如何采取措施,影响另外三个环节,以确保国民经济的持续、稳定、快速发展。

(4) 机制论。分配涉及各方面的利益关系。机制论就是研究利益关系。每个政策的变化,都会影响各方面的利益,因此,必须通过机制的研究,确定最佳的利益分配格局。在社会再生产过程中,分配是一个重要的环节,它的运行有着自身的规律。同时,它对其他三个环节的影响,也有着自身的客观规律。因此,财政学研究,还必须研究分配领域的有关规律,深入了解经济发展过程中分配领域的规律,研究分析分配和再分配的运行机理和机制,使分配领域的经济活动,更符合社会再生产的需要。

以社会主义国家为主体,财政机制必然要充分运用法律、行政、经济、教育等手段，正确处理好国家、集体（企业）、个人以及各级政府之间、区域之间的分配关系。因此，财政机制必然要考虑利益机制，按照权责利相结合的原则，充分运用各种经济手段。

在研究清楚如何利用法律、行政、经济和教育手段之后，更重要的是，机制论研究如何使这几种手段能有机结合起来，形成一个比较科学合理的财政分配机制，使财政工作能真正符合国家与人民的利益，体现国家的目的。因此，在实际工作中面临的国家预算管理、税收管理、财税制度、财政体制，以及财政货币政策的配套等，都涉及这方面问题，都需要通过对机制论的研究，找出其发展规律。

贾康归纳了"国家分配论"观点及其理论体系的四项最基本要素：

第一，分配关系。即把关于财政本质的认识，最终落在分配关系之上，认为财政分配说到底，是社会生产方式中广义生产关系的内在构成环节之一——分配关系的一个组成部分。这一要点继承了马克思主义经济学理论的传统，使关于财政的探讨在"人与人关系"的角度上能够达到比较充分的深度。

第二，国家主体。即认为财政分配关系与其他分配关系相区别的主要个性或特点，在于分配的主体是国家政权或政府，而非别的任何经济活动主体。这一要点隐含着"财政即为国家财政"的界定。在这一界定下，国家政权的唯一主体性是不言而喻的：由国家政权掌握的分配，必属财政；不由国家政权掌握的分配，必非财政。这种鲜明判断体现着一种深远的唯物主义传统，即从基本的实证材料中归纳出结论。

第三，国家职能。即认为以国家为主体的分配在其功能、目标的客观规定性上，必然要归结为"满足国家政权实现其职能的需要"。当然，目标并不等于全部现实，形成目标也不一定就能保证其实现，但关于这一目标规定性的理论总结，是刻画国家分配的作用方向，这种方向是由财政的特性客观地确立起来的，在逻辑上也是顺理成章的。

第四，阶级属性。若是仅以"国家职能"这一要点为前提，其实仍可派生出不同的理论流派或"亚流派"。这里的关键在于如何解释"国家职能"，要言之，其内容是阶级性的，或阶级性为主导的，还是公共的、全民的？中国的"国家分配论"坚持前者，而历史上许多归属于国家职能论框架的学者并不这样认为，比如巴斯特布尔便把国家职能一般地归结为"满足公众欲望"，这表明"共同需要论"等有时也可以与满足"国家职能"的前提并行不悖。所以，必须注意，"国家分配论"在满足国家职能方面强调的是统治阶级利益主导作用下的国家职能，即国家机器阶级属性前提下的国家职能。这一要点无疑是基于马克思主义的国家观。①

总之,"国家分配论"较正确地认识了社会主义财政的本质、主体和目的,澄清财政分配与其他分配形式的制约关系,以及分配与交换,特别是商品交换中的价值运动和物资运动的关系;同时,对财政政策的形成依据和财政分配与生产方式的联系,进行了较为科学的阐述,有利于深入探讨如何改革上层建筑中不适应生产力发展的环节和方面。

二、广义财政学的提出

"国家分配论"狭窄化倾向的典型表现是片面地强调财政分配的独立性、强制性、无偿性、服务性。财政分配是覆盖全方位的,财政政策、杠杆、手段都是涉及和作用于社会总产品和国民收入全过程的。财政分配不仅是直接测量、统计、反映社会总产品分配流程的工具,而且具有组织和调节社会总产品和国民收入初次分配和再分配的功能,其包括预算、税收、公债、补贴和财务管理。

为了扭转将"国家分配论"狭窄化的倾向,许毅1992年发表《建立广义财政学的倡议》一文,力图以生产力结构为中心,以要素配置优化、利益分配合理化和运行机制顺畅化为基本点,以社会化大生产、大流通、大分配——即建立社会三大基金、实现六项扣除的理论为基础,为建立大流通的市场机制、建立社会主义市场经济的新秩序,创建具有中国社会主义特色的广义财政学体系,开展多侧面的理论研究。同时,依照从结构到机制的思路重新构建具有中国特色的社会主义分配体制和政策体系,以解放和发展生产力为主线,揭示社会生产力发展的不同阶段上,生产方式制约分配方式和财政分配方式的一般规律和特殊规律,据此来阐明分配如何反作用于生产方式,推动社会生产力的稳步持续发展。

广义财政学的基本思路是:牢牢把握财政是国家重要职能的观点,充分发挥国家在分配中的主体地位和公有制在经济基础上的主体地位,坚持"主体论";注重上层建筑对经济基础的反作用,重塑财政的宏观调控职能地位,实行国家分配的"制导论";认清中国社会生产力的发展要求,充分发挥财政在调整国民经济结构中的作用,发展"结构论";充分利用市场机制,改进财政运行机制,完善"机制论"。这样,我国的财政工作才能真正做到为社会生产力发展要求服务,为社会主义先进文化的发展服务,为广大人民的根本利益服务,使我国的财政为实现社会主义市场经

---

① 贾康:《财政本质与财政调控》,经济科学出版社1998年版。

济发展的现代化宏伟目标作出应有的贡献。提出研究广义财政理论体系的命题，目的也正是从生产方式与分配方式、经济运行与财政政策、经济基础与国家职能的辩证关系入手，以生产力结构优化为中心，以生产力要素配置和物质利益分配之间相互协调为基点，完善与发展"国家分配论"的财政体系，拓展财政科学研究视野，在更广阔的范围内重新研究财政理论和政策。

在广义财政学提出的同时，1992年，中共十四大报告确立了中国社会主义市场经济体制，为配合市场经济建设，我国关于公共财政改革的研究和讨论逐渐兴起，建立公共财政的呼声愈加高涨。1998年的全国财政工作会议第一次明确提出了建设公共财政的要求，中共十五届五中全会明确要求将建立公共财政初步框架作为"十五"时期财政改革的重要目标，中共十六届三中全会进一步提出了健全公共财政体制的改革目标。伴随着这一过程，"国家分配论"逐渐与公共财政理论相融合。

三、社会集中分配论的基本认识框架

"社会集中分配论"是由财政部财政科学研究所贾康研究员在20世纪90年代首先提出，并力图在理论研讨和财政改革发展的实践中不断加以完善的一个理论流派。集中阐释这一理论框架的文献，首推贾康1998年发表的《从"国家分配论"到"社会集中分配论"》。文中总结了"国家分配论"以及其余各种较为影响力的理论流派主要观点，并在此基础上创造性地提出了"社会集中分配论"的基本主张和逻辑体系。系统发表关于"社会集中分配论"的相关论述后，贾康还进而研究"社会集中分配论"在新的经济社会条件下的外化形式，提出了包括公共财政概念、内涵、基本特征和基本框架在内的公共财政模式，从而不断丰富"社会集中分配论"的理论体系。

"社会集中分配论"体系的构建采取了唯物史观的研究方法，从社会集中分配最基本的事实出发，以求探究财政本质问题。贾康认为，"唯物史观，在我们作深入探讨以求正确认识财政本质的时候，应当成为理论的基础，逻辑体系的开端，解剖问题的指南"，否则就不能真正建立起系统阐述财政本质的理论架构。

"社会集中分配论"采取了从历史到现实、从现象到本质、再从本质到外化及其实践形式的逻辑思路。与马克思理论的观点一致，"社会集中分配论"以人类的需要为研究的逻辑起点，认为人的需要是理解人的活动和人类社会历史的一

个关键范畴。在人类社会之初,人的需要大致可以分为个人需要、群体需要和社会共同需要,并且更多地表现为三者之间的统一性。为了满足这种社会共同需要,在经济前提和政治前提具备的条件下,就有了原始财政。随着三种需要的逐渐分离,原始财政也就逐步进入奴隶制国家财政、封建制国家财政、资本主义国家财政和社会主义国家财政等不同的形态。在对诸种表现形式各异的财政现象进行概括和抽象的基础上,"社会集中分配论"提出了理论的核心内容——财政的本质。

贾康认为,社会集中分配的最基本范畴——财政范畴有广义、狭义之分。广义财政在现象形态上指的是人类社会发展各阶段以社会性的权力中心为主体的理财活动,包括国家出现之前的原始财政、国家出现之后的国家财政,以及将来国家消亡之后公共权力中心的财政;狭义财政在现象形态上可以特指人类社会某个具体发展阶段上的以社会权力中心为主体的理财活动——由于我们现在处于国家作为社会权力中心的社会,所以今天通常所说的财政,即为国家财政(或国家各级政府的财政)。财政的本质,是在其种种繁复纷纭的现象形态后面掩盖着的某种带有集中性特征的分配关系,是一个客观经济范畴。这种带有集中性的分配关系,是生产资料所有制起决定性作用的广义社会生产关系的一个组成部分,即生产、分配、交换、消费四个环节构成的广义生产关系链条中分配环节的一个组成部分,它内在于社会再生产之中。当生产力发展到一定水平后,由集中性的分配来配置社会总产品中剩余产品的或大或小的一部分,成为总体社会再生产及人类社会生活的客观必要,于是这种集中性的分配关系便产生、形成了。

贾康给出的定义是:财政的本质,是由当时的社会生产力和社会主导的生产关系所决定的一种带有集中性特征、以社会总产品(主要是其中的剩余产品)为对象的分配关系,是该时代的广义生产关系的一个组成部分。国家财政的本质,是上述"财政一般"的本质在阶级社会中的特性化、具体化,即集中性分配的主体由国家充当——换言之,国家财政的本质,是由各类阶级社会生产方式中居主导地位的生产关系所决定的、以国家政权为主体并在主体总揽全局情况下、主要以社会总产品中社会剩余产品为对象的分配关系。他指出:由生产力和占统治地位的生产关系所决定的、以社会权力中心为主体的分配关系,是所有财政现象的深层本质。本原的财政分配关系决定着派生的财政分配手段。人们在日常生活中所说的"财政",往往是一种笼统的泛称,既可指本原层次的财政分配关系,也可指派生层次的财政政策、制度、工作、部门、收支等等,需在不同场合、不同上下文关系中具体确定其何所指。作为现象的财政收支、管理,要运用政策、制度等等,既是财政本质的外化,也是财政职能作用得以发挥的过程,即社会权力中心为实现其职能,在总揽全局的情况下,运用财政分配手段对社会总产品、国民收入的一部分(主要为剩余产品的一部分)实行分配,从而能动地影响、调控经济与社会的过程。在国家财政分配主体的意愿上,调控完全是为了巩固、维护其政治统治及其经济基础,但实际的调控则可能如愿、亦可能相反,关键在于主体是否能顺应生产力、生产关系、分配关系的客观规律要求。这一财政本质论,既坚持了"国家分配论"的基本内核——把对财政本质的认识最终落在分配关系上,又吸收了其他流派的合理内容,使"国家分配论"在新的历史条件下得到了进一步的发展。这一本质论的提出,标志着"社会集中分配论"的基本形成。

"社会集中分配论"构建起一个具有丰富内涵的理论框架,试图突破既有"国家分配论"的不足,同时又意欲吸纳其余理论流派的合理、科学内容,形成集大成的认识框架。

第三节 关于国有企业收入的思考

改革开放以前,国家对国有企业实行计划统一下达,资金统贷统还,物资统一调配,产品统收统销,就业统包统揽,盈亏都由国家负责的政策,国有企业没有经营自主权。中共十一届三中全会提出,要让企业有更多的经营管理自主权。1978年,在国有企业推行了扩大企业自主权、利润分成试点。1987年,全国国有企业普遍实行承包经营责任制,在试图以此调动企业和职工的生产经营积极性、增强企业活力的同时,也产生了许多问题。1993年,中共十四届三中全会明确了国有企业改革的方向是建立"产权清晰、权责明确、政企分开、管理科学"的现代企业制度。1994年,我国成功进行了全面税制改革,构建了适应社会主义市场经济需要的一套新税制,进一步确定税收以及"税利分流"作为国家同企业分配的基本形式,彻底地否定了企业承包做法。2002年,中共十六大报告提出深化国有资产管理体制改革的重大任务,明确要求制定法律、法规,建立中央政府和地方政府分别代表国家履行出资人职责,享有所有者权益,权利、义务和责任相统一,管资产和管人、管事相结合的国有资产管理体制。2007年,中共十七大报告进一步提出,深化国有企业公司制、股份制改革,健全现代企业制度,优化国有经济布局和结构,增强国有经济活力、控制力和影响力。深化垄断行业改革,引入竞争机制,加强政府监管和社会监督,加快建设国有资本经营预算制度,完善各类国有资产管理体制和制度。在国有企业改革的过程中,财政界的专家和学者也对国有企业收入的定位和管理进行了探索和思考。

一、双元财政

"双元财政"论是 1993 年由叶振鹏、张馨率先提出的。"所谓'双元财政',即双元结构财政的简称,指的是社会主义市场经济条件下由相对独立的公共财政和国有资产财政组成的有机统一体"。其基本观点是:社会主义国家的两重身份与两重职能,表明统一的国家财政中存在两个相对独立的收支体系,这就是公共财政与国有资本财政;公共财政与国有资本财政在活动主体、活动目的、活动依据、活动领域、收支内容和服务对象等诸多方面存在差别,是两个完全不同的财政分配体系;它们都是以国家为主体的分配活动,是与市场经济相适应的财政模式。"双元财政"论提出之后,在理论界引起了较大反响。这是因为:"双元财政"论着眼于国家财政的整体,而不仅仅局限于国有企业财务;"双元财政"论更注重对国家职能与财政活动范围的分析,把公共财政和国有资本财政看作国家财政的一种类型,同时并不否定国有企业的收支活动仍然属于财政的管理范围。"双元财政"论是在及时总结改革经验的基础上,对我国财政理论的丰富与发展。它严格坚持"国家主体"和"国家分配"两个标准,并将公共财政和国有资本财政看作与市场经济相适应的财政模式,这些都是对国家分配论的财政本质观的进一步展开与深化。

二、一体两翼财政

以"国家分配论"为理论基础的"一体两翼"思想虽然萌生于计划经济时期,但其丰富、发展直到成型却是与经济体制的改革实践同步的。2003 年,厦门大学教授邓子基在《对国家财政"一体两翼"基本框架的再认识》①一文中深入阐释了"一体两翼财政"的概念。该文认为财政、税务和国资管理三者之间是"一体两翼"的关系,即"专业分工协作、财政归口管理"的关系。社会主义国家财政内含"一体五重"的关系,即一个主体(国家或政府)——两种身份(政权行使者、国有资产所有者)——两种权力(政治权力、财产权力)——两种职能[社会管理、经济(含国有资产)管理]——两种分配形式(税收、国有资产收益)——两种分配关系(税收征纳、

---

① 发表于《当代财政》2003 年第 9 期。

利润上缴)。这种"一体五重"的关系形成了社会主义国家财政特有的公共财政和国有资产(本)财政的"双重结构模式";对应于财政管理部门来说,则形成国家财政部门和国家税务部门与国有资产管理部门的"一体两翼"格局(其中,财政是"母体",税务与国资是与母体不可分割的"两翼")。需要强调的是,在上述"一体五重"的关系中,社会主义公有制为主体与各种经济成分并存的基本经济制度,是"一体两翼"的经济基础;而社会主义国家的两种身份与两种职能,则构成了"一体两翼"的思想认识根源。

三、第三财政

在"一体两翼财政"和"双元财政"的基础上,厦门大学张馨教授在《财政研究》2012年第8期发表的《论第三财政》一文中,又详细阐述了第三财政的概念,认为第一财政是行为相对合法与正常的政府财力活动。第二财政是合法但又行为严重扭曲的政府财力活动,是滥用政府权力的财力攫取与运作。它集中表现为土地出让金(不是政府的全部土地收入)和政府性债务(其中,包括政府性融资平台)等现象。这些活动成长于现行体制和制度的缝隙,它们并不违法、违规,属于"遇到黄灯抢着过"的行为。第三财政是合法的以企业利润形式存在的政府财力活动,即国有资本财政,是自1998年以来国有企业盈利后而产生的。

张馨认为,10余年来,国有企业盈亏状况于不知不觉中发生了根本变化,从而产生了"第三财政"现象。1998年以来,全国企业利润总额有了很大增长,尤其是2003年以来几乎是跳跃式大规模增长。从2007年开始,政府一般预算不再向国有企业提供亏损补贴,从此国有企业"利润总额"就是第三财政数额了,国有企业实力进一步增强。"第三财政"的出现,意味着国有经济从吞噬政府财力的"无底洞"转变为聚宝盆和摇钱树,财政从弥补国企亏损重负中解脱出来。他提出,要从根本上处理好上述问题,就必须将国有经济的全部利润都纳入政府预算,而不是只纳入一小部分。政府性收益必须全部收归公共性质的政府一般预算,政府性收益收缴公共财政后,余下的是市场性收益,必须全部而不是部分纳入国有资本经营预算。

"一体两翼财政""双元财政"和第三财政思想的产生与发展,对我国国有企业改革的深化、国有资本经营预算的规范和全口径预算的完善,以及国家分配论和公共财政理论的融合起到了推动的作用。

第五章

改革开放与公共财政的探索

第一节　改革开放初期传统财政理论的探索

1978年夏,在邓小平、胡耀邦等同志领导和推动下,开展了"实践是检验真理唯一标准"的大讨论,开始全面、系统、完整、准确地理解认识毛泽东思想对中国革命和建设的指导意义,深刻反省"文革"错误,对党内存在的"左"倾思想路线进行拨乱反正。在关于真理标准大讨论的过程中,中央决策部门和经济理论界也反思与探讨社会主义经济规律问题。财经工作中也迫切需要研究规律、分析形势、寻求对策。1979—1984年,围绕中共十一届三中全会精神和以调整为中心的八字方针,对于当时财经工作中的若干重大理论和实际问题,在理论界和实际工作部门展开了热烈讨论,主要有:关于财政在国民经济中重要地位和职能作用,正确处理经济与财政、经济结构与财政分配结构的相互关系的理论问题;关于财政在宏观调控中的地位和作用问题;关于国家财政职能与财政运行机制问题。

1979年,国家财政发生赤字,这引发了关于反对国民收入超分配和防治通货膨胀问题的讨论。当时社会上已出现了"借鉴和运用凯恩斯的赤字财政政策刺激我国经济发展"的思想,但一开始遭到多数专家学者的否定,以后逐步地为较多人所接受。在国有资产管理方面,当时有学者提出应将国有资产分为最基本的三类,即自然资源型资产、公益性资产和经营性资产。

新中国成立以来,我国财政学界编写的财政理论书籍,一般都采用收支平(平衡)管(管理)的体系,其主要内容是研究财政收入、财政支出和财政管理的各自规律和相互作用关系。这种研究方法虽然也言之成理,但局限性较大,深刻性不足。许毅、陈宝森等写在所著的《财政学》中,将正确处理积累与消费关系等作为财政活动的基本矛盾,作为贯穿于全书的主线,总结了综合平衡的理论,专门研究了财政分配与社会经济结构的关系。

第二节 西方财政理论的传入和公共财政思想的兴起

随着经济改革和财政改革的全面展开,我国在经济理论和财政理论上也开始广泛吸收西方经济理论和财政理论,并日益成为我国财政思想的重要补充。1980年,财政部财政科学研究所率先以财政研究丛刊的名义,翻译了《日本财政》一书,该书第一章分四节分别介绍了美国财政、联邦德国财政、法国财政和英国财政,该书虽未正式出版,但是让中国财政学人第一次比较系统了解了西方财政学说,产生了较大影响。1981年,王传纶编著出版了《资本主义财政》系统介绍了西方财政思想。同时,一大批西方财政思想著作被直接翻译介绍了过来,如邓子基翻译了出版了西方当代财政学的经典著作,马斯格雷夫的《财政理论与实践》,张愚山翻译了美国埃克斯坦的《公共财政学》,张淳翻译出版了日本学者坂入长太郎的《欧美财政思想史》,财政部财政科学研究所翻译了《发展中国家的税收理论》,这些著作的出版为我们研究和借鉴西方公共财政思想提供了条件,极大拓展了我国财政思想的视野,推进了我国当代财政思想的发展和创新。

1992年初,邓小平同志发表了重要的南方谈话,回答了长期束缚和困扰人们思想的许多重大认识问题,确立了社会主义市场经济的理论基础,廓清了社会主义市场经济和中国特色社会主义发展道路方面的一系列根本问题。1992年10月12日召开的党的十四大,确立邓小平建设有中国特色社会主义理论在全党的指导地位,明确我国经济体制改革的目标是建立社会主义市场经济体制,标志着我国改革开放事业进入了一个崭新的阶段。1993年11月14日,中共十四届三中全会正式作出了《中共中央关于建立社会主义市场经济体制若干问题的决定》,把十四大提出的建立社会主义市场经济体制的目标和原则具体化、系统化,勾画了社会主义市场经济体制的基本框架。

在这样的形势下,学术界就有关社会主义市场经济框架下中国财政型态的转变和财政体制的改革方向与发展模式,展开了更为热烈和深化的讨论。1997年,厦门大学张馨教授在《经济学家》第1期上发表了《论公共财政》一文,其后引起人们对公共财政论及相关理论的研讨和争论。其后若干年,中国的"公共财政论"的支持者逐步形成了相对系统的公共财政理论。"公共财政"提出后曾饱受其他专家学者的质疑,而且这种质疑到现在也没有完全停止。概括起来,各界对公共财政的质疑和反驳主要集中在以下四个方面:一是与财政的关系无法界定,公共财政仅仅是 public finance 的英文直译,与通常使用的财政概念是同义语反复。二是公共财政论者"面向一切市场主体所提供的一视同仁的公共服务"的说法抹煞了国家的阶级性。三是"公共财政是与市场经济相适应的一种财政类型"无法解释国家产生之前和国家消亡之后的财政状态。四是公共财政关于政府与财政职能的非盈利性,不适应我国庞大国有经济的现实。针对这些质疑之声,公共财政论者从不同的角度作出回应。对第一个问题,他们的回答是"在这种(转轨)历史背景下,明确提出公共财政,显然是为了解决我国经济转轨中的财政改革走向的问题,或者说是财政职能定位的问题"。对第四个问题,叶振鹏和张馨的"双元财政",即建立公共财政和国有资本两种预算,可以较好地解决这种理论与现实的差异。而对第二、第三两个问题,则需要从各自不同的理论基础上认识和把握。①

财政部科研所贾康研究员认为,对于公共财政首先应把它理解为在中国完成经济社会转轨、建立社会主义市场经济新体制所要求的财政型态转变的一个基本导向,其理论和实践都将经历一个由粗到细的发展过程。关于公共财政基本特征,首先是强调财政的公共性,即要以满足社会公共需要作为财政分配主要的目标和工作的重心。在社会主义初级阶段,为了社会的共同利益和不断进步,在政府职能上强调满足社会公共需要,这与历史发展趋势相吻合,和我们现在这样一个现代化阶段上以经济建设为中心、以全面建设小康社会为纲领,在科学发展观指导下统筹兼顾、最终实现共同富裕的总任务,是紧密结合的。这一基本特征的实质是正确处理公共性与阶级性的关系问题。在理直气壮地强调财政服务于社会和谐、全面小康、共同富裕的同时,我们也要客观地、实事求是地看待还未消失净尽的、全球竞争背景下的阶级属性问题。第二个特征是应该以提供市场不能有效提供的公共产品和服务作为满足公共需要、"以财行政"的基本方式。这个特征的实质是处理好政府和市场的关系,市场应该成为资源配置的基础,但是市场有其缺陷,有其失灵的领域,政府必须在这些领域,主要是在公共产品和服务不能由市场有效提供的领域,担负起应尽的责任。政府与市场的"分工合作"有利于生产力的解放,以及社会总福利的最大化与社会效益总水平的提高。第三个特征是公共财政需要以公民权利平等、政治权力制衡前提下的规范的公共选择作为公共资源配置的决策机制和

---

① 冯俏彬:《国家分配论、公共财政论与民主财政论——我国公共财政理论的回顾与发展》,《第十六次全国财政理论会文选》中国财政学会编,中国财政经济出版社 2005 年版。

监督机制。公共财政和我们原来没有进入到这个状态的财政,以及原来状态下的整个政府理财及相关的决策机制之间的本质的不同,就是我们要实行政府理财和公共事务管理的法治化、民主化、科学化、宪政化。第四个和公共财政紧密相连的基本特征,是公共财政在管理运行上必然要以现代意义的具有公开性、透明性、完整性、事前确定、严格执行、追求绩效和可问责的预算作为基本管理制度。现代意义的预算是落实公共财政所有理念、原则、目标和功能的现实载体与操作形式。这一特征归结起来,实质内容是以周密、合理的理财制度防止公权扭曲。(贾康《略论公共财政是财政改革与发展的主导因素》,《理论视野》2002年第2期;《关于建立公共财政框架的探讨》,《国家行政学院学报》2005年第3期)在人类社会发展的历史长河中,真正意义的公共财政,其初始形态出现于原始社会,而阶级国家的出现使财政的阶级性出现并上升为主导,成为对公共财政的第一次否定,而中世纪末叶资产阶级革命以"社会契约论"为思想武器和以"自由、平等、博爱"为旗帜的社会变革,使财政的公共性在权力制衡、宪政民主框架下,在形式上和份量上开始复归,而由于社会主义革命而进入社会主义初级阶段之后,最终将引来国家消亡过程而使财政的公共性走向更为实质、更为全面的复归,即最终完成"否定之否定"。(贾康、叶青《否定之否定:人类社会公共财政发展的历史轨迹》,《财政研究》2002年第8期)

首都经济贸易大学财政系焦建国认为,公共财政应具有三个层次的含义:①从社会政治属性和目的来看,公共财政是作为纳税人的公众的财政,不是政府部门及其官员私人的财政,目的是要满足社会公共需要,而不是用来满足个别利益集团和个别人(尤其是当权者)的私利,这一点是公共财政与家计财政的区别。②从资源配置效率的角度看,公共财政是用来弥补市场失灵、提供公共产品和公共服务,做市场和私人不愿意做或愿意做但做不了的事,不与市场和私人争利,这一点是公共财政与计划财政(核心是生产建设性财政)的区别。③从运行机制的角度看,为实现上述目的,公共财政必须是民主法治的财政,这一点是公共财政与个别人说了算的专制、人治财政的区别。在这个意义上,公共财政是建立在现代预算制度基础上的财政。现代预算是公共财政的法律制度基础。在历史演进中,预算制度的建立使以专制、人治为基础的家计财政质变为公共财政。(焦建国:《财政公共化改革的三个基本任务——支出结构调整、公开透明与责任落实》《公共管理学报》2004年第3期)。建立公共财政的基本框架,就是要按照民主财政的要求构建现代政府预算制度,确立财政运作的民主机制。它既是经济体制改革的任务,更是政治体制改革的任务,是代议制政体的主要部分;真正地体现公众意志的、有约束力的预算制度确立起来了,现代市场经济体制和民主政治体制也就确立起来了,这如一枚硬币的两面。(焦建国:《民主财政论:财政制度变迁分析》,《经济研究》2002年第3期)

厦门大学财政科研所袁星侯认为,公共财政是市场经济的产物,是与市场经济相适应财政类型或运行模式。同时,它又是保证市场经济得以存在和顺利运行的根本条件。在经济体制的转轨过程中,我国财政模式也相应地由计划型财政转向市场型财政,即公共财政模式。由于中西在政治、经济、文化及生产力、生产关系等方面的差异,导致中西公共财政模式也有很大差别。生产资料的资本主义所有制和市场经济制度,导致西方公共财政具有公共性和剥削性的双重特征。而我国生产资料的公有制,在社会主义市场经济条件下,公共财政就表现为公共性和增值性的统一。进一步地看,在市场经济条件下,生产资料所有制性质的差异,还直接导致了我国的财政运行模式将是双元(结构)财政模式,即公共财政和国有资本财政。而西方的财政运行模式只是较单一的公共财政模式。生产力发展水平的不同,导致中西发展型公共财政和发达型公共财政的差异。我国发展型公共财政具体表现在,税收将长期以流转税为主体,公共投资在整个国民投资中占较高比重,公共支出主要目标由提供社会基础设施转向提供教育、卫生、福利等服务,用于社会保障和收入再分配方面的支出所占比重较大。市场经济形成的路径,导致中西市场失效范围进而公共财政的范围不同。我国的市场失效和西方相比,有其独特的一面,不仅包括"天然"的市场失效,还包括"人为"的市场失效,且市场发育不健全,市场失效表现为初级性、特殊性和多样性。正是由于市场失效的人为性、初级性和多样性,使得以弥补市场失效为己任的我国公共财政,表现出与西方公共财政不同的特点。决定了弥补市场失效的艰巨性,我国的公共财政不仅要弥补"天然"的市场失效,还要弥补"人为"的市场失效。(袁星侯:《准确把握中西公共财政的异同》,《四川财政》2000年第3期)

随着我国财政改革实践的不断发展,理论界对公共财政的研究也不断深化。2005年,冯俏彬在其博士论文《私人产权与公共财政》中认为完全的私人产权是公共财政的必要条件。冯俏彬从考察英国和中国传统社会的产权制度、政治制度、财政制度变迁的角度出发,得出的基本结论是:完全的私人产权是民主政治和公共财政的基础。在私人产权完整的情况下,政府提供的服务要服从于财产所有者的利益与需要,而公民也将借助预算制度参与各项财政决定,保证政府始终处于公意的约束与监督之下。因此,中国在经济转轨过程中,随着私人产权制度的逐步确立最终会过渡到民主政治和公共财政制度。(冯俏彬:《私人产权与公共财政》,财政部

财政科学研究所博士学位论文,2005年)

"公共财政论"在学界引起广泛关注和讨论的同时,建立公共财政框架成为我国财政转型的工作方针。1998年,时任财政部部长的项怀诚提出要搞公共财政。12月的全国财政工作会议上,主管财经工作的国务院副总理李岚清同志在讲话中强调"积极创造有利条件,逐步建立公共财政基本框架"。此后国务院领导和财政部官员多次在不同场合谈到公共财政问题。财政部部长项怀诚于1999年年初,在《关于1998年中央和地方预算执行情况及1999年中央和地方预算草案的报告》中提出了"转变财政职能,优化支出结构,建立公共财政的基本框架"的目标。2000年10月9日召开的中共十五届五中全会审议通过的《中共中央关于制定国民经济和社会发展第十个五年计划的建议》,明确将建立公共财政初步框架作为"十五"时期财政改革的重要目标。中共十六届三中全会《中共中央关于完善社会主义市场经济体制若干问题的决定》进一步提出了健全公共财政体制的改革目标。随后,财政部在几年间理论界对公共财政理论进行研究、探讨的基础上,借鉴国际经验,结合我国的实践,经过反复研究,征求各方意见,提出了建立我国公共支出预算体系的基本思路。

第三节 公共财政思想在争论中发展

学术界也对公共财政理论有着各种争论,比如,有学者认为公共财政是国家财政在市场经济下的一种模式;有学者认为国家财政包括公共财政和国有资本财政两部分,等等。尽管有争论,公共财政理论还是在实践和摸索中发展和完善,尤以民生财政、包容性财政、建立现代财政制度、大国财政与大国治理几种思想为代表,下面分别加以介绍。

一、民生财政

民生在中国是一个历史非常悠久的概念,《离骚》里就有"长太息以掩涕兮,哀民生之多艰"的句子,共产党的早期领导人李大钊等人也是在"研考民生凋敝之原",找到了马克思主义。"民生财政"的概念兴起于2003年左右,学术界对"民生财政"的概念、内涵、判断标准、建设目标等展开了深入而广泛的讨论。有学者认为,所谓民生财政,就是指在整个财政支出中,用于教育、医疗卫生、社保和就业、环保、公共安全等民生方面的支出占到相当高的比例,甚至处于主导地位,也有人认为,民生财政是"窄口径"的公共财政,或者把民生财政是公共财政的一个特殊发展阶段。贾康旗帜鲜明地指出"公共财政就是民生财政",不赞同在公共财政支出中截出一块称为民生支出,或者把民生财政截然划分为公共财政的某一个特殊发展阶段或某一个孤立的组成部分。

贾康、梁季、张立承①撰文指出,所谓"民生财政",不可能是游离于或是作为替代物而对立于"公共财政"的另一事物,我国20世纪90年代后期以来为决策层所肯定,我们一向致力于发展、健全的公共财政,其实就是民生财政。在公共财政支出中,如试图以笼统的"民生支出"概念,划出总支出中截然分明的一块(一个绝对额或占比),称为民生支出,其余部分则作为反义词而被称为"非民生支出",这极易引出专门概念的混乱和实际工作中的无所适从。因为公共财政与民生财政,本为同一事物的两种称呼;所有的财政支出,都应是直接、间接地服务于民生的。我国公共财政是为适应经济转轨、政府职能转变以及社会主义市场经济发展而确立框架且不断完善的一种财政型态。改革开放以后,传统计划经济体制下的生产建设型财政已无法适应形势发展需要,尤其是1992年邓小平南巡讲话、确立社会主义市场经济改革目标之后,财政转型问题更是迫在眉睫。经过约二十年积极而艰难的探索,终于在1998年,决策层明确地提出以公共财政为导向的财政改革,用以指导我国的财政实践。以后十几年来,围绕公共财政框架体系建设,进行了一系列的财政管理改革,取得了显著成效,其间体制的完善、政府职能的转变,都归宿于人民物质文化生活水平的提高。仔细探析我国公共财政的特征,便可发现,公共财政的出发点和落脚点均在于满足社会公共需要,提供公共产品与服务,均指向于"社会主义生产目的"语境下"满足人民群众不断增长的物质文化生活需要"的目标,以及近些年财政分配中愈益突出的"推进基本公共服务均等化和体系化"的工作要领。一句话,均紧紧围绕于、服务于改进民生。他们指出公共财政既与当下的民生密不可分,也与未来的民生密不可分,既与基本层面的民生(生存权和物质需要)结合,也与高层面的民生(政治权和精神需要)贯通。公共财政的内在逻辑、基本框架和全部特征,都决定了它就是民生财政。不可能在公共财政之外再单独存在另一个民生财政,也不宜把民生财政截然划分为公共财政的某一个特殊发展阶段或某一个孤立的组成部分。

贾康等强调公共财政就是民生财政,认为公共财政的特征限定政府保障民生首先要侧重于对"基本民生"的托底保障。政府保障和改进民生的顺序与范围大体

---

① 贾康、梁季、张立承:《"民生财政"论析》,《中共中央党校学报》2011年第2期。

应该是:第一,制度安排、法治环境、产权保护、宏观经济社会政策等为经济社会稳定健康发展所必备的制度与政策导向服务;第二,就业、教育、科技、文化、卫生、住房、社会保障等百姓生活主要事项中需要由政府介入来"托底"的基本部分。在如何构建民生财政上,他们指出应以财政的制度、管理和技术创新推动现代意义的预算体系形成,进而促进政府职能转变和社会民主化法治化氛围与环境的形成,最终促进和加快经济体制和政治体制的全面创新改革,对行政管理费用的规模或行政成本的控制,可回归至一个合理且民众可接受的水平,公共财政将以适当的成本不断提升的综合绩效,支撑民生改善和人民生活水平的不断提高。

二、包容性财政

时任财政部部长楼继伟在《中国发展高层论坛》2013专号上发表的《包容性增长中的财税改革》一文详细论述了包容性财政。他指出,包容性增长宽泛地理解,就是经济、社会、政治、文化、环境统筹发展。如果把概念稍微缩小一点,就是让经济发展的成果惠及所有的地区,惠及所有的人群,在可持续增长中实现经济社会的协调发展。大家对"两个惠及",以及可持续增长没有什么异议,但是对如何实现包容性增长有不同的理解。关键是,市场和政府应该扮演什么角色。政府发挥作用在很大程度上离不开财政、税收,这种资源来自于纳税人的贡献、来自于政府预算的安排。因此,如果实现包容性增长的途径和方式不明确,就很难进行财税改革。对于实现包容性增长的途径,有三种理解比较有代表性。

第一种理解,特别关注发展成果的再分配,特别是发挥政府的作用,国家要提取更大比例的财政收入,通过大规模的再分配实现结果的公平。这种途径压缩了市场的作用,可能导致经济增长率比较低,就业不足。因此,这种模式不大可持续。

第二种理解,关注发展机会的创造,而不仅仅关注结果。每个人都能根据自身的条件获得发展的机会,通过自身的努力得到发展,享受发展的成果。国家适当地提取财政收入,实施适当的再分配政策,创造公平的发展机会,让市场发挥资源配置的基础性作用。通过这种办法和途径,可以实现充分就业和可持续的经济增长。

第三种理解,国家扩大开支,进行比较大规模的再分配,但提取的财政收入比较少,财政长期赤字,个人付出较少的努力而享受更多的福利,从而国际收支赤字也越来越大。这种方式最后要靠通货膨胀来平衡,结果是低收入人群和地区会更困难,陷入一种恶性循环。一些拉美国家在历史上就有这样的经历,也就是所谓中等收入陷阱;有的拉美国家经过近10年的政策调整,已经走出这个陷阱,但是却付出了惨重的代价。

因此,第二种理解是实现包容式增长的正确道路,尊重和保护市场机制,政府提供必要的公共服务,而且是可持续的。遗憾的是,第一种和第三种理解总是很有市场,原因是多种多样的。部分政府部门过分相信自身干预经济和社会发展的能力,对微观经济活动的不平衡反应极为迅速,不太相信市场自身的修复能力。

第二种理解所指的道路是艰巨的改革之路,也是走向包容式增长之路,中国正在力争摆脱滑向第一、第三种歧途的可能,力争走第二条路。习近平主席在讲到"中国梦"时,强调要"保证人民平等参与、平等发展的权利,维护社会公平正义,要让人民共同享有人生出彩的机会,共同享有梦想成真的机会"。全国人民代表大会通过的《国务院机构改革和职能转变方案》提出,"必须处理好政府与市场、政府与社会、中央与地方的关系,深化行政审批制度改革,减少对微观事务的管理,完善和加强宏观管理,真正做到该管的管住、管好,不该管的不去干预,真正让市场起作用"。这些方案还提出一些具体的任务,如大幅度减少、合并中央对地方的一般性转移支付和专项转移支付,增加一般性转移支付,取消不合理不合法的行政事业收费,公平对待社会力量提供的医疗、卫生、教育等公共服务,同时加大政府购买服务的力度。

2012年年底的中央经济工作会议指出,要按照"守住底线、突出重点、完善制度、引导舆论"的原则做好民生工作,这也是非常非常重要的。政府不能只要碰到民生问题都要去做。

全国人民代表大会通过的改革方案还提出一些方向性要求,其中财政税收改革是专门强调的重点改革。包容性发展要求把创造机会均等、平等发展、维护社会正义放在最为突出的位置,它们往往又同财政制度相联系。所以,既要加快财政改革,完善财税制度,也要积极支持相关的改革,着重于建立机制,促进包容。

改革是当代中国经济社会发展的不竭动力。过去30多年来,中国坚持市场取向,进行了持续不断的改革,在此过程中,财税体制作为改革的突破口,进行了多次重大的变革。通过与各方面改革的相配合,推动了经济、社会的根本性变革,国家的财政实力也不断壮大,财政状况总体健康。尽管改革和政策调整任务非常艰巨,但是,财税改革的方向是明确的。

三、建立现代财政制度

中共十八届三中全会指出"财政是国家治理的基础和重要支柱,科学的财税体制是优化资源配置、维护市场统一、促进社会公平、实现国家长治久安的制度保障",并提出建立"完善立法、明确事权、改革税制、稳定税负、透明预算、提高效率"的现代财政制度的目标。楼继伟指出,财政是国家治理的基础和重要支柱,财税体制在治国安邦中始终发挥着基础性、制度性、保障性作用。财政制度安排体现并承载着政府与市场、政府与社会、中央与地方等方面的基本关系。[①]

随着经济社会发展和国内外形势变化,现行财税体制存在的问题日益显现:预算管理制度不规范、不透明,不适应国家治理现代化要求;税收制度不健全、不完善,不利于发展方式转变、社会公平和市场统一;中央和地方事权与支出责任划分不清晰、不合理,不利于建立健全财力与事权相匹配的财政体制。

如果说1994年财税改革的目的是建立"与社会主义市场经济体制相适应"的体制框架,那么,新一轮财税体制改革就是要建立"与国家治理体系和治理能力现代化相适应"的制度基础。

建立现代财政制度就是要建立全面规范、公开透明的现代预算制度,建立健全有利于科学发展、社会公平、市场统一的税收制度体系,调整中央和地方政府间财政关系,建立事权和支出责任相适应的制度。

中央政治局会议审议通过了《深化财税体制改革总体方案》(以下简称《方案》)。《方案》明确提出,深化财税体制改革的目标任务是,按照完善和发展中国特色社会主义制度、推进国家治理体系和治理能力现代化的全面深化改革总目标,坚持稳中求进、改革创新,充分发挥中央和地方两个积极性,以改进预算管理、完善税收制度、明确事权和支出责任为重点,建立统一完整、法制规范、公开透明、运行高效、有利于优化资源配置、维护市场统一、促进社会公平、实现国家长治久安的可持续的现代财政制度,为实现"两个一百年"的奋斗目标提供财税制度保障。现代财政制度是国家治理现代化的重要基础,深化财税体制改革、建立现代财政制度,既是对现行财税体制和制度的继承与创新,又是适应国家治理现代化新形势,对财税体制等基础制度的系统性重构。从总体上讲,现代财政制度在体系上应建立全面规范、公开透明的预算制度,公平统一、调节有力的税收制度,中央和地方事权与支出责任相适应的制度;在功能上要坚持公共财政的定位,体现市场在资源配置中起决定作用和更好发挥政府作用的要求,不"越位"、不"缺位",发挥财政制度稳定经济、提供公共服务、调节分配、保护环境、维护国家安全等方面的职能;在机制上应

---

① 楼继伟:《深化财税体制改革 建立现代财政制度》,《求是》2014年第20期。

符合国家治理体系与治理能力现代化的新要求,形成公开透明、权责对等、有效制衡、运行高效、可问责、可持续的制度安排。重点围绕建立全面规范、公开透明的现代预算制度,有利于科学发展、社会公平、市场统一的税收制度体系,事权与支出责任相适应的中央地方政府间财政关系三大重要改革任务展开。

四、现代治理、大国治理与大国财政

2013年中共十八届三中全会在作出全面改革顶层规划与指导的同时,提出了"推进国家治理体系和治理能力现代化"的核心理念(为人们简称为"现代国家治理")。中共十八届三中全会同时强调财政是国家治理的基础和重要支柱,明确要建立"现代财政制度"。在这一思想框架指导下,中国财政学界围绕"治理"与"财政"展开了一系列深入研讨。

贾康、龙小燕提出了以"财政全域国家治理"理论框架来支持构建现代财政制度的思路,在分析认识国家治理体系和治理能力现代化的主要要求与特点的基础上,展开分析论述财政是"经济、政治、文化、社会、生态五位一体"现代化国家治理的基础和重要支柱,并提出了创新基础理论构建"财政全域国家治理"理论框架的要点。①

财政科研系统的研究人员,联系现实研讨了"现代国家治理"背景下的"大国治理与大国财政"问题,认为大国财政是国家发展"新战略"和大国治理"新思维"背景下的财政新理念,蕴含了和平崛起、全球风险治理和一盘棋、整体观等元素。大国财政是在全球化过程中维护国家利益的重要基础,也是维护大国在全球治理中地位、责任和权利的重要保障。一个大国在全球治理中的地位,取决于大国财政的实力。大国财政要内外兼修,在提高自身能力的同时,在全球化过程中主动作为,在维护国家利益和治理全球风险方面发挥应有作用。中国尽管目前还是最大的发展中国家,但随着经济总量达到世界第二,在国际上的影响力也越来越大。在世界政治、经济和文化舞台上,中国不断展示着大国形象。大国不仅体现在体量上,更多地体现在国力、软实力和影响力等方面,而大国财政是其中的重要内容。过去几十年的发展打下了坚实的基础,下一步我们要向富强、民主现代化国家的目标迈进,实现中华民族伟大复兴的中国梦,这就是我们国家崛起的"新战略"。

刘尚希等研究者提出,现代化的国家治理包含的内容非常丰富,但如果归结起来,国家治理的实质是公共风险治理。治理的三个关键词:多元、风险、结构,即协

---

① 贾康、龙小燕:《财政全域国家治理:现代财政制度构建的基本理论框架》,《地方财政研究》2015年第7期。

调多元利益并为多元主体抵御面临的各种风险。全球和国内利益主体多元化以及风险社会的来临,迫切需要用国家治理的理念,通过形成全球和国家治理结构,为人类社会抵御和防范公共风险服务。与大国的体量和在全球治理中的要求相比,我国大国财政实力还存在一定的差距。

在提高自身财政能力的同时,要在全球化过程中主动作为,应对挑战,用新的文明来引领世界。要以风险观念和柔性思维为基础,力求在全球治理中发挥大国财政应有作用;要致力于构建新型大国关系,大国财政主动作为,促进形成命运共同体;要建设与大国地位相匹配的稳固财政,为大国治理提供有力支撑;要着力推进区域财政金融合作;要讲好中国发展故事,提升文化影响力;要建统一协调的大国财政运行机制。具体要做到以下几方面:一是保持必要的财政汲取能力和财力集中度,提升国家预算能力;二是统一国家财权,统筹财政资金、减少专项资金、取消各项挂钩支出、取消一般公共预算中以收定支的规定;三是深化财政体制改革,强化两级治理架构,国家层面的财政体制要与国家治理架构相适应,地方层面的财政体制要与地方治理架构相匹配;四是建立辖区财政责任机制,构建和完善地方税体系。①

---

① 参考刘尚希等著《大国财政》,人民出版社 2016 年版。